관상

운명은 타고나는 것인가

관상 운명은 타고나는 것인가

지은이 미즈노 남보쿠
편 역 김현남
펴낸이 양동현
펴낸곳 도서출판 나들목
출판등록 제 6-483호
02832, 서울 성북구 동소문로 13가길 27 아카데미하우스 2층
전화 02) 927-2345 팩스 02) 927-3199

초판 1쇄 발행 2015년 1월 30일
초판 5쇄 발행 2019년 1월 10일

ISBN 978-89-90517-77-7 / 13180

www.iacademybook.com

이 도서의 국립중앙도서관 출판시도서목록(CIP)은
e-CIP홈페이지(http://www.nl.go.kr/ecip)와 국가자료공동목록시스템(http://www.nl.go.kr/kolisnet)에서
이용하실 수 있습니다. CIP제어번호 : CIP2015000509

관상

운명은 타고나는 것인가

미즈노 남보쿠 지음
김현남 편역

나들목

책을 내면서

《남북상법南北相法》은 일본 에도시대의 유명한 관상가 미즈노 남보쿠水野南北가 지은 것으로, 일본 관상학의 성전聖典이라 할 수 있다. 기록에 의하면, 미즈노 남보쿠는 호레키宝暦 4년(1754)에 오사카에서 태어나 텐포우天保 5년(1834)에 나고야名古屋의 저택에서 80년의 생애를 마감했다.

남보쿠는 인상이 매우 추하고 몸에 칼자국이 심하여, 여행하면서 각 지방을 방문할 때마다 미즈노 남보쿠 본인인지 의심을 받았다고 한다. 그 때문에 외출이나 여행을 할 때는 제자 편으로 관상 책을 미리 보내 사람들에게 자신을 알렸다.

젊은 시절에는 싸움을 비롯하여 사고를 많이 치는 등 행실이 좋지 않아 감옥에 자주 드나들었다. 어느 때인가, 감옥에 갔을 때 해상 도사海常導師를 만나 관상학의 기초를 배운 뒤 관상학에 눈을 뜨고, 이발소에서 머리 빗는 일로 3년, 목욕탕 때밀이로 3년, 화장장 묘지기로 3년을 일하면서 관상학 연구에 온 힘을 기울였다.

그리하여 30세를 갓 넘길 무렵에는 문하생이 1천 명을 넘을 정도가 되었다고 한다. 당시 에도에는 그의 이름을 모르는 사람이 없을 정도로 관상가로서 명성을 떨쳤다고 한다. 《남북상법》 서문에는 "텐메이天明 8년(1788), 34세 되던 해에 관상을 그만두고 은둔隱遁 생활을 즐겼다"라고 기술되어 있다.

《남북상법》은 관상에 관한 책으로, 관상에 대한 기초 지식이 있어야 내용을 정확하게 이해하고 번역할 수 있다. 다행히 역자譯者인 나는, 어린 시절부터 관상에 관한 양서良書를 많이 읽고 좋은 스승들을 만나 관상을 볼 수 있게 되었다. 자료도 어느 정도 갖추어져 《관상-복을 부르는 관상, 화를 부르는 관상》이라는 책을 내기도 했다. 이후 동양의 여러 나라에서 발간된 관상 책을 읽다가 공부도 할 겸《남북상법》을 번역하여 관상에 관심이 있는 분들에게 소개하고 싶었다.

세상에는 관상을 보는 방법이나 관상에 관한 책 등 관상에 관한 정보가 많지만, 그중 많은 부분이 관상에 관심 있는 사람들의 고민을 해결할 만한 진실과 거리가 멀다. 하지만《남북상법》은 미즈노 남보쿠가 연구하고 임상으로 얻은 내용만을 정확하게 기술, 관상에 관한 사실을 담담하게 전하고 있다. 그 내용은 지금부터 300년 전 사람들의 상相을 보고 점친 결과에 근거하지만, 오늘날에도 충분히 활용할 수 있다고 확신한다. 왜냐하면 오늘날 우리가 고민하는 수명 · 건강 · 재운 · 직업 · 가정 · 남녀 문제에 관한 것은 본질적으로 변하지 않았기 때문이다. 이러한 내용은 현대인의 관상에 나타나는 여러 가지 징조나《남북상법》에 기록된 내용을 대조해 보면 이해할 수 있을 것이다.

'상相을 보다' 즉 '관상觀相'은 그 사람의 현재 · 과거 · 미래에 관련된 기질이나 상태를 정확하게 살펴서 판단하는 일이다.《남북상법》에는 얼굴은 물론 골격骨格을 보는 방법에서부터 기색氣色을 보는 법까지 자세하게 기술되어 있다. 역자가 과문寡聞한 탓인지 몰라도, 아직 국내에서는《남북상법》 전문全文을 번역한 책을 보지 못하였다. 다만 관상 책이나 다른 서적에서 일부 내용을 소개한 것은 본 적이 있다. 그간 관상학을 연구하면서 어떠한 형태로든《남북상법》을 정확하게 번역하여 독자들에게 소개해야겠다는 생각을 하던 차에 결실을 맺게 되었다.

독자 여러분이 이 책을 통해 자신의 장단점을 파악하고 부족한 점을 보완하려고 노력한다면 행복하고 성공하는 삶을 살 수 있을 것이다.

2015년 첫달, 학이재에서

도윤 김현남

목차

남북상법南北相法 전편前篇

〈상법 전편〉 1권

〈상법 전편〉 2권

〈상법 전편〉 4권

〈상법 전편〉 5권

남북상법南北相法 후편後篇

〈상법 후편〉 1권

〈상법 후편〉 2권

〈상법 후편〉 3권

〈상법 후편〉 4권

〈상법 후편〉 5권

남북상법 전편

南北相法 前篇

〈상법 전편〉 1권

관상觀相의 대요大要

● 사람들의 상(相 : 관상)을 볼 때는 먼저 침착하게 느긋하게 앉고, 자세를 바르게 하고, 일곱 번 호흡한다. 또 마음을 기해혈氣海穴, 즉 단전丹田 부위까지 끌어내린 다음에는 육근(六根 : 眼 · 耳 · 鼻 · 舌 · 身 · 意)을 편안하게 조절한다. 그러한 뒤에 비로소 마음으로 육근을 자유자재로 조절할 수 있어야 관상을 볼 수 있다.

제자가 여쭈었다.

문 "자세를 바르게 한다는 것은 어떻게 하는 것입니까?"

답 "자세를 바르게 한다는 것은 머리를 똑바로 세우고 숙이지 않는 것이다. 그리고 눈을 지그시 감고 배[腹部]를 앞으로 내밀 듯이 하고, 방석을 엉덩이 밑에 깔고, 마치 큰 돌을 옮겨다 놓은 듯한 자세를 취하는 것이다. 또 일곱 번 호흡한다는 것은 조용하게 일곱 번 숨을 들이마시고 내쉬어 숨을 고르게 하는 것이다. 마음을 단전 부위까지 끌어내린다는 것은 마음을 하복부에 집중하여 침착하고 고요한 상태로 유지하는 것이다. 그리고 육근을 자유자재로 조절한다는 것은 모든 감각과 의식을 통제하고 조절하는 것으로, 관상을 볼 때는 새소리도 바람소리

〈그림 1〉 오대五台

도 듣지 않는 것, 즉 그 어떤 것에도 방해 받거나 신경 쓰지 않는 상태이다. 이렇게 마음을 편안하고 고요하게 유지한 상태에서 관상을 보아야만, 자연과 하늘의 이치를 통하여 관상의 좋고 나쁨을 알 수 있다. 마음으로 육근을 통제하고 조절한다는 것이 바로 이것이다."

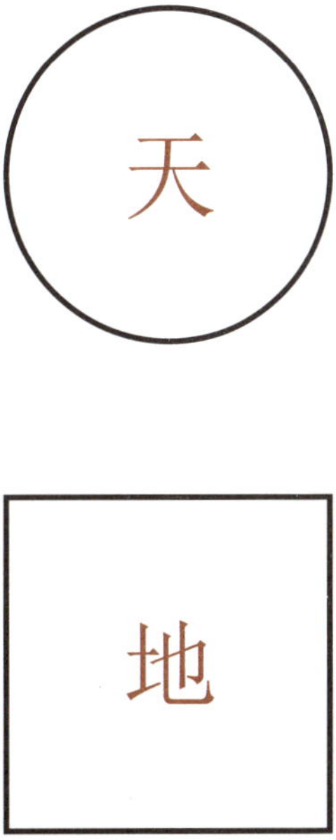

〈그림 2〉 음양陰陽

- 사람의 상相을 볼[觀相] 때는 가장 먼저 그 사람의 모든 일상생활을 통해 전체적인 모습을 살펴야 한다. 그 뒤에 기력氣力의 강약强弱을 살펴보고, 다음으로 충효忠孝에 대한 생각, 남을 배려하거나 보살피는[陰德] 마음, 마음 씀씀이를 살피고, 다

음으로 그 사람이 하는 일이 처음과 끝이 목적한 대로 한결같이 추진되는지 살피고, 그 사람이 보고 듣는 것이나 말과 행동을 관찰한다. 마지막으로, 골격骨格 · 혈색血色 · 연령의 상태를 살핀 후 종합적으로 운명의 좋고 나쁨을 판단해야 한다.

허공[空]에 있는 하늘[天]에서 물이 생성되고, 땅에서 바람과 불이 만들어진다. 이것이 지地 · 수水 · 화火 · 풍風 · 공空의 오대五台이다. 오대의 원리와 의미는 반드시 이해해야 하는 중요한 것이다. 하늘은 공空으로 사람의 정신을 만들고, 땅은 어미[母]로 사람의 외형을 만든다. 그러므로 사람의 마음과 신체는 부모의 그것이기 때문에 그것에는 상相이 없고, 자아自我에 상이 있는 것이다.

사람은 나쁜 상[惡相]을 가지고 태어나는 것이 아니라 스스로 만드는 것이다. 다시 말해, 부모에게서 물려받은 마음과 몸을 스스로 수고롭게 하여 나쁘게 만드는 것이다. 따라서 저마다의 상은 타고나는 것이 아니다. 자아自我를 극복하면 상은 존재하지 않는다. 이것을 깊이 생각해야 한다.

신체는 땅[地]에 해당하고, 신체 안의 체액은 물[水]이다. 체온은 불[火]이고, 호흡은 바람[風]이고, 마음은 공空이다.

수상手相에 대해서

- 손은 신체에서 나온 가지[指]이다. 수목樹木도 가지 모양이 좋으면 훌륭한 대목大木이고, 가지 모양이 나쁘면 잡목雜木이다. 사람도 손바닥 모양이나 형태가 나쁘면 당연히 천賤한 것이다. 그런데 잡목이나 잡화雜花도 때를 만나면 아름다운 꽃을 피우는 경우가 있다. 사람도 좋은 운을 만나거나 시대를 잘 만나면, 손바닥이 자연스럽게 촉촉해진다. 반면에 역경逆境에 처하면 손바닥이 자연스럽게 흐려진다. 이것이 자연의 섭리이다.

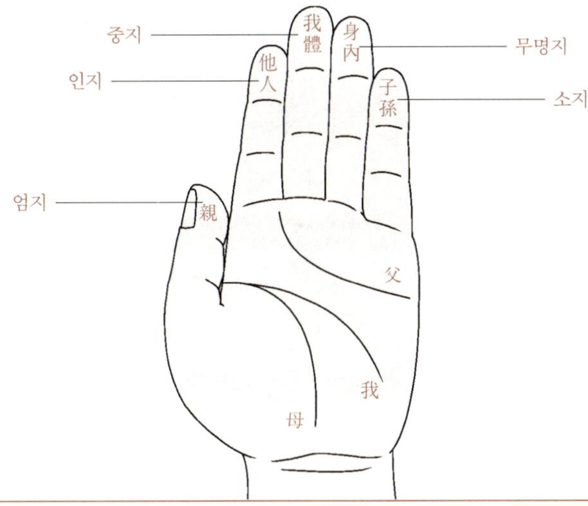

〈그림 3〉 오지五指의 담당과 역할

신중하게 잘 생각해야 할 것이다.

- 엄지와 인지人指 사이가 많이 벌어진 사람은 부모와 인연이 약하다. 또 부모에게 받은 은혜를 자식에게 베풀 수 없다.
- 엄지와 인지 사이가 조금의 틈도 없이 붙어 있는 사람은 충효忠孝의 마음이 있고 정직한 사람이다.
- 인지와 중지中指 사이가 조금이라도 벌어진 사람은 자신의 힘으로 성취하는 것이 적고, 많이 벌어진 사람은 타인과 인간관계가 좋지 못하여 적을 만들기 쉽다.
- 인지와 중지 사이가 붙은 사람은 타인과 유대 관계가 좋다. 타인의 이야기에 관심이 많고, 자신의 신상에 관한 모든 것에 대해 가족을 제쳐 두고 다른 사람에게 상담하려는 경향이 있다.
- 중지와 무명지無名指 사이가 조금이라도 벌어진 사람은 가족과 인연이 약하다. 가족과 유대 관계도 좋지 않고, 이혼과 재혼의 가능성이 크다. 특히 많이 벌어진 사람은 아무리 노력해도 가족이 따르지 않고 자식과 인연도 약하다.

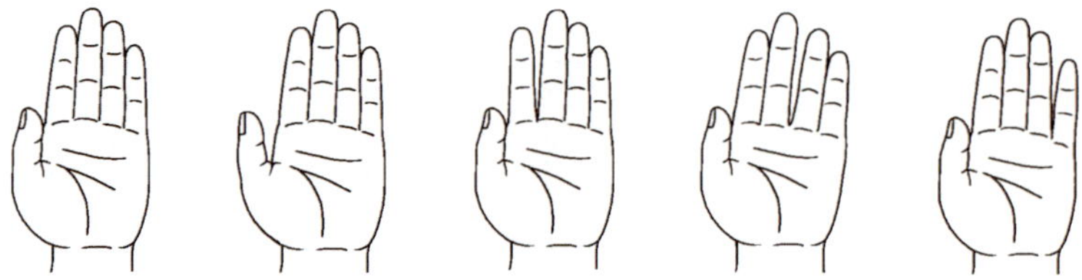

〈그림 4〉 손가락의 간격과 운명

- 중지와 무명지 사이에 벌어진 틈이 없는 사람은 가족과 유대 관계가 좋고, 부부 사이가 좋아서 자식을 많이 둘 수 있다. 또 결혼하면서 인생의 전반적인 운이 좋아진다.
- 무명지와 소지小指 사이가 벌어지지 않은 사람은 자식과 인연이 좋고, 친자식이 없더라도 양자를 얻어서 반드시 친자식이 하는 것 이상의 효도를 받는다.
- 무명지와 소지 사이가 조금만 벌어져 있어도 자식과 인연이 약하다. 특히 많이 벌어진 사람은 자식과 인연이 약하여 자식이 있어도 의지할 수 없다.
- 중지와 인지 사이의 밑동에 조금이라도 틈새가 있는 사람은 타인 때문에 손실이 많다. 또 타인에게 신세를 많이 지게 된다.
- 중지와 무명지 사이의 밑동에 조금이라도 틈새가 있는 사람은 가족 때문에 손실이 많다. 또 가족에게 신세를 많이 지게 된다.
- 네 손가락 사이의 밑동에 모두 틈새가 있는 사람은 가산家産을 탕진하고, 끊임없이 고생할 상相이다.
- 엄지의 밑동이 가는 사람은 궁상스럽지만 극단적으로 가난하지 않다. 일생 동안 먹을 것이 떨어지지 않는다.

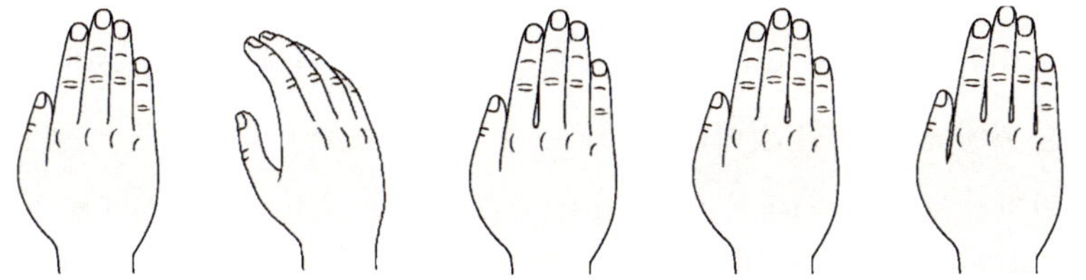

다섯 손가락을 모두 붙여서 손을 내미는 사람은 마음이 조용하고 안정되어 있다.

손가락을 오므리고 손을 내미는 사람은 조심성이 많으므로 일생에 큰 파탄이 없다.

인지와 중지 사이 밑동에 틈새가 있는 사람은 타인 때문에 손실이 많다.

중지와 무명지 사이 밑동에 틈새가 있는 사람은 가족 때문에 손실이 많다.

네 손가락 사이의 밑동에 모두 틈새가 있는 사람은 끊임없이 고생할 상이다.

〈그림 5〉 손의 형태와 운명

- 다섯 손가락의 간격을 벌리고 손을 내미는 사람은 마음이 혼란스럽거나 조금은 흥분되어 있다.
- 다섯 손가락을 모두 붙여서 손을 내미는 사람은 마음이 조용하고 안정되어 있다.
- 손가락을 오므리고 손을 내미는 사람은 기氣가 부족하고, 여러 가지 일에 조심성이 많은 성격이기 때문에 일생에 큰 파탄破綻이 없다.
- 손가락을 뒤로 젖힌 것처럼 넓게 하여 손을 내미는 사람은 기가 강하기 때문에, 만사에 의욕적이지만 야심이 지나치게 커서 목적한 대로 성취하지 못하거나 행동하지 못하면 가정을 무너뜨릴 수가 있다.

손가락을 살필 때, 격렬한 노동에 종사하는 사람이나 손을 많이 사용하는 직종에 종사하는 사람은 판단하기가 매우 어렵다. 그러므로 손을 많이 사용하지 않는 일반인들을 기본으로 삼아 연습하는 것이 좋다.

- 중지 제일 끝이 위를 향한 사람은 뜻은 높지만 고집이 세다. 숙이고 있는 사람은 뜻이 낮다.
- 중지 끝이 무명지를 내려다보는 모양을 하고 있는 사람은 가족 위에 서서 군림하려고 한다. 그러나 가족과 의견이 맞지 않아 사이가 좋지 않을

수 있으므로 잘 생각해야 한다.

- 중지 끝이 인지를 내려다보는 모양을 하고 있는 사람은 뜻이 높아 사람들 위에 서려고 할 것이다.
- 인지가 중지에 기대어 있는 사람은 타인에게 의지하거나 신세를 지는 경우가 많다.
- 무명지가 중지에 기대어 있는 사람은 가족에게 의지하는 경우가 많다.
- 중지가 무명지에 기대어 있는 사람은 의지할 가족이 많다.
- 중지 끝이 인지나 무명지 쪽을 향하지 않고 휘어진 사람은 자신의 힘으로 가정을 이루고, 사업이나 상업을 번성시킨다.

이상의 다섯 손가락의 상법相法을 기본으로 하여 연구하거나 판단하는 것이 좋다. 그러나 손을 많이 사용하는 사람들은 저마다 차이가 있으므로 그것을 고려해서 판단해야 한다.

- 귀인貴人·부자, 그 밖에 항상 편안한 생활을 하는 사람은 손바닥에 잔손금이 많다. 그 반대로 하천下賤한 사람이 잔손금이 많은 것은, 다른 사람들의 눈에는 고생하지 않는 것처럼 보여도 항상 신경을 쓰며 살아 마음고생을 많이 하기 때문이다. 또 어느 정도의 지위에 올라 사람을 부리는 위치에 있는 사람이 손바닥에 잔손금이 적은 것은 속마음은 궁핍한 절약가이다. 또 아랫사람에게 시켜야 할 일이지만, 무심코 자신이 직접 처리하거나 손을 대는 경향이 있다.
- 손바닥의 살집이 두껍고 부드러운 사람은 신분에 어울리는 행복을 누리고 운세가 강하다.
- 손바닥의 살집이 얇은 사람은 고생을 많이 해도 일생 동안 재산이 쌓이지 않는다.
- 네 손가락의 밑동이 모두 훤히 들여다보이는 사람은 가산家産을 탕진하고, 고생이 끊이지 않을 상이다.

손바닥의 삼문三紋에 대해서

- 천문天紋은 윗사람과 운세運勢를 의미한다.
- 인문人紋은 자기의 신체와 복운福運을 의미한다.
- 지문地紋은 집과 일생의 부침浮沈을 의미한다.
- 천문이 넓고 선명한 사람은 운세가 강하다. 만약 어떠한 위험에 처하더라도 무사하게 해결하는 능력이 있다.
- 천문이 가늘고 약한 사람은 운세도 약하고 고생을 많이 한다. 또 부모와 인연도 희박하다.
- 천문이 끊어진 사람은 일생 동안 부침이 많고, 사업이나 직업을 여러 번 바꾼다.
- 인문이 넓고 선명한 사람은 몸이 건강하여 질병에 걸리지 않는다. 또 일생을 편안하고 건강하게 보낸다.
- 인문이 선명하고 분명한 사람은 행운이 많으며 건강하다.

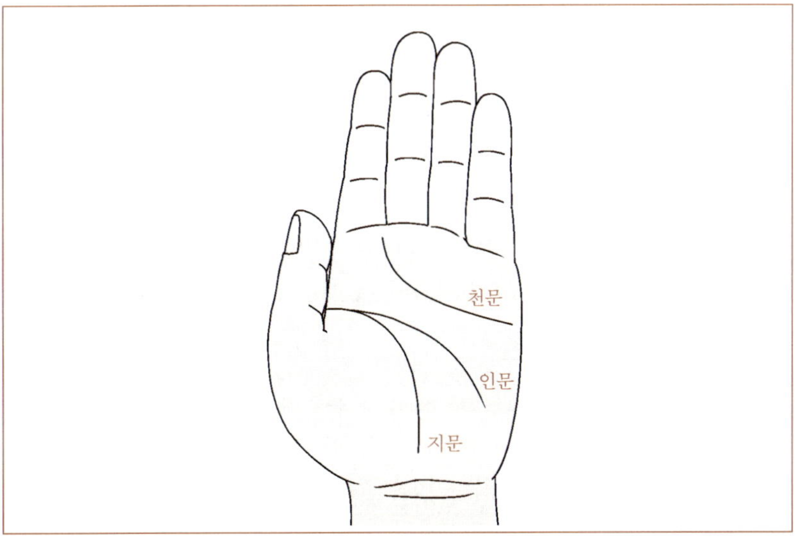

〈그림 6〉 손바닥의 삼문

- 인문이 가늘고 약한 사람은 몸이 약하다. 또 고생을 끊임없이 하며 여러 가지 일에 운이 없는 경우가 많다.
- 인문이 끊어진 사람은 고생이 많고, 일생 동안 부침이 매우 심하다. 또 가산家産이 기운다.
- 인문 끝이 위를 향한 것은 길상吉相으로, 운이 향상하고 발전한다. 또한 나이 들어 갈수록 점점 좋아질 것이다. 그러나 미묘한 것도 있으므로 잘 살펴보아야 한다.
- 인문 끝이 선명하고 깊은 것은 운세가 강한 것을 의미한다.
- 지문 밑동에 잔손금이 많이 보이는 사람은 가족 간에 관계가 원만하지 못하다.
- 인문은 자신의 신체에 해당하는 것이다. 그런데 인문을 일생의 60년에 비교하여, 그 끊어진 것이나 복잡하게 얽혀 있는 모양에 따라 생애의 길흉吉凶을 살필 수 있다. 충분한 연구가 필요하므로 일반적으로 통용되는 것은 아니다.

손바닥의 손금을 볼 때는 오른쪽을 살펴보지만, 가는 손금에는 잘 나타나지 않는 것이 있으므로 주의해야 한다. 천지인의 삼문만을 살펴보아야 한다. 항상 격렬한 노동을 하는 사람은 손바닥에 굳은살처럼 옹이가 생겨서 삼문 이외에 가는 손금은 없다. 그러므로 주로 삼문을 살펴보고, 가는 손금은 무시하는 것이 좋다.

- 손을 살펴보는 방법은 다음과 같다. 먼저 손을 들어서 손목의 조금 위쪽을 탐색하듯이 살펴보고, 이어서 손가락과 손바닥을 살펴본다. 그렇게 하면 손가락에서 자연스럽게 본래의 길흉을 자세하게 살펴볼 수 있다. 먼저 남자는 왼손을 초년으로 보고, 오른손을 말년으로 보지만, 여성은 그 반대이다.
- 왼손의 손가락 사이가 모두 보이는 사람은 초년 운이 나쁘고, 오른손의 손가락 사이가 모두 보이는 사람은 말년 운이 나쁘다.

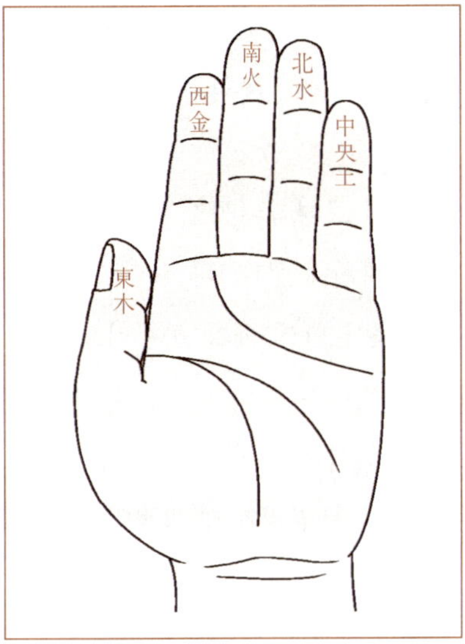

〈그림 7〉 손가락과 방위(오행)

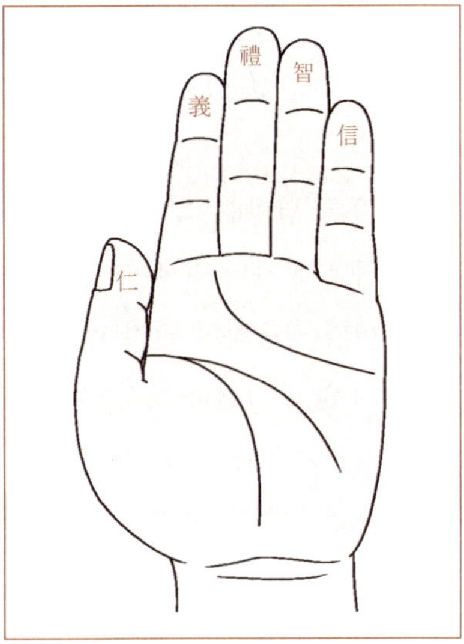

〈그림 8〉 손가락과 오상

제자가 여쭈었다.

문 "엄지를 가리켜 '인仁'이라고 하는 것은 무슨 까닭입니까?"

답 "엄지는 다른 네 손가락으로 옮기거나 붙이는 것이 가능하다. 그러므로 인이라 하는 것이다."

문 "엄지를 '동방東方의 목木'이라 하는 것은 왜 그렇습니까?"

답 "태양은 동쪽에서 솟아오르고 만물에게 고루 혜택을 주어 기른다. 또 나무는 자연스럽게 자라나 사람들을 돕는다. 따라서 동목東木은 인과 같은 것이다."

문 "인지를 '의義'라고 하는 것은 왜 그렇습니까?"

답 "눈앞에서 확실한 것을 가리킬 때 인지를 이용한다. 사물을 바르고 정확하게 가리키는 데 적합하다."

문 "인지를 '서방西方의 금金'이라고 하는 것은 왜 그렇습니까?"

답 "금金은 올바르고 순수純粹한 것이기 때문에 당연히 의義에 상응하는 것이다."

문 "중지를 '예禮'라고 하는 것은 왜입니까?"

답 “중지는 다섯 손가락의 중앙에 있어서 다른 네 손가락의 교제에 대해 중심을 잡고 있으며, 뒤에서 시립侍立하고 있어 예의를 알기 때문이다.”

문 “중지를 ‘남방南方의 화火’라고 하는 것은 왜 그렇습니까?”

답 “남쪽은 군자의 얼굴이 향하는 방위이기 때문에 불[火]과 같다. 그 덕은 날마다 상응하여 널리 퍼지므로, 귀천貴賤이 함께 예를 하루라도 빠뜨리지 않고 실천하는 것이다.”

문 “무명지를 ‘지智’라고 하는 것은 왜 그렇습니까?”

답 “손으로 무엇을 할 때나 물건을 쥘 때, 모두 무명지가 중심적인 기능을 한다. 당연히 지智의 기능과 같다고 할 수 있다.”

문 “무명지를 ‘북방北方의 수水’라고 하는 것은 왜 그렇습니까?”

답 “북방의 수는 음陰으로 밤에 대응한다. 또 음은 고요하고, 그 고요함 속에서 여러 가지 사물을 생성하기 때문에 수水와 같다. 이것은 확실히 자연의 묘한 이치이고, 자연의 미묘한 지혜가 무無로부터 발생하는 것도 음이 지智를 담당하기 때문이다. 다른 일도 이 이치에 따라서 생각하면 좋다.”

문 “새끼손가락을 ‘신信’이라고 하는 것은 왜 그렇습니까?”

답 “일반적으로, 맹세할 때 새끼손가락을 걸거나 자르는데, 이것은 새끼손가락이 신뢰성을 의미하기 때문이다.”

문 “새끼손가락을 ‘중앙의 토(土 : 흙)’라고 하는 것은 왜 그렇습니까?”

답 “흙은 만물의 어머니이다. 스스로 만물에게 베풀어 성심성의를 다하는 것도 당연하다. 따라서 흙을 신信으로 하는 것이다.”

문 “엄지와 새끼손가락은 왜 ‘인신仁信’이 되는 것입니까?”

답 “엄지와 새끼손가락은 다섯 손가락의 양단兩端에 있고, 음과 양을 나타낸다. 이것은 한 가정의 부모와 같은 것이고, 부모의 인신이 우수하지 않은 것이 없다는 것이다. 또 인지 · 중지 · 무명지의 세 손가락은 부모 사이에서 삼음삼양三陰三陽의 아이에 해당한다. 각각 삼단의 순서로 장자, 둘째, 막내 자식이다. 따라서 자식은 부모에게 예의를 지키고 부모를 위해 지智를 움직이지만, 이것은 자식들의 당연한 도리이다."

손톱에 대해서

- 손톱은 신체의 건강에 대해 강약强弱을 나타낸다. 또 정력이 좋은지 나쁜지도 판단할 수 있다.
- 손톱이 두툼하면서 윤기가 있는 사람은 정력이 강하여 질병에 잘 걸리지 않는다.
- 손톱이 두툼하면서 모양이 나쁜 사람은 질병에 잘 걸리지 않지만, 좋은 관상觀相은 아니다.
- 손톱이 얇은 사람은 선천적으로 정력이 약하다.
- 손톱이 얇으면서 밑동에 흰 반달 모양이 있는 사람은 약한 부분을 보충해야 한다.
- 손톱에 거울처럼 반짝거리는 빛이 보일 때는 모든 일을 목적한 대로 성취할 수 있는 운이 부족하다.
- 손톱에 세로 줄무늬[縱筋]가 있는 사람은 정력이 약하고, 손톱이 두툼하면서 항상 세로 줄무늬가 있는 사람은 하상下相이다.

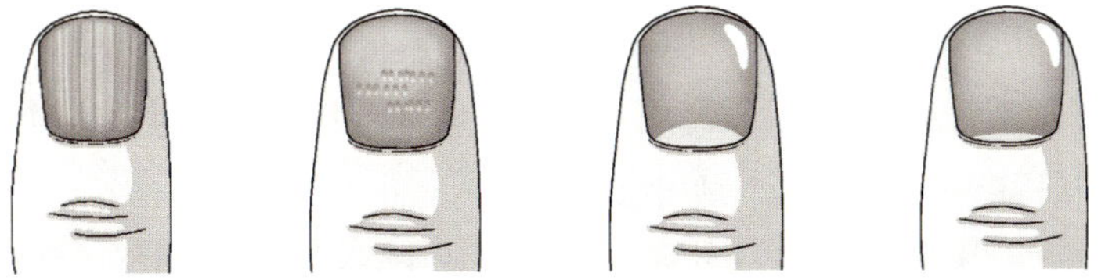

손톱에 세로 줄무늬가 있는 사람은 정력이 약하다.	손톱이 깨진 사람은 건강 상태가 좋지 않다.	손톱 밑동에 흰 반달 모양이 있는 사람은 신체가 건강하다.	손톱 밑동의 흰 반달 모양이 얇을 때는 일이 뜻대로 되지 않는다.

〈그림 9〉 손톱 형태와 운명

- 손톱이 박리剝離되는 것은 혈血이 부족한 것이다. 또는 마음이 초조한 상태이다.
- 손톱 밑동에 흰 반달 모양이 있는 사람은 신체가 건강하고 정력이 왕성하다.
- 손톱 밑동의 흰 반달 모양이 마른 것처럼 얇을 때는 여러 가지 일로 고민하지만 생각한 것처럼 뜻대로 되지 않는다.
- 손톱이 안쪽으로 휘어진 사람은 항상 기분이 우울하고, 신체도 어딘지 모르게 허약하기 때문에 출세가 늦어진다. 그러나 이것은 일반적인 현상이 아니므로 잘 판단해야 한다.
- 손톱이 깨진 사람은 몸의 건강 상태가 약하고 운세도 좋지 않다.
- 둥근 형태의 손톱을 가진 사람은 큰 발전은 바랄 수 없지만, 애교가 있는 상이다.
- 손톱이 곧게 뻗은 사람은 운세가 좋다.

제자가 여쭈었다.

문 "손톱이 두툼하고 윤기가 있는 사람이 몸이 건강한 것은 왜입니까?"

답 "손톱은 뼈의 나머지 부분이기 때문에 신장腎臟과 관계가 깊다. 손톱이 두툼하고 윤기가 있을 때는 신장의 기氣가 충만하고 건강하다는 것을 나타낸다. 또한 이것은 오장육부五臟六腑가 모두 건강하다는 것을 나타낸다. 손톱이 박리되는 것은 신장과 뼈에 진기眞氣가 부족하기 때문이며, 이러한 현상이 나타나면 정력과 기력氣力이 약해진다."

문 "손톱 밑동의 흰 반달 모양이 얇아지면 여러 가지 일이 원하는 대로 성취되지 않는다는 것은 왜입니까?"

답 "반달의 흰색은 정력의 강함을 나타내므로, 그 흰색이 선명할 때는 마음과 몸에 모두 기력이 넘치기 때문인데, 이것은 심신心身이 모두 건강한 상태를 의미한다. 또 그 흰색이 얇아지기 시작할 때는 정력이 쇠퇴함을 알리는 징조로 자연스럽게 기력도 쇠퇴하는 것을 나타낸다. 이러한 현상이 나타날 때는 일이 순조롭게 진행되지 않아 운이 좋지 않다."

문 "둥근 형태의 손톱을 가진 사람은 큰 발전을 기대할 수는 없지만 애교가 있다는 것은 왜입니까?"

답 "손톱은 신장의 기운을 받는 싹과 같기 때문에 물[水]이 필요하다. 물은 위로 올라가는 것이 아니라 아래로 흘러내리는 것이 상식이다. 따라서 운세의 상승을 기대할 수 없다. 그러나 물은 사람이 일상생활에서 매일 사용해야 하는 것으로, 하루라도 없어서는 안 된다. 또 귀천貴賤을 불문하고 모두 애용하는 것이므로 '애교가 있다'라고 한다."

문 "손톱이 곧게 쭉 펼쳐져 있는 사람이 운세가 좋다는 것은 어떤 까닭인가요?"

답 "손톱은 간장肝臟에 속하고, 신장에 통하고 있다. 곧게 쭉 펼쳐져 있는 것은 나무가 울창하게 쭉 뻗어 있는 모습과 같다. 그러므로 운세가 발전하는 근거가 된다. 그러나 그 이상으로 깊은 것은 신중하게 생각해야 한다. 여기에서는 표면적으로 알 수 있는 것을 나타내었다."

얼굴[顔面]의 삼정三停에 대해서

- 상정上停은 하늘과 운, 윗사람을 의미하며, 초년(25세 이전)을 살피는 곳이다.
- 상정의 살집이 두터우면서 풍만하게 보이는 사람은 운세가 강하다. 윗사람과 교제에서 많은 혜택을 받으며, 특히 어린 시절의 운세가 좋다.
- 상정의 살집이 얇고 뼈가 튀어나와 보일 정도로 빈약한 사람은 운세가 나쁘다. 윗사람과 관계가 좋지 못하고 의견이 잘 맞지 않는다. 특히 어린 시절의 운이 좋지 않다.
- 중정中停은 본인의 신체와 권위를 의미하고 복과 운을 의미하며, 중년 운세를 살피는 곳이다.

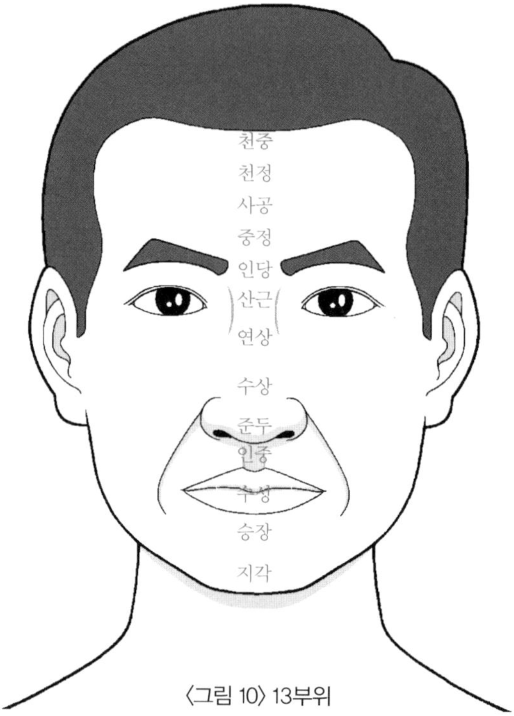

〈그림 10〉 13부위

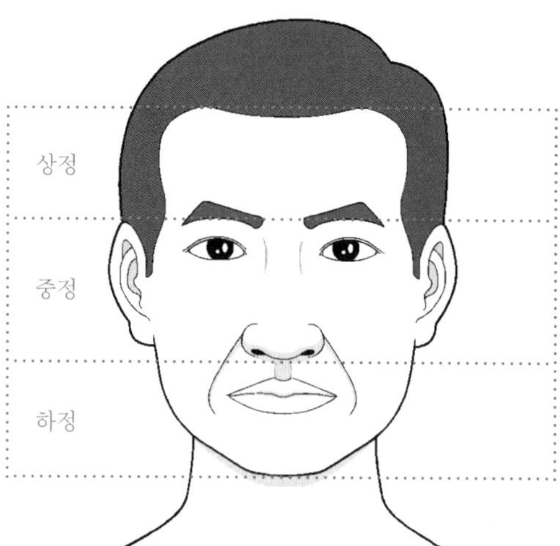

〈그림 11〉 삼정

- 중정의 살집이 두텁고 풍성하게 보이는 사람은 복과 운이 따른다. 중년 운세가 특히 좋고, 사람들에게 신뢰를 받는다.
- 중정의 살집이 얇으면서 뼈가 드러나 보이는 사람은 중년에 고생을 많이 한다. 복과 운이 따르지 않고, 사람들에게 신뢰를 받지 못한다.
- 하정下停은 땅과 주택, 아랫사람을 의미하며, 말년 운세를 살피는 곳이다.
- 하정의 살집이 두텁고 풍성하게 보이는 사람은 집을 잘 다스려 화목하기 때문에 노후의 운세가 좋다.
- 하정의 살집이 풍성하게 보여도 부은 것처럼 푸석푸석하면 노년에 고생을 많이 한다. 또 아랫사람과 인연이 약하고, 가정을 꾸리는 것이 같은 나이의 사람들에 비해 늦다.

이상에서 말한 삼정에 대해서는 관상학의 고전古典에 자세하게 설명되어 있기 때문에 여기에서는 그 대략적인 의미만 설명하였다. 삼정 각 부위의 살집의 청탁清濁과 후박厚薄에 대해서는 다양한 이론이 있기 때문에 잘 생각하여 열심히 익혀야 한다.

이마의 삼문三紋에 대해서

- 이마에 3개의 주름이 나타나 있는 것을 삼문이라 한다.
- 맨 위쪽의 주름을 천문天紋이라 하고, 가운데 주름을 인문人紋이라 하며, 아래쪽의 주름을 지문地紋이라 한다. 이것이 바로 천天 · 지地 · 인人의 삼재三才이다.
- 천문은 운과 윗사람을 의미하고, 인문은 자신과 복운福運을 의미하며, 지문은 집과 아랫사람을 의미한다. 이 삼문은 의식주의 3가지를 의미하기도 한다.

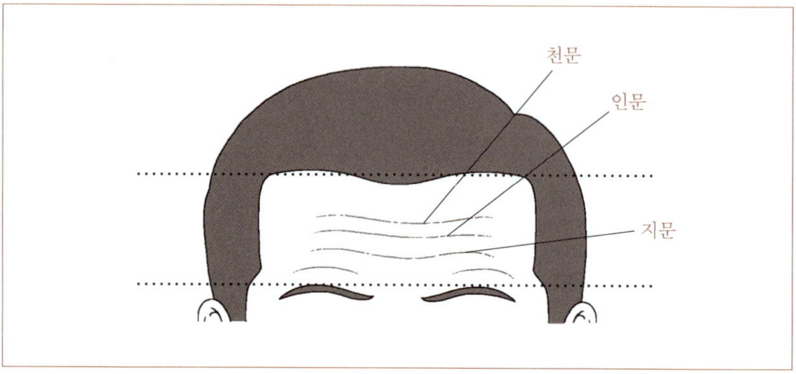

〈그림 12〉 이마의 삼문

- 삼문이 선명하고 균형을 이룬 사람은 일생 동안 큰 발전과 성공을 거두며, 의식주에 구애 없이 풍요로운 삶을 살 것이다. 천 · 지 · 인의 삼재가 갖추어져 있을 때는 의식주가 풍족하다. 그러나 삼문 끝이 아래로 처져 있는 경우는 큰 발전을 기대할 수 없고, 의식주에도 많은 어려움을 겪을 수 있다.
- 천문이 도중에 끊어진 사람은 윗사람과 의견이 잘 맞지 않고, 윗사람의 후원이나 도움을 받지 못하기 때문에 운세가 그다지 좋지 않다.
- 천문의 주름이 희미하거나 힘이 없어 보이는 사람은 자신의 든든한 배경이 되는 윗사람에게 도움을 받지 못한다.
- 천문이 선명하고 깊게 새겨져 강한 힘이 느껴지는 사람은 윗사람에게 도움을 많이 받기 때문에 운세가 강하다.
- 인문이 끊어진 사람은 일생 동안 한 번 이상 파탄破綻을 만나서 많은 고생을 한다.
- 인문이 선명하고 깊게 새겨져 있는 사람은 신분에 어울리는 복과 운이 따르므로 많은 발전을 성취한다.
- 천문이나 지문보다 인문이 특히 깊고 선명하게 새겨져 강하게 보이는 사람은 인문이 천지보다 뛰어나기 때문에 많은 발전을 이룰 상相이다. 천지보다 뛰어나다는 것은 가정을 잘 지킬 수 있다는 것이다. 관직에

있는 사람은 가정을 소중하게 생각하고 잘 지켜 승진을 잘한다.

- 지문이 끊어진 사람은 가정과 인연이 약하고, 가정이 안정하지 못하다. 또 고용자와 인연도 좋지 못하다.
- 지문의 주름이 힘이 없어 보이는 사람은 가정생활에 어려움이 많고, 풍파가 끊이지 않는다.
- 지문이 깊고 선명하게 보이는 사람은 일찍이 가정을 이루고 잘 다스려 화목할 것이다. 특히 아랫사람들의 도움을 많이 받을 수 있다.
- 항상 선명하게 이어져 있던 천문이 부분적으로 끊어지면 운세가 전반적으로 하향 곡선을 그리기 시작한다는 징조이다. 또 윗사람과 관계도 원만하지 못하다는 것을 암시한다. 마찬가지로, 선명하던 인문이 끊어져 있다면, 그 무렵부터 신상에 파탄이 발생하거나 고생길이 열려 있음을 암시하는 것이다. 또 지문이 끊어져 있을 때는 그 무렵부터 집안에 여러 가지 우환이 발생하거나 예정된 상속이 타인에게 넘어가는 일이 생기기도 한다.
- 항상 얕고 선명하지 않던 천문이 어느 때부터 깊고 선명해지면, 이는 운이 좋아지는 징조이다. 또 인문에도 같은 현상이 일어난다면 그 무렵부터 신분에 행운이 찾아오고 안정된 지위를 얻게 된다.
- 천문 위쪽에 거듭해서 천문이 나타날 때는 신분에 변화가 일어나거나 직업을 바꿀지도 모른다. 지문 아래쪽에 지문이 나타날 때는 주거住居에 변화가 있고, 이마에 세로 주름[縱筋]이 나타날 때는 어떠한 경우에도 좋지 않으므로 모든 일에 조심해야 한다.
- 이마에 주름이 많은 사람은 천 · 지 · 인의 삼문三紋을 판단하기가 매우 어렵다. 이때는 상하의 주름을 무시하고 정중앙의 주름 3개를 삼문으로 생각하면 된다. 예를 들면, 주름이 10개가 있을 때 위의 3개와 아래의 4개를 제외하고 정중앙의 주름 3개를 삼문으로 본다.

십혈十穴을 살피는 법

- 천양天陽 : 천중天中에서 손가락 4개를 붙여 얹어 놓고 그 네 번째 손가락이 있는 곳을 천양궁天陽宮이라 한다.
- 신광神光 : 천정天庭에서 손가락 5개를 붙여 얹어 놓고 그 다섯 번째 손가락이 있는 곳을 신광궁神光宮이라 한다.
- 산림山林 : 사공司空에서 손가락 7개를 헤아려서 그 일곱 번째 손가락이 있는 곳을 산림궁山林宮이라 한다.

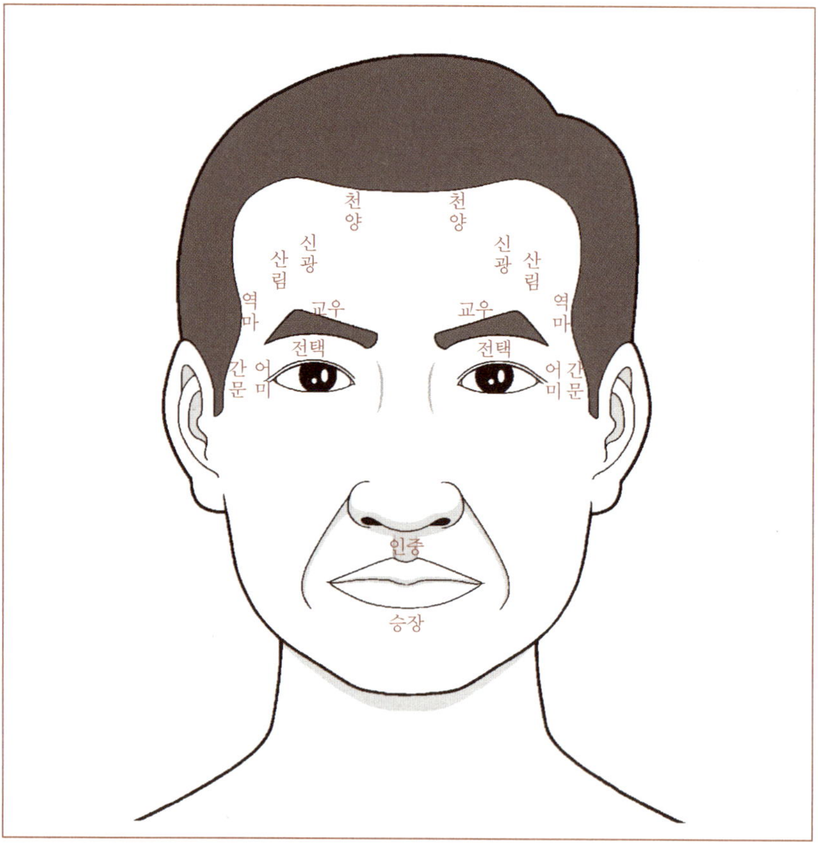

〈그림 13〉 십혈

- 교우交友 : 중정中正에서 손가락 3개를 붙여 놓고 그 세 번째 손가락이 있는 곳을 교우궁交友宮이라 한다.
- 역마驛馬 : 중정에서 손가락 9개를 헤아려서 아홉 번째 손가락이 있는 곳을 역마궁驛馬宮이라 한다.
- 어미魚尾 : 눈꼬리[目尻]에서 뒤쪽으로 5개의 손가락을 붙이고 앞의 첫 번째 손가락이 있는 곳을 어미궁魚尾宮이라 한다.
- 간문奸門 : 눈꼬리에서 두 번째 손가락이 있는 곳을 간문궁奸門宮이라 한다.
- 인중人中 : 코 바로 아래에 중지中指를 세로로 붙이고 그 손가락 아래에 해당하는 곳을 인중궁人中宮이라 한다.
- 승장承漿 : 아랫입술 아래에 소지小指를 가로로 대고 그 손가락의 아랫부분을 승장궁承漿宮이라 한다. 귀 아래에 튀어나온 뼈를 해골害骨이라 한다.
- 전택田宅 : 눈 위쪽에 뼈가 없는 부위를 전택궁田宅宮이라 한다.

이상을 십혈이라 하는데, 관상을 공부하고자 하는 사람은 책이나 스승을 통하여 이 부분을 많이 공부하고 임상을 거쳐야 비로소 자신이 타인의 관상을 볼 때 사용할 수 있다.

※ 머리 뒤쪽, 미간眉間의 반대에 해당하는 곳을 진골鎭骨이라 하는데, 이곳은 복과 운을 의미한다.

※ 귀 뒤쪽에 있는 뼈를 수골壽骨이라 하는데, 이곳은 수명을 의미한다.

십혈十穴의 상처나 점의 길흉吉凶에 대해서

- 상처[흠]나 검은 점이 희미하게 있는 것은 관상觀相을 볼 때 길흉의 기준에 포함하지 않는다. 상처나 점이 작아도 선명하고 두드러진 것을 보고 관상의 길흉을 판단해야 한다. 큰 상처는 일반적으로 관상을 판단하는 범주에 넣지 않는다. 또 마마의 흔적이 많은 것도 범주에 넣지 않지

만, 2~3개 정도가 흩어져 있는 경우는 판단의 근거로 삼아도 된다. 다만 이러한 내용은 구전口傳에는 없다.

- 천양天陽에 검은 점 또는 상처가 있는 사람은 생각지도 못한 재난을 당할 우려가 있다.
- 신광神光에 검은 점이나 상처가 있는 사람은 가정을 어지럽게 만든다.
- 역마驛馬에 검은 점이나 상처가 있는 사람은 집을 화목하게 다스릴 수 없으며, 집 때문에 여러 가지로 많은 고생을 한다.
- 산림山林에 검은 점이나 상처가 있는 사람은 부모에게 상속을 받지 못하거나, 상속을 받았더라도 산재散財하는 경우가 많다.
- 교우交友에 검은 점이나 상처가 있는 사람은 인간관계가 좋지 못하고, 손실損失하거나 재난을 당한다.
- 전택田宅에 검은 점이나 상처가 있는 사람은 부모나 조상에게 상속 받은 것을 유지하지 못하고, 가정을 어지럽게 한다.
- 어미魚尾에 검은 점이나 상처가 있는 사람은 이혼이나 재혼의 상相이고 부부 사이가 나쁘거나, 다행스럽게 잘 살고 있는 경우에도 부인이 병약할 것이다. 잘 살펴서 판단해야 한다.
- 간문奸門에 검은 점이나 상처가 있는 사람은 여성 문제로 고생을 많이 한다. 또 사람들의 원성이나 원망을 받을지도 모른다.
- 인중人中에 검은 점이나 상처가 있는 사람은 마음이 안정되어도 곧 혼란스러워 지는 상이다.
- 승장承漿에 검은 점이나 상처가 있는 사람은 음식을 싫어하는 마음이 있다. 예를 들어, 제사 음식은 배가 고파도 먹지 않는다.

십혈에 대한 길흉 판단은 '혈색' 편에서 자세히 설명하겠다(274쪽 참고).

얼굴[顔面]의 십팔혈十八穴

● 얼굴에는 관상을 판단할 때 핵심이 되는 136혈이 있기 때문에 공부하기가 쉽지 않다. 또 그 위치를 살펴보면, 먼저 음면陰面 · 양면陽面 · 음혈陰穴 · 양혈陽穴로 구분하고, 정면正面을 양면으로, 횡면橫面을 음면으로 하기도 한다. 게다가 임맥任脈의 통하는 중심선을 대양大陽, 그 좌우를 소양小陽으로 하고, 또 곧바로 옆면[眞橫]을 대음大陰, 정면으로 향한 각角을 소음小陰이라 한다.

정면 130부위의 명칭에 대해서는 대음 · 소음 · 대양 · 소양의 문자가

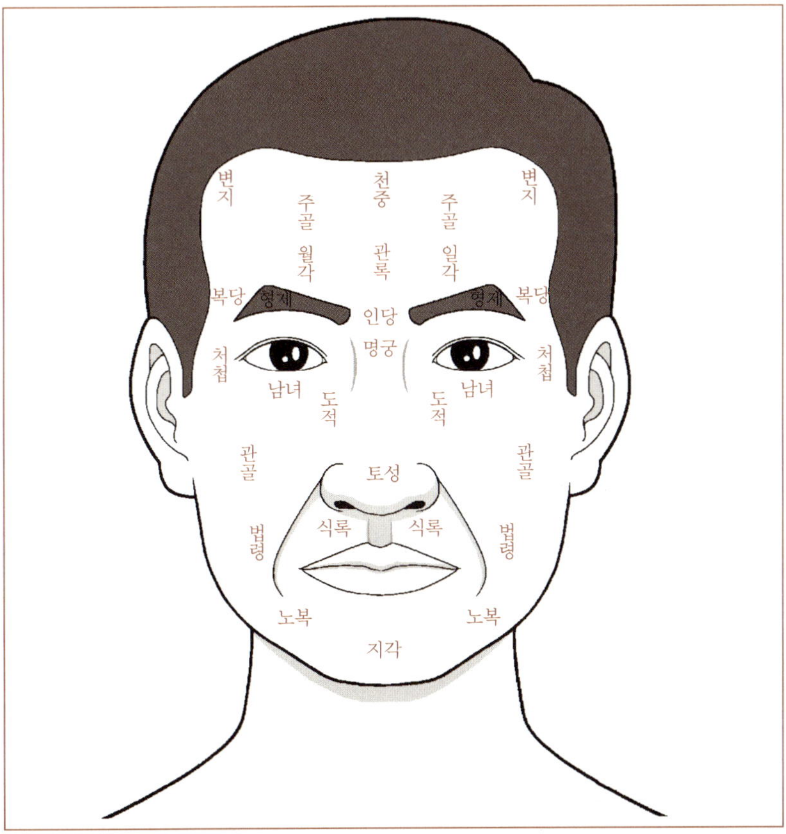

〈그림 14〉 십팔혈

가진 의미를 잘 생각하고, 양의 의미가 있는 문자를 양면으로, 음의 의미가 있는 문자를 음면으로 보고, 각각 음혈과 양혈이라 의미를 부여하고 그 내용을 잘 살펴서 판단해야 한다.

얼굴에는 천天 · 지地 · 인人이라 하여 삼재三才로 구분하는 방법이 있는데, 하늘의 의미가 있는 문자를 천天에, 땅의 의미가 있는 문자를 지地에, 사람의 의미가 있는 문자를 인人의 부위로 나누고 있으므로, 그것을 잘 생각하고 명칭에 따라서 판단해야 한다.

얼굴 130혈의 기본은 13부위라 알려진 13혈에 지나지 않는다. 천중天中에서 왼쪽으로 10개의 손가락을 갖다 대고, 그 하나하나의 손가락에 해당하는 부위를 1혈穴로, 10개를 10혈로 한다. 그 10혈을 13부위로 합하면 130혈이 된다. 다만 이러한 원리는 구전口傳에 없다.

이마를 대양으로 하고, 코를 중앙으로, 아래턱을 소양으로 나누는 방법도 있다. 또 얼굴은 음陰 중의 음陰, 양陽 중의 양陽, 양 중의 음, 음 중의 양이라는 의미가 있어서 매우 복잡하기 때문에 많은 노력을 해야 관상의 기본 이론을 알 수 있다. 자세한 것은 저마다 많이 연구하고 노력하여 통달해야 한다.

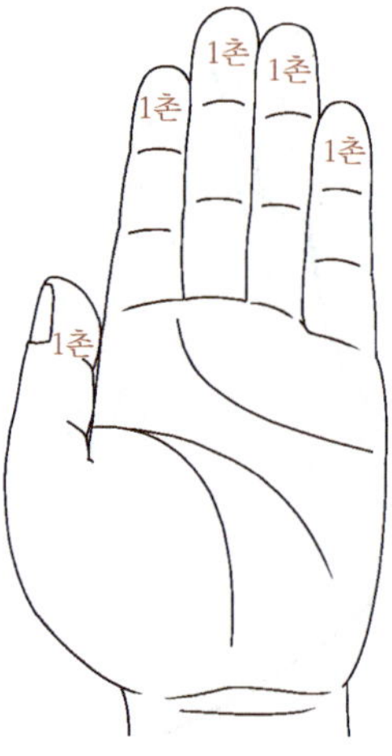

〈그림 15〉 손가락으로 촌을 세는 법

손가락으로 촌을 세는 법

- 천중궁天中宮 : 중지中指를 가로로 대면 1촌寸의 폭 안에 있다.
- 관록궁官祿宮 : 이마의 정중앙에서 중지의 1촌 사방四方 안에 있다.
- 인당궁印堂宮 : 양쪽 눈썹 사이에 엄지손가락을 가로로 댄 1촌의 폭 안에 있다.
- 토성궁土星宮 : 인당印堂 아래에서부터 코끝까지이다.

- 식록궁食祿宮 : 코 아래에 다섯 손가락을 대고, 중앙의 손가락을 뺀 나머지의 좌우 네 손가락에 해당하는 부위이다. 왼쪽을 식食, 오른쪽을 녹祿으로 구분하여 살핀다.
- 지각궁地閣宮 : 아래턱의 중앙 부위에서 인지(둘째 손가락)의 1촌 사방에 해당하는 부위이다.
- 주골궁主骨宮 : 천정天庭에서 왼쪽으로 4개의 손가락을 대고, 그 손가락의 네 번째에 해당하는 부위, 눈썹의 중앙에서 1촌 정도 위쪽 부위이다.
- 일월각궁日月角宮 : 사공司空에서 왼쪽으로 3개의 손가락을 대고, 그 세 번째에 해당하는 부위가 일각日角, 같은 방법으로 오른쪽의 세 번째 손가락에 해당하는 부위가 월각月角이다.
- 변지궁邊地宮 : 사공에서 왼쪽으로 9개의 손가락을 대고, 그 아홉 번째 손가락에 해당하는 부위이다.
- 복당궁福堂宮 : 중정中停에서 왼쪽으로 5개의 손가락을 대고, 그 다섯 번째 손가락에 해당하는 곳으로 눈썹 끝부분의 조금 위쪽에 있는 부위이다.
- 형제궁兄弟宮 : 엄지를 가로로 눈썹 위에 대고, 그 아래에 해당하는 부위이다.
- 처첩궁妻妾宮 : 눈꼬리에서 바깥쪽으로 5개의 손가락을 대고, 그 중에서 세 번째 손가락에 해당하는 부위이다.
- 관골궁觀骨宮 : 눈꼬리에서 아래로 세 번째 손가락에 해당하는 부위이다.
- 도적궁盜賊宮 : 눈초리에서 아래로 세 번째 손가락의 끝부분[指頭]이 시작하는 부위이다.
- 법령궁法令宮 : 입 끝에서 왼쪽으로 두 번째 손가락에 해당하는 부위이다.
- 노복궁奴僕宮 : 입 끝에서 아래로 세 번째 손가락의 끝부분에 해당하는 부위이다.
- 남녀궁男女宮 : 눈 아래에 뼈가 없는 부위이다.

이상의 18혈은 얼굴을 살필 때 가장 주목하여 살펴야 하는 부위이기 때문에, 유의하여 신중하게 연구하고 노력해야 한다. 위에서 언급한 혈穴들은 관상을 보는 사람의 손가락이 아니라 피관상자의 손가락으로 헤아려야 하는 것이다. 또 관상학의 고서에는 130부위가 기록되어 있는 책도 있지만, 그것을 모두 배우고 익히는 것은 매우 어렵다. 혈처를 많이 배운다고 관상을 잘 보는 것은 아니다. 위에서 언급한 18혈은 그 130부위에 다 통하는 것이다. 저자도 수년에 걸쳐서 많은 사람들을 찾아다니며 배우고 묻는 과정에서 잘못과 실수를 하며 관상을 판단하면서 이 18혈을 체득하였다. 18혈에 대한 자세한 설명은 '혈색' 편을 본다(274쪽 참고).

검은 점과 상처의 길흉吉凶에 대해서

- 천중궁天中宮에 검은 점이나 상처가 있는 사람은 윗사람과 의견이 맞지 않는다.
- 관록궁官祿宮에 점이나 상처가 있는 사람은 호사다마好事多魔, 즉 좋은 일과 동시에 장애가 따른다.
- 인당궁印堂宮에 점이나 상처가 있는 사람은 일을 시작하여 8~9할을 이룩하여 성공을 눈앞에 두어도 마침내 실패한다.
- 명궁命宮에 점이나 상처가 있는 사람은 신체가 허약하기 때문에 주의해야 한다. 또 집안에 여러 가지 어려움이 생길지도 모른다.
- 토성궁土星宮에 점이나 상처가 있는 사람은 여러 가지를 잘해도 운이 좋지 않고 고생을 많이 한다.
- 식록궁食祿宮에 점이나 상처가 있는 사람은 집안을 잘 다스리지 못하고, 가난한 경우에는 주거지를 자주 옮겨 다니게 된다.
- 주골궁主骨宮에 점이나 상처가 있는 사람은 주인이나 윗사람과 의견이 맞지 않기 때문에 주의해야 한다.

- 복당궁福堂宮에 점이나 상처가 있는 사람은 산재散財를 많이 당하고, 가정이 화목하지 못하고 혼란스럽다.
- 형제궁兄弟宮에 점이나 상처가 있는 사람은 가족과 인연이 약하고, 외국에 거주하거나 머물고 있는 가족이 있다.
- 처첩궁妻妾宮에 점이나 상처가 있는 사람은 부부의 인연이 약하고, 이혼이나 재혼을 하는 경우도 있다.
- 남녀궁男女宮에 점이나 상처가 있는 사람은 자식과 인연이 약하고, 자식이 있어도 의지할 수 없다.
- 관골궁觀骨宮에 점이나 상처가 있는 사람은 타인 때문에 고생을 많이 한다. 또 사람들에게 재난을 당하기 쉽다.
- 도적궁盜賊宮에 점이나 상처가 있는 사람은 물건을 잃어버리는 경우가 많다.
- 법령궁法令宮에 점이나 상처가 있는 사람은 부모에게 물려받은 직책이나 직업이 변하거나, 그 직업이나 직책이 자신과 맞지 않는 경우가 많다.
- 노복궁奴僕宮에 점이나 상처가 있는 사람은 믿고 의지할 만한 아랫사람이 없고, 아랫사람 때문에 손실이 많다.
- 변지궁邊地宮에 점이나 상처가 있는 사람은 외국으로 멀리 여행가는 것이 좋지 않다. 이것에 대한 자세한 설명은 '문답' 편을 본다(179쪽 참고).

천지자연의 만물이 존재하기 시작하면서 마음이 존재한다. 마음의 존재야말로 그 사람이 사람으로 존재하는 것이다. 사람의 마음과 천지의 모습[相]은 원래 하나로 둘이 아니다. 즉 이것이 '무의無意의 상相'이다. 사람에게는 사람의 모습이 있고, 모양과 형태[相]가 있으면 그것을 보는 법이 나중에 생겼다. 상相과 법法도 역시 둘이 아니다. 그러나 사람의 상은 마음에 따라서 나타나는 것이기 때문에 이것을 '유의有意의 상相'이라 한다.

관상을 공부하는 데 뜻을 둔 사람은 먼저 스승을 찾고, 스승의 가르침을 충분히 습득하여 익히고, 그 후에는 여러 가지 관상 책을 읽으면서 익혀야 한다. 또 관상을 처음 배우는 사람이 관상에 대해서 알고 싶을 때는 역시 스승을 찾아서 관상의 대강大綱을 배운 후에 많은 사람들의 말과 행동, 그 밖의 많은 사물을 관찰하기를 게을리하지 말고 거듭해서 관상을 연구해야 한다. 이것이 관상의 근본이 된다.

나는 무학無學이었지만, 해상海常 선생을 사사하여 관상의 의미를 대강 3일간 배우고, 그 후에 만물을 사람에 비교하여 생각하고 연구하였는데, 그 도리를 겨우 절반밖에 익히지 못했다. 이제 여기에 그것을 기록하여 둔다.

그 예로 두 가지만 설명하겠다.

남녀가 성교를 즐기면서 웃음이 가실 때가 있을 것이다. 왜냐하면 성교를 할 때에는 근육과 혈액이 팽창되어 정력이 방출되므로 얼굴 표정에 근심이 나타나기 때문이다. 이것은 인간의 감정이나 의지를 초월한 자연의 섭리이다.

또 수목樹木을 보아도, 어린 나무는 꽃도 아름답고 열매도 크고 맛도 좋다. 고목으로 노쇠한 나무는 열매도 작고 맛도 좋지 않다.

또한 3세의 어린 아이들이 음부陰部를 드러낼 때, 여자 아이는 음陰이기 때문에 음부를 숨기지만, 남자 아이는 양陽이기 때문에 음부를 드러낸다. 이것은 모두 천지자연의 이치에 적합한 것이고, 이것이 천지자연의 상相인 것이다.

천지자연의 모습[相]에 대해서 배우거나 익힐 수 없는 관상가는 자신을 보지 못하는 것과 같다. 자신을 보지 못하는 사람은 책을 보아도 자신에게 도움이 되지 않거나 그 내용을 유용하게 활용할 수 없다. 즉 책을 보지 않는 것과 같은 것이다. 그렇기 때문에 관상을 공부하고자 하는 사람은 먼저 자신을 알고, 그 후에 다른 사람의 관상을 보아야 한다. 관상을 공부하거나 관상을 업業으로 삼으려는 사람에게 가장 중요한 것이다.

〈상법 전편〉 2권

머리에 대해서

- 머리 형태로 마음의 심천深淺을 살펴 볼 수 있다.
- 머리가 지나치게 큰 사람은 마음을 결정하는 것이 늦기 때문에 모든 일이 8~9할까지 순조롭게 진행되어도 결국은 성취하지 못하는 것이 많다.
- 머리가 지나치게 작은 사람도 머리가 큰 사람처럼 전반적으로 운세가 발전되지 못하고, 여러 가지 일에 성공을 기대할 수 없다.
- 머리 뒤쪽이 길게 튀어나온 사람은 마음 씀씀이가 깊고, 의지가 강하다.
- 머리 뒤쪽이 튀어나오지 않은 사람은 마음 씀씀이가 부족하고, 소심하면서 변덕이 심하다.

제자가 여쭈었다.

문 "머리가 마음을 의미한다는 것은 어떠한 까닭인가요?"

답 "머리는 하늘을 기준으로 해서 원형圓形이다. 인체의 가장 높은 위치에 있고 여러 가지 양기陽氣가 모이는 곳이며, 여러 가지 사고와 감정이 활동하는 곳이므로 머리가 마음을 다스린다는 것이다. 머리가 뒤쪽으로 튀어나와 있는 것은 그 마음과 생각에 깊이가 있는 것을 의미하기 때문에, 이러한 사람은 마음 씀씀이도 깊다. 또 머리가 튀어나오지 않은 사람은 마음 씀씀이와 생각이 깊지 못하다. 즉 생각에 깊이가 없으며 소심한 사람이다. 머리가 큰 사람은 마음이 야무지지 못하기 때문에 몸을 다스리는 것이 늦어지는 것과 같다. 특히 머리가 작은 사람은 마음이 좁고, 따라서 운세의 발전을 기대하기 어려울 것이다."

정수리에 대해서

- 정수리는 고귀한 것을 간직하는 부분이며, 만물을 잘 보존하는지 아닌지를 살피는 곳이다.
- 정수리가 높고 날카로운 사람은 일생 동안 고생하며, 애교가 부족하다.
- 정수리의 살집이 풍부하면서 둥글고 높은 사람은 마음이 올바르다. 사람들 위에 서는 상相으로, 출세를 하는데, 특히 학자나 승려의 길을 걸으면 좋다.
- 정수리 중앙이 매우 낮은 사람은, 처자妻子와 인연이 약하고 고생을 많이 한다. 가정을 꾸리는 것이 늦고, 노력을 많이 해도 성공을 적게 거두는 관상이다. 그러나 조금 낮은 정도는 신경을 쓸 필요가 없다.
- 정수리 뒤쪽이 높고, 이마와 정수리가 구별되지 않고 한결같은 모양으

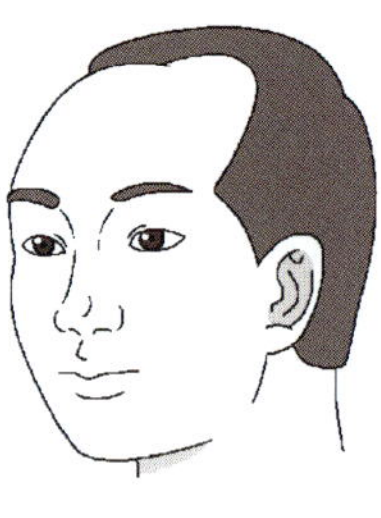

정수리 중앙이 낮은 사람은 처자와 인연이 약하고 고생을 많이 한다.

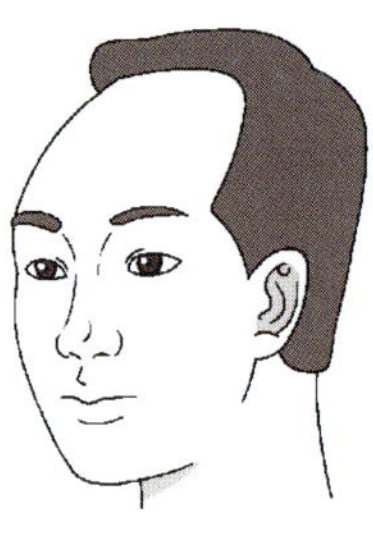

정수리 뒤쪽이 높고 이마와 정수리가 구별되지 않는 사람은 애교가 부족하다.

〈그림 1〉 정수리 형태와 운명

로 보이는 사람은, 기氣가 강하고 야무져서 애교가 부족하다. 또 집안이 혼란스러워 여러 가지 일을 원만하게 성취할 수 없다. 처자와 인연이 약하고, 고향을 떠나 타향에서 살 운명이다.

- 이마에서 정수리 뒤쪽으로 갈수록 높아지는 사람은 운세가 강하고, 자신의 신분에 맞는 복과 행운을 타고난다. 그러나 정수리에 큰 상처나 요철凹凸이 있는 사람은 따로 판단해야 한다.
- 정수리가 평평한 사람은 운세가 강하다. 위험을 만나더라도 자연스럽게 헤쳐 나갈 것이다.
- 정수리에 큰 상처나 흔적, 또는 대머리인 사람은 손윗사람과 의견이 맞지 않는다. 금은金銀과 그 밖의 어떠한 물건을 손에 넣어도 오랫동안 손에 쥐고 있을 수 없다. 좋은 사람과 가까워져도 그러한 관계를 오랫동안 지속할 수 없다. 그러나 승려들은 이에 해당하지 않는다.

제자가 여쭈었다.

문 "정수리가 고귀한 것을 간직하고 만물을 잘 유지한다는 것은 어떤 까닭인가요?"

답 "말하자면 정수리는 신체의 봉우리로서 가장 높고 청정淸淨하기 때문에 신체 중에서 고귀한 것을 간직한 곳이다."

문 "노나라 공자는 정수리 중앙이 요형凹形으로 함몰되어 있었기 때문에 일생 동안 고생하였습니다. 그러나 후에는 명성을 드날렸는데, 이것은 어떠한 까닭입니까?"

답 "공자와 관련된 다음과 같은 일화가 있다. 공자의 어머니가 자식을 낳지 못하자 탄식하면서 니구산尼丘山에서 기도하여 공자를 얻었는데 정수리 모양이 니구산과 유사하였다. 그래서 그 산의 이름을 따서 자명字名을 중니仲尼, 이름을 구丘라고 불렀다. 또 공자는 정수리 중앙이 낮았으므로 숙명적으로 고생이 많은 인생을 보냈지만, 수행修行을 하고 덕德이 풍부하였기에 나중에는 명성을 드날린 것이다. 그러나 오늘날에도 이러한 관상을 가진 사람은 일생 동안 고생을 면하지 못할 것이다. 또 처자와 인연도 약하고 가족과 인연도 희박하며, 노력은 많이 하지만 성취하는 것은 별로 없다."

문 "그렇다면 법연상인法然上人(일본 정토종의 개종자)도 후지산과 비슷하게 정수리의 중앙이 낮았기 때문에 그러한 일생을 보낸 것인가요?"

답 "나는 그의 출생과 그 밖의 자세한 것은 알지 못한다. 다만 그가 수행에 정진하고 철학을 갖춘 승려라는 것을 들었을 뿐이다."

문 "정수리 뒤쪽이 높으면서 이마와 정수리가 잘 구별되지 않는 사람은 어떻습니까?"

답 "정수리는 신체의 산山에 해당하고, 이마는 남쪽의 양陽을 담당한다. 이마와 정수리가 한 가지 모양으로 쭉 연결되어 있을 때는 산이 그 남쪽에서 떠오르는 태양[陽]을 막고 있는 것과 같다. 또 태양을 막고 있는 산이 되며, 이 산은 햇볕이 들지 않는 응달[陰]의 높은 산이 된다. 응달이면서 높은 산은 경치나 기氣가 좋지 않기 때문에 사람도 역시 그다지 좋은 것은 아니다. 그러므로 이러한 관상을 가진 사람은 마음이 날카롭고 애교가 별로 없다."

문 "이마 모양이 확실하면서 정수리 뒤쪽이 높은 사람은 어떠한 관상입니까?"

답 "남자는 남면南面하는 것이 일반적이다. 그러므로 정수리 뒤쪽이 높은 것은 하늘의 태양, 남쪽의 태양 기운이 함께 왕성하기 때문에, 이러한 사람은 당연히 전반적으로 운세가 강하다. 또 정수리는 하늘의 태양과 만물을 받아들이는 곳이기 때문에, 이곳에 요철이 있는 사람은 만물을 받아들여 저장하지 못하므로 낭비의 상相이라고 한다. 이러한 것에 대해서는 더욱 연구하여 임상을 많이 해야 한다."

문 "머리와 정수리에 큰 상처가 있거나 대머리인 사람은 어떻습니까?"

답 "정수리는 맑고 깨끗한 곳으로 귀인貴人이 머무는 곳이다. 그런데 정수리에 큰 상처가 있는 것은 귀인과 인연을 방해하는 것으로, 좋은 사람을 만나도 그 관계가 오랫동안 지속되지 않는다. 손윗사람과도 의견이 잘 맞지 않는다. 또 정수리가 둥근 사람은 신체의 산이 둥글기 때문에 자연의 기氣와 하늘의 태양 기운을 고르게 받기 때문에 길상吉相이라 생각한다. 잘 생각하여 관상에 응용하기를 바란다."

모발[髮]과 수염[鬚]에 대해서

- 머리카락이 붉은 사람은 신혈腎血이 부족하고 근기根氣가 약한 사람이다. 또 가업을 오랫동안 유지하지 못하는 상相이다.
- 곱슬머리인 사람도 신혈이 약하거나 자식과 인연이 없다. 또 가정이 혼란스럽거나 끈기와 열정이 부족한 상이다.
- 머리카락이 굵은 사람도 위와 마찬가지다.
- 머리카락이 가늘고 촉촉하면서 부드러운 사람은 자식 운이 좋고 근기도 강하며, 장수長壽한다. 또 마음 씀씀이와 생각이 깊다.
- 나이에 맞지 않게 머리털이 난 언저리가 진한 사람은 윗사람과 의견이 맞지 않고, 전반적으로 운세가 좋지 않다.
- 나이에 맞게 머리털이 난 사람은 운세가 강하다.

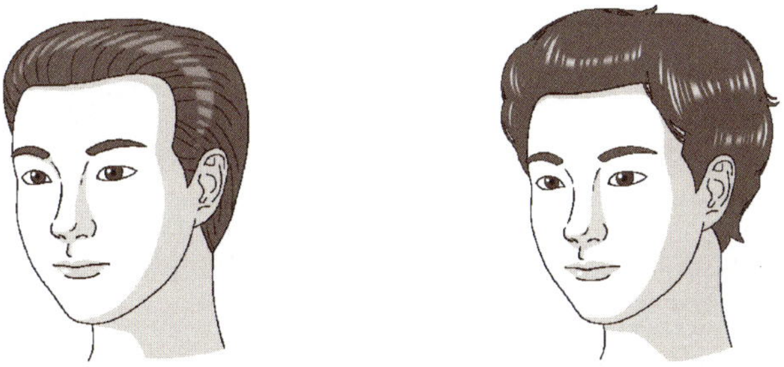

머리카락이 가늘고 부드러운 사람은 근기가 강하고, 자식 운이 좋다.

곱슬머리인 사람은 신혈이 약하거나 자식과 인연이 없으며, 가정이 혼란스럽다.

〈그림 2〉 모발 형태와 운명

- 젊은 시절부터 이마가 발달되면서 약간 벗겨진 사람은 운세가 강하고 출세도 빠르다.
- 머리털이 난 언저리에 반점이 있고 대머리인 사람은 윗사람과 의견이 잘 맞지 않고 운세도 좋지 못하다.
- 머리카락이 많고 머리털이 난 언저리가 짙은 사람은 하품下品의 관상이고, 머리카락이 적고 머리털이 난 언저리가 옅은 사람은 상품上品의 관상이다.
- 신분이 낮은 사람일지라도 머리털이 난 언저리가 젊은 시절부터 옅어지면서 이마가 벗겨질 때는 출세가 빠르다. 출세는 하지 않더라도 다른 사람 밑에 오래 있지 않는다. 또 사장의 대리인이나 지배인 등 사람을 관리하는 사람은 젊은 시절부터 머리털이 난 언저리가 옅어지는 것이 자연스러운 현상이다.
- 나이가 들어도 머리털이 짙으면서 이마가 벗겨지지 않는 사람은 재산에 손실이 있다. 또 나이를 먹을수록 운세는 기울어질 것이다.
- 항상 머리카락을 아끼거나 소중하게 다루는 사람은 신혈이 약하고 근기도 약하다.
- 이마의 머리털이 난 언저리에 가마가 있는 사람은 윗사람과 의견이 맞지 않고 모든 일이 순조롭지 못하다.
- 젊은 시절부터 백발인 사람은 신혈이 부족한 것이고, 가업을 계승하지 못하거나 자식과 인연이 약하다. 자식을 많이 얻어도 교육을 제대로 시키지 못한다.
- 콧수염에 붉은색이 나타나면 만사萬事에 어려움과 방해가 많다. 또 기력이 쇠퇴하고 정력이 결핍되어 있을 때 수염이 붉게 된다. 다만 질병을 앓고 있는 경우는 예외로 생각한다.
- 신혈이 원래 부족한 사람은 조금만 힘든 일을 하거나 피곤해도 수염이 붉어지기 때문에 주의해야 한다.
- 정력과 기력이 왕성한 사람이 갑자기 수염이 붉게 되는 때는 큰 재난을

당할 가능성이 있거나 크게 파산할 우려가 있다. 이러한 현상이 나타나면 큰 고생을 면할 길이 없으니 조심하고 또 조심해서 행동하고 생각해야 한다.

- 수염이 가늘고 푸르면서 밀생密生한 사람은 감정이 풍부하다. 신분과 나이에 맞게 복과 운이 찾아오며 정력도 강한 편이다.
- 수염이 푸르지만 듬성듬성하게 난 사람은 고생을 많이 한다.
- 수염이 적은 사람은 정력이 약하고 근기 또한 약하다.
- 머리카락 끝이 고부라지는 때는 여러 가지 일이 목적한 대로 풀리지 않고, 여러 가지 어려움을 겪게 된다.
- 수염이 많으면서 먹[墨]처럼 검은 사람은 운세가 나쁘고, 하품의 관상이다. 때로는 가정이 편안하지 못하며 부침浮沈이 많은 인생을 보낼지도 모른다.

제자가 여쭈었다.

문 "머리카락과 수염도 신체의 일부라고 하는데, 어떤 기관에 해당합니까?"

답 "머리카락과 수염은 초목草木에 해당한다고 볼 수 있다. 그것은 혈血의 싹[苗]으로서, 심장을 의미하며, 신장과 관계가 있다. 심장과 신장은 음陰과 양陽으로, 그것이 서로 유기적인 관계를 통해서 머리카락과 수염을 만들어 내는 것이다. 그러한 까닭으로 이것을 부모의 혈맥血脈이라고 하고, 머리카락과 수염을 통해서 자손의 유무有無를 알 수 있는 것이다. 또 신혈의 강약强弱을 판단할 수 있다. 혈이 마를 때는 신장 기능도 저하되는 때이고, 늙어서 혈이 부족하여 백발이 되는 것은 초목이 마르는 것과 같다. 또 혈은 신체의 물에 해당하고, 수분에 의해서 나무가 자라는 것과 같이 혈에 의해서 머리카락과 수염이 자란다고 보아도 좋다."

문 "머리카락이 굵어지는 것이 신혈이 부족하기 때문이라는 것은 왜 그렇습니까?"

답 "머리카락은 혈의 싹으로 신장과 관계가 깊다. 굵은 머리카락을 잡아당기면 펴지지 않고 끊어지지만, 가는 머리카락을 잡아당기면 끊어지지 않고 잘 펴진다. 굵은 머리카락은 신혈이 부족하기 때문에 끊어지는데, 굵은 머리카락이 생기는 것은 혈이 부족하기 때문이다. 이러한 원리를 잘 생각해 보기 바란다. 또 머리카락이 가늘면서 부드러운 것은 정력이 왕성하여 탄력이 있기 때문에 끊어지지 않고 늘어난다. 정력과 신혈은 오장육부五臟六腑를 기르는 근원이기 때문에, 그것이 강한 때는 오장육부도 건강해서 신체도 건강해지고 장수한다. 이러한 점은 앞으로 더욱더 연구해야 할 부분이다."

문 "이마 발제髮際 부위의 털이 진해지는 것은 왜 그런가요?"

답 "이마는 하늘에 대응한다. 발제 부위의 머리털이 진해지는 것은 하늘을 가리는 구름이 끼어 있는 것과 같다. 이러한 사람은 운이 좀처럼 열리지 않는다. 또 이마는 윗사람과의 관계를 의미하는 곳이기 때문에, 발제 부위가 진해지는 것은 윗사람과 관계가 좋지 못하거나 서로 의견이 맞지 않는 것을 의미한다."

문 "나이가 들어 감에 따라 머리털이 빠지고 이마가 벗겨지는 것은 어째서 그런가요?"

답 "나이가 들어 가면서 머리털이 빠지고 이마가 벗겨지는 것은, 자연과 천지 기후 흐름이 순조로운 것으로, 그 사람의 운세도 순조롭게 흐르면서 좋아지는 것이다. 또 이마 발제 부위에 얼룩이 지면서 벗겨지는 때는, 예를 들면 하늘에 어두운 구름이 모이는 것과 같다. 하늘에 먹구름이 모이는 때는 비바람이 몰아치거나 추위와 더위 등 계절의 변화가 순조롭지 못하기 때문에, 이 사람의 운세도 비바람이 부는 것처럼 좋지 못하다. 만약 젊은 시절에 이마가 벗겨지는 사람은 하늘이 맑게 개는 것처럼 출세도 빠르고 운도 빨리 열린다. 나이를 먹어도 이마가 벗겨지지 않는 사람은 구름이 끼어 하늘이 맑게 개지 않는 것처럼 운세가 열리는 것도 늦어진다."

문 "나이가 젊은데 백발이 생기는 것은 왜 그렇습니까?"

답 "혈이 부족하기 때문에 머리카락이 마르는 것처럼 된다. 그런데 백발이 되는 것은 부모의 혈맥이 단절되는 것이기 때문에, 자식과 인연이 약하고 부모에게 물려받은 가업을 유지하지 못하는 상이다."

문 "머리카락은 많은데 왠지 모르게 엷게 보이는 사람은 왜 그런가요?"

답 "머리카락은 많은데 듬성듬성하게 보이는 것은 하늘이 풍성한 것과 같은 것으로, 하늘이 풍성한 때는 사람의 마음도 자연스럽게 풍성하게 되는 것처럼 마음이 풍성하면 복과 운이 따른다고 볼 수 있다."

문 "하품의 관상이고 신분이 천한 사람은 머리카락이 짙으면서 이마를 가린 것처럼 되어 있는데, 왜 그런가요?"

답 "머리카락이 짙으면서 이마를 가린 것 같은 사람은 자신을 알지 못하는 사람이다. 그러한 까닭으로 저절로 신분이 낮게 된다. 또 관리자나 지배인처럼 어느 정도 지위에 오른 사람은 머리카락이 옅으면서 이마도 당연히 조금 벗어지기 때문에 하늘이 열려 자신의 능력을 아는 것이다. 그러므로 신분이 낮다고 해도 차츰 높은 지위에 오를 수 있다. 이것은 귀천貴賤을 불문하고 신분이 높은 사람에게도 해당하므로 잘 살펴보아야 할 것이다."

문 "푸른 수염은 길吉하고, 검은 수염은 흉凶한 것은 왜 그런가요?"

답 "수염은 혈血의 싹으로 심장은 불[火]에 대응한다. 수염이 매우 검은 것은 음陰으로 물[水]에 해당한다. 물과 불이 상극相克인 것은 당연한 것으로, 즉 물이 불을 끄는 것이 자연의 원리이기 때문에 좋지 않다는 것이다. 또 수염이 푸른 것은 나무에 대응한다. 나무는 불을 피우는 원료가 되기 때문에 길吉로 보는 것이다. 또 붉은 수염이 날 때 이것은 심장의 붉은색을 나타내기 때문에 화火의 색, 또는 혈의 색을 의미한다. 이러한 근원인 심장이 쇠약해지면 이것이 바로 수염의 색으로 나타난다고 생각해도 좋다. 그러한 까닭으로 고생하는 일이 생긴다. 위에서 설명한 것은 스스로 잘 생각해 보기 바란다. 여기에서는 간단하게 설명하였다. 이러한 내용은 구전口傳에 없다."

얼굴[顔面]에 대해서

- 얼굴은 정신精神과 신체의 꽃을 피우는 곳이므로 일신상一身上의 길흉吉凶을 살필 수 있다.
- 얼굴 정면 폭이 넓고 뒤로 갈수록 좁아지는 사람은 처자식과 인연이 희박하고, 만사萬事에 저축하는 것이 불가능하고, 일생 동안 의지할 만한 사람을 만나지 못한다.
- 반대로 얼굴이 정면보다 뒤쪽으로 튀어나온 사람은 자식과 인연이 많고, 만약 친자식이 없더라도 양자를 들여서 효도를 받는다.
- 얼굴 한가운데가 들어간[凹] 사람은 마음이 비속卑俗하지만 애교는 풍부하다.
- 얼굴 한가운데가 튀어나온[凸] 사람은 마음이 고귀하지만 애교가 부족하다.
- 얼굴의 느낌이 성급하게 생긴 사람은 마음 씀씀이도 성급하다.
- 얼굴이 후덕厚德한 느낌이 있는 사람은 마음도 후덕하다.

제자가 여쭈었다.

문 "얼굴이 정면은 넓지 않고 뒤쪽이 넓은 사람은 어떻습니까?"

답 "정면은 양陽, 횡면은 음陰이다. 이것을 음의 얼굴, 양의 얼굴이라 한다. 그러므로 정면보다 뒤쪽이 넓은 것은 음이 양을 껴안고 있는 것이라 하여, 이것을 음양陰陽 화합의 얼굴이라 한다. 그러한 까닭으로 처자식의 운이 좋은 관상觀相이라 할 수 있다. 또 음면이 양면을 껴안고 있을 때는 항상 미래에 관한 일을 준비하는 성격이기 때문에 실패에 대해 크게 걱정하지 않는다. 또 뒤쪽이 좁고 정면이 넓을 때는 음면이 없고 양면이 두드러져 있기 때문에, 이러한 관상의 사람은 마음이 활동적이며 적극적인[陽氣] 사람으로 무슨 일이든지 숨기지 않고 드러내 놓고 일하는 성격의 사람이다. 매사每事에 실수하지 않도록 신중해야 한다."

문 "얼굴 한가운데가 우묵하게 들어가 있는 관상은 어떤가요?"

답 "얼굴 한가운데는 군자이다. 그 군자의 위치가 낮은 것은 그 사람의 마음 씀씀이가 비루鄙陋하고 세속적인 것을 의미한다. 그렇지만 애교가 있는 성격이다. 고귀한 사람은 얼굴 한가운데가 낮지 않다. 그러므로 신분이 높은 사람은 마음이 고귀하지만 애교는 없다. 또 신분이 낮은 사람의 관상은 얼굴 한가운데가 우묵하게 들어가 있는 경우가 많다. 그러한 까닭으로 하품下品의 관상은 자연스럽게 애교스러운 사람이 많다. 신분이 높아도 애교가 있으면 그 주위에 신분이 낮은 사람이 많다. 이러한 내용은 잘 생각해야 한다. 여기에서는 간단한 원리만을 설명하였다."

목덜미[首筋]에 대해서

- 목덜미 형태로 장수長壽와 단명短命을 판단할 수 있다.
- 목덜미가 굵은 사람은 장수하며, 질병에 걸리는 일이 별로 없다.
- 목덜미가 가는 사람은 단명이면서 신체가 약하다.
- 목덜미는 굵어도 뒤에서 보았을 때 기운이 없고 쓸쓸해 보이면 말할 것도 없이 곧 죽을 상相이다. 만약 죽지 않더라도 큰 재난을 당할 것이다. 이러한 사람을 그림자가 없는 사람이라 한다. 그러나 본래부터 마른 사람은 목덜미가 가는 것이 좋다.
- 목덜미가 길면서 곧게 뻗은 사람은 자신의 신분에 맞는 생활을 한다.
- 목덜미가 짧은 사람, 이른바 돼지 목처럼 굵고 짧은 목을 가진 사람은

몸이 강건하고 장수한다. 또 체격이 좋고 인품도 좋은 사람이 목덜미가 굵은 돼지 목인 경우 복과 행운이 있다. 무사武士라면 지위도 올라가고 녹봉[祿]도 증가하는 대길大吉의 상相이다.

- 하품下品의 관상觀相인 사람이 돼지 목과 같은 경우 일생 동안 안락한 생활을 꿈꿀 수 없고, 좋은 사람들과 교제가 잘되지 않는다.
- 그림처럼 목뼈가 튀어나온 사람은 외고집이 있어서 다른 사람들에게 주목 받을 정도로 출세하지 못한다. 크기가 작은 것은 크게 신경을 쓸 필요가 없다.

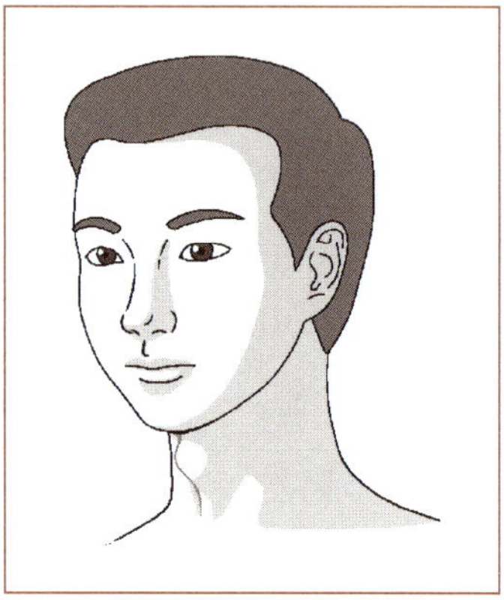

〈그림 3〉 목뼈가 튀어나온 경우

제자가 여쭈었다.

문 "목덜미가 굵은 사람이 장수한다는 것은 어떤 까닭인가요?"

답 "인간을 초목草木에 비교하지만, 사람을 나무에 비교하면 머리는 뿌리이고, 목덜미는 줄기이며, 손발은 가지이다. 수목樹木은 어릴 때부터 줄기가 굵어야 오랫동안 성장하여 큰 나무가 된다. 그러므로 사람도 목덜미가 굵은 사람이 장수하는 것이다."

문 "목덜미가 굵어도 뒤에서 볼 때 원기元氣가 없이 쓸쓸하게 보이는 사람은 말할 것도 없이 죽는다는 것은 왜 그런가요?"

답 "수목도 마를 때는 줄기에 생기生氣가 없이 적적하게 보인다. 사람도 마찬가지로 목덜미가 굵어도 원기가 없이 쓸쓸하거나 적적해 보이면 곧 가까운 시기에 죽는 것이다. 이것은 수목이 마르는 것과 같은 이치이다. 예를 들면, 마르지 않아도 태풍 등으로 크게 흔들리는 것과 같으며, 사람의 경우에는 큰 어려움에 직면하게 될 것이다. 또 줄기가 굵은 나무가 매우 튼튼한 것처럼, 사람도 목덜미가 굵은 경우에는 신체가 건강하다."

문 "옛 책에서 목 아래의 좌우에 있는 근육이나 피부가 아래로 처진 사람이 장수한다는 것은 어떤 까닭인가요?"

답 "목 주위의 근육이 아래로 처지는 것은 젊은 시절이 아니라 나이가 들었을 때이다. 젊은 시절에 목덜미에 근육이 있어서 목이 굵고, 나이가 들면 그 근육이 목 아래로 처지는 것이다. 그러한 까닭으로 목 주위의 근육이 처져 있으면 장수한다고 한다. 옛 사람도 노인들의 신체를 보고 장수하는 관상을 생각하였을 것이다. 이는 앞으로 더욱더 연구해야 할 점이다."

문 "인후咽喉 부위의 뼈가 특히 튀어나온 사람은 어떤가요?"

답 "인후의 뼈가 높은 것은 수목에 마디가 있는 것과 비슷하다. 마디가 있는 나무는 곧게 자랄 수 없다. 그러므로 사람도 고집이 매우 강하다. 마디가 있는 나무는 집을 지을 때 건축 재료로 사용하지 않는다. 이와 마찬가지로 사람도 눈에 띄지 않아 출세할 수 없다. 또 드물게 의자에 사용된다고 해도 마디가 있어 보기에 흉하여 사람들이 앉기를 꺼리듯이, 사람의 경우에도 노력은 많이 하지만 성공하는 경우는 드물다. 또 인후의 뼈가 튀어나와 있어도 신체 전체의 관상이 좋으면 발전할 가능성은 있다. 그러나 보기 싫은 절목節木은 울타리로밖에는 사용하지 않듯이, 이러한 사람은 출세를 해도 안락한 삶을 누리지 못하고 고생을 많이 하게 된다. 다만 그 사람의 인상 전체로 판단해야지 부분으로 전체를 판단해서는 안 된다. 그리고 이 부분은 앞으로 더욱더 다른 부위와 관련하여 연구해야 한다. 여기에서는 간단한 원리만을 설명하였다."

진골鎭骨에 대해서

옛날 관상서에는 침골枕骨로 되어 있지만, 나는 진골鎭骨로 바꾸었다.

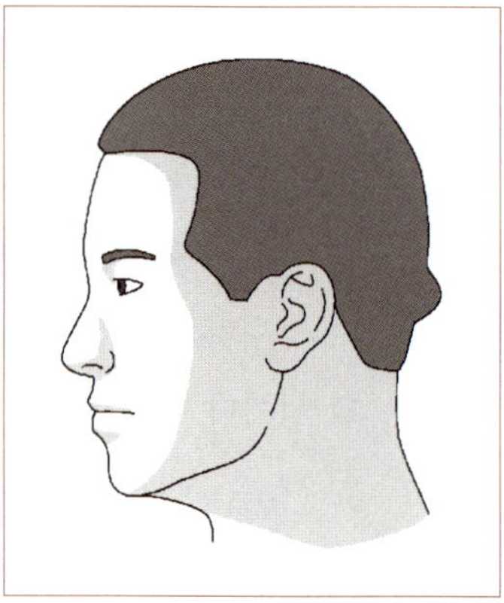

〈그림 4〉 진골이 튀어나온 경우

- 진골은 수명의 장단長短 및 복과 운의 유무有無를 살피는 곳이다.
- 진골이 튀어나온 사람은 장수長壽하고, 신분에 맞는 복과 운이 따른다. 또 위험이나 위기에 직면해도 별 어려움 없이 모면한다.
- 진골이 없는 사람은 위험이 많고 고생이 끊이지 않는다.
- 진골에 큰 상처가 있는 사람은 만사萬事에 파탄破綻이 많고 재난이 끊이지 않는다.
- 진골이 눈에 띄게 두드러진 홍법대사(일본 밀교의 개창자)의 두상頭相과 같은 사람은 평범하게 태어나도 한 번은 의사나 학자로서 명성을 얻는다. 상인에게는 적당하지 않다.
- 귀 뒤쪽에 있는 수골壽骨이 튀어나온 사람은 장수하며 운이 강하다.
- 수골이 눈에 띄지 않는 사람은 운세에 부침浮沈이 있기 때문에 끈기 있게 노력하거나 추진하지 못하는 성격이다.
- 진골과 수골이 모두 튀어나온 사람은 대길大吉의 상相이다.

제자가 여쭈었다.

문 "진골이 머리 뒤쪽에 있는 것은 왜인가요?"

답 "진鎭은 침沈이라는 의미가 있는 글자이다. 진골은 남극성南極星에 속한다. 남극성의 위치는 지평선 아래 36도에 있는데 눈에 보이지 않는다. 그러므로 머리 뒤쪽의 보이지 않는 곳에 진골이 있다. 또 남극성은 복福과 수명을 지키는 별이므로 진골이 높은 사람은 남극성이 신체의 표면에 나타나지 않는 것이기 때문에 복이 따르고 장수한다. 남극성에 큰 상처가 있을 때는 그 별이 신체를 손상시키고 있으므로 재난이 많다고 한다."

문 "귀 뒤쪽의 뼈를 수골이라 하는 것은 왜인가요?"

답 "귀 뒤쪽의 뼈는 진골로 이어지는 뼈이다. 그러므로 남극성과 연결되어 3개의 별이 된다. 그러한 까닭으로 수골이라 부르는 것이다. 이 뼈가 높이 튀어나온 사람은 장수한다. 또 진골과 수골이 함께 튀어나온 사람은 후두부를 둘러싸는 3개의 별처럼 보이기 때문에 매우 길상이다."

어깨에 대해서

- 어깨는 일생의 운세運勢와 빈부貧富의 운을 나타내는 곳이다.
- 어깨가 두터우면서 형태가 좋은 사람은 신분에 상응하는 행운이 찾아오고, 위험을 만나도 곧 벗어나게 될 것이다.
- 어깨가 얇으면서 형태가 좋지 못한 사람은 고생을 많이 하고 운도 나쁘다. 일반적으로 짐을 운반하는 일을 하지 않는 사람인데, 어깨가 짐을 운반하는 사람처럼 살집이 두터운 경우에는 부모보다 뛰어난 사람이 되어 가문을 부흥한다. 또 장수長壽하는 상相이다.
- 짐을 운반하는 일을 하지 않는데 짐을 운반하는 것처럼 어깨 모양이 좋지 않은 사람은 결국 짐을 운반하지 않는 일을 할 것이다.
- 짐을 운반하는 일을 하지 않는데도 아무리 봐도 어깨가 짐을 운반하는 것 같은 사람은 몸을 사용하지 않고서는 생계를 꾸려 갈 수 없다. 부유한 사람이라도 신체가 짐을 운반하는 사람의 모습이면, 결국 몸을 사용하지 않고서는 생계를 유지할 수 없을 것이다.
- 어깨의 살집이 얇아서 뼈가 보이는 사람은 짐을 운반하는 생활은 하지 않고, 신경을 쓸지라도 몸을 사용하지 않는다.

- 어깨의 살집이 풍성하여 뼈가 그 속에 감추어져 있는 사람은 몸을 사용하지만 신경을 쓰지 않는 하품下品의 상相이다.
- 평소 신체를 사용하지 않고 사는 사람이 어깨에 힘이 넘쳐 보일 때는 그 당시의 운세가 강하기 때문에 만사萬事가 순조롭게 진행되고 있음을 암시한다.
- 어깨를 만져 보았을 때 움츠린 듯한 형태인 사람은 자식과 인연이 약하고, 그다지 출세를 할 수 없다.
- 어깨 좌우의 어느 한쪽을 화난 것처럼 힘을 주면서 걷는 사람은 극단적으로 궁핍하지 않으며, 신분에 상응하는 복과 운이 따른다. 다만 머리를 한쪽으로 기울인 채 걷는 사람은 그렇지 못하다.
- 어깨가 부드러우면서 형태가 좋은 사람은 마음도 바르고, 사람들에게 반드시 후원을 받는다. 신분이 높은 사람을 만나서 많은 도움을 받는다. 다만 움츠린 듯한 형태의 어깨는 좋지 않다.
- 어깨가 어딘지 모르게 쓸쓸해 보이는 사람은 자식과 인연이 약하다. 또 만사에 성취하는 것이 별로 없다.
- 어깨가 딱 벌어지고 올라간 사람은 기세가 있고 야무져서 세상을 능숙하게 살아간다.
- 어깨에 기세가 없이 쓸쓸하게 보이는 사람은 고생을 많이 한다. 일반적으로 마음을 많이 쓰며 고민하고 있을 때도 이런 모습을 볼 수 있다.
- 고귀한 사람은 어깨에 살집이 얇고 골격도 부드럽게 겉으로 나타난다.
- 어깨가 벌어져 있는 듯한 사람은 한 번 실수를 해도 곧바로 회복하는 상이다.
- 하천下賤한 사람은 어깨에 살집이 많고, 골격이 숨겨져 있다.
- 밖에서 노동하지 않고 집에서 살림만 하는 사람은 어깨의 살집이 얇다.
- 데릴사위로 들어가는 사람은 어깨가 자연스럽게 위축된다. 즉 어깨가 좁다.

제자가 여쭈었다.

문 "어깨가 쓸쓸하게 보이는 사람은 왜 그런가요?"

답 "머리는 일신一身을 의미하기 때문에 마음에 대응한다. 또 어깨와 머리는 신체 위쪽에 있어서 항상 하늘의 기운을 받고 있기 때문에 태양의 기운을 자연스럽게 얻을 수 있다. 마음이 어지러울 때는 자연스럽게 하늘의 태양 순환이 나빠지고, 신체도 쇠약해져 어깨도 쓸쓸하게 보이는 것이다. 또 마음이 맑고 바른 때는 하늘의 태양이 마음에 응해서 순조롭게 순환하기 때문에 신체도 건강 상태가 좋고 어깨에 양陽의 기운이 가득 차게 된다. 어깨에 양기陽氣가 있을 때는 운세가 전반적으로 순조롭게 왕성하게 된다. 어깨 모양이 나쁜 사람은 운이 좋지 않아 어깨가 나쁜 사람이라 하고, 어깨 모양이 좋은 사람은 어깨가 좋은 사람이라 한다. 많은 사람들을 살펴보고 충분히 임상을 해야 한다. 여기에서는 간단한 원칙만을 설명하였다."

팔과 팔꿈치에 대해서

- 손은 고용인의 유무有無나 다소多少, 본인의 귀천貴賤을 살피는 곳이다.
- 왼손잡이인 사람은 사람들 위에 설 수 없다. 직원들을 많이 부려도 자신이 무엇인가를 손으로 해야 하는 성품이기 때문에 하상下相이다.
- 손은 신체에 따라 두툼하면서 길게 보이는 것이 좋다. 가족 운이 좋아 사람들에게 신뢰를 많이 받는다.
- 손끝이 조잡하고 팔에 힘이 있어 보이는 사람은, 육체 노동을 하며 사는 것이 무난할 것이다. 또 운세도 전반적으로 좋지 않다. 다만 무사武士 계통은 예외로 한다.
- 손이 무릎 정도까지 긴 것은 대단히 흉악한 인상이다.
- 손끝이 크고 팔이 짧아 보이는 사람도 위와 같이 대단히 흉악한 인상이

다. 이러한 사람은 사람을 부릴 수도 없으며, 만약 사람을 부린다고 해도 생각처럼 부릴 수 없다.

- 손의 형태가 좋고 살집이 있는 사람은 고용되는 것보다 사람들을 부리는 일을 한다.
- 손끝에 살이 적어 뼈가 보이는 사람은 손끝은 사용하지만, 몸은 사용하지 않는 즐겁고 안락한 생활을 한다. 이러한 사람은 말하자면 버드나무에 눈이 쌓여 있어도 가지가 끊어지지 않는 상相이다.
- 신분이 높은 사람은 손마디가 길고 풍성하게 보인다. 비천한 사람의 손은 마디가 짧게 보인다.
- 신분이 높은 사람이라도 손마디가 짧게 보이는 경우가 있는데, 이러한 사람들은 마음이 비천卑賤한 사람에 가깝다. 또 집을 어지럽히거나 자신의 품격을 스스로 낮추는 사람이다. 다만 무사의 경우는 예외로 하고, 이러한 무사들은 무용武勇은 있어도 학문은 없다.

제자가 여쭈었다.

문 "손으로 사람의 귀천 및 고용인의 유무를 알 수 있는 것은 어떠한 까닭인가요?"

답 "손은 신체의 좌우에 있는 것으로, 말하자면 좌청룡 우백호와 같은 신하들이다. 손은 좌청룡 우백호의 신하들에게 서로 조화를 이루는 모양이기 때문에 그 사람의 귀천이 나타난다. 손이 가지런하고 모양이 좋다면, 좌청룡 우백호의 신하를 얻는 것과 같기 때문에 그 신체도 고귀한 것이다. 손이 천하게 생겼으면 좌청룡 우백호의 신하를 얻을 수 없어서 그 신체도 비천한 것이다. 이러한 까닭으로 손을 보고 그 사람의 귀천이나 고용인의 유무를 알 수 있다. 그러나 이것은 마음의 청탁淸濁과도 관계가 있기 때문에 더욱더 많이 연구해야 한다."

문 "옛날 책에 의하면, 팔을 용과 호랑이라 하여 어깨부터 팔꿈치까지를 용이라 하고, 팔꿈치부터 손끝까지를 호랑이라 한다고 하는데, 왜 그렇습니까?"

답 "내가 아직 부족해서 지금까지 그러한 관상觀相 책은 보지 못했다. 내 관상법에서는 어깨에서 팔꿈치까지는 짧아서 힘이 강하게 보이기 때문에 호랑이로 보고, 팔꿈치에서 손끝까지는 길고 완만하기 때문에 이것을 용으로 한다. 그러한 까닭으로 용은 길고 풍부한 것이 자연스럽기 때문에 길吉로 하고, 호랑이는 짧고 힘이 강하기 때문에 길상으로 한다. 손은 좌우로 군신君臣의 관계를 유지하고 있으며, 왼쪽을 임금으로 오른쪽을 신하로 하는 것이다.[1]"

문 "왼손잡이는 어떤가요?"

답 "왼쪽은 주군主君이다. 그 주군이 스스로 신하처럼 일하는 것은 신분에 맞지 않는다. 그러므로 이 사람은 하품의 관상이라 생각해도 좋다."

문 "남자는 오른쪽을 오른팔이라 하는 것은 왜 그렇습니까?"

답 "왼쪽은 주군이므로 그 주군을 도와서 일하는 것은 오른쪽이다. 오른쪽의 신하가 많은 활동을 하는 까닭으로 오른쪽을 오른팔이라 하는 것이 자연스럽다."

문: "촉蜀의 유현덕은 손이 무릎에 닿을 만큼 팔이 길었다고 하는데, 어떤가요?"

답 "촉의 유현덕은 손이 길어 무릎을 지날 만큼 길었다고 하지만, 그것은 손이 긴 것이 아니라 신체에 비해서 길어 보인 것이다. 손이 신체에 비해서 길게 보일 때는 좌우에 용과 호랑이의 신하를 얻을 수 있다는 것이다. 그러므로 유현덕의 손이 길다고 하였을 것이다. 이상으로 위에서 설명한 내용들을 잘 생각하여 연구를 반복하여 실전에서 사용하기를 바란다."

---

1 군신에 대해서 여성은 반대로 보면 된다.

가슴에 대해서

- 가슴은 마음을 간직하고 있는 곳이고, 육근(六根 : 眼 · 耳 · 鼻 · 舌 · 身 · 意)이 모이는 장소이므로 가슴으로 마음의 귀천貴賤을 살필 수 있다.
- 가슴이 넓고 발달된 사람은 마음 씀씀이가 사려 깊고 너그러우며 정신력도 강하다.
- 가슴이 좁은 사람은 마음에 여유가 없으며 무슨 일이든지 성급하게 처리한다.
- 가슴의 살집이 빈약하여 뼈가 드러나 보이는 사람은 신체가 약하고, 어떠한 일을 해도 운이 좀처럼 열리지 않고, 열정이나 끈기가 부족하다. 그러나 노인은 이러한 범주에 넣지 않는다.
- 앞가슴, 즉 명치 부위가 높게 발달된 사람은 마음이 안정되지 못하고 초조해하거나 감정이 정체되며, 일반적으로 끈기와 인내가 부족하다. 하지만 골격이 발달하고 신체가 튼튼한 사람이나 운동선수 등은 명치 부위가 튀어나와 있어도 이러한 범주에 넣지 않는다.
- 명치 부위의 응어리가 부드러운 정도에 따라 자연스럽게 마음도 여유가 있으면 풍족하게 되며 감정도 밝아진다. 기운이 맑고 밝아지면 운도 차츰 열린다.
- 명치가 높은 사람은 도량度量이 좁다. 명치가 부드러운 정도에 따라 도량이 넓어지고, 도량이 넓은 정도에 따라 운이 자연스럽게 열릴 것이다. 그러한 까닭으로 명치 부위가 딱딱하게 긴장되어 있으면 운이 트이지 않는다. 그러나 이러한 문제는 모두 자기 자신에게 있는 것이기 때문에 잘 생각해야 한다. 기존의 관상학 이론에는 없는 것이다.

제자가 여쭈었다.

문 "가슴이 넓고 전체적으로 발달된 사람이 마음에 여유가 있는 것은 왜 그런가요?"

답 "가슴은 신神이 머물러 있는 곳으로, 넓고 깨끗하게 정리정돈이 되어 있을 때 신이 그곳에 머물러 계신다. 그와 같이, 육근도 그 신에 따르니 자연스럽게 마음이 넓고 여유가 생기는 것이다."

문 "가슴의 살집이 빈약하여 뼈가 나타나는 사람이 정신력이 약한 것은 왜 그런가요?"

답 "살집이 빈약하고 뼈가 나타날 때는 신이 머물고 있는 궁宮이 쇠약해지는 것과 같기 때문에 정신력도 당연히 약해지는 것이다."

문 "명치의 좌우가 높고, 응어리가 있는 사람은 어떤가요?"

답 "간肝의 기운이 여기에 모여서 가슴을 막기 때문에 감정도 정체되는 것이다."

문 "사람의 힘은 어디에 있으며, 어디에서 나오는 것입니까?"

답 "사람의 힘은 배에 있다. 배는 신장에 해당한다. 그러한 까닭으로 배가 작을 때는 신장의 기운이 쇠약해져 당연히 힘이 약해지는 것이다. 간의 기운도 같은 원리로 힘의 원천이 되므로 간의 기운이 성할 때는 힘도 강한 것이다. 이러한 내용은 더욱더 분석하고 임상해야 할 것이다."

유방乳房에 대해서

- 유방으로 자손의 유무有無를 살펴보고, 자손의 선악善惡을 알 수 있다.
- 유방이 작은 사람은 자식과 인연이 약하고, 자식이 있다고 해도 의지할 수 없다.
- 유방의 좌우 크기가 차이가 있는 사람은 자식과 인연이 약하다.
- 유방이 위를 향하는 사람은 자식과 인연이 좋다.
- 유방이 아래를 향하는 사람은 자식과 인연이 약하고, 자식이 있다고 해도 의지할 수 없다.
- 유방에 검은 점이나 상처가 있는 사람은 자식과 인연이 약하다.

- 유방에 털이 난 사람은 자식과 인연이 약하고, 양자를 맞이하게 된다.
- 유방의 좌면座面이 넓은 것이 길상吉相이며, 윤택한 것이 좋다.
- 유방의 살집이 풍만하고 탄력이 있는 것이 길상이다.
- 유두 주위가 검붉은 것이 길상이다. 젖은 동체胴體에서 음양陰陽을 나타내는 것이며 좌우에 다소 차이가 있어도 좋지만, 그 밖의 것에 대해서는 임상과 연구를 많이 해야 할 것이다. 이러한 내용은 구전口傳에 없다.

제자가 여쭈었다.

문 "유방을 보고 자손의 유무를 판단하는 것은 어떠한 원리에 의한 것입니까?"

답 "유방은 동체에서 일월日月이며, 비장의 싹이다. 게다가 비장은 토土와 같은 것으로 만물을 생육하는 만물의 근본이다. 즉 자식은 자신의 몸에서 태어나며, 유방은 그 자식을 기르는 것이다. 그러한 까닭으로 유방의 좋고 나쁨을 통하여 자손의 유무를 판단할 수 있다. 또 남녀가 함께 자식을 잉태하고 있을 때 그 젖을 위해 먹는 음식물에 신경을 써야 하지만, 그러한 배려와 주의가 없으면 자식을 기를 수 없다. 하늘이 인연 없는[無緣] 사람을 태어나게 하지 않는다는 것은 이 도리를 언급한 것이다. 잘 생각해 보기 바란다."

문 "유방이 작은 사람은 자식과 인연이 약하다는 것은 왜 그렇습니까?"

답 "젖은 자식을 담당하는 것으로, 즉 아이들을 기르는 것이기 때문에 유방이 작은 사람은 자식을 기르는 데 어려움이 많아 자식과 인연이 약하다고 한다."

문 "유방이 위를 향한 사람이 아이에게 인연이 있다는 것은 왜인지요?"

답 "유방이 위를 향한 사람은 하늘로부터 자식을 맞이하는 모양이기 때문에 자식과 인연이 있다고 한다."

문 "유방에 털이 있는 사람이 양자를 맞이한다고 하는 것은 어떤 이유입니까?"

답 "털은, 즉 혈맥血脈이다. 혈맥(털)은 자손을 담당하는 유방에 후천적으로 갖다 붙이는 모양이므로, 즉 젖의 혈맥을 보충하는 것이다. 그러므로 양자를 맞이한다고 한다. 이러한 내용은 주의 깊게 생각해야 한다. 또 유방에 점이나 상처가 있으면 자손을 담당하는 부위에 장애가 있는 것을 암시하므로 아이와 인연이 약하다."

문 "유두 주위가 검붉은 것은 왜 길상인가요?"

답 "흑黑은 음이고, 적赤은 양이다. 그 음양의 색이 자손을 담당하는 곳에 나타나 있으므로 길상이라고 한다. 잘 살펴보기 바란다."

복부腹部에 대해서

- 배는 신체의 강약強弱, 또는 일생의 재운과 복을 살피는 곳이다.
- 배가 크고 적당히 나오고 풍만한 사람은 신분에 상응하는 복과 운이 따르며, 질병에 쉽게 걸리지 않는다.
- 배가 작아서 아량雅量이 없는 것처럼 느껴지는 사람은 신체가 약하고, 마음도 초조해하거나 성급하기 때문에 복과 운이 적다.
- 배가 홀쭉하여 없는 것처럼 보이는 사람은 복과 운은 타고나지만 단명短命한다. 만약 장수長壽하면 자손이 상속을 하기가 어렵다. 이러한 때는 음덕陰德을 쌓아야 하는 것이다.
- 부모가 재운과 복을 많이 타고났는데도 배가 없는 것처럼 보이는 사람은 재산을 잃는다. 만약 재산을 유지할 수 있다면 신체적으로 건강이 좋지 않다. 이러한 경우에도 음덕을 쌓아야 좋지 않은 일이 조금이라도 해소된다. 이러한 내용은 구전口傳에 없다.
- 배가 없는 듯이 보이는 사람도 때로는 배가 크거나 풍만해지는 경우가 있다. 그것은 그 무렵부터 여러 가지 사업이나 하고자 하는 일이 순조롭게 진행되기 시작하고, 오랫동안 병석에 누워 있었더라도 곧 회복된다.

- 배의 형태가 좋지 못할 때는 돈을 많이 벌지 못하고, 만사萬事가 순조롭게 진행되지 않는다. 그러나 형태가 좋게 변하면 만사가 순조롭고 운명도 좋아진다.
- 명치 부분이 발달되고 배가 작을 때는 마음에 미혹迷惑함이 있어 여러 가지 일이 안정되지 않는다. 또는 명치 부위가 작아지거나 배가 커지는 때가 있는데, 이러한 때는 여러 가지 일이 모두 만족할 정도로 성취되고 있음을 암시한다. 잘 생각해 보기 바란다.
- 뱃가죽이 얇을 때는 돈을 버는 것이 불가능하고, 만사에 순조롭게 운이 열리지 않는다. 뱃가죽이 얇은 사람이 돈을 많이 벌 때는 단명한다. 또 장수하면 신체에 큰 변화를 피하기 어렵다. 잘 생각해서 몸을 놀려야 한다. 이러한 내용은 구전口傳에 없다.
- 뱃가죽이 얇은 사람이 때로는 두터워질 때가 있다. 그 무렵부터 운이 열리면서 신분에 상응하는 돈이 들어오며, 환자는 쾌유할 것이다.
- 뱃가죽이 얇을 때는 배가 작고, 배가 커지면 뱃가죽도 두터워지는 것이 일반적이다.

제자가 여쭈었다.

문 "배를 보고 신체의 강약과 일생의 빈부를 알 수 있는 것은 왜 그렇습니까?"

답 "배는 물과 같아서 신장腎臟에 속한다. 신장은 오체五體를 기르는 근원이기 때문에 일생 동안 행복을 가져오는 것으로, 말하자면 오체의 보물이며 일생의 복이다. 그러므로 복과 재운을 알 수 있는 것이다. 또 배는 오체의 근원根源이기 때문에 배가 작은 사람은 신체가 허약하고, 큰 사람은 신체가 튼튼한 것은 당연한 것이다. 그런 까닭으로 배를 보고 신체의 강약을 알 수 있다."

문 "배가 작으면서 거의 없는 듯이 보이는 사람이 마음이 초조해지거나 성급한 것은 왜 그렇습니까?"

답 "배는 신장의 근원으로 물에 해당한다. 그러므로 배가 없는 것처럼 보이는 것은 물이 없는 것으로, 물이 없을 때는 자연스럽게 마음의 화火가 흥분되어 마음이 급해지거나 초조해지는 것이다."

문 "명치가 높고 배가 작은 사람이 때로 명치가 낮아지면서 배가 커지면 만사에 만족할 만한 것을 성취한다는 것은 어떠한 이유에서입니까?"

답 "간장肝臟의 힘이 왕성해지면 심장이 흉곽에 막혀서 명치가 높아지게 된다. 그것이 때로는 명치가 낮아지면서 배가 커지는 것은 마음이 단전丹田으로 내려가 안정되는 때이다. 마음이 단전에서 안정될 때는, 즉 인간 사회가 좋게 보이는 때이고, 인간 사회가 좋게 보이는 때는 천지자연과 일체一體가 되는 것이 가능하므로 만사에 만족할 만한 일을 성취하는 것이다. 잘 생각해 보고 연구하기 바란다."

문 "배의 삼임三壬이란 무슨 뜻인가요?"

답 "배의 삼임이라는 것은 배가 풍만하면서 둥근 것으로, 명치 아래에 물결과 같은 줄기로 3개의 근육이 나타나는 때를 가리키는 말이다. 배가 풍만하면서 둥근 때는 물의 형태에 해당하는 것이므로 명치에 파도와 같은 근육이 생긴다. 배의 삼임이 나타나는 때는 운세가 매우 좋아지며, 만약 어떤 피해가 있더라도 그 피해는 최소한으로 줄어들게 된다."

배꼽에 대해서

- 배꼽으로 신체의 강약強弱과 일생의 재복과 운을 알 수 있다.
- 배꼽 모양이 야무진 사람은 몸이 튼튼하다.
- 배꼽 모양이 야무지지 못한 사람은 근기根氣가 약하고 운세도 좋지 않다.
- 배꼽이 깊은 사람은 의지가 강하고 신분에 맞는 복과 운이 따른다.
- 배꼽이 깊어도 위축된 것처럼 힘이 없는 사람은, 그 당시의 근기가 쇠약하거나 모든 일이 순조롭게 진행되지 않는 등 정체되는 것이 많은 것을

암시한다. 노인의 경우는 예외로 한다.

- 배꼽이 위쪽에 있는 사람은 재능이 풍부하여 생활이 어렵지 않다. 다른 사람 밑에서 일하지 않는다.
- 배꼽이 아래쪽에 있는 사람은 출세나 발전이 없으며, 마음이 소심하고 어리석다. 일생 동안 고생을 많이 하고, 다른 사람 위에 설 수 없다.
- 배꼽이 큰 사람은 신체가 튼튼하고 마음이 너그럽다.
- 배꼽이 작은 사람은 근기가 약하고 만사萬事에 정체되는 일이 많다.
- 배꼽이 얕은 사람이 때로는 깊어지는 경우가 있는데, 배꼽이 깊어질수록 운세가 좋아지고, 환자는 완쾌한다.
- 배꼽이 얕은 경우에는 운이 열리지 않으며 마음도 안정되지 않는다. 잘 생각해서 임상하기 바라며, 이러한 내용은 구전口傳에 없다.
- 배꼽이 위를 향하는 사람은 재능이 풍부하다.
- 배꼽이 아래를 향한 사람은 여러 가지 일이 안정되지 않으며 산재散財가 많다.

제자가 여쭈었다.

문 "배꼽은 무엇에 대응하고 무엇을 의미합니까?"

답 "배꼽은 오체五體의 중심 지점이고 정신력이 집중되는 곳이다. 그러므로 신체의 강약이 나타나고, 일생의 빈부와 운의 좋고 나쁨이 나타난다. 또 배꼽 형태가 야무지지 않은 사람은 오체의 근원根元이 좋지 못하므로 신체가 허약한 것은 당연한 것이다. 잘 생각해서 판단해야 한다."

문 "배꼽이 위쪽에 있는 사람은 왜 어리석지 않습니까?"

답 "배꼽이 위에 있을 때는 신체의 근원이 양성陽性임을 나타내고 밝은 방향을 향하기 때문에 어리석지 않다."

문 "배꼽이 큰 사람은 어떻습니까?"

답 "배꼽이 큰 사람은 오체의 근원이 강하고 크기 때문에 신체도 강하고 건강한 것이다."

문 "배꼽이 아래를 향한 사람은 왜 여러 가지 일을 성취할 수 없습니까?"

답 "배꼽은 몸의 중심에 있기 때문에 일생의 복과 운을 의미한다. 때문에 배꼽이 아래를 향하는 것은 몸의 중심, 일생의 복과 운을 땅으로, 즉 아래쪽으로 이동시키기 때문에 만사를 성취하기가 어렵다고 보며, 산재하기 쉬운 관상觀相이다."

문 "얕은 배꼽이 깊어지는 경우, 그 무렵부터 운이 좋아진다는 것은 어떤 이유입니까?"

답 "얕은 배꼽이 깊어지는 때는 오체의 뿌리가 강해지는 때이며, 배꼽 형태도 야무지게 보이는 때이므로 이 무렵부터 운세가 차츰 좋아진다. 환자들도 쾌유하고 일반적으로 생활의 기본이 안정되어 장래도 안정된다. 그 밖의 자세한 것은 각자 임상하기 바란다. 여기에서는 원칙만을 설명하였다."

허리에 대해서

- 허리에서 엉덩이의 사이는 단전丹田 아래에 있어서 사람들의 마음을 간직하고 있는 성곽이다. 그러므로 이곳을 통하여 마음이 움직이는 것과 집의 안정도를 살필 수 있다.
- 허리에서 엉덩이의 사이가 가늘고, 허리가 없는 것처럼 보이는 사람은 마음을 간직하는 성곽이 없는 것과 같으므로 좀처럼 마음이 안정되지 못하고 신분도 안정되지 못한다. 자식과 인연도 약하고 이혼이나 재혼을 하는 관상觀相이다.
- 허리에서 엉덩이의 사이가 모양이 좋고 풍만하게 생긴 사람은 마음이 단전의 성곽에 안주하고 있는 것과 같아 자연스럽게 마음도 너그럽고 신분도 높아지고, 그에 상응하는 복과 운이 따른다. 잘 생각해서 응용하

기 바란다. 이는 고전에는 없는 내용이다.

- 허리에서 엉덩이 사이의 살집이 지나치게 많아 보기에 흉한 사람은 하품下品의 관상이지만, 정신적으로 편안함을 꾀하는 성격이다.
- 일반적으로 말하는 하인의 엉덩이처럼 크고 뒤쪽으로 튀어나온 엉덩이를 가진 사람은 일생 동안 다른 사람 위에 설 수 없으며 안락한 생활 또한 할 수 없는 매우 좋지 않은 관상이다.
- 일반적으로 버들가지처럼 날씬한 미인의 허리[柳腰][2]를 가진 사람은 접객업에 종사하여 자연스럽게 가정을 파괴하거나 파산한다. 또 여자를 좋아하는 경향이 있다. 잘 생각해서 판단하기 바란다.

남자의 생식기에 대해서

- 남자의 생식기는 정력의 강약強弱과 자손의 유무有無를 살피는 곳이다.
- 포경인 생식기는 불구이다. 남자의 생식기는 사람의 싹을 틔우는 곳이기 때문에 피부가 덮여 있는 것은 매우 좋지 않은 상相이다. 이러한 경우에는 자식과 인연이 빈약하고, 음부陰部 장애이기 때문에 여난女難을 당할 우려가 있다.
- 생식기 끝이 특히 가는 사람도 불구이다. 역시 음부 장애이기 때문에 자

2 유요柳腰는 가늘고 유연한 허리로, 미인을 비유하여 사용하는 말이다. 역자譯者가 지금까지 봐 온 바로는 접객업에 종사하는 사람은 말년이 외롭거나 불행하거나 단명인 사람이 많은 듯하다. 정욕[水]에 빠지면 정기精氣를 젊은 시절부터 다 써버려서 초목이 마르거나 시든 것 같은 인생을 보내는 경향이 많다. 접객 업소를 자주 찾는 사람은 이성에게도 빠지는 경향이 있어, 수난水難의 상을 근본적으로 갖추고 있기 때문에 물(바다 · 강 · 화장실 · 목욕탕 · 수영장)에서 사고를 당하기 쉽다. 정욕[性慾]이 강하다는 것은 신장을 포함한 비뇨 · 생식기의 기능이 활발한 것을 암시하지만, 그러한 증거로 그러한 사람은 반드시 수안(水眼 : 도화안桃花眼으로 눈물을 글썽글썽하는 눈)을 가지고 있으며, 눈이 물속에 빠져 있는 느낌이 있다. 서양 의학의 관점에서 보면 신장과 수안, 성욕의 관계를 이해하기 어렵지만, 임산부의 눈을 잘 관찰해 보면 그것이 사실임을 곧 이해할 수 있을 것이다. 임산부는 아이를 임신하고 있어서 생식기의 기능이 활발하게 활동하여 눈이 평소보다 수분이 많아 반짝반짝 빛나는 것을 볼 수 있다. 생식기, 즉 성욕의 기능이 활발한지는 눈에 어려 있는 물기 상태로 판단할 수 있다. 물[水]에 빠지는 여성은 대부분 미인이며, 얼굴은 둥글거나 턱이 날카로운 느낌으로 하정(인중부터 턱까지)이 빈약한 경우가 많다.

식과 인연이 약하고 여난을 당한다.

- 생식기가 큰 사람은 정력이 강하고 마음도 매우 너그러우며 성욕이 강하다. 그러나 지나치게 큰 사람은 불구이며 여난을 당한다.
- 남근이 작은 사람은 정력이 약하고 마음이 성급하거나 초조해하는 경향이 많다. 또 대수롭지 않은 일에 잘 놀라는 소심한 사람이다.
- 생식기 끝(귀두)이 큰 사람은 신기腎氣가 강하고, 자식과 인연이 약하고 이혼이나 재혼을 할 상이다.
- 생식기가 위쪽으로 휘어 있는 사람은 정력이 약하고 소심하다. 끈기와 열정도 약하기 때문에 처자식과 인연도 약하다.
- 생식기가 아래로 휘어 있는 사람은 자식과 인연이 약하고, 처와 인연도 나쁘다.

제자가 여쭈었다.

문 "남자의 생식기로 신기의 강약이나, 자손의 유무를 판단할 수 있는 것은 왜 그렇습니까?"

답 "남자의 생식기는 신기가 유회遊会하는 관官이다. 그러므로 신체의 꽃이라 한다. 남근에 신기가 잘 통하는 동안은 일신一身에 자연스럽게 꽃이 피는 것과 같고, 반대로 늙어 신장이 심약해지거나 생식기에 기가 통하지 않으면, 자연스럽게 일신에 꽃이 피지 못한다. 따라서 남자의 생식기로 신기의 강약과 자손의 유무를 살필 수 있다."

문 "남자의 생식기는 무엇에 응하는 것입니까?"

답 "남자의 생식기는 라후성羅睺星에 속한다. 그러므로 '라羅'의 속칭이 있다. 음문陰門은 계도성計都星에 속하고, 계計의 명목이 있다. 구요점九曜占에서 남자는 라후성, 여자는 계도성에서 운명이 시작하는데, 이것은 천지자연의 이치이다. 또 남자의 생식기가 위쪽으로 휘는 사람은 태어났을 때부터 양기陽氣가 지나치게 강하기 때문에 신기가 약하다. 그러므로 심화心火가 흥분되어 자연스럽게 생식기가 위를 향하게 된다. 즉 항상 양기가 왕성하기 때문에 마음이 초조한 것이다.

반대로 태어날 무렵부터 음기陰氣가 강한 사람은 생식기가 자연스럽게 아래로 휜다. 그러므로 항상 성질이 음침하기 때문에 발전하지 못한다. 이러한 것에 대해서는 연구를 충분히 해야 한다. 생식기가 위쪽으로 휘어 있는 사람이 음문과 화합하는 경우에는 정액이 밖으로 새는 경향이 있으므로 임신하기가 어려워 자식과 인연이 약하다."

문 "생식기가 작은 사람은 마음이 안정되지 못하여 안절부절못한다는 것은 왜 그렇습니까?"

답 "생식기가 작은 사람은 신기가 약하기 때문에 간장肝臟의 기운이 왕성하게 되어 마음이 초조한 것이다. 더 자세한 것은 충분한 연구와 임상을 통해서 살펴보아야 한다. 여기에서는 기본 원리만 설명한 것이다."

넓적다리(허벅지)에 대해서

- 넓적다리는 단전丹田의 좌우에서 뻗어나가기 때문에 손발의 신하臣下라고 한다. 그러므로 넓적다리로 신하나 아랫사람의 유무有無를 살필 수 있다.
- 앉은 상태에서 무릎이 튼튼하면서 모양이 좋은 사람은 신하의 관성官成이라 한다. 예를 들면, 혼자 있어도 아랫사람을 부리는 관상으로, 다른 사람 밑에는 들어가지 않는다.
- 정좌正坐하였을 때 무릎에서 양기陽氣가 뿜어져 나올 때는 신하의 관官이 왕성한 것으로, 당시의 운세가 좋아 힘이 되는 아랫사람이 있다고 하여 대길大吉의 상相이다. 반대로 정좌하였을 때 무릎에 양기가 없는 사람은 신하의 관이 쇠퇴하고 있는 것이다. 전반적으로 운세가 약해져 힘이 되는 부하가 없음을 암시한다. 또 가정이 안정되지 못하고 어지러울 때는 반드시 아랫사람(하인)을 둘 수 없지만, 이것은 신하의 관官이 먼저

쇠퇴하는 것이다.

- 무릎에 살집이 풍부한 사람은 길상吉相이다.
- 무릎에 살집이 빈약한 사람은 신하의 관성이 없는 것으로 큰 변화를 일으키는 일은 좋지 않다. 만약 아랫사람이 많은 경우에는 단명短命한다.
- 무릎에 살집이 풍부해도 자세가 바르지 못하고 모양이 나쁜 것은 길상이 아니다.

발에 대해서

- 발은 신체 하부에 있는 아랫사람, 즉 부하의 관官에 속한다. 그러므로 신체의 상부 전체를 보호하고 지지하는 역할을 한다. 또 군주가 바를 때 백성들이 풍족한 삶을 사는 것처럼, 마음이 바른 사람은 발도 모양이 좋고 살집도 풍부하다. 마음이 천박한 사람은 발도 모양이 좋지 않고 천박한 느낌이 있다.
- 발의 종아리 부위가 말라 보이는 것처럼 살집이 나쁜 사람은 정신력이 약하고 신체도 약하다.
- 다리가 가늘고 외로운 느낌이 있는 사람은 신체가 약해서 끈기와 열정이 부족하다. 또 아랫사람의 관이 쇠퇴하고 있음을 암시한다.
- 다리가 가늘어도 양기陽氣가 뿜어져 나오는 것처럼 보이면 아랫사람의 관이 왕성하다고 생각해도 좋다.
- 다리가 굵고 힘주어 서 있는 느낌이 있는 사람은 오체五體 내부에 노복奴僕의 관이 군림하고 있는 것과 같기 때문에 하품下品의 상相이다. 당연히 사람들 위에 설 수 없다.
- 의복을 입은 상태에서 허리부터 아래쪽이 풍만하고 자세가 바른 사람은 가업이나 재산을 상속 받거나 덕德이 있다. 또 가문을 부흥시킬 수 있다.

- 종아리 부위가 살집이 풍부하고 모양이 좋은 사람은 신분에 상응하는 복과 운이 따른다.
- 종아리 부위가 살집이 많은 사람은 훌륭한 사람과 사귈 수 없는 하품의 상이다.
- 발등이 높은 것은 좋지 않다. 반대로 너무 낮은 사람도 좋지 않다.
- 발이 특히 큰 사람은 집안일로 고생을 많이 한다.
- 발이 작은 것은 좋지 않다.
- 발이 길지도 않고 짧지도 않고, 굵지도 않고 가늘지도 않고, 크지도 않고 작지도 않고, 그 신체에 따라 살집이 적당히 풍부한 것이 길상吉相이다.
- 발가락은 목木 · 금金 · 수水 · 화火 · 토土라는 땅의 오행五行에 속한다.
- 잘 발달된 발가락은 땅의 오행이 풍부한 것과 같아 길상이고, 신분에 맞는 복과 운이 있다.
- 발가락이 특히 긴 것은 땅의 오행이 단단하지 않은 것처럼 좋지 않다. 여러 가지 일을 하는 데 막히는 부분이 많다.
- 발가락이 특히 짧은 것은 땅의 오행이 약한 것을 의미하기 때문에 이 역시 좋지 않은 상이다. 가정의 인연이 약하고 고생을 많이 한다.
- 발가락이 모두 떨어져 있는 것은 땅의 오행이 나누어져 있는 것과 같아 좋지 않다. 가정이 불안정하고 가족과 의견도 맞지 않는다.
- 엄지발가락의 사이가 넓은 사람은 부모와 인연이 약하고, 새끼발가락이 벌어져 있는 사람은 자식과 인연이 약하고 자식이 있어도 의지할 만한 자식이 아니다. 자세한 것은 뒤에서 보충 설명하겠다.

〈상법 전편〉 3권

몸의 삼정三停에 대해서

- 머리는 둥글기 때문에 하늘에 해당한다. 따라서 윗사람에 관련된 운세를 살피는 곳이고, 초년의 운을 의미한다.
- 몸체는 사람에 해당한다. 따라서 자기 자신의 운세를 의미하는 것으로 빈부貧富에 대해서 살필 수 있고, 중년의 운을 의미한다.
- 허리부터 아래쪽은 땅에 해당한다. 따라서 가정 운과 아랫사람의 운을 살피는 곳이고, 노년의 운을 의미한다.
- 머리가 큰 사람은 초년이 좋지 않으며, 윗사람과 의견이 맞지 않는다. 머리가 작은 사람도 초년의 운이 나쁘고 부모와 인연이 약하고, 운세가 좋지 않다.
- 몸집이 크고 살집이 좋은 사람은 가정을 잘 이끌어나가며 출세한다. 몸집이 작은 사람은 덕德이 없고 신체가 허약하며 끈기와 열정이 부족하다.
- 허리 아래쪽이 가는 사람은 집안일로 고생을 많이 하며 신체도 허약하다. 반대로 허리부터 자세가 좋고 살집이 풍만한 사람은 가정을 잘 이끌고 마음도 너그럽다. 또 허리 아래쪽이 굵다고 해도 자세가 나쁘고 모양도 좋지 않은 사람은 다른 사람들을 이끌 수 없다.

제자가 여쭈었다.

문 "몸집이 크고 머리가 작은 사람은 손윗사람에게 대든다고 하는데 왜 그렇습니까?"

답 "몸집은 자기 자신이며, 머리는 손윗사람과의 관계를 의미한다. 그러므로 머리가 작다는 것은 자기 자신이 손윗사람보다 뛰어나다는 것이다. 잘 보고 판단해야 한다. 또 하늘과 땅(머리 부분과 허리 이하)이 크고, 몸집이 작은 사람은 자기 자신이 하늘과 땅 사이에 눌려서 활동을 할 수 없다. 그러므로 자신에게 덕이 없다는 것이다. 덕을 갖춘 사람은 건강하고 풍만하다. 신체가 풍만한 까닭으로 건강하다. 몸집이 크고 풍만하게 보일 때는 자신의 신체 전체가 천지에 넓게 나타나고 있는 것과 같으므로 출세한다."

문 "허리 아래쪽이 가는 사람은 집안일로 고생을 많이 한다는 것은 왜 그렇습니까?"

답 "허리 아래쪽이 가는 사람은 땅의 기운을 충분히 받지 못한다. 그러므로 주거지를 정하는 데 고생을 많이 한다. 반대로 허리 아래쪽이 굵고 풍만한 사람은 땅이 비옥하고 풍부한 것과 같아 집을 잘 다스린다."

뼈와 살에 대해서

- 뼈는 신체의 기둥이다. 그러므로 뼈를 보고 신체의 강약強弱과 수명의 장단長短을 살필 수 있다.
- 뼈가 굵은 사람은 신체가 건강하고 장수長壽한다.
- 뼈가 가는 사람은 신체의 기둥이 가는 것과 같으므로 신체도 허약하고 단명短命한다.
- 뼈가 가늘어도 근육이 탄탄한 사람은 건강하다. 신체를 사용하지 않고 안락을 꾀하면 몸은 편하지만 나중에 고생을 많이 한다.

- 뼈가 굵어도 신체가 역사力士처럼 관절이 튀어나온 사람은 신체의 안락을 꾀하나 편안하게 살 수 없다. 또 타인들 위에 설 수 없다.
- 몸의 근육이나 살집은 일생의 복과 운을 살피는 것이다. 또 자손의 유무도 알 수 있다.
- 신체가 야위어 근육이나 살집의 상태가 나쁜 사람은 대지가 메마른 것과 같아 만물을 생육하지 못한다. 따라서 복과 행운을 타고날 수 없으며, 자손과 인연도 약하다.
- 신체가 비만해도 살집이 좋은 사람은 신분에 상응하는 복과 행운이 찾아온다.
- 신체가 비만해 살집이 좋은 사람이라도 일반적으로 말하는 돼지처럼 근육이 단단하지 못한 사람은 신분이 안정되지 않으며, 여러 가지 일을 성취하려고 노력해도 이룰 수 없다. 자식과 인연도 약하고, 자식이 있어도 의지할 만한 자식이 없다.
- 신체에 상응하는 근육이나 살집이 있고 탄탄한 체격에 윤기가 있는 사람은 신분에 상응하는 복과 행운이 찾아오는 대길大吉의 상相이다. 하지만 사람들의 입에 오르내리는 경우가 많다.
- 근육이 적고 몸에 윤기가 없고 마른 사람은 매우 좋지 않다. 만사萬事에 정체되는 일이 많고, 그때 원하는 것을 하나도 성취하지 못한다.
- 신체가 야위고 살집이 약한 사람이 몸에 윤기가 있을 때는 만사가 순조롭게 돌아가고, 마음도 자연스럽게 여유가 생기면서 밝아진다.

제자가 여쭈었다.

문 "뼈가 가늘어도 튼튼한 어깨를 가진 사람은 신체가 강하다는 것은 왜 그렇습니까?"

답 "튼튼한 어깨는 피부와 뼈 등이 풍부하게 서로 조합한 상태이다. 또 피부는 바깥쪽에 있으므로 신하에 속하고, 뼈는 안쪽에 있으므로 주군主君이다. 이것은 일신一身의 군신君臣이 서로 화합과 조화를 잘 이루고 있는 것이다. 그러므로 신체가 튼튼하다고 한다. 또 뼈가 굵고 마디가 튀어나온 사람은 그 신체의 주군이 천박하게 보이는 것처럼, 몸이 편안하게 사는 것이 불가능하다."

문 "살집은 무엇에 대응하고 무엇을 의미합니까?"

답 "살집은 땅에 대응한다. 땅은 두툼하고 풍부하여 만물을 생육시키는 일을 하므로 살집은 일생의 행운과 복을 의미한다. 자신에 의해서 태어난 것을 자손이라 하는데, 살집으로 자손의 유무有無를 알 수 있다."

문 "살집이 좋아도 돼지처럼 근육이 야무지지 않은 사람은 신분이 안정되기 어렵다는 것은 왜 그런가요?"

답 "돼지처럼 살집이 야무지지 않은 것은 땅에 수분이 지나치게 많아서 땅이 단단하지 않은 것과 같다. 그러므로 사람도 신분이 안정되기가 어렵고, 만사가 순조롭게 돌아가지 않는다. 반대로 살집이 좋고 신체에 윤기가 있는 것은 살아 있는 땅[生地]의 살집이라 한다. 예를 들면, 땅의 성질이 비옥하고 적당한 습기가 있다면 초목草木이 잘 자라는 것과 같다. 사람도 이와 같이 자연스럽게 만물의 혜택을 받는 것이다."

문 "살집이 빈약하고 신체가 윤기가 없고 메마른 듯한 사람은 어떤가요?"

답 "살집이 빈약하고 신체가 윤기가 없고 메마르게 느껴지는 것은, 사지死地의 살이라고 하여 초목도 자라기가 어렵다. 그러므로 사람도 만물의 혜택을 적게 받는 것은 당연하다. 여기서는 기본 원리만을 설명하였으니, 충분한 임상을 통하여 판단하기 바란다."

피부에 대해서

- 피부는 일신一身에서 하늘이다. 그러므로 운세의 좋고 나쁨 및 일생의 빈부貧富를 살필 수 있다.
- 피부가 풍만하면서 두꺼운 사람은 하늘이 맑고 청명한 것처럼 운세가

강하고, 신분에 상응하는 복과 행운이 따를 것이며, 신체도 건강하다.

- 피부가 얇은 사람은 운세가 나쁘고 복과 행운도 적고, 끈기와 열정도 부족하다.
- 피부에 윤기가 있을 때는 그때 하고자 하는 일이 순조롭게 잘 풀릴 것이며, 기회와 운세가 좋은 것을 암시한다. 피부에 윤기가 없을 때는 어떠한 기회도 없으며, 운세도 좋지 않아 하고자 하는 일이 정체되는 경우가 많다.

제자가 여쭈었다.

문 "피부를 하늘로 보는 것은 왜 그렇습니까?"

답 "피부는 곧 신체의 근육을 감싸는 것이다. 하늘은 만물을 덮고 있다. 그러므로 피부는 일신의 하늘에 해당하는 것이기 때문에 운세의 좋고 나쁨을 나타낸다. 하늘은 맑고 청명하며 땅은 비옥한 것이 좋고, 피부는 두터우면서 윤기가 있는 것이 좋다."

털[毛]에 대해서

- 손발이 검게 보일 정도로 털이 많은 사람은 가정을 어지럽히거나 자식과 인연이 약하다.
- 가슴에 털이 많은 사람은 소심하고 대수롭지 않은 일에 자주 놀란다. 손가락에 털이 길고 많은 사람은 몸을 안락하게 하고 싶어도 고생을 많이 한다. 고귀한 사람이나 부유한 사람은 예외로 한다.
- 남자 생식기의 털이 배꼽까지 이어져 있는 사람은 여색女色을 즐기지만, 그렇다고 호색好色은 아니다. 주의해서 관찰해야 한다.

※ 색色이란 정사情事, 연애 등 정인情人과 연인戀人과의 일을 말한다. 즉 여기서 말하는 '호색'이란 욕정이 강하고, 연애나 육체 관계에 빠지기 쉬운 일을 뜻한다. 음탕함에 빠지기 쉬운 인상(손금도 포

함)은 여러 가지가 있지만, 여기에서는 구체적인 설명은 생략한다. 기본적으로 골격(손금도 포함한 인상 전체)이나 소리 등에 원시적인 상相이 많으면 많을수록 원시적 욕구(성욕, 식욕, 물욕 등)가 강하다고 보면 틀림없다. 상이 중용이라면 그 마음도 중용이지만, 지나치게 반대로 갖추어져 있거나, 살집, 특히 와잠이나 입술 등이 발달되어 있거나 윤기艶가 지나쳐도 원시적 욕구가 강한 사람들이다. 대부분은 우선 눈에 이상이 있는데, 눈빛이 반짝반짝하거나 눈물을 글썽글썽하거나 촉촉하게 젖어 있다. 손금에서는 금성구(엄지손가락 아래쪽)가 크게 부풀어 있고, 생명선이 길다. 음상淫相에 대해서는 한 권의 책으로 다 설명할 수 없을 정도로 내용이 많으므로 다음 기회에 저술하고자 한다.

- 음부陰部에 털이 많은 사람은 호색한好色漢이다.
- 음부에 털이 적은 사람도 호색한이다.
- 넓적다리 뒤쪽, 장딴지, 엉덩이의 항문 주변, 이 세 곳에 털이 많은 것은 길상吉相이다. 수염이 많이 나는 사람은 신체가 건강하다.

제자가 여쭈었다.

문 "온몸에 전반적으로 털이 많이 나는 사람은 어떻습니까?"

답 "온몸은 흙에 해당하고, 털은 초목에 해당한다. 신체의 전면은 양陽으로 번화繁華한 땅에 해당하고, 뒤쪽은 음陰으로 변방에 해당한다.[3] 변방[4]에 초목이 잘 자랄 때는 좋은 땅이라고 한다. 그러므로 넓적다리 뒤쪽이나 장딴지 주변에 털이 많이 자라고 있는 때는 변방에 초목이 잘 자라고 있는 것과 같은 형태로 길吉하다. 또 신체 전면에 털이 많이 자라는 때는 번화의 땅에 초목이 많이 자라는 것과 같으므로 좋지 않다."

문 "생식기의 털이 배꼽까지 연결되어 자라는 사람이 여색을 즐긴다는 것

---

3 중의학(침구鍼灸)에서는 몸의 전면을 음陰으로, 뒷면을 양陽으로 하지만, 이것은 바른 것이 아니다. 왜냐하면 네 발로 보행하는 동물은 햇빛이 닿는 부분이 등이며, 등을 양면陽面이라 해도 사람은 뇌가 훨씬 더 진화하여 두 발로 보행하는 생물이며 동물은 아니기 때문이다. 그러므로 그대로 그 이론을 유용하는 것은 무리가 있다. 침구에서는 인간의 경맥 등을 그대로 동물에 이용하여 치료하는 사람이 있지만, 역자는 이것은 완전히 별개이므로 이론을 재구축하고 치료하는 것이 정확하다고 생각한다.

4 번영하지 않은 토지 즉 습기가 많은 땅을 말한다. 나무나 숲은 기본적으로 물기가 많고, 나무가 만드는 그림자 또한 많아 일조日照가 나쁘기 때문에 음양설陰陽說에서는 음지陰地로 한다. 또 나무나 그 밖의 식물은 동물에게 필요한 산소나 물, 땔나무와 음식 등을 생산한다는 점에서 동물은 그늘에서 살아가는 은자隱者이므로 '음陰'이라고 파악하기도 한다. 음지라서 나쁘다는 것이 아니다. 그늘에도 음양이 존재하며, 예를 들면 사당은 모두 음지이지만, 음침한 사당이 있는 반면에 맑고 밝은 기氣가 나오는 사당도 있다.

은 어떤 까닭인가요?"

답 "털은 혈血의 기운이 밖으로 나타난 것이기 때문에 신장에 속한다. 생식기 주변의 털이 배꼽까지 이어져 자라는 것은 그 신혈이 음부에 집중되어 양陽에 나타나는 것이기 때문에 여색을 즐긴다고 한다. 잘 관찰해서 판단하기 바란다."

핏줄(정맥)에 대해서

- 핏줄은 기혈氣血의 순환 통로로, 흐름의 길흉吉凶을 알 수 있다.
- 얼굴과 손발에 핏줄이 많이 보이는 사람은 마음이 초조하기 쉽다. 신경을 쓰면 몸이 안락하지만, 자식과 인연이 약하다.
- 핏줄이 근육에 싸여 있는 사람은 몸이 건강하여 질병에 걸리지 않으며, 자식과 인연도 좋다.
- 야윈 사람은 핏줄이 피부 표면에 나타난다. 살진 사람은 핏줄이 피부 밑면에 나타난다. 하지만 간기肝氣가 거꾸로 설 때는 핏줄이 표면에 나타난다.
- 야윈 사람의 핏줄이 밑면에 나타난 것은 신체가 건강하면서 복과 행운이 따른다.
- 살진 사람인데, 얼굴이나 피부에 많은 핏줄이 보이면 하품下品의 관상으로 매우 좋지 않다. 다만 무사武士들은 예외로 한다.
- 발에 벌레가 기어가는 것처럼 핏줄이 보이는 사람은 장수長壽한다.

제자가 여쭈었다.

문 "핏줄이 많이 보이는 사람은 어떻게 보아야 합니까?"

답 "핏줄은 간肝과 목木을 의미하고, 근육[肉]은 땅에 대응한다. 그러므로 핏줄이 보이는 것은 그 땅이 메말라서 간목肝木이 자연스럽게 메마르는 것이다. 그러한 까닭으로 간기肝氣가 성해지면 핏줄이 온몸에 나타난다. 또 핏줄은 간기가 밖으로 나타나는 것이고 기혈의 통로이기도 하다."

언어言語에 대해서

- 언어는 그것을 사용하는 사람의 귀천貴賤을 나타낸다.
- 말이 천박한 사람은 마음도 천박하다.
- 고귀한 사람은 말도 고귀하다.
- 마음이 고귀할 때 말도 자연스럽게 고귀하다.
- 말을 급하게 하는 사람은 마음도 바빠서 침착하지 않으므로 마음에 품위가 없다.
- 말이 부드럽고 온화한 사람은 자연스럽게 마음도 안정되어 너그럽고, 근기根氣도 강하다.
- 말이 산뜻한 사람은 마음도 상쾌하면서 애교가 풍부하다.
- 말이 청명한 사람은 마음도 깨끗하고 밝다.
- 말이 산뜻하지 못한 사람은 고생을 많이 한다.
- 말이 활발한 사람은 마음도 활발하다.
- 말이 빠른 사람은 마음도 급하고 침착하지 않다.
- 목소리가 큰 사람은 큰일을 할 수 없고, 여러 가지 일을 기획한다고 해도 곧 성취할 수 없다.
- 말이 유창한 사람은 재능이 있지만, 마음에 어떤 꿍꿍이가 있다.
- 말이 명쾌하고 부드러운 사람은 큰일을 할 수 있지만, 겉으로는 유순柔順하고 마음속에는 사심邪心이 있다. 잘 생각하고 풍부한 임상을 거쳐서 판단해야 한다.
- 여성처럼 말하는 사람은 재능도 없고 발전이나 출세가 어렵다.

- 목소리가 크고 말꼬리에 여운이 느껴지는 사람은 매우 좋다. 자연스럽게 다른 사람들의 신뢰를 얻어 중용된다.
- 소리가 머리 아래쪽에서 나오는 느낌이 있는 사람은 정신적인 안정을 얻는 것이 늦고, 가정이 안정되는 것도 늦으며, 자식과 인연도 빈약하다.
- 말이 흥분한 것처럼 몸통에서 소리가 나는 사람은 신체가 건강하여 질병에 잘 걸리지 않는다.
- 말이 입술에서 나오는 사람은 마음 씀씀이가 깊지 못하고 마음이 안정되지 않는다.
- 말을 더듬는 사람은 초조하기 쉽고, 마음에 덕이 없고 천박하다.
- 말이 탁한 사람은 반드시 중풍 질환에 걸린다. 이 질병에 걸린 사람의 말은 잘 알아듣지 못한다.

호흡呼吸에 대해서

- 숨은 단전丹田에서 나오기 때문에 신기腎氣에 해당한다. 그러므로 정력의 강약強弱과 마음의 길흉吉凶을 알 수 있다.
- 숨이 풍부한 사람은 정력이 강하고, 끈기와 열정이 강하다.
- 배가 큰 사람은 숨이 풍부하고, 배가 작은 사람은 숨이 가쁘고 빠르다.
- 정력이 쇠퇴할 때는 숨도 자연스럽게 쇠약해지고 빨라진다.
- 숨을 코로 들이마시고 내쉬는 사람은 기력氣力을 유지하는 것이기 때문에 질병에 걸리는 일은 적고 장수長壽한다.
- 숨을 입으로 들이마시고 내쉬는 사람은 기력을 유지하기 어렵기 때문에 근기根氣가 지속되지 않으며 단명短命한다.
- 자주 한숨을 쉬는 사람은 정력이 약하고, 기력도 자연스럽게 쇠약하고 끈기도 약하다.
- 잠을 잘 때 코를 골듯이 한숨을 쉬는 사람은 정력이 강하고 신체도 건

강하다.

- 잠을 잘 때 코를 골지 않는 사람은 정력이 약하고 끈기와 정열도 부족하다.
- 숨이 풍부하고 길게 호흡하는 사람은 마음이 풍부하고 신체도 건강하여 장수한다.

언어言語의 오행五行에 대해서

- 말이 맑고 솔직한 것을 목언木言이라 한다. 사람들에게 자연스럽게 신뢰를 받아 활용되는 복과 행운이 있다.
- 말이 소란스럽고 붙임성이 없는 것을 화언火言이라 한다. 이러한 말투를 가진 사람은 마음이 안정되지 않고 사람들에게 신뢰를 받는 일이 적고, 때로는 사람들에게 상처를 입히는 경우도 있다.
- 말이 중후하면서 몸통에서 소리가 나오는 것을 토언土言이라 한다. 세상사에 관심이 많고 눈물이 많으며, 먹는 것에 곤란을 겪지 않는다.
- 말이 상쾌하고 여운이 있는 듯한 것을 금언金言이라 한다. 마음이 바른 사람으로 자비로운 마음과 슬퍼하는 마음이 있다.
- 말이 맑으면서 풍부하고 산뜻한 것을 수언水言이라 한다. 신체가 튼튼한 사람이지만, 대수롭지 않은 일에 잘 놀라고 애교가 많다.

제자가 여쭈었다.

문 "말로 사람의 귀천貴賤을 알 수 있는 것은 왜 그렇습니까?"

답 "말은 단전丹田에서 나오는 것이고, 이것은 법계法界의 음성에 해당하는 것이다. 바람이 나뭇잎을 흔들리게 하고, 물결이 자갈을 부딪치게 하는 것 또한 법계의 음성에 해당하는 것이다. 바람이 없으면 나뭇잎이 흔들리는 소리도 없으며, 파도가 없으면 자갈이 부딪치는 소리도 없다. 이처럼 언어는 자기 자신 속에서 자신을 표현하는 것이기 때문에 말로 사람의 귀천을 알 수 있다."

- 숨이 가쁜 사람은 신체가 약하다. 또 숨을 길게 내쉬면 길상吉相이다.
- 머리는 하늘이며 양혈陽穴 6개와 육근六根 등이 있다. 이들은 모두 6의 수이기 때문에 얼굴을 세로로 6촌寸으로 정한다. 땅에 있어서 이 형태는 방형方形이다. 여기에는 4의 숫자가 포함되어 있다. 또 땅의 오행을 갖추고 있기 때문에 이것을 더하면 9라는 숫자가 된다. 잘 생각해 보기 바란다. 9의 숫자, 즉 이것을 9촌으로 정한다. 하늘에 6, 땅에 9촌을 합해서 6×9는 5척 4촌, 이것은 사람에 있어서 보편적으로 적용되는 수가 된다. 하지만 사람에게는 장단長短에 따라 그 사람의 생애의 길흉吉凶을 정하는 것이 관상학의 중요한 핵심이다. 이것을 잘 생각하고 충분한 임상을 통해서 활용해야 한다. 이것에는 구전口傳이 있을지라도 자신의 체험을 통해서 판단해야 한다.

걸음걸이에 대해서

〈그림 1〉 걸음걸이

- 걸을 때는 한곳에 시선을 두고 곧게 서서 길을 걸어야 한다. 자세가 바르고 품위 있게 걷는 사람은 어떤 목적의식이 무너지지 않는 것과 같은 것이다. 마음에 여유를 가지고 품위 있게 걸으면 신분에 상응하는 생활을 하게 될 것이다.

신체가 안정되지 않고 흔들거리며 걸는 사람은 마음이 불안하다.

한곳에 시선을 두고 곧게 서서 걷는 사람은 신분에 맞는 생활을 한다.

길 구석으로 걷는 사람은 마음이 불안하다.

〈그림 2〉 걸음걸이와 운명

- 신체가 안정되지 않고 흔들거리는 사람은 발걸음이 똑바르지 못하고 좌우 갈지자 모양으로 걷게 된다. 이러한 사람은 마음이 안정되지 않아 직업이나 신분도 안정되지 않는다.
- 위를 향하듯이 좌우를 두리번거리면서 걷는 사람은, 흥분한 사람처럼 마음이 허공에 떠 있는 것과 같아서 매우 좋지 않다. 또 만사萬事가 불안정해서 정신이 안정되지 않는다.
- 신체가 품위가 있고 곁눈질을 하지 않고 조금 아래를 보듯이 걷는 사람은 마음이 단전丹田에 놓여 있어서 매우 좋은 상相이다. 사람들 위에 서서 신분에 맞는 생활을 한다. 또한 기력氣力도 매우 좋다.
- 몸이 초라하고 숙인 것처럼 걷는 사람은 자식과 인연이 좋지 않으며 일생 동안 고생을 많이 한다. 검약儉約을 제일로 생각하는 사람이다.
- 초라하게 뛰듯이 빨리 걷는 사람은 자식과 인연이 좋지 않고, 자식이 있어도 의지할 수 없으며, 복과 행운이 따라도 마음은 항상 가난하다.
- 길을 걸을 때 길 구석으로 걷는 사람은 마음이 안정되지 않아 신분이나 직업 또한 안정되지 않는다. 또 목적이나 목

표 의식이 없으며, 마음 씀씀이가 비열하다.

- 걸을 때 신체가 안정되지 않고 좌우로 흔들거리면서 자주 뒤를 돌아보는 사람은 가까운 시일 안에 사랑의 도피를 하게 된다.
- 머리는 하늘에 해당하고, 귀인貴人은 하늘에 비유한다. 따라서 귀인은 하늘의 덕德을 얻는 사람이다. 하천下賤한 사람은 땅의 덕을 얻는 것처럼 옷깃을 움직이지 않고 머리를 빠르게 움직이면서 걷는다.

앉은 자세에 대해서

- 앉은 모양이 느긋하면서 태연하게 군중을 향해 시선을 던지고 있는 것을 '앉은 모양이 좋다'라고 한다. 마음이 맑고 곧은 사람은 앉은 자세도 자연스럽고 바른 것이다. 그러므로 앉는 모양에 따라 마음의 청탁淸濁이나 신분, 직업의 안정과 불안정을 살필 수 있으며, 기력氣力의 강약強弱도 알 수 있다.
- 앉은 자세가 여유가 있으며 바닥에 위엄 있게 앉은 사람은 마음에 여유가 있으며, 신분에 맞는 복과 행운이 찾아온다. 자연스럽게 사람들에게 신뢰를 받아 임용된다. 이것을 '살아 있는 땅에 진지陣地를 세웠다'라고 한다.
- 신체가 불안정하여 곧 바닥으로 떨어질 듯한 자세로 앉아 있는 사람은 마음이 안정되지 않아 초조해하며, 가정사로 많은 고생을 한다. 이것을 '죽어 있는 땅[死地]에 진지를 세우는 것과 같다'라고 한다. 잘 생각해서 판단해야 한다.
- 앉아 있는 자세가 안정되지 않아 사지死地에 진지를 구축한 것과 같은 경우에도 마음이 솔직하고 씀씀이가 좋은 사람은 반드시 복과 행운이 찾아온다.
- 앉아 있는 신체 모양이 좋고 안정되어 생지生地에 진지를 구축한 것과

같지만, 마음이 안정되지 않아 자신의 생업에 열심히 노력하지 않는 사람은 사지死地에 진지를 구축한 것처럼 좋지 않다. 이는 언급할 필요가 없는 대흉상大凶相이다.

- 아랫사람(하품下品의 사람)은 귀인貴人을 향하여 반드시 무릎을 꿇고 앉는데, 이것은 일진一陣을 잠재적으로 간직한 것이다. 그러한 까닭으로 앉을 때 항상 무릎을 꿇고 앉는 사람에게는 반드시 자신이 따르는 윗사람이 존재한다. 그렇지만 예법을 배운 사람의 경우는 예외로 살펴야 한다.
- 자신보다 손아랫사람을 대할 때는 두려워하는 마음이 없기 때문에 책상다리로 앉는 것처럼 무릎을 넓게 펼친다. 이것은 자신감을 내세우는 것이다. 그러므로 앉을 때 무릎을 넓게 펼치는 사람은 사람들 밑에서 일하는 경우가 별로 없다.
- 앉을 때 발을 포개어 신체가 떠 있는 것처럼 보이는 사람은 가정이 안정되지 못하며 마음도 안정되지 않는다. 어떠한 목적이나 목표 의식이 없는 것과 같다. 그러므로 이러한 사람은 반드시 하품의 관상이다.
- 앉아 있을 때 엉덩이 모양이 좋고 안정되어 있으며 신체도 함부로 움직이지 않는 사람은 마음에 여유가 있고 가정도 화목하게 안정되어 있다. 또 오랜 시간 동안 앉아 있는 것을 괴로워하는 사람은 마음에 나쁜 뜻은 없지만 가정을 화목하게 잘 다스리지 못하는 경향이 있다.
- 여유로운 모습으로 품위 있게 앉아 신체의 모습이 안정되어 있어도 위축된 것처럼 보이는 사람은 목표나 목적의식이 쇠퇴하고 있는 것과 같다. 그러므로 이 사람은 가정이 기울어지고 파산하기도 한다. 그 당시에 크게 고민하는 경우나 고독한 사람에게 나타나는 상相이기도 하다. 더욱 자세하게 연구하고 많은 임상을 해야 할 것이다.

누워 있는 자세에 대해서

- 누워 자는 모습은 마음의 정직함이나 정신의 강약強弱을 나타낸다.
- 자고 있을 때 웃는 얼굴인 사람은 마음에 악함이 없다. 또 출세의 운이 한 번 정도는 찾아오는 상相이다.
- 잠을 자는 모습에 에너지가 넘치는 사람은 그 당시의 운이 매우 좋으며 심리적으로 안정되어 있다.
- 잠든 얼굴이 근심하는 것처럼 보이는 사람은 그다지 출세하지 못하고 고생을 많이 한다.
- 자고 있는 모습이 슬퍼 보이는 사람은 끈기와 열정이 약하고 단명短命의 상이다. 잠을 잘 때 쓸쓸하게 보이는 사람도 마찬가지다.
- 위를 향해 똑바로 누워 잠을 자는 사람은 자연스럽게 기력氣力이 누설되므로 끈기와 열정이 부족하지만, 간기肝氣는 강하다.
- 엎드려 잠을 자는 사람은 근심 걱정이 많다.
- 잠을 잘 때 입을 다물고 자는 사람은 자연스럽게 기력을 보존하고 근기根氣도 강하고, 신분에 상응하는 복과 행운이 따른다.
- 잠을 잘 때 입을 벌리고 자는 사람은 기력이 저절로 누설되지만, 이것은 그 기력의 길흉吉凶에 따라 다르기 때문에 잘 생각해야 한다.

위를 향해 똑바로 누워 자는 사람은 자연스럽게 기력이 누설된다.

엎드려 자는 사람은 근심 걱정이 많다.

〈그림 3〉 자는 자세와 운명

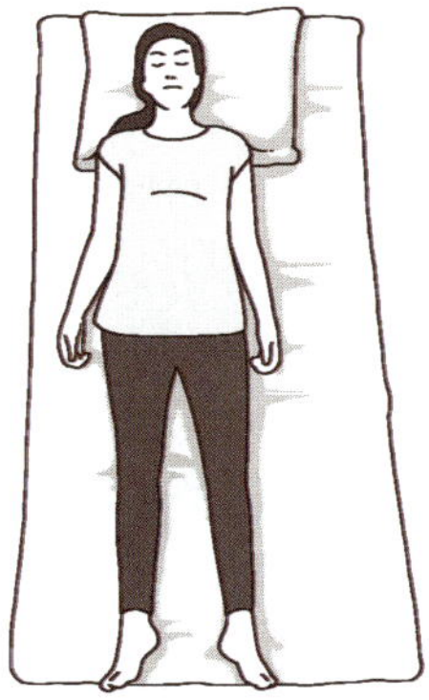

느긋하게 자는 사람은 신체가 건강하고 마음이 편안하다.

움츠리고 자는 사람은 근기가 부족하고 몸이 약하다.

옆으로 자는 사람은 기력이 가득차므로 몸이 건강하다.

〈그림 4〉 자는 자세와 운명

- 느긋한 모양으로 자는 사람은 신체가 건강하고 마음도 편안하고 안정되어 있다.
- 움츠리고 자는 사람은 근기根氣와 열정이 부족하고 몸도 약하다.
- 옆으로 자면서 머리를 숙이고 있는 사람은 자연스럽게 기력이 가득 차므로 근기도 강하고 몸도 튼튼하고 운세도 강하다.
- 이불을 걷어차고 자는 사람은 출세한다. 반대로 이불 속으로 기어들어가는 것처럼 자는 사람은 출세를 하지 못한다.
- 자는 모습이 항상 좋지 않더라도 기력이 가득 찰 때는 자는 모습 자체에 운세가 있다. 기력이 쇠약해졌다면 자는 자세가 나빠졌기 때문이다. 잘 생각해서 판단해야 한다.

오행五行의 상相에 대해서

- 오행에 대해서는 옛날의 상서相書에서도 논하고 있지만, 내용이 매우 번잡하여 배우기가 어렵다. 그러므로 여기에서는 목 · 화 · 토 · 금 · 수의 형과 의미에서 오행의 상을 정하고 설명하고자 한다.
- 목형木刑의 상은, 형태가 느긋하고 허리가 꼿꼿하고 신체의 상부가 넓은 느낌이 든다. 자연과 나무가 무성하다는 의미가 있기 때문에 목형의 상이라 한다.
- 화형火刑의 상은, 살집이 얇고 뼈가 드러나 보이므로 그 모습이 안정되지 못하고 날카로운 느낌이 있다. 자연과 불의 이치를 갖추고 있기 때문에 화형의 상이라 한다.
- 토형土刑의 상은, 뼈가 굵고 마디들이 짧고 그 자세는 강도 같은 느낌이 든다. 이것은 스스로 땅의 이치를 포함하고 있으므로 토형의 상이라 한다.
- 금형金刑의 상은, 신체가 튼튼하고 자세가 바르고 행동거지가 용감하다. 금金의 이치를 가지고 있기 때문에 금형의 상이라 한다.
- 수형水刑의 상은, 입 · 엉덩이 · 배가 크고 신체 전체가 비만한 스타일로 수기水氣를 가지고 있는 것처럼 보인다. 물의 이치를 가지고 있기 때문에 수형의 상이라 한다.

이상에서 설명한 5가지의 상은 각각 청靑 · 적赤 · 황黃 · 백白 · 흑黑의 색에 해당한다. 그러나 예를 들면 화형의 상은 적색을 나타내지만, 심장 상태에 따라 얼굴에는 청색이나 보라색이 나타나는 경우도 있다. 그러므로 오행의 상에 대해서 안색顔色에는 응용하지 않는 것이 좋다. 자세한 것은 여러 가지를 생각해야 하지만, 여기에서는 기초적인 것만을 설명하였다.

하늘과 땅에 관련된 것을 오행 이외의 것으로 그 상태를 설명하는 것보다 더 좋은 것은 없다. 하늘에 오행이 있으면 땅에도 오행이 있고, 사람에게도 오행이 있다. 말할 것도 없이 사람의 오행으로 가장 중요하게 여기는 것이 관상觀相이므로, 먼저 이에 대해서 자세하게 설명하고자 한다.

- 목형의 관상을 가진 사람은 여러 가지 일에 실패해도 좌절하지 않고, 운기運氣가 쇠약해져도 다시 일어선다.
- 화형의 관상을 가진 사람은 여러 가지 일을 해도 실패하거나 타인의 것을 욕심내는 경향이 있다. 좋은 일이 있어도 만족하지 못하기 때문에 기뻐하는 일이 적다. 게다가 일을 하다가 실패하면 화를 많이 낸다.
- 토형의 관상을 가진 사람은 좋은 사람을 기른다고 한다. 또 사람들이 성가시게 하는 일이 많아 자신은 안락한 생활을 바라지만 편안하게 살 수 없다.
- 금형의 관상을 가진 사람은 어떤 일을 하더라도 실패하는 경향이 있지만, 사람을 잘 기르는 측면도 있다. 마음이 너그럽고 재능이 풍부하다.
- 수형의 관상을 가진 사람은 물건을 타인들에게 잘 베풀어 준다. 귀천貴賤을 가리지 않고 모든 사람과 교제를 잘하며, 애교도 많다. 타인에게 상처를 주거나 일을 할 때 실패해도 별로 후회하지 않는다.

이상의 오행의 상은 하나의 상이 아니라 오행의 상이 서로 섞여 있기 때문에 주의해야 한다. 목극토木克土 · 토극수土克水 · 수극화水克火 · 화극금火克金 · 금극목金克木을 상극相克이라 한다. 목생화木生火 · 화생토火生土 · 토생금土生金 · 금생수金生水 · 수생목水生木을 상생相生이라 한다.

옛날의 상서에는 상극相克은 나쁘고 상생相生은 좋은 것이라 했지만, 오행의 상은 서로 섞여 있는 것이므로 서로 영향을 주면서 존재한다. 즉 그 영향의 다소에 따라서 극克한 뒤에 생生하는 것이 있거나, 생한 뒤에 극한 것이 있는 경우도 있다. 이상의 것을 잘 생각해 보면 당연한 이치임을 알 수 있을 것이다.

오행五行의 체용體用에 대해서

- 화형火刑의 상相이 많고 수형水刑의 상이 조금 섞여 있는 경우에는 운이 강하다.
- 토형土刑의 상이 많고 수형의 상이 조금 섞여 있는 경우에는 운이 강하다.
- 금형金刑의 상이 많고 화형의 상이 조금 섞여 있는 경우에는 운이 강하다.
- 토형의 상이 많고 목형木刑의 상이 조금 섞여 있는 경우에는 운이 강하다.
- 목형의 상이 많고 금형의 상이 조금 섞여 있는 경우에는 매우 좋지 않다. 금金은 목木을 극克하는 것이기 때문이다.
- 금형의 상이 많고 목형의 상이 조금 섞여 있는 경우에는 매우 좋지 않다. 금이 목을 극하는 원리를 잘 생각해 보기 바란다. 이러한 내용은 구전口傳에 없다.
- 목형의 상이 많고 수형의 상이 조금 섞여 있는 경우에는 운이 나쁘다.
- 화형의 상이 많고 목형의 상이 조금 섞여 있는 경우에는 운이 나쁘다.
- 토형의 상이 많고 화형의 상이 조금 섞여 있는 경우에는 운이 나쁘다.
- 금형의 상이 많고 토형의 상이 조금 섞여 있는 경우에는 운이 나쁘다.
- 수형의 상이 많고 금형의 상이 조금 섞여 있는 경우에는 운이 나쁘다.

이상에서 설명한 오행의 상은 상생상극相生相克의 도리를 깊게 생각해 보면, 일생의 운이 좋고 나쁨을 알 수 있을 것이다. 또 직업의 성공에 대해서도 알 수 있다. 오행의 상은 2~3가지가 서로 섞여 있는 것이기 때문에 위에서 설명한 상생상극의 도리를 반드시 잘 생각하여 판단해야 한다.

또 사람에게 있어서도 상생相生을 좋다든지, 상극相克을 나쁘다든지로 간단하게 구별할 수 있는 것이 아니다. 왜냐하면 천지天地 사이에는 상생과 상극이 항상 성립되어 있기 때문이다. 그러므로 이러한 원리를 잘 생각하고 연구하여 확실하게 습득해야 한다.

- 목木은 금金에 의해서 작용하고, 그 위치를 결정할 수 있다.
- 화火는 수水에 의해서 작용하고, 그 위치를 결정할 수 있다.
- 토土는 목木에 의해서 작용하고, 그 위치를 결정할 수 있다.
- 금金은 화火에 의해서 작용하고, 그 위치를 결정할 수 있다.
- 수水는 토土에 의해서 작용하고, 그 위치를 결정할 수 있다.

이상은 모두 상극이지만, 극克한 후에 반드시 상생을 하는 것이 각각 작용하는 것이다. 그렇기 때문에 사람의 경우도 길사吉事가 있으면 악사惡事도 찾아오는 것이다. 흉사凶事가 있으면 선사善事도 찾아오는 것을 잘 알고, 더욱더 음덕陰德을 베풀면 자연스럽게 악사가 멀어질 것이다. 또 오랫동안 나쁜 일이 계속된다면 왜 그렇게 되는지 자문해야 한다. 이상에서 설명한 것은 스스로 잘 생각하고 관찰해야 한다.

제자가 여쭈었다.

문 "토형의 상이 많고 수형의 상이 조금 섞여 있을 때 길吉하다는 것은 왜 그렇습니까?"

답 "흙이 많이 있어도 수분이 없을 때는 만물이 자랄 수 없다. 하지만 흙에 수분이 조금 섞여 있을 때는 초목이 스스로 자랄 수 있다. 이것은 물기가 토土의 체體를 기르는 것으로, 물이 작용하여 토의 체를 살찌우는 것이기 때문에 길상吉相이라 한다."

- 신체에 수형의 상이 많고 토형의 상이 조금 섞여 있을 때는 그 신체의 수형이 흙으로 탁해지기[濁] 때문에 물의 체를 극해서 토가 작용할 수 없다. 그러므로 이것은 악상惡相이라 한다.

제자가 여쭈었다.

문 "신체에 화형의 상이 많은데, 수형의 상이 조금 섞여 있을 때 길상이라고 하는 것은 왜 그렇습니까?"

답 "불은 자연스럽게 물기를 가지고 있다. 물기가 없을 때는 숯불처럼 피어오를 뿐 활활 타오르지 않는다. 그러므로 불은 물기에 의해서 스스로 그 체를 이루며, 그것으로 수水의 작용을 이루기 때문에 이것을 길상이라 한다. 또 불이 활활 타오를 때 물을 조금만 주어도 화력이 더욱 강해진다. 반대로 수형의 상이 많고 화형의 상이 조금 섞여 있을 때는 물기가 많기 때문에 적은 불을 꺼 버린다. 즉 극하는 도리道理로서 물이 작용할 수 없으며, 조금 섞여 있는 불을 꺼 버리므로 이것을 나쁜 관상이라 한다."

문 "금형의 상이 많고, 화형의 상이 조금 섞여 있을 때는 어떤가요?"

답 "금은 불의 따뜻함으로 저절로 물[水]을 만들어 낸다. 불에 의해서 금이 작용하여 물을 생산하기 때문에 이것을 길상이라 한다. 또 화형의 상이 많고 금형의 상이 조금 섞여 있을 때는 그 화의 뜨거운 기운이 많으므로 조금 섞여 있는 금을 극한다. 이것은 불의 화력이 지나치게 강하여 조금 섞여 있는 금을 녹여 버리는 것이기 때문에 나쁜 관상이라 한다."

문 "토형의 상이 많고 목형의 상이 조금 섞여 있는 것을 길상이라 하는 것은 왜 그런가요?"

답 "목은 흙에 의해서 자연스럽게 번성하여 자라는 것이다. 나무가 잘 자랄 때는 흙의 기운이 나무에 흡수되지만, 그 나무는 수분을 끌어 모아서 흙을 윤택하게 한다. 그러므로 흙의 작용을 통하여 나무의 체가 저절로 가득 차기 때문에 길상이라 한다. 반대로 목형의 상이 많고 토형의 상이 조금 섞여 있을 때는 목을 자라게 하는 흙이 적기 때문에 나무는 자연스럽게 쇠약해진다. 즉 흙이 충분하게 작용하지 못하여 나무의 체를 쇠약하게 만들기 때문에 이것을 나쁜 관상이라 한다."

문 "화형의 상이 많고 목형의 상이 조금만 섞여 있을 때, 좋지 않다는 것은 왜 그런가요?"

답 "불은 나무에 의해서 체를 만든다. 이 경우에는 나무가 적기 때문에 불의 체가 자연스럽게 감소한다. 예를 들면, 나무가 작용해도 불의 체가 자연스럽게 감소하기 때문에 이것을 나쁜 관상이라 한다. 반대로 목형의 상이 많고 화형의 상이 조금만 섞여 있을 때는 그 화의 체를 이루는 나무가 많기 때문에, 불은 저절로 활활 타오르게 된다. 즉 목이 작용하여 불의 체가 가득 차기 때문에 이것을 길상이라 한다."

문 "토형의 상이 많고 화형의 상이 조금 섞여 있을 때, 좋지 않다는 것은 왜 그렇습니까?"

답 "흙은 불에 의해서 발생한다. 그 불이 적기 때문에 흙이 가득 찰 수 없다. 그러므로 불이 작용하지 못하여 토의 체를 가득 채울 수 없기 때문에 이것을 나쁜 상이라 한다. 또 화형의 상이 많고 토형의 상이 조금 섞여 있을 때는 불이 많기 때문에 흙도 스스로 가득 차게 된다. 즉 불의 작용에 의해서 흙의 체를 채우게 되므로 이것을 길상이라 한다."

문 "금형의 상이 많고 토형의 상이 조금 섞여 있을 때, 좋지 않다는 것은 왜 그렇습니까?"

답 "금은 흙에서 나온다. 그러므로 흙이 풍부하지 않으면 금이 가득 찰 수 없다. 즉 흙이 작용하지 않으면 금의 체가 가득 차지 않기 때문에 이것을 나쁜 관상이라 한다. 반대로 토형의 상이 많고 금형의 상이 조금만 섞여 있을 때는 흙이 많기 때문에 금은 저절로 가득 찬다. 즉 흙이 작용하여 금의 체가 가득 차므로 이것을 좋은 관상이라 한다."

문 "수형의 상이 많고 금형의 상이 조금만 섞여 있을 때, 나쁜 관상이라 하는 것은 왜 그렇습니까?"

답 "물은 금에서 발생한다. 금이 적기 때문에 생산되는 물도 적다. 즉 금이 작용하지 않으면 물의 체가 가득 차지 않기 때문에 나쁜 관상이라 한다. 반대로 금형의 상이 많고 수형의 상이 조금만 섞여 있을 때는 금이 많기 때문에 물은 저절로 생기는 것이다. 즉 금이 작용하여 물의 체가 가득 차기 때문에 좋은 관상이라 한다."

문 "목형의 상이 많고 수형의 상이 조금만 섞여 있을 때, 나쁜 관상이라고 하는 것은 왜 그렇습니까?"

답 "나무는 물에서 기운을 얻어 자란다. 물이 적으면 나무가 잘 자랄 수 없다. 그러므로 물이 작용하지 않으면 나무의 체가 가득 차지 않기 때문에 나쁜 관상이라 한다. 반대로 수형의 상이 많고 목형의 상이 조금만 섞여 있을 때는 나무를 자라게 하는 수분이 많기 때문에 나무는 저절로 무성하게 자란다. 즉 물이 작용하면 나무의 체가 저절로 가득 차게 되기 때문에 좋은 관상이라 한다."

문 "목형의 상이 많고 금형의 상이 조금만 섞여 있을 때, 나쁜 관상이라고 하는 것은 왜 그렇습니까?"

답 "목형의 상이 많이 있어도 금형의 상이 조금밖에 섞여 있지 않을 때는 그 나무의 체를 저절로 극하는 것이 된다. 이것은 작은 쇠[金]로 큰 나무를 넘어뜨리는 것과 같은 것이다. 금의 작용은 작은 것 같지만, 이것은 그 본체인 목을 베어 버리기 때문에 금극목金克木이라 하는 것으로 매우 나쁜 관상이다. 하지만 나무를 극한 다음에는 상생이 될 것이다. 잘 생각해 보아야 한다. 또 금형의 상이 많고 목형의 상이 조금만 섞여 있을 때라도, 역시 그 금의 체에 섞이는 나무를 베어 버리기 때문에 금이 작용하지 않고 나무의 체도 쇠퇴하기 쉽다고 하는 것이다. 금의 기운이 많은 산에는 초목이 많이 자라지 않으며 큰 나무도 별로 없다. 그러므로 금극목은 매우 나쁜 관상이다."

문 "목형의 상과 수형의 상 등이 각각 5할씩 섞일 때, 이것을 부모와 자식의 상생이라 하여 매우 좋은 관상이라 하는 것은 왜인가요?"

답 "수水와 목木 등이 같은 비율로 섞여 있을 때는 물은 어버이가 되어 나무를 생하는 것이다. 이것은 친자親子의 상생이기 때문에 수가 그 작용을 하고 목은 그 체를 채운다. 친자의 상생은 매우 좋은 관상이다."

문 "화형의 상과 토형의 상 등이 각각 5할의 비율로 섞여 있을 때, 이것을 친자의 상생이라 하여 매우 좋은 관상이라 하는 것은 왜인가요?"

답 "화는 어버이로, 토를 생산한다. 이는 친자의 상생 관계이기 때문에 화가 그 작용을 하고 토는 그 체를 채운다. 그런 까닭에 길상이다."

문 "토형의 상이 5할, 금형의 상이 5할의 등분으로 섞일 때는 어떤가요?"

답 "토는 어버이로, 금을 생산한다. 이것은 친자의 상생으로 토가 그 작용을 하고 금은 그 체를 채운다. 그런 까닭으로 길상이다."

문 "금형의 상이 5할, 수형의 상이 5할의 등분으로 섞여 있을 때는 어떤가요?"

답 "금은 어버이로, 물을 생산한다. 이것은 친자의 상생이기 때문에 금은 그 작용을 하고 수는 그 체를 채운다. 그러므로 길상이다."

문 "화형의 상이 5할, 목형의 상이 5할의 등분으로 섞여 있을 때는 어떤 가요?"

답 "목은 어버이로, 화를 생산한다. 이것은 친자의 상생이기 때문에 목은 그 작용을 하고 화는 그 체를 채운다. 그러므로 길상이다. 서로 상극인 경우에도 위에서 언급한 도리와 이치에 해당한다. 예를 들면, 금형의 상과 화형의 상 등이 같은 비율로 서로 섞여 있을 때는 이것을 신信의 상극이라 하여 매우 나쁜 관상으로 본다. 불이 작용하지 않으면 금의 체도 저절로 쇠퇴하는 까닭에 매우 나쁘다고 한다. 잘 생각해서 판단해야 한다."

위에서 설명한 오행의 상생상극은 다른 관상 책에 있는 것과 달리, 나의 독자적인 견해를 근거로 해서 설명한 것이다.

● 오행의 여러 상相 중에서 서로 섞이지 않고 하나의 상만을 가지고 있는 것은 대길大吉의 상相이다. 예를 들면, 오직 목형의 상만 있을 때는 상생에 따라 큰 변화가 생기기도 한다. 왜냐하면 그 체가 목형의 상이라면, 그 목은 스스로 화를 생하여 목생화木生火의 상생이 되는 것이다. 이것이 곧 상생에 따라 이루어지는 대길의 상이다.

- 오직 화형의 상만 있을 때는 상생에 따라 대길의 상이다. 이것은 화에서 토를 생하여 화생토火生土의 상생이 된다.
- 오직 토형의 상만 있을 때는 상생에 따라 대길의 상이다. 이것은 토에서 금을 생하여 토생금土生金의 상생이 된다.
- 오직 금형의 상만 있을 때는 상생에 따라 대길의 상이다. 이것은 금에서 수를 생하여 금생수金生水의 상생이 된다.
- 오직 수형의 상만 있을 때는 상생에 의해서 대길의 상이다. 이것은 수에서 목을 생하여 수생목水生木의 상생이 된다.

이상에서 설명한 상생오행에 대해서는 충분한 연구와 임상을 거친 후에 사용하기 바란다. 이러한 내용은 구전口傳에 없다.

문 "검난劍難[5], 화재火災, 재난災難 등의 흉사와 경사가 오는지 아닌지 등에 대해서 골격으로 알 수 있습니까?"

답 "그것은 혈색으로 판단할 수 있다."

문 "저는 아직 관상학을 배우는 중이라 혈색으로 판단할 수 없습니다. 혈색 이외의 방법으로는 판단할 수 없습니까?"

답 "혈색을 보고 판단할 수 없을 때는 정신 상태를 보고 판단할 수 있다. 예를 들면, 검난을 당할 시기가 가까운 상은 놀란 것 같은 분위기가 강하게 나타난다. 또 무엇인지 모르지만 실망한 듯한 기분이 관상가의 마음에 자연스럽게 떠오른다. 이러한 사람은 반드시 검난이 있다. 이러한 것은 충분히 생각하고 판단해야 한다."

- 재난을 당할 상은 상대했을 때 눈동자를 좌우로 움직이면서 안정되지

5 검난 : 원래는 칼 등으로 살상이 자행되는 재난이지만, 현대 사회에서는 교통 사고나 폭행 사건, 그 밖의 사고 · 사건를 의미한다.

않고, 하늘 전체가 큰 변화나 파란이 일어날 것 같은 느낌이 있으면 관상을 보는 사람에게 자연스럽게 그 현상이 보일 것이다. 이러한 사람에게는 반드시 재난이 발생할 것이다. 자세한 것은 더욱 많은 연구와 임상을 통해 체득해야 한다.

- 화재를 당할 상은 상대했을 때 분위기가 침착하지 못하고 매우 소란스러운 것 같고, 눈동자가 안정되지 못하고, 앉아 있는 자세도 매우 불안정하고, 초조해하는 느낌이 있다. 또는 놀란 것 같은 모습이다. 이러한 사람은 반드시 화재를 당할 것이다.
- 경사스러운 일이 발생하는 상은 상대했을 때 관상을 보는 사람의 마음에 산뜻한 느낌이 들거나 뭔가 모르게 활기차게 보인다. 상대의 얼굴을 보고 확실하게 이것이라 결정할 수 없어도 관상을 보는 사람의 마음에 '경사스러운 일이 일어날 것이다'라는 생각이 떠오른다. 이러한 사람에게는 반드시 경사스러운 일이 일어날 것이다. 이것은 잘 생각하고 신중하게 판단해야 한다. 이러한 내용은 구전口傳에 없다.

팔상八相에 대해서

- 흉악한 인상의 사람을 대면하면, 관상가의 마음에 예민한 느낌이 들거나 매우 거친 마음이 생기기도 한다. 관상가의 마음에 업신여기는 듯한 마음이 강하게 일어나는 사람을 악상惡相이라 한다.
- 귀한 상의 사람을 대면하면, 관상가의 마음에 숭고한 종교 건물에 들어갔을 때의 느낌이 떠오른다. 이러한 사람은 귀상貴相이다.
- 위엄이 있는 상의 사람을 대면하면, 옛날에 일반 백성이 고관대작이나 장군을 만났을 때 그 앞에 엎드리는 것 같은 느낌이 들고, 왠지 모르게 존경하는 마음이 떠오른다. 이러한 사람을 위상威相이라 한다.
- 가난한 상의 사람을 대했을 때, 왠지 모르게 쓸쓸하면서 그 마음에 그늘

이 있고, 늦게 핀 꽃이 시드는 것 같은 느낌이 있다. 이러한 사람을 빈상貧相이라 한다.

- 복 있는 상의 사람을 대했을 때, 그 모습이 따뜻하고 계절이 좋은 시기에 야외에서 즐기는 듯한 느낌이 든다. 고생을 하지 않은 인상을 주어 관상을 보는 사람의 마음을 자연스럽게 풍성하게 한다. 이러한 사람을 복상福相이라 한다.
- 목숨이 짧은 상이란 왠지 모르게 그 모습이 마치 꽃이 시들어 가는 느낌이 들고, 등불에 기름이 없어 꺼져 가는 듯한 모습과 비슷하다. 이러한 사람을 단명短命의 상相이라 한다.
- 고독한 상의 사람을 대했을 때, 그 모습이 매우 외로운 느낌이 들거나 비 맞은 닭 같은 느낌이 들기도 한다. 관상을 보는 사람의 마음에 의지할 수 없다는 느낌이나 노후가 걱정된다는 생각이 든다. 이러한 사람을 고독孤獨의 상相이라 한다.
- 장수長壽하는 상을 가진 사람을 대했을 때, 관상을 보는 사람의 마음이 풍요로워지고 편안해지며, 그 사람의 몸은 건강하면서 어떤 일을 당해도 동요하지 않는 듯한 느낌이 든다. 예를 들면, 자신이 작은 배를 타고 있어도 큰 배를 타고 물을 건너는 것과 같은 느낌이 든다. 이러한 사람을 장수長壽의 상相이라 한다.
- 팔상은 각각 관상가의 견해에 따라 생각해야 한다.[6] 팔상에는 순수한 팔상은 적고, 몇 개의 상이 서로 섞여 있는 경우가 많기 때문에 신중하게 생각해야 한다. 또 관상가의 덕에 따라 귀인貴人을 천인賤人으로 점치는 일이 있기도 하며, 천인을 귀인으로 점치기도 한다. 이러한 까닭으로 관상가는 우선 자기 자신에 대한 관상을 충분하게 살펴본 후에, 다른 사람

6 《남북상법》에는 설명이 없지만, 팔상에는 반드시 음양이 있으므로 그것을 잘 살피는 것도 중요하다. 간단하게 말하면 음상陰相은 싫은 느낌, 어두운 느낌, 차가운 느낌, 탁한 느낌 등이며, 양상陽相은 밝은 느낌, 온기가 있는 느낌, 깨끗한 느낌 등이다. 예를 들면, 위상威相을 양상이라 보면 성실하고, 관상에 탁함이 없고, 목소리도 깨끗하다. 음상이라면 음험하고, 폭력적이고, 목소리가 탁하고, 주위 사람들에 아랑곳하지 않고 큰 소리를 낸다.

의 관상을 살피는 것이 가장 중요하다. 이러한 원리를 잘 생각해서 충분한 임상과 연구를 거듭하여 실력을 쌓아야 한다.

지상地相과 인상人相의 관계에 대해서

지상과 인상을 살피는 것은 관상가들의 일상日常이다. 예를 들면, 지방 풍습에 따라 초목이나 금석도 모두 다른 것처럼 사람에 관련된 것도 모두 다르다. 그러므로 그 지방의 풍습이나 풍수에 대해서 알고 난 후에 그 사람의 관상을 보는 것이 관상가들에게는 매우 중요한 일이다. 여기에서는 개요만을 설명하였다. 자세한 것은 각자 많은 연구와 체험을 해야 한다.

- 대국大國은 그 풍속도 자연스럽게 풍부하고, 대국의 사람은 오체五體도 풍부하고 크다. 그러나 정력의 다소多少에 따라 대소大小의 차이는 있다. 또 대국은 그 국풍國風[7]에 따라 기풍(氣風 : 인기人氣)도 자연스럽게 풍부하지만, 나라가 풍부하기 때문에 세상물정에는 다소 어두운 면이 있다. 그런데 오체가 큰 사람은 재주와 지혜[才智]가 부족하여 세상물정에 좀 어두운 면이 있다. 그러나 오체가 크지만 재주와 지혜가 있는 사람은 지智·인仁·용勇의 삼덕三德을 갖추고 있다.
- 소국小國은 협소하기 때문에 오체도 작고 기풍도 풍부하지 않지만 세상물정에 대해서는 현명하다. 그리고 오체가 작은 사람은 자연스럽게 재주와 지혜를 가지고 태어난다.
- 번화가에 사는 사람은 사람들과 많은 교류를 하여 세상물정에 매우 밝다. 번화가에 살지 않아도 사람들과 교류가 많은 사람은 자연스럽게 재주와 지혜가 풍부하다.

7 국풍國風은 그 나라나 지방의 독특한 풍속, 습관 등을 말한다.

- 남국(南國 : 양국陽國)은 기풍도 자연스럽게 왕성하고, 북국(北國 : 음국陰國)은 기풍도 음陰에 가려져 쇠약하다. 남국에 사는 사람은 이마에 햇볕이 내리쬐는 듯한 느낌이 있지만, 북풍은 얼굴 하부[下停]가 어둡다.[8]
- 물기운[水氣]이 많은 곳에 사는 사람은 하정下停이 조금 어둡다. 남국에 머물고 있어도 수기水氣의 질병, 즉 신장腎臟에 관련된 질병을 앓는 사람은 얼굴의 하정 부위가 약간 어둡다. 더욱 자세한 것은 〈혈색의 장〉에서 설명하고자 한다. 또 북국의 높은 산에 거주하는 사람도 얼굴의 하정 부위가 약간 어둡다.
- 일조량이 많은 곳에 사는 사람의 관상에는 자연스럽게 양기陽氣가 있다.
- 북쪽에 거주하는 사람의 관상에는 자연스럽게 음기陰氣가 있다.
- 도로 가에 거주하는 사람의 관상에는 자연스럽게 음기가 있다.
- 물이 동쪽에서 서쪽으로 흐를 때는 모든 것이 순조롭다. 그러므로 강가에 사는 사람은 마음도 자연스럽게 솔직하다. 번화가에 사는 사람은 이러한 것에 해당하지 않는다.
- 물이 서쪽에서 동쪽으로 흐르는 것은 역순逆順이기 때문에 태양[日輪] 흐름에 반대로 물이 흐르는 것이다. 또 서쪽은 금기金氣가 있어 금기의 물로 나무인 목木을 극하는 것이 자연법칙의 이치이므로, 이러한 강가에 거주하는 사람은 반드시 마음이 솔직하지 못하고 날카롭거나 살벌한 기운이 있다.
- 물이 남쪽에서 북쪽으로 흐를 때는 음陰인 물이 음의 기운이 강한 북쪽으로 떨어지는 것이기 때문에 이 땅은 말할 것도 없이 음지陰地이다. 전반적으로 음침한 기운이 있지만 마음은 솔직한 편이다. 또 북국에서는 많은 강이 북쪽으로 흐르지만, 이것은 북쪽은 음의 나라이고 기풍氣風도 자연스럽게 솔직함을 나타낸다.

---

8 일본 기준으로 양국陽國은 태평양 쪽, 음국陰國은 동해東海라고 생각하면 된다. 즉 일조日照 시간이 긴 나라가 양국이며, 짧은 나라는 음국이다. 또는 적도에서 남극으로 가까운 나라가 양국, 적도에서 멀고 북극에 가까운 나라를 음국이라 볼 수도 있다.

- 물이 북쪽에서 남쪽으로 흐를 때는 음陰인 물이 양陽으로 들어가는 자연의 이치로, 이 땅은 양지陽地이다. 그러므로 기풍은 양기로서 자연스럽게 변화하고 활발하다. 남국에서는 많은 물이 남쪽을 향해 흐르지만, 물이 남쪽으로 흐르는 것은 음인 물로 남쪽의 화火를 극克하는 것이기 때문에 이러한 강가에 거주하는 사람은 살벌한 기운이 있다.
- 지방이나 낙도에 거주하는 사람은 왠지 모르게 상相이 불안정하다. 평지보다 높은 곳에 있는 강가에 거주하는 사람도 마찬가지다.
- 오기(五畿 : 대화大和 · 산성山城 · 하내河內 · 화천和泉 · 섭진攝津) 내의 말은 정직하지만 장소에 따라 다르다. 잘 관찰해야 한다.
- 한 나라를 다스리는 지도자의 마음이 안정되지 않을 때는 그 나라도 자연스럽게 번영을 누리지 못하고, 한 나라를 다스리는 지도자의 마음이 좋지 않을 때는 그 나라도 자연스럽게 음지陰地가 되어 번영을 누리기가 어렵다. 이것을 사지死地라 한다.
- 한 나라를 다스리는 지도자가 희喜 · 노怒 · 애哀 · 락樂 · 원怨의 오상의 덕을 바르게 지키고, 민중을 가엾게 여겨 잘 다스리는 때는 반드시 그 나라는 양지陽地가 되어 번영을 누릴 것이다. 이것을 생지生地라 한다. 또 상相이 좋으면서 개운의 상을 가지고 있는 사람일지라도 사지死地에 머무르면 지기地氣에 따라 번영을 누리기가 어렵다. 그러므로 사람도 거주하는 토지를 잘 판단하여 길지吉地를 선택해야 한다.
- 사지에 머물고 있어도 그 마음이 바르고 성실하게 일하는 사람은 반드시 영화를 누릴 것이다.
- 생지에 머물고 있으면서 그 상이 좋아도, 마음이 들떠 있으면서 성실하게 일하지 않는 사람은 반드시 몰락한다.
- 사람의 집도 마찬가지로 생양生陽의 땅에 집을 짓고 살면서 인상人相과 가상家相이 모두 좋아도, 그 집주인의 마음이 들떠 있거나 성실하게 살지 않는다면 그 집은 반드시 몰락할 것이다.
- 사지에 집을 짓고, 그 가상이나 인상이 모두 좋지 않아도, 집주인의 마

음이 바르고 매일 성실하게 열심히 일하면서 생활한다면 반드시 성공과 출세를 할 것이다. 그러므로 상은 나에게 있는 것이고, 자기를 알면 상은 어떠한 문제도 되지 않는다.

- 수분이 적은 산에는 초목이 무성하게 자라지 않는다. 수분이 적은 산에 자연스럽게 수분을 머금은 초목이 무성하게 자랄 때는 반드시 2~3년 안에 큰 변동이 일어날 것이다. 그러므로 이러한 땅에 사는 사람은 하루 빨리 이사하는 것이 좋다. 또 매우 무성한 산에 수분이 많을 때는 그 산의 초목이 더욱더 푸르고 우거져, 저절로 산에 물기가 넘치는 것처럼 보인다. 하지만 그 산의 기세는 수분이 빠진 생화生花가 시들어 가는 모습과 유사하다. 그 산의 기운은 가을날 저녁에 서산으로 기우는 해처럼 보인다. 잘 생각해서 판단하기 바란다.

관상觀相의 본의本意를 이해해야 한다

- 상법相法에는 《마의상법麻衣相法》·《진박상법陳搏相法》·《유장상법柳庄相法》 등이 있다. 그 밖에도 옛사람들의 관상서에는 여러 편이 있는데 관상의 핵심[要諦]을 다 표현하고 있다. 또 관상에는 관상 책에 의존하지 않는 '하늘[天]의 상법'이라는 것이 존재한다. 여기에서 내가 말하는 관상은 나의 독자적인 상법이 아니라 '하늘의 상법', 즉 무상無相의 상법이라 한다.
- 원래 상相이라는 것은 의신군신意臣君神, 즉 사람의 마음을 신臣으로 하고 신神의 마음을 군君으로 보아 왔다. 그런데 관상을 배우는 많은 사람들은 신臣을 군君으로 생각하여 관상을 논하고 있다. 그렇게 되면 권선징악勸善懲惡의 도리에 맞지 않는 것이다. 또 관상을 공부하는 많은 사람들은 이것을 비사秘事 또는 비술秘術 등이라 하지만, 비밀로 할 정도의 관상법을 체득하고 있는지 의심스럽다.

본래 상을 보는 법은 숨기는 것이 아니라, 어느 누구라도 알기 쉽게 설명할 수 있어야 하는 것이다. 또 관상법은 인술仁術이며, 보통 사람이라면 비술이라 하여 숨기는 일 따위는 하지 않는다.

상법의 오의奧義란 있는 것도 아니고 없는 것도 아니다. 위대偉大한 것도 아니고 비열卑劣한 것도 아니다. 하늘에 있는 것도 아니고 땅에 있는 것도 아니다. 자신에게 있는 것도 아니고 타인에게 있는 것도 아니다. 하물며 천지사방 안에 존재하는 것도 아니다. 공공적적空空寂寂한 찰나 속에 고귀한 한 명의 노인이 있다. 그 노인에게는 코도 없도, 눈도 없고, 그림자도 없고 형태도 없다. 그 이름을 무의상無意相이라 한다. 이 노인에 대해서 모든 것을 파악하여 관상의 스승으로 삼고, 상법相法의 묘미妙味를 알게 될 것이다. 이러한 스승을 얻지 못하면 관상의 진정한 묘미를 터득하지 못하는 것이므로 아직도 이러한 스승을 만나지 못한 관상가는 상법을 모독하는 사람이다.

만약 이러한 무의상 선생을 만나기를 원한다면, 고귀한 승려나 박학다식한 사람에게 선생이 있는 지역이나 장소를 묻는 것이 좋다. 또 출가 승려나 학자에게 선생이 있는 장소에 이르기까지의 이치를 배웠다고 해도 갈 때는 자신 혼자이다. 그 선생의 성곽 부근에는 8만 4천의 마왕들이 있으며, 그 각각의 이름이 있다. 그 마왕들이 선생이 있는 성곽에 들어가지 못하게 막을 것이다. 그러한 때는 자신이 가지고 있는 날도 없고 형태도 없는 날카로운 칼을 가지고 그 8만 4천의 마왕들을 모조리 베어 없애고, 선생의 성곽에 용감하게 들어가 상법의 오묘하고 깊은 이치를 체득해야 할 것이다. 이러한 때야말로 사람들의 관상을 보아도 실수하지 않고 관상의 묘미에 맞는 판단을 내릴 수 있을 것이다.

〈상법 전편〉 4권

이마에 대해서

- 이마는 귀인貴人 및 윗사람과의 관계를 의미하며, 운의 길흉吉凶을 살필 수 있다.
- 이마가 넓고 살집이 풍부한 사람은 윗사람의 도움으로 성공하는 운이 강하다.
- 이마가 좁고 살집이 빈약한 사람은 윗사람과 의견이 맞지 않고 운도 나쁘고 고생을 많이 한다. 다만 좁아도 살집이 두툼한 경우에는 관상觀相에 상응하는 운과 복이 따른다.
- 이마가 넓고 살집이 두툼하면서 요철凹凸이 있거나 각진 것처럼 보이는 사람은 윗사람과 의견이 맞지 않는다.
- 이마가 돌출된 사람은 윗사람과 의견이 맞지 않다. 또 가정을 붕괴시키거나 파산하게 하는 상相으로 고

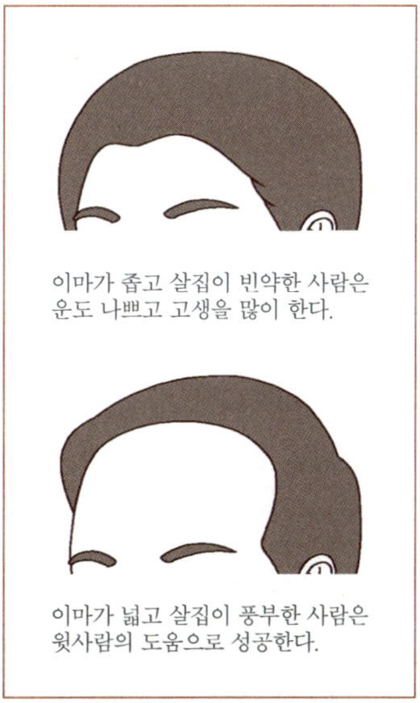

〈그림 1〉 이마 형태와 운명

이마에 사각이 보이는 사람은 출세가 늦고, 한 번은 큰 고생을 한다.

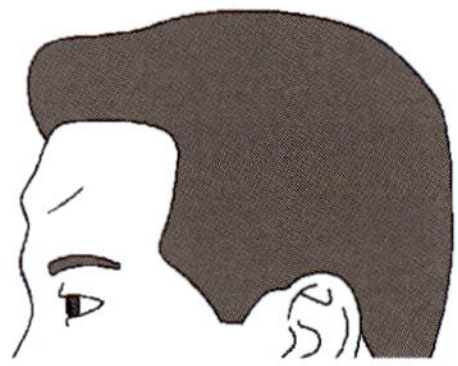

이마에 상처나 요철이 있는 사람은 윗사람과 의견이 맞지 않는다.

〈그림 2〉 이마 형태와 운명

생을 많이 한다.

- 이마가 깎인 것처럼 보이거나 비뚤어져 있거나, 보기에 흉한 사람은 운이 좋지 않다. 윗사람과 마음이 맞지 않아 고생을 많이 한다.
- 이마에 사각四角이 보이는 사람은 출세가 늦다. 일생 동안 한 번은 큰 고생을 한다. 그러나 운이 좋아 학문에 전념하여 어느 정도 명성을 얻을지는 모르지만 윗사람을 거역하면 운이 나빠진다.[9]
- 이마에 상처가 있거나 요철이 있는 사람은 윗사람과 의견이 맞지 않는다. 무사武士는 주인이나 윗사람과 의견이 맞지 않기 때문에 낭인浪人[10]이 된다. 천운天運도 매우 좋지 못하다.
- 이마가 좁은 것은 형제 중에서 차남이나 동생이다. 장남으로 태어난 사람의 대부분은 이마가 넓다. 예를 들어, 장남으로 태어났는데도 동생의 상이면 가정에서 확실한 입지를 가지고 있지 못하다. 반대로 차남이나 삼남으로 태어났는데도 장남의 관상을 가지고 태어나면 부모의 뒤를 잇거나 상속을 받는다.
- 이마가 좁아도 관록궁官祿宮 부위의 살집이 좋은 사람은 차남이나 삼남으로 태어나도 장남 역할을 하거나 가문을 이끌어 간다.
- 이마가 넓어도 관록궁의 살집이 빈약한 사람은 장남으로 태어나도 상

9 이마가 가로로 넓으면 견문이 넓고 세상물정에 밝은 편이다. 반대로 이마가 좁으면 견문이 좁고 세상물정을 잘 몰라 사기를 당하기 쉽다. 예를 들면, 사이비 종교의 광신자가 되는 것은 후자이다. 또 이마가 세로로 넓으면 빨리 발전하고 손윗사람에게 후원을 많이 받지만 이마가 깨끗하고 윤기가 있어야 한다.

10 이것은 꼭 일본의 무사에 한정된 이야기가 아니며, 오늘날 우리나라에서도 응용할 수 있는 내용이다. 낭인은 일본의 떠돌이 무사를 말하며, 현대사회에서는 일정한 직업 없이 빈둥빈둥하는 사람을 말한다.

속을 받지 못하거나 가정의 중심이 되지 못한다. 무슨 일을 하더라도 운이 나빠서 고생을 많이 한다.

- 이마의 피부가 두터운 사람은 빈상貧相이라 하더라도 반드시 궁핍하다고는 할 수 없다. 이러한 상을 가진 사람은 신분에 상응하는 복과 행운이 있고, 운이 매우 강하다.

제자가 여쭈었다.

문 "이마가 귀인 및 손윗사람을 의미하는 것은 왜 그렇습니까?"

답 "이마는 '금액'이라고도 한다. '금액'은 천제天帝의 이마이다. 그러므로 귀인 및 윗사람을 의미한다."

문 "이마가 넓은 사람이 장남이라는 것은 왜 그렇습니까?"

답 "이마는 하늘에 해당한다. 하늘은 풍부한 것을 상常으로 한다. 장남으로 태어난 사람은 부모의 혈맥血脈을 최초로 물려받아 계승하기 때문에 부모의 선조와 연결되어 있다. 그런 까닭으로 귀천貴賤과 함께 장남의 탄생을 기뻐하는 것은 당연한 것이다. 장남으로 태어난 사람은 태어났을 때부터 부모의 마음을 만족시키고 화목하게 하기 때문에 하늘은 자연스럽게 풍부하게 된다. 이마도 당연히 넓게 잘 발달된다."

문 "이마가 사각인 사람이 출세가 늦다는 것은 왜 그렇습니까?"

답 "이마는 하늘에 해당한다. 하늘은 둥글고 풍부한 것을 일상으로 한다. 이마에 각角이 있는 것은 하늘의 모양을 따르지 않는 것이므로 이러한 사람은 하늘을 얻을 수 없다고 한다. 하늘의 기운을 얻을 수가 없으면 운도 열리지 않으므로 출세가 늦어진다. 이마는 윗사람과의 관계를 나타내는 부위이다. 넓고 둥근 이마야말로 윗사람들의 도움과 후원을 받을 수 있으며, 천기天氣를 얻을 수 있는 것이다. 둥근 이마는 하늘의 형태를 따른 것이고, 각진 이마는 땅의 형태를 따른 것이다. 따라서 이마가 사각인 것은 하늘에 땅의 형태가 존재하는 것이다. 이것은 천지天地 음양陰陽이 얼굴 위에 그대로 나타난다는 의미로 학문에 재주를 가졌다고 한다. 이러한 얼굴을 한 사람이 학문을 하면 출세가 빠르다."

- 이마가 좁고 살집이 얇은 사람은 하늘이 둥글지 않은 것을 의미하므로 운이 나쁘다. 하늘의 혜택을 받을 수 없는 것과 같기 때문에 윗사람들의 후원을 얻을 수 없다.
- 이마가 넓고 살집이 풍부한 사람은 하늘이 둥글면서 풍부한 것을 의미하므로 운이 자연스럽게 열릴 것이다. 하늘의 혜택을 많이 받아서 운이 좋아진다.

제자가 여쭈었다.

문 "이마에 상처가 있는 무사가 낭인이 된다는 것은 왜 그런가요?"

답 "이마에 상처가 있는 것은 윗사람의 전체를 손상시키는 것이므로 무사가 낭인이 된다고 하는 것이다. 또 이마가 비뚤어져 있는 것은 윗사람과 관계가 원만하지 못하고, 즉 하늘이 풍성하지 못한 것과 같으므로 운이 좀처럼 열리지 않는다. 그러므로 윗사람의 도움이나 후원을 적게 받는다."

문 "이마가 좁아도 관록궁의 살집이 좋은 사람이 차남이나 삼남이라도 장남의 역할을 하는 것은 왜 그런가요?"

답 "내 자신의 위치가 남들보다 돋보인다고 해도 그것은 자신의 공적이 아니다. 신체발부身體髮膚는 모두 부모에게 물려받은 것이기 때문에, 이러한 것은 모두 부모의 공에 의한 것이다. 관록궁에 살집이 좋은 것은 부모의 관록을 유지하는 것과 같은 것이다. 그러므로 차남이나 삼남이어도 장남의 역할을 하여 부모의 관록을 유지하는 것이라 할 수 있다."

문 "이마에 주름이 많은 사람이 고생을 많이 한다는 것은 왜 그렇습니까?"

답 "이마에는 삼문三紋이라는 3개의 주름이 있다. 이것은 하늘의 삼성을 의미하지만, 이마에 주름이 많은 것은 이 삼성이 어질러진 것과 같기 때문에 고생을 많이 한다. 이 삼문의 하늘을 아버지, 땅을 어머니로 하고 중간의 주름을 자신으로 한다. 또 위의 주름을 윗사람으로, 아래의 주름을 아랫사람으로 본다. 그러므로 이 삼문이 흐트러져 있을 때는 가족이 잘 모이지 않는다."

눈썹에 대해서

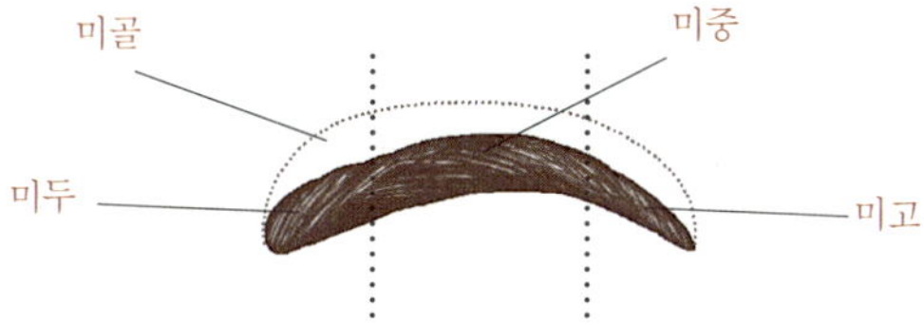

〈그림 3〉 눈썹의 구조

- 눈썹은 형제궁兄弟宮인데, 털은 자신의 혈맥血脈에 해당한다. 털은 혈血이 밖으로 나타나는 싹과 같은 것으로, 이를 자손궁子孫宮이라고 한다. 그러므로 가족과의 관계를 살피는 곳이다.
- 눈썹이 매우 얕은 사람은 자식과 인연이 약하다.
- 눈보다 눈썹이 짧은 사람도 자식과 인연이 약하고, 자식이 있어도 의지할 수 없다.
- 눈썹은 얼굴의 하늘(상부)에 고정되어 있는 것이 아니라 변화한다. 그러므로 이것을 구름에 비유하는데, 눈썹이 어지러우면서 가지런하지 않을 때는 하늘에 먹구름이 있는 것과 비슷하다. 하늘에 먹구름이 있을 때는 한서풍우寒暑風雨도 순조롭지 못하여 사람들을 매우 괴롭힌다. 사람도 눈썹이 가지런하지 못하고 어지러울 때는 반드시 여러 가지 재난이 찾아온다. 하늘에 구름이 있을 때는 사람의 기분도 저절로 흐려져서 마음에 좋지 않은 일이 많이 발생한다.
- 대화할 때 눈썹을 움직이는 사람은 윗사람과 의견이 맞지 않는다. 또 부

모의 가업을 계승하지 못하고 가정을 어지럽게 한다.

- 눈썹꼬리가 부드럽게 아래로 처져 있는 사람은 눈물이 많고, 자비심이 깊다. 불교에서는 옛날부터 이러한 눈썹을 '나한미羅漢眉'라고 하였다.
- 눈썹이 두텁고 풍부한 사람은 장남의 상을 갖추고 있다. 차남이나 삼남이어도 부모의 업을 계승한다. 또 사람들 앞에 서거나 신분에 상응하는 복을 받는다.
- 눈썹이 매우 얕은 사람은 가족과 인연이 약하고, 사람들 위에 설 수 없는 상相이다.
- 털이 굵고 검으면서 항상 가지런하지 못한 느낌의 눈썹을 가진 사람은 반드시 가정을 무너뜨린다. 또 많은 재난을 당하며, 한 번은 파탄破綻하거나 가정이 붕괴되어 고생을 한다. 일생 동안 금전을 저축하는 것이 불가능하고, 가족과 관계도 좋지 않고, 자식과 인연도 없다.
- 눈썹이 지나치게 두껍지 않고 풍부하게 보이는 사람은 장남의 관상이다. 차남이나 삼남에게 이러한 눈썹이 있으면 부모의 업을 계승하고 여러 가지 복과 운이 따른다.
- 눈썹 위에 휘어진 짧은 수직의 주름이 있는 사람은 자식과 인연이 약하고, 가족이나 아랫사람 일로 고생을 많이 한다.
- 눈썹이 상하로 서로 엇갈려 자라고 있는 사람은 단명短命한다. 또 자신의 고집 때문에 스스로 괴롭히는 경향이 있거나 마음이 안정되지 못하고 불안해한다.
- 눈썹꼬리가 풍부하면서 물건을 보호하고 있는 것처럼 아래로 처져 있는 사람은 장수長壽한다. 노인의 눈썹을 보면 쉽게 이해할 것이다. 젊은 사람을 볼 때도 이러한 예를 생각하여 살펴보면 될 것이다.
- 일반적으로 가는 눈썹이 어느 순간부터 굵게 되는 것은 그 무렵부터 운이 조금 좋아지는 것을 나타낸다.
- 눈썹 털과 머리털이 가지런하지 않게 서 있는 사람은 가정이 안정되지

않고 마음도 안정되지 못한다.[11]

- 눈과 눈 사이에 눈썹이 자라고 있는 사람은 아내와 인연이 약하다. 결혼해도 사이가 나쁘고, 성격이 급하여 출세에 좋지 않은 영향을 미친다.
- 눈썹꼬리 부위에 있는 복덕궁 끝에 산모産毛처럼 눈썹 털이 8~9개 정도 자라고 있을 때는 당분간 기력氣力이 충만하지만, 그 털이 빠지거나 위축될 때는 반드시 모든 일이 순조롭게 풀리지 않는다. 당연히 운세도 쇠약해진다.
- 눈썹에 상처가 없는데 털이 중간에서 나누어진 것처럼 보일 때는 가족과 의견이 맞지 않는다. 또 가족과 이별할 때는 반드시 눈썹 중간이 끊어진 것처럼 나누어진다.
- 눈썹이 풍부한 것을 길吉로 한다. 눈보다 긴 것이 좋다.
- 눈썹 형태는 굵으면서 풍부한 것이 좋다. 눈썹이 가는 것은 흉凶이다.
- 눈썹이 특히 검은 것은 흉이다. 가정을 혼란스럽게 할 것이다.

눈썹꼬리가 부드럽게 아래로 처져 있는 사람은 지비심이 깊다.

눈썹이 상하로 서로 엇갈려 자라는 사람은 단명한다.

눈썹꼬리가 풍부하면서 아래로 처져 있는 사람은 장수한다.

눈썹 털이 가지런하지 않게 서 있는 사람은 마음이 안정되지 못하다.

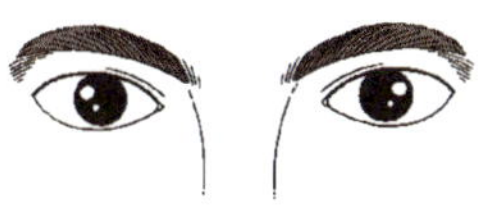

복덕궁 끝에 눈썹 털이 퍼져 자랄 때는 기력이 충만하다.

〈그림 4〉 눈썹 형태와 운명

- 눈썹 털이 특히 굵은 것은 흉이고, 가정을 혼란스럽게 할 수 있다.

---

11 여성은 생리할 때가 되면 미간의 털이 서거나, 금갑(콧방울)이 대체로 며칠간 적색을 띤다. 콧방울의 기색은 초심자도 살펴보기 쉬우므로 가까이 있는 여성의 콧방울을 연구 대상으로 삼으면 좋을 것이다.

제자가 여쭈었다.

문 "눈썹 위에 세로로 작은 주름이 있는 사람은 자식과 인연이 약하다는 것은 왜 그런가요?"

답 "눈썹은 자손의 관官이며, 눈썹을 주름이 관통하는 것은 그 주름이 자손의 관을 파괴하는 것과 같다. 그러므로 자식과 인연이 약하다."

문 "눈썹꼬리가 풍부해서 위에서 물건을 보호하는 것처럼 아래로 처져 있는 사람은 장수한다는 것은 왜 그런가요?"

답 "눈썹은 보수관保寿官이라고도 하지만 이것은 눈썹 본래의 이름이 아니다. 여기에서 말하는 것처럼 눈썹꼬리가 풍부해서 위에서 보호하듯이 아래로 처져 있는 때는 마치 하늘에서 명命을 받는 것과 같기 때문에, 이것을 보수관이라 이름하여 장수의 상相이라 한다. 또 눈썹 털이 위와 아래에서 서로 엇갈려 자라는 것은 보수관을 괴롭히는 것이기 때문에 단명의 상이라 한다."

문 "눈과 눈 사이에 눈썹 털이 자라는 사람이 부부 사이가 나쁘다는 것은 왜 그런가요?"

답 "눈의 좌우는 음과 양이다. 눈과 눈 사이에서 눈썹 털이 자라는 것은 그 음양의 사이를 벌려 놓은 것과 같다. 그렇기 때문에 부부 사이가 나빠지고, 그 때문에 자식과 인연도 약하다."

문 "말할 때 눈썹이 움직이는 사람은 윗사람에게 반항한다는 것은 왜 그렇습니까?"

답 "이마는 윗사람의 관官이다. 눈썹이 움직일 때는 이마도 함께 움직인다. 이것은 자신의 의지에 따라 윗사람 전체를 움직이게 하는 것과 같기 때문에 '윗사람에게 반항한다'라고 하는 것이다."

문 "눈썹꼬리가 나한미처럼 아래로 처진 사람은 젊을 때부터 자신을 빨리 알고 다른 사람에게 자비를 베푼다는 것은 왜 그런가요?"

답 "예를 들어, 출가出家의 상이 있어도 나한미가 없는 사람은 출가의 뜻을 이룰 수 없다고 한다. 그러므로 나한미를 가지고 있을 때는 불교와 인연이 깊다. 부처님은 부드러움과 온화함으로 그 자신을 아는 것이 본래의 자세이다. 그러므로 이 눈썹을 가진 사람은 젊은 시절부터 자비로운 마음을 가지고 세상을 살아간다."

문 "눈썹꼬리의 복당福堂 부위에 산모처럼 털이 8~9개 정도 자라고 있는 사람은 마음이 용감하고 기력이 넘친다는 것은 왜 그런가요?"

답 "눈썹은 여러 가지 기운이 모이는 곳이다. 즉 마음에 분노의 기운이 있을 때는 그 눈썹이 저절로 화를 내는 것처럼 만들어진다. 마음에 기쁜 일이 있을 때는 그 눈썹도 풍부하면서 자연스럽게 아름다운 눈썹이 된다. 복과 행운이 있을 때는 마음속에 좋은 기운이 넘치고, 그 기운은 자연스럽게 복당으로 나타나고 털이 서는 것처럼 된다. 이것은 신神의 마음에 의한 것이 아니라 사람의 마음의 활동에 의해서 나타난다는 것을 잊어서는 안 될 것이다."

전택궁田宅宮에 대해서

※ 원전에는 눈과 눈썹의 사이를 가리키는 가독家續으로 되어 있다. 이하 전택궁이라 함.

- 전택궁은 가정이 파산하는지 하지 않는지 등에 대해서 살펴보는 곳이다.
- 전택궁이 깊고 우묵한 사람은 가정이 안정되지 못하며, 정력도 약하고 마음도 많이 초조해한다.
- 중년의 사람이 전택궁이 마른 것처럼 가는 주름이 많은 경우에는 집이나 가정에 관한 일로 고생을 많이 한다. 또 가정이 파산하거나 붕괴하거나 하는 경우가 많다. 일반 서민들은 논밭이나 수입 때문에 고생하는 경우가 많고, 재운이 약하다.
- 전택궁에 검은 점이나 상처가 있는 사람은 가정이 어지럽다. 부모의 가업을 계승하지 못하며, 계승하더라도 살림살이가 나빠지거나 파산한다. 게다가 부인과 관계도 좋지 않다.

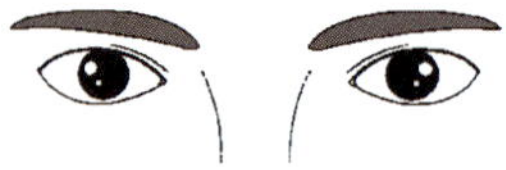

눈과 가까운 눈썹, 즉 전택궁이 좁은 사람은 가난한 가정에서 태어났다.

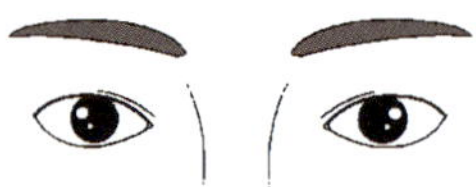

눈에서 떨어져 있는 눈썹, 즉 전택궁이 넓은 사람은 많은 유산을 물려받는다.

전택궁이 좁고 눈썹 털이 눈을 덮는 사람은 심리적으로 항상 불안하다.

〈그림 5〉 전택궁 형태와 운명

- 가난한 집에 태어난 사람은 일반적으로 전택궁이 좁다.
- 전택궁이 좁은 사람은 태어났을 당시 부모가 궁핍하였거나 집이 기울어질 무렵이었는지도 모른다. 이 일에 대해 잘 생각해야 한다.
- 가난한 집에 태어났어도 전택궁이 넓은 사람은 승려나 학자가 될 상이다. 말하자면 출세의 관상으로, 부모의 가업을 계승하지 않거나 출세하지 않아도 일생 동안 편안하게 살 수 있다. 또 여난女難이 많지만 관직에 있는 사람은 충분하게 생각한 뒤에 판단해야 한다. 여성의 경우 유흥업에 종사하거나, 재벌인 남자에게 사랑을 얻는 등 운이 좋다.
- 부자로 태어났어도 전택궁이 좁은 사람은 반드시 가업을 계승하지 못하고 파산한다.
- 전택궁이 좁고 눈썹 털이 눈을 덮는 사람은 심리적으로 항상 불안하며 기분이 우울하다. 끈기와 열정이 약하여 위험한 일을 많이 당한다.
- 눈 위쪽이 부은 것처럼 보이는 사람은 부모에게 불효를 하는 사람으로, 일생에 한 번 정도는 큰 고생을 하게 될 것이다.
- 전택궁이 잘 발달된 사람은 항상 마음에 여유가 있으며 신분에 상응하는 복과 운이 찾아온다.

제자가 여쭈었다.

문 "전택궁이 함몰된 사람은 가정이 불안정하고 파산하거나 가정을 붕괴시킨다는 것은 왜 그렇습니까?"

답 "전택궁은 가정이나 상속에 대한 부분을 살피는 곳이다. 그러므로 살집이 풍부한 경우에는 전택궁의 관官을 성취하여 제 역할을 다한다고 볼 수 있다. 반대로 전택궁의 살집이 빈약한 때는 전택궁의 관을 파괴하는 것처럼 가정이 파산하거나 붕괴하거나 한다. 전택궁의 살집이 나쁠 때는 가정이 불안정하고 어려운 일을 많이 겪는다. 또 전택궁에 검은 점이나 상처가 있을 때는 가정에 여러 가지 장애가 일어난다. 따라서 가업을 계승하지 못하고, 가정에서 음양의 화합이 좋지 못하며, 부부 사이가 나빠지고 부인의 내조도 좋지 않다."

문 "가난한 가정에서 태어난 사람은 반드시 전택궁이 좁다는 것은 왜 그렇습니까?"

답 "전택궁은 집의 상속을 담당하는 곳이다. 복이 있는 사람은 당연히 그가 태어난 가정도 부유하고 집도 넓을 것이다. 따라서 부유한 집에 태어난 사람은 전택궁이 자연스럽게 넓고 발달하였다. 반면에 가난한 사람은 집이 좁으므로 전택궁도 좁고, 전택궁이 좁은 사람은 마음도 천박하다. 가난한 집에서 태어난 사람은 세상일에 민감하고, 전택궁이 좁은 사람은 재능이나 학식이 있다고 한다. 부유한 집에서 태어난 사람이 세상 물정에 둔감한 것이 일반적이지만, 많은 사람들과 교류하면 당연히 세상 물정에 대해서 많이 알게 될 것이다. 또 부유한 집을 이끌어가는 사람은 마음에 여유가 있으며 인정이 많다. 가난한 집을 이끌어가는 사람은 마음 씀씀이가 너그럽지 못하고 여유가 없다. 연구와 임상을 충분히 한 뒤에 다른 사람의 관상을 살펴야 한다."

문 "전택궁의 살집이 마른 사람은 가정을 붕괴시키거나 파산하게 한다는 것은 왜 그렇습니까?"

답 "전택궁의 살집이 마르면 잔주름이 발생한다. 전택궁의 관官이 마르고 쇠약해지는 것과 같으므로 가정이 붕괴되거나 파산한다."

문 "전택궁이 좁고 눈썹이 눈을 가리는 사람은 항상 기분이 우울하다는 것은 왜 그렇습니까?"

답 "눈썹은 구름에 해당한다. 눈은 일신一身의 일월日月이다. 그러므로 눈썹이 눈을 가리는 것처럼 덮는 것은 먹구름이 일신의 일월을 가리고 있는 것과 같다. 즉 하늘에 먹구름이 있을 때 사람의 기분도 자연스럽게 어두워지는 것처럼 우울하게 된다."

눈에 대해서

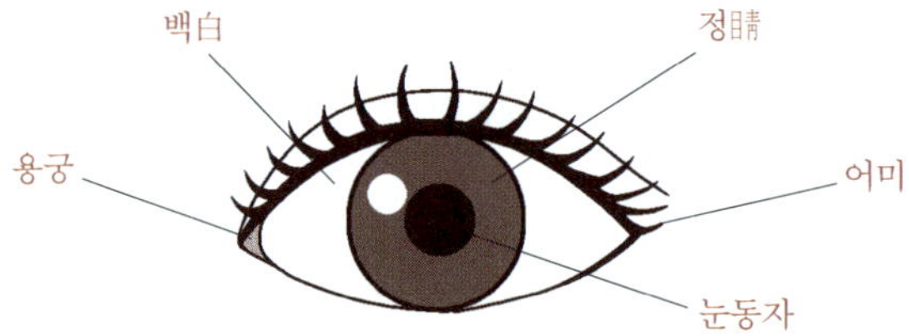

〈그림 6〉 눈의 구조

- 눈을 통해서 마음의 청탁淸濁이나 그 당시의 고락苦樂을 살필 수 있다.
- 눈빛이 날카롭고 강한 사람은 마음도 날카롭고 강하다.
- 눈빛에 용기勇氣가 있는 사람은 마음에도 용기가 있다.
- 눈이 미련하고 어리석게 보이는 사람은 마음도 어리석다.
- 눈빛이 탁한 사람은 마음속으로 고생을 많이 한다.
- 눈빛이 침착하지 못하고 자주 움직이는 사람은 마음도 침착하지 못하고 안정되지 않는다. 또한 가정도 안정적이지 못하다.
- 눈을 많이 깜박거리는 사람은 심리적으로 안정되지 못하고 근기根氣와 열정이 부족하다. 또 가정을 붕괴시키거나 파산하게 하며, 겁이 많지만 재능이나 학식은 있다.
- 검은자위가 갈색을 띠는 사람, 즉 원숭이 눈과 같은 눈을 가진 사람은 고집이 세고 매사每事에 제멋대로 행동한다. 또 남에게 베푸는 방법을 알지 못하기 때문에 다른 사람이 넘어지거나 실패해도 관심을 갖지 않

는다. 그러나 자신의 이익에 관련된 일에는 매우 적극적으로 행동한다.

- 눈이 깊게 들어간 사람은 성급한 성격 때문에 선에도 악에도 강하다. 이러한 눈을 가진 사람은 부모의 가업을 계승하지 못하지만, 정력이 왕성하고 재능도 있다. 눈물도 많은 것이 특징이다.
- 눈이 크고 돌출된 사람은 가정을 붕괴시키거나 파산하게 하고, 아내와 인연이 약하다. 끈기와 열정이 약하고 자식과 인연도 약하며, 부모의 가업을 계승하지 못한다.
- 눈의 흰자위 부위가 먼지가 낀 것처럼 흐린 사람은 마치 말라빠진 말등에 짐을 넘치도록 실은 것처럼 고생을 많이 하고 모든 일에 막힘이 많다.

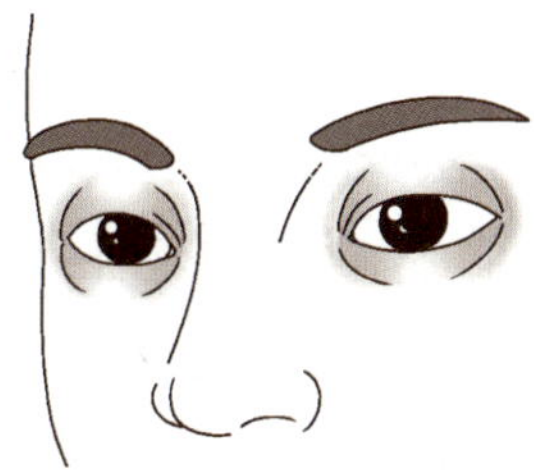

눈이 튀어나온 사람은 가정을 붕괴시키거나 파산하게 한다.

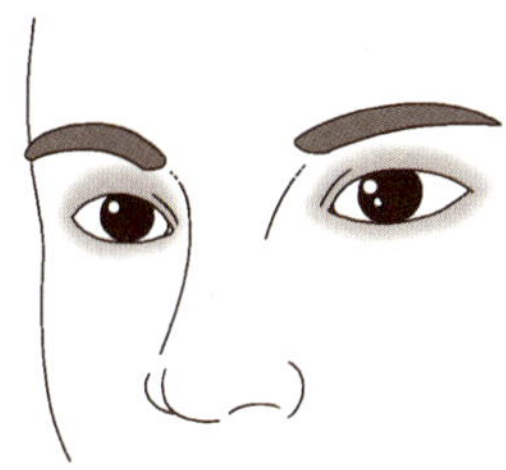

눈이 들어간 사람은 부모의 가업을 계승하지 못하지만 재능은 있다.

〈그림 7〉 눈의 돌출 형태와 운명

- 눈에 활기가 없고 조금 돌출된 것처럼 맑게 보일지라도, 자세히 살피면 눈이 탁濁하고 빛이 있는 것처럼 보이는 경우가 있다. 이러한 눈을 가진 사람은 반드시 맹인이 된다. 눈뜬 맹인을 관찰해 보면 바로 알 수 있다.
- 눈동자가 연기가 낀 것처럼 흐린 사람은 가까운 시일 안에 질병에 걸리거나 큰 고생을 할 우려가 있다.
- 눈이 상하좌우로 잘 움직이는 사람은 반드시 도벽盜癖이 있다. 도둑의 눈을 살펴보면 바로 알 수 있을 것이다. 즉 고양이가 사람을 노려보는 것과 동일한 눈이다. 하지만 그러한 날카로움이 없고 솔직한 눈으로 보이는 사람도 많으므로 잘 관찰하고 판단해야 한다.
- 관상가가 눈을 살피려고 할 때, 망설이지 않고 눈을 크게 뜨는 사람은

모든 일에 큰 희망이나 소망을 가지고 있으며 의지가 강하다. 그러나 가정을 붕괴시키거나 파산하는 경우도 있기 때문에 잘 관찰해야 한다.

- 관상가가 눈을 살피려고 할 때, 두려워하면서 눈을 감거나 눈을 뜨지 않는 사람은 매사에 소극적이고 기력氣力이 부족하거나, 작은 일에도 잘 놀라고 끈기나 열정이 부족한 사람이다.
- 관상가가 눈을 살피려고 할 때, 주저 없이 눈을 뜨긴 하지만 검은자위가 아래를 향하는 사람은 여러 가지 일을 사람들에게 명확하게 밝히지 않고 가슴에 품어 두는 사람이다. 즉 자신의 기분이 남에게 알려지는 것을 싫어한다. 특히 여성은 마음이 허약하므로 매사에 모든 것을 명확하게 해 두지 않는 경향이 있다. 잘 생각하고 관찰하여 판단해야 한다.
- 눈을 조금 치켜뜨고 검은자위가 많이 움직이고, 얼굴에 약간 빛이 있는 사람은 반드시 광기狂氣[12]가 있다. 또 자신을 스스로 괴롭힌다.
- 눈이 큰 사람은 일생에 한 번은 큰 파탄破綻을 경험한다. 부모의 가업을 계승하지 못하고 끈기와 열정이 부족하다.
- 눈이 작은 사람은 마음이 좁고 끈기와 열정도 부족하고 눈물이 많다.
- 일반적으로는 보통의 눈이지만, 화난 것 같지 않지만 강하고 묵직한 톤으로 말할 때 검은자위가 조금 아래를 향한 사람은 의지가 강하고 고집이 있음을 나타낸다. 또 재능이 있지만 입에 발린 말을 잘하는 아첨꾼의 기질이 있기도 하다.
- 검은자위가 항상 위쪽에 있는 사람은 뜻이 높고 강하며, 타인에게 지는 것을 매우 싫어한다. 꿈과 희망이 크지만 가정을 붕괴시키거나 파산하기도 한다. 이러한 눈을 가진 고용인은 윗사람의 신뢰를 받는다.

---

12 이러한 눈은 여성에게는 음란淫亂의 상相 중 하나이다. 치켜뜬 눈[出眼]은 공부나 연구에 열심이지만, 남녀 모두 조숙하여 성적 관심이 다른 사람보다 2배나 강하다. 부광浮光은 수안水眼이나 도화안桃花眼을 말한다. 한의학에서 눈은 간장이나 신장, 생식기와 관련이 있다고 하는데, 특히 눈에 분비액이 많은 경우(눈물을 글썽글썽하고 있는 경우)는 비뇨 · 생식기의 상태가 왕성하다고 본다. 실제로 자궁 상태가 활발하게 움직이고 있는 임산부의 눈은 물기가 촉촉한 편이다. 그러므로 눈에 물기가 많아 촉촉한 사람은 간장, 신장, 비뇨 · 생식기 상태가 왕성하고, 음란하거나 히스테리한 성격이라고 본다.

● 검은자위가 항상 위쪽에 있는 여자는 난심亂心[13]의 상이다. 남편과 사이가 좋지 않아 이별이나 이혼하고, 자식과 인연이 좋지 않다.

● 눈동자(동공)가 큰 사람은 마음이 야무지지 못하고, 특히 그 당시의 모든 일이 순조롭지 못함을 나타내는 것으로, 장사를 해도 이익이 없고 고생을 많이 하는 것을 나타내며 끈기와 열정이 부족하다.

● 눈동자가 작은 사람은 마음이 야무지고 신중하고 사려가 깊다. 또 그 무렵의 모든 일이 순조롭게 잘 진행되고 있음을 나타낸다.

● 눈동자가 열리거나 줄어들거나 하는 사람은 마음이 야무지지 못하다.

● 눈에 눈물을 글썽이는 것처럼 물기[水氣]가 있는 사람은 여자를 좋아하지만, 결코 호색한好色漢은 아니다. 또 아래눈꺼풀이 두터운 사람도 같은 의미로 파악하면 된다.

제자가 여쭈었다.

문 "눈은 무엇에 해당하고 무엇을 의미합니까?"

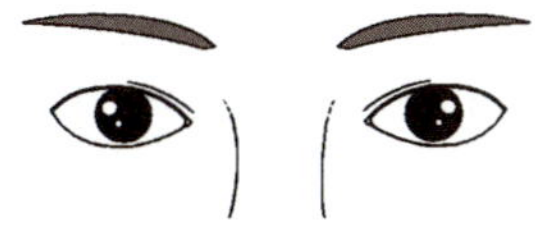

눈이 큰 사람은 일생에 한 번은 큰 파탄을 경험한다.

눈이 작은 사람은 마음이 좁고 끈기와 열정도 부족하고 눈물이 많다.

검은자위가 항상 위쪽에 있는 여자는 난심의 상으로 남편과 사이가 좋지 않다.

눈동자가 큰 사람은 마음이 야무지지 못하고 끈기와 열정이 부족하다.

눈동자가 작은 사람은 마음이 야무지고 신중하고 사려가 깊다.

〈그림 8〉 눈의 크기와 운명

13 난심亂心이란 히스테리, 정서 불안증, 조울, 음란淫亂한 마음 등을 뜻한다.

답 "눈은 일신一身의 일월(日月 : 음양)이고, 청정淸淨으로 그 몸을 지키는 것을 본분으로 한다. 또 정신精神이 통하는 길이고, 정情이 모이는 장소이며 감정이 노니는 장소이기도 하다. 사람이 잠들 때 마음은 어디에 있는 것일까? 눈을 뜨고 있을 마음은 눈 속에 머무르고 있다. 정신을 집중해서 사물을 바라볼 때 그 정신은 눈 속에 머무른다. 그러므로 눈을 깜빡거리지 않는다. 눈을 통해서 마음속의 청탁淸濁을 알 수 있다. 모든 것은 눈 안에 머무르기 때문에 눈의 선악에 따라 정신의 청탁을 안다. 정신은 원래 무념무상無念無想의 본원이 된다. 그리고 정신에는 선악이라는 것이 존재하지 않는다. 눈은 정이 모이는 곳이며, 눈의 선악에 따라 마음의 청탁을 아는 것의 진의眞意를 깨닫지 않으면 안 된다."

문 "난심은 왜 일어나는 것입니까?"

답 "항상 눈의 정신이 약하고 제멋대로 하는 마음을 가지고 있기 때문에 간기肝氣가 자연스럽게 거꾸로 서는 것이다. 즉 간기가 정신을 극克해서 정신의 자리를 빼앗는 것이다. 그러므로 간기가 종횡무진으로 돌아다니는 것이다. 이것은 한 나라에 군주가 없어 난亂이 일어나는 것과 같기 때문에 난심이라 한다. 또 때를 얻어서 그 군주가 단전丹田의 성곽으로 들어가면, 그 나라는 자연스럽게 다스려지고 풍성하게 된다. 이것은 난심을 다스리는 것과 같은 것이다."

문 "관상가가 눈을 살피려고 할 때 검은자위가 아래쪽에 있는 사람은 만사萬事를 사람들에게 명확하게 밝히지 않고 자신의 가슴속에 담아 둔다는 것은 왜 그런가요?"

답 "눈은 마음이다. 그러므로 검은자위가 아래쪽에 있는 사람은 그 마음을 숨기는 것과 같은 것이다. 따라서 만사를 사람들에게 밝히지 않고 가슴속에 품고 있다."

문 "항상 검은자위가 위쪽에 있는 사람은 어떻습니까?"

답 "항상 검은자위가 위쪽에 있는 사람은 마음이 위를 향하는 것과 같다. 그러므로 자연히 뜻이 높다. 그러나 빈천한 관상에 이러한 눈을 가지고 있을 때는 사람들에게 미움을 받는 등 매우 나쁜 관상이다."

문 "여성이 검은자위가 항상 위쪽에 있는 것을 난심의 관상이라 하는 것은 왜인가요?"

답 "여성은 원래 눈이 부드럽고 화기和氣가 있어 솔직하게 표현한다. 또 눈은 간기肝氣의 싹이다. 검은자위가 항상 위쪽에 있는 사람은 간기가 흥분되어 마음이 산란한 상태이므로 난심이 된다고 하는 것이다. 또 여성은 일반적으로 아집이 강하고 폭넓은 정신력이 부족하여 만사에 헤매는 것이 많다. 정신을 움직여서 나를 깨닫는 것이며, 아집 때문에 자신을 미혹迷惑하게 만드는 것이다. 이에 대해서는 잘 생각해야 한다."

문 "관상가가 눈을 살피려고 할 때, 주저 없이 눈을 크게 뜨는 사람은 큰일을 이루고자 하는 야망이 있다고 하는 것은 왜인가요?"

답 "정신력이 강할 때는 세상만사에 무서운 것이 없다. 그러므로 관상가가 눈을 살피려고 할 때, 주저하지 않고 눈을 크게 뜨는 것이다. 이것은 기력과 정신력이 강한 것을 의미하고, 정신력이 강하면 자연스럽게 큰일을 성취하려는 마음이 있다."

문 "눈이 먼지가 낀 것처럼 흐린 사람은 여러 가지로 고생을 많이 한다는 것은 왜 그런가요?"

답 "눈은 일신의 일월이다. 하늘이 흐릴 때는 사람의 기분도 저절로 흐려진다. 그러므로 눈이 흐릴 때는 그 일신의 건강 상태나 운명의 흐름이 순조롭지 못하다. 그렇기 때문에 눈이 흐릴 때는 고생을 많이 한다고 한다."

문 "눈이 깊이 쑥 들어간 사람은 신기腎氣가 약하고 심리적으로 불안해하는 것은 왜 그런가요?"

답 "신기가 강한 사람은 눈의 살집이 좋고 풍부하다. 신기가 약한 사람은 눈의 살집이 빈약하고 깊게 들어가 있다. 그러므로 눈이 깊게 쑥 들어가 있는 사람은 신기가 약하다고 하는 것이다. 신기가 약하면 자연스럽게 간기肝氣가 활동을 하여 심리적으로 불안하고 초조하다."

문 "눈을 종횡으로 움직이는 사람이 도벽이 있다는 것은 왜 그렇습니까?"

답 "눈은 마음이 노니는 장소이다. 그러므로 눈이 바르면 그 마음이 정직하고, 눈이 종횡으로 움직인다는 것은 마음이 부정함을 나타낸다. 그러므로 도둑질을 하려는 마음이 있다고 하는 것이다."

문 "눈이 크고 돌출된 사람이 끈기와 열정이 부족하다는 것은 왜입니까?"

답 "눈이 크고 튀어나온 사람은 자연스럽게 기력氣力이 밖으로 나와 끈기와 열정이 부족하다고 하는 것이다. 눈이 잘 발달하고 가는 사람은 스스로 기력을 유지하기 때문에 끈기와 열정이 강하다. 또 눈으로 마음이 움직이는지 그렇지 않는지를 살필 수 있다. 그러므로 눈이 크고 튀어나온 사람은 그 마음을 잘 다스릴 수 없기 때문에 스스로 가정을 붕괴시키거나 파산하게 한다."

문 "눈을 전택田宅이라 부르는 까닭은 무엇입니까?"

답 "전택은 하단전下丹田과 같은 것이다. 단전丹田은 정신의 성곽이기 때문에 그렇게 부르는 것이다. 또 눈은 마음이 모이는 장소이기 때문에 전택이라 부른다. 그러므로 눈을 마음이라 생각하고, 눈빛이 안정되지 않은 사람은 마음도 안정되지 않는다. 눈빛이 안정되면 정신이나 마음도 안정되는 것이다. 마음이 안정되면서 여유가 있는 사람은 단전도 저절로 기력이 넘친다. 마음이 안정되지 않은 사람은 정신이 단전[氣海]에 가득 차지 않으므로 자연스럽게 단전의 기력이 약해진다."

문 "눈이 촉촉하게 젖어 있는 것처럼 물기가 있는 사람은 여색을 즐긴다는 것은 왜 그렇습니까?"

답 "물기[水氣]라고 하는 것은 신기와 같은 것이다. 그 신기가 항상 눈에 감도는 것처럼 있기 때문에 여색을 즐긴다고 한다. 또 신기가 눈에 흐트러진 것처럼 있으면 이를 음란淫亂하다고 한다."

문 "눈동자가 열리거나 줄어들거나 하는 사람은 정신적으로 문제가 있다고 하는 것은 왜 그렇습니까?"

답 "신체에 기력이 넘칠 때는 동자가 자연스럽게 닫혀 있다. 만약 기력이 부족할 때는 자연스럽게 눈동자가 열린다. 기력이 항상 부족한 사람은 숨을 내쉴 때에 눈동자가 열린다. 숨을 들이마실 때는 기력이 양생養生되기 때문에 동자가 자연스럽게 닫힌다. 그러므로 동자가 열려 있는 사람은 기력이 부족하고 끈기와 열정도 약하다. 기력이 부족하면 마음이 야무지지 못하고, 마음에 번뇌 망상이 많다. 항상 기력이 충만한 사람은 숨을 내쉴 때도 눈은 건강하기 때문에 눈동자를 움직이지 않고, 숨을 들이마실 때는 더욱더 기력을 기른다. 그러므로 기력이 충실한 사람은 눈동자가 작고 야무진 것처럼 보이고, 그러한 사람은 마음도 야무지다."

문 "눈동자가 연기처럼 흐린 사람은 가까운 시일 안에 질병에 걸린다는 것은 왜 그렇습니까?"

답 "정신이 완전할 때는 오체五體도 완전하고 눈동자가 맑다. 반면에 오체가 불순不順할 때는 기력이 부족하기 때문에 자연스럽게 눈동자도 흐리다. 그러므로 눈동자가 흐릴 때는 질병에 잘 걸린다. 이것은 천지가 불순하여 해와 달의 빛을 빼앗는 것과 같은 것으로, 이러한 현상이 나타나면 곧 재난이 닥쳐올 것이다."

문 "눈동자가 갈색으로 원숭이의 눈과 같은 사람은 제멋대로이고 다른 사람에게 베푸는 것을 알지 못한다는 것은 왜 그렇습니까?"

답 "원숭이 눈이라 하는 것은 그러한 것이다. 대체로 네 발을 가진 동물들은 모두 똑같이 음식물을 얻으면 음식물을 서로 빼앗는다. 즉 아만我慢이 높고 고집이 센 사람은 다른 사람에게 베푸는 법을 모른다. 또 네 발을 가진 동물은 아침이나 밤이나 이리저리 다니면서 음식물을 구하는 것이 주요한 일이다. 그러므로 이러한 사람은 자신의 일에만 관심을 가지기 때문에 일을 잘한다."

문 "눈을 깜빡거리는 사람은 정신력이 약하고 초조하고 불안해하는 것은 왜 그렇습니까?"

답 "일반적으로 사물을 응시할 때는 눈에 정신을 집중하기 때문에 눈을 깜빡거리지 않는다. 항상 정신력이 강한 사람은 분별력[眼力]도 강하기 때문에 깜빡거리는 횟수도 적다. 반대로 눈을 많이 깜빡거리는 사람은 기력이 부족하고 끈기와 열정도 부족하다. 이것은 눈이 간기의 싹이기 때문에, 기력이 부족할 때 간기가 눈에 집중되어 깜빡임이 많아져 심리적으로 불안해진다."

문 "일반적으로 눈에는 이상이 없는데, 말을 할 때 검은자위가 조금 아래쪽에 있는 사람은 건방지고 아첨을 잘한다는 것은 왜 그렇습니까?"

답 "말을 할 때 검은자위가 아래쪽에 있는 사람은 다른 사람을 업신여긴다. 그러므로 거만하면서 자존심이 강하다. 눈은 마음이 모이는 장소이며, 검은자위가 아래로 향할 때는 자신의 감정을 숨기는 것과 같다. 이것을 가지고 아첨을 잘하는 사람이라고 한다."

귀에 대해서

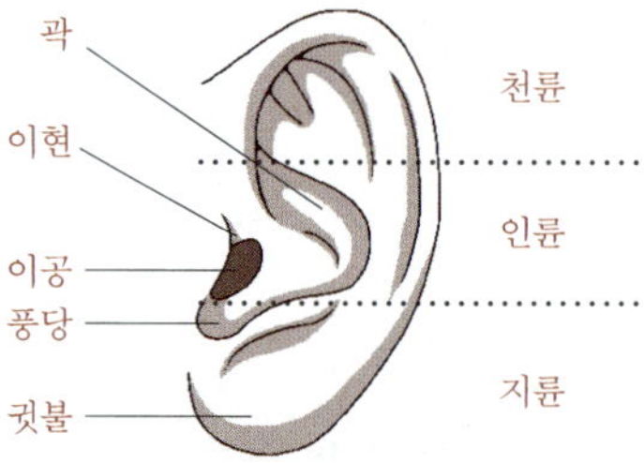

〈그림 9〉 귀의 구조

- 귀는 지혜智慧를 담당한다. 자세한 것은 '문답' 편에서 설명하겠다(127쪽 참고).
- 귀가 곧게 펴진 사람은 재지才智가 있으며 기억력이 좋다.
- 귀가 부드러우면서 낮은 사람은 기억력이 나쁘고, 미련하고 끈기와 열정이 없다.

- 귀가 낮고 천륜(天輪 : 귀의 상부)이 단축短縮된 것처럼 풍아風雅한 귀를 가진 사람은 풍아한 것에 대한 기억력이 좋고, 그러한 일에 재능이 있다. 귀의 인륜人輪이 돌출된 사람은 부모의 집에서 분가한다. 부모에게 상속 등을 받아도 유지할 수 없다. 다시 말해, 이러한 귀를 가진 사람은 차남이나 동생의 관상觀相이다.
- 귀가 단단한 것처럼 보이는 사람은, 예를 들면 빈상貧相일지라도 가난하지 않다. 신분에 상응하는 복과 운이 따르고, 위험한 일을 당해도 아무 탈 없이 넘어간다.
- 귀가 작은 사람은 마음 씀씀이가 작다. 대수롭지 않은 일에도 두려워하거나 무서워하며, 눈물이 많고 끈기나 열정이 부족하다. 그러나 귀가 작아도 곧게 펴져 있는 사람은 재능이 많다.[14]
- 귀가 크면서 위로 곧게 뻗은 사람은 결코 다른 사람 밑에서 일하지 않는다. 재지才智가 있으면서 대담하다. 상응하는 운과 복이 찾아와 크게 성공하는 상이다.
- 귀가 크고 딱딱하며 곧게 뻗은 사람은 덕德과 재지가 있고, 사람을 사랑하는 마음이 풍부하다. 상응하는 복과 행운이 찾아오고 유명하게 되는 대길大吉의 상相이다.
- 귓불이 큰 사람은 마음이 풍부하지만 큰 출세는 하지 못한다. 재주도 부족한 편이다. 다만 얼굴이 날카롭지만 마음이 강하고 영리한 사람은 재능도 있고 출세할 수 있다. 귓불이 없는 것처럼 작은 사람은 심리적으로

14 침구의 고전에는 "신장腎臟은 귀로 개규開竅한다."라고 하였다. 관상학에서 귀는 신장에 대응한다고 본다. 귀의 크기는 신장의 크기에 비례한다고 주장하는 학설도 많지만, 실제로 귀가 훨씬 더 작다. 그러나 신장 상태는 귀와 상관 관계가 있는 것은 확실하다. 귀 상태를 살펴서 신장의 건강 상태와 용기의 유무有無, 끈기의 유무를 알 수 있다. 관상학에서는 음소양대陰小陽大가 기본이기 때문에, 남자의 귀는 크고 탄력이 있으며 약간 딱딱한 것이 좋다. 반대로 여자는 약간 작은 듯한 귀가 좋고, 인륜이 돌출된 것은 좋지 않다(미망인 상의 하나). 색에 관해서는 남녀 모두 얼굴빛보다 조금 희고, 윤기가 있는 것을 길吉로 여긴다. 덧붙여 귀가 지나치게 크거나, 지나치게 딱딱하거나 지나치게 부드러운 것은 좋지 않다. 작아도 윤기와 탄력이 있어 기세氣勢가 있는 귀가 좋다. 어쨌든 전체의 형태와 균형이 중용을 유지하고 있는 귀가 좋다. 또 귀와 손의 크기는 서로 반비례하여, 귀가 크면 손은 작고 귀가 작으면 손이 큰 경우가 대부분이다.

안정되지 못하지만 재능은 타고났다.

제자가 여쭈었다.

문 "귀를 채청관採聽官이라 하는 것은 왜 그렇습니까?"

답 "귀는 신장의 싹으로, 여러 가지 언어와 소리를 듣는 활동을 한다. 그러므로 청사廳事를 뽑는다는 의미에서 채청관이라 한다. 귀에 듣는 기능이 없으면 사물을 알지 못할 것이다. 그러므로 귀는 지智를 담당한다고 한다. 그런 까닭으로 귀가 높게 우뚝 솟은 사람은 재지가 뛰어나다고 생각된다. 사람이 늙으면 정력도 쇠퇴하여 귀가 잘 들리지 않는다. 귀가 멀게 되면 지력智力도 쇠퇴하여 어리석게 된다."

문 "인륜이 돌출된 사람은 부모의 가업을 계승하지 못한다는 것은 왜 그렇습니까?"

답 "귀에는 천天 · 지地 · 인人이 있다. 천륜은 부父, 인륜은 자신, 지륜은 모母에 대응한다. 또 귀에는 곽廓과 륜輪이 있다. 곽은 부모의 성곽이고, 곽에 둘러싸인 륜은 자신의 신체에 해당한다. 그러므로 륜이 돌출되어 있을 때는 자신의 신체도 부모의 성곽을 벗어나 있기 때문에 가업을 계승하지 못한다고 하는 것이다. 비록 상속을 해도 자신의 것이 되지 못한다."

문 "귀가 단단한 사람은 빈상이어도 신분에 상응하는 복이 있다는 것은 왜 그렇습니까?"

답 "귀는 신장腎臟의 싹이다. 귀가 단단한 사람은 신장의 기氣가 강한 것을 의미한다. 신장이 튼튼할 때는 정신도 건강하고 기력도 양호하기 때문에 저절로 운이 열린다. 그러므로 그에 맞는 복과 운이 있다고 생각하는 것이다. 또는 귀는 신장의 싹이라고 하는 것은 오행五行에서 말하는 수水이고, 단단하다는 것은 금기金氣에 상응하는 것이다. 그러므로 이것은 금생수金生水의 상생相生이기 때문에 길상吉相이라고 한다."

문 "귓불이 없는 것처럼 작은 사람은 심리적으로 불안해하고, 귓불이 크고 둥글게 처진 사람은 마음이 풍부하다는 왜 그렇습니까?"

답 "귀는 신장의 싹이고, 오행의 물[水]에 속한다. 그러므로 귓불이 둥글고 아래로 처진 사람은 정력이 충만하기 때문에 마음의 화火를 다스려 간기肝氣를 누르는[押] 것이다. 또 귓불이 없으면 그 사람은 풍부하게 보이지 않는다. 귀 자체에는 대소大小가 있기 때문에 그 점에 유의하여 판단해야 한다."

문 "선생은 귓불이 큰 사람은 출세하지 못한다고 했는데, 촉나라의 유비는 귀가 어깨에 이를 정도로 컸다고 합니다. 이것은 어떻게 보는 것입니까?"

답 "촉나라 유비의 귀는 어깨까지 늘어지지 않았다. 유비의 귀는 풍부하고 그 혈색血色이 얼굴보다 아름다웠기 때문이다. 유비의 머리를 지智, 왼쪽 귀를 인仁, 오른쪽 귀를 용勇과 상象에 비유하고, 그러한 것을 갖춘 유비에게는 지 · 인 · 용의 삼덕三德이 갖추어졌다고 보는 것이다. 귀가 어깨까지 내려왔다면 그것은 일신의 불구不具이다."

문 "귀가 단단하고 크고 위쪽으로 쭉 뻗은 사람은, 몸에 덕이 있어서 신분에 맞는 복이 따른다는 것은 왜 그렇습니까?"

답 "귀는 지智를 상징한다. 귀가 크고 단단하고 쭉 뻗은 사람은 지혜가 풍부하고 강하게 하늘에 통하는 것과 같다. 그러므로 그 몸에 덕이 있다고 하는 것이다. 또 귀는 신장의 싹이고, 신장의 기운이 왕성할 때는 정력이 강하고, 그러므로 자연스럽게 기력도 충만하여 오장육부五臟六腑 모두 건강해지는 것이다. 마음과 감정도 항상 건강하고 만사萬事가 순조롭게 잘 풀려 신분에 상응하는 복과 행운이 따른다. 이 운이라는 것은 자연스럽게 기력과 동반하는 것이다."

문 "귀가 응축된 것처럼 풍아風雅한 느낌이 있는 사람은, 풍아한 일에 지智가 있는 것은 왜 그렇습니까?"

답 "귀는 지智의 근본이다. 그 지의 근본이 풍아이고, 풍아한 일에는 지智가 있다고 한다. 풍아한 마음이 있는 사람은 제국편산諸國遍散의 뜻이 있다. 다시 말해, 음식을 청하는 것이다. 또 이 귀를 가진 사람은 선문禪門의 출가자에서 많이 볼 수 있다. 잘 생각하기 바란다."

문 "귀가 작은 사람은 마음 씀씀이가 작고, 대수롭지 않은 일에 잘 놀란다는 것은 왜 그렇습니까?"

답 "남자는 양陽이기 때문에 귀가 크고, 여자는 음陰이기 때문에 귀가 작다. 다시 말해, 남자가 귀가 작을 때는 여자의 모습을 가진 것과 같기 때문에 그 마음이 작다고 보는 것이다. 또 귀는 신장의 싹이기 때문에 귀가 작은 사람은 그 신장의 기가 약한 것과 같은 것이다. 따라서 별일이 아닌데도 깜짝깜짝 잘 놀란다."

코에 대해서

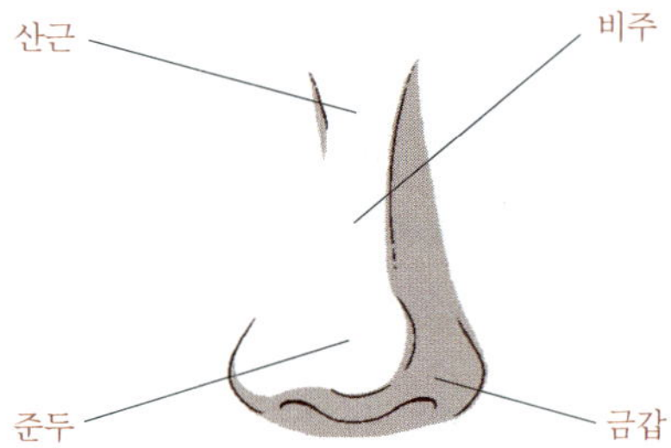

〈그림 10〉 코의 구조

- 코는 중앙에 위치하는 군주이다. 그러므로 자신의 신체를 담당한다.
- 코가 낮은 사람은 중앙 군주의 위치가 낮은 것과 같기 때문에 자존심도 약하다. 하지만 애교가 있어 사사로운 욕심은 적다. 귀인貴人 가운데 코가 낮은 사람은 존재하지 않는다. 하천下賤한 사람은 코가 낮은 경우가 많다. 그러므로 귀인일지라도 코가 낮은 경우에는 자연스럽게 그 마음도 비루鄙陋하기 때문에 그 지위를 온전하게 유지할 수 없다.
- 코가 얼굴 형태에 따라 살집이 풍부한 사람은 운이 강하고 신분에 상응

하는 복과 행운이 찾아온다.

- 코가 작은 사람은 자존심이 약하고, 마음 씀씀이도 좋지 못하고 고생을 많이 한다.
- 코가 풍요롭고 크면서 길어 보이는 사람은 반드시 신분에 상응하는 복과 운이 있고, 마음이 풍부하기 때문에 장수長壽하지만 사람들의 입에 많이 오르내린다.
- 코가 짧아 보이는 사람은 높은 지위에 오를 수 없고, 성격이 급하여 단명短命한다.
- 코에 살집이 없고 말라 보이는 사람은 그 신체도 풍부하지 않기 때문에 고생을 많이 한다.
- 코에 결함이 있는 사람은 신분이나 지위를 오래 유지할 수 없다. 또 자식들과 인연이 없거나 문제가 발생할지도 모른다. 잘 생각해야 한다.
- 코가 높고 살집이 빈약하면서 날카롭게 보이는 사람은 계획한 것을 생각처럼 실천하지 못하는 경우가 많다. 또 자식과 인연이 약하고, 가족과 인연도 좋지 못하다.
- 코끝이 아래로 숙인 사람은 물건을 낭비하는 것을 싫어하고 근검절약하여 물건을 소중하게 사용하는 사

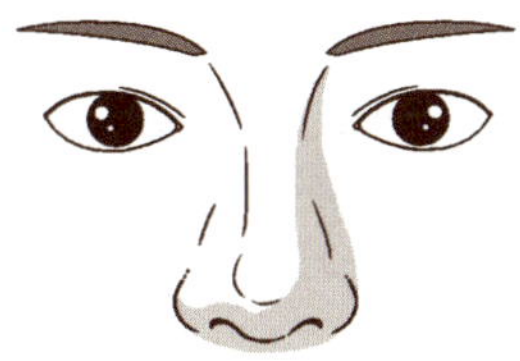

코가 풍요롭고 큰 사람은 신분에 상응하는 복과 운이 있다.

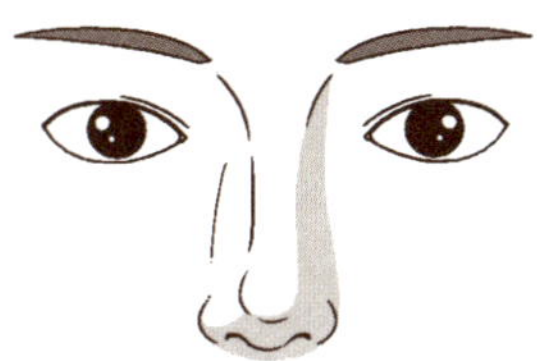

코가 작은 사람은 자존심이 약하고 마음 씀씀이가 좋지 못하다.

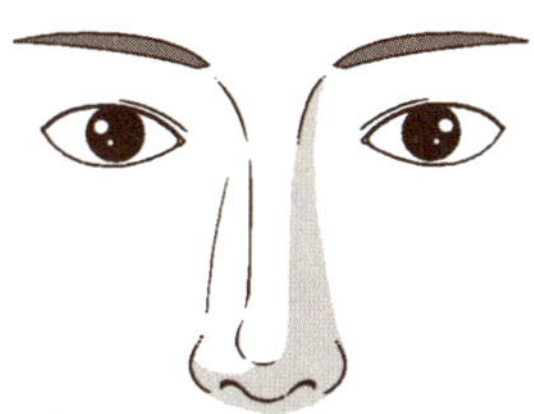

코가 긴 사람은 마음이 풍부하므로 장수한다.

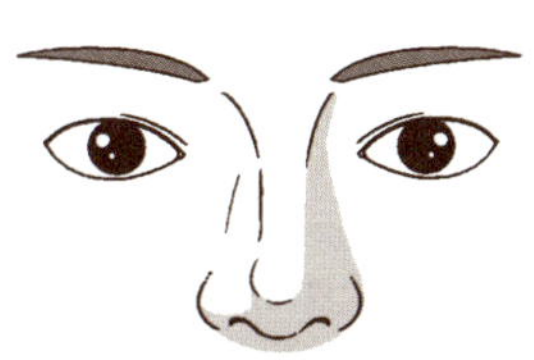

코가 짧은 사람은 높은 지위에 오를 수 없고 성격이 급하여 단명한다.

〈그림 11〉 코 형태와 운명

람이다. 하늘의 이치에 적응하여 일생 동안 먹을 것으로 고생을 하지 않는다. 그러나 속마음은 비루鄙陋하다. 이러한 관상인 사람이 인당印堂이 매우 넓은 경우에는 근검절약하지 못한다. 잘 생각해서 판단하기 바란다. 이러한 내용은 구전口傳에 없다.

- 코에 주름처럼 가는 세로 핏줄이 많은 사람은 고생이 많고 자식과 인연도 부족하다. 또 안정적인 직업이나 신분을 얻는 것이 늦다.
- 코가 특별나게 크고 높은 사람은 처자와 인연이 약하다. 또 자식이 있어도 서로 화합하지 못하고 의지할 수 없다. 일생에 한 번은 큰 파탄破綻을 겪는다.
- 코에 살집이 없어 뼈가 보이고 코끝이 날카로운 사람은 부모의 가업을 계승하지 못하고 가정을 어지럽게 한다. 지위가 높아도 아만我慢이 강하여 고생을 많이 한다. 잘 생각해서 판단해야 한다. 이러한 내용은 구전에 없다.
- 코의 살집이 좋으면서 매우 높고 끝이 붉은 사람은 처자와 인연이 약하고, 자식이 있어도 의지하지 못한다. 부인이 있어도 사이가 나쁘고 고생이 끊이지 않는다.
- 코가 단단한 사람은 반드시 외고집이며, 오래 산다.
- 코가 부드러운 사람은 마음도 솔직하면서 눈물을 잘 흘린다. 또 스스로 자신은 단명한다고 생각한다. 잘 생각하기 바란다. 이러한 내용은 구전에 없다.
- 콧방울이 발달한 사람은 운세가 강하다. 위험을 만나도 쉽게 헤쳐 나가는 경우가 많고, 실패할 때도 사람들의 도움을 받아서 재기한다. 빈상貧相을 가지고 있어도 결코 극빈極貧하게 살지 않고 신분에 상응하는 운과 복이 따른다.
- 코가 휘어진 사람은 인생에 부침浮沈이 많으며 여러 번 파탄을 경험하는 관상이다.
- 코에 마디가 있는 것처럼 느껴지는 사람은 가정을 어지럽게 하고 가업

을 계승하지 못한다.

- 콧방울이 없는 사람은 운세가 약하다. 가족과 인연이 없으며 외롭고 쓸쓸하게 산다. 자식과 인연도 약하다.
- 코가 크면서 입이 작은 사람은 자식과 인연이 약하지만 마음 씀씀이가 신중하다. 또 여러 가지 일에 막히는 것이 많다.
- 콧방울이 두드러진 사람은 의복衣服을 좋아하기 때문에 의복에 인연이 있다.
- 콧방울이 없는 사람은 의복을 좋아하지 않으므로 의복과 인연이 없다. 잘 생각하기 바란다. 이러한 내용은 구전口傳에 없다.

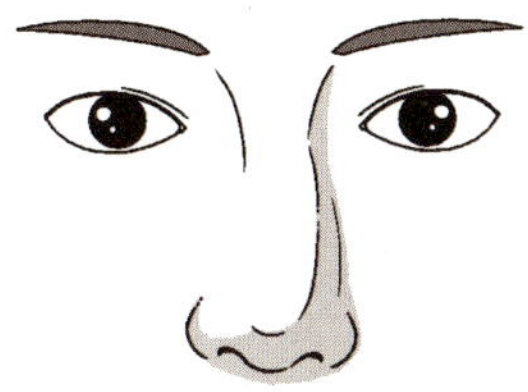

콧등이 휘어진 사람은 인생에 부침이 많으며 파탄을 경험한다.

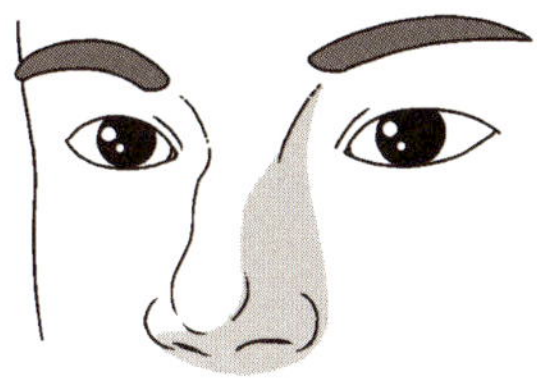

코가 여러 번 굽은 사람은 고독하다.

〈그림 12〉 콧등 형태와 운명

- 코가 높고 얼굴 주변에 살집이 빈약하여 홀쭉한 느낌이 있는 사람은 자존심이 높다. 사람들이 싫어하는 면도 있다. 또 부인과 인연에 변화가 생길지도 모르고, 자식과 인연도 좋지 않다.
- 코가 풍부하면서 길게 보이고 콧방울도 상응하는 살집이 있는 사람, 또 검은 점이나 상처가 없으며 곧고 바른 코를 가진 사람은 자연스럽게 사람들의 신뢰를 받고 중용된다. 또 가정에 근심이나 우환이 없으며 반드시 가정을 일으키는 관상이다.
- 코가 작으면서 살집이 빈약하고 끝이 날카로운 사람은 자식과 인연이 약하고 고생을 많이 한다.
- 콧대에 가로 주름이 있는 사람은 일생에 한 번은 큰 파탄이 있거나 한 번은 실패한다. 가로 주름은 자연스럽게 생긴 것을 판단한다. 코를 자주

찡그리는 사람도 자연스럽게 이 주름이 생긴다.

- 코가 위로 향하여 콧구멍이 보이는 사람은 윗사람을 배신한다. 또 고향을 떠나서 생활하고, 재산을 잃는 경우가 많다.
- 코가 잘 발달하고 콧대 전체가 바른 사람은 귀인貴人이며, 윗사람의 도움과 후원을 받아 성공한다. 이러한 사람들은 다른 사람 밑에서 생활하지 못한다. 그러나 얼굴에 애교가 없는 사람은 좋지 않다. 잘 생각해서 판단해야 한다.
- 콧구멍이 큰 사람은 기력이 약하고 단명한다.
- 사자코처럼 코끝만 높게 우뚝 솟은 사람은 운세가 강하다. 신분에 상응하는 운과 복이 따른다. 선善과 악惡 모두에 강한 마음을 가지고 있다.

제자가 여쭈었다.

문 "코가 풍부하면서 길게 보이고, 콧방울에도 그에 상응하는 살집이 있고, 검은 점이나 상처가 없는 좋은 모양의 코를 가진 사람은 사람들에게 신뢰를 얻어 중용되고, 가정에도 우환이나 재난이 없는 것은 왜 그렇습니까?"

답 "코는 자신의 신체이다. 코의 살집은 신체의 복을 나타내므로 코에 살집이 풍부할 때는 신체도 풍부하기 때문에 복과 행운이 따른다. 또 코는 중앙의 군주이다. 그 군주가 풍부하기 때문에 검은 점이나 상처와 장애가 없을 때는 중앙의 군주가 바르게 그 지위를 얻게 되는 것과 같다. 그러므로 사람들에게 자연스럽게 중용되는 것이다. 또 그 군주에 검은 점이나 상처와 같은 장애가 없기 때문에 우환이나 재난이 없는 풍요로운 마음을 가지고 장수하는 관상이라 한다."

문 "콧방울이 잘 발달된 사람이 운세가 강하다는 것은 왜 그렇습니까?"

답 "코는 난대蘭台라 하고, 좌우의 콧방울을 정위廷尉라고도 한다. 또 천자의 옥전玉殿을 난대라 하고, 수비하는 병사들을 정위라고 한다. 그러므로 콧방울이 잘 발달된 사람은 수비 임무를 맡은 병사를 많이 거느리고 있기 때문에 군주도 강하다고 한다. 그러므로 콧방울이 우뚝 솟은 사람은 운세가 강하다. 고서古書에는 왼쪽의 콧방울을 난대, 오른쪽의 콧방울을 정위라고 하는 것도 있지만, 여기에서 설명한 것은 그것과 다르다."

문 "코는 높지만 얼굴 전체에 살집이 빈약한 사람은 자식과 인연이 약하다는 것은 왜 그렇습니까?"

답 "코는 중앙의 군주이고 자신의 신체에 해당한다. 그리고 얼굴 전체는 신하에 해당한다. 그러므로 코가 높고 얼굴 전체에 살집이 빈약한 것은 신체가 얼굴의 신하를 극克하는 것과 같기 때문에 이것을 고독한 관상이라 한다. 그러므로 자식과 인연이 약하다고 한다."

문 "콧구멍이 큰 사람은 단명하고, 작은 사람은 장수한다는 것은 왜 그렇습니까?"

답 "콧구멍이 큰 사람은 기력氣力이 자연스럽게 누설되는 것이 많기 때문에 단명하고, 콧구멍이 작은 사람은 자연스럽게 기력이 보호되기 때문에 장수한다고 한다. 또 콧구멍이 큰 사람은 잠을 잘 때 코를 골지 않기 때문에 단명한다고 한다. 코를 골지 않는 것은 기력이 누설되기 때문이다."

문 "코에 살이 없어 뼈대가 보이고, 끝이 뾰족하면서 전체가 날카롭게 보이는 사람은 가업을 계승하지 못한다는 것은 왜 그렇습니까?"

답 "얼굴에는 천天 · 지地 · 인人이 있고, 코는 곧 사람으로 자신의 신체에 해당한다. 그 몸이 매우 마른 것처럼 보일 때는 천지를 등지고, 부모를 등지는 것과 유사하다. 그러므로 가업을 계승하지 못하는 것이다. 또 몸이 말라서 날카롭기 때문에 마음도 날카로운 것이다. 잘 생각해 보기 바란다."

문 "콧방울이 잘 발달한 사람이 의복이 풍부한 것은 왜 그렇습니까?"

답 "코는 자신의 신체에 해당한다. 말하자면 콧방울은 코의 장식이기 때문에 의복에 해당한다. 그러므로 콧방울이 없는 것 같은 사람은 코 전체가 적막하게 보이고, 마치 몸에 의복을 걸치지 않은 것과 같은 모습이다. 그러므로 콧방울이 빈약한 사람은 의복이 풍부하지 못하다. 또 콧방울이 우뚝 솟아 있는 사람은 몸에 의복을 입은 것과 같으므로, 예를 들어 가난해도 의복에 어려움을 겪지 않는다고 한다."

문 "코가 크고 입이 작은 사람은 자식과 인연이 약하다는 것은 왜 그렇습니까?"

답 "코는 중앙의 토土의 기운을 가지고 있고, 입은 큰 바다로서 수기水氣를 가지고 있다. 그러므로 코가 크고 입이 작은 사람은 토가 많기 때문에 물이 적은 것과 같다. 또 흙에 습기[水氣]가 없을 때 그 흙은 토질[地力]이 좋지 않기 때문에 좋은 흙이 아니다. 그러므로 풀이나 나무도 잘 자랄 수 없다. 자신의 몸에서 태어나는 것이 자손임을 생각해 보면, 이러한 코와 입을 가진 사람이 자식과 인연이 좋지 않음을 알 수 있을 것이다."

문 "코에 가는 세로 주름이 많은 사람이 고생을 많이 한다는 것은 왜 그렇습니까?"

답 "코에 주름처럼 세로줄이 많은 사람은 신체에 기력이 항상 충만하지 못하고 쇠약하기 때문에 고생을 많이 한다. 또 사람은 원기가 충만할 때 마음에 여유가 있다. 몸이 쇠약하면 마음에도 여유가 없다."

문 "코가 아래로 숙인 사람이 구두쇠인 것은 왜 그렇습니까?"

답 "코는 자신의 신체이다. 그러므로 코가 아래로 숙여 있다는 것은 지표地表의 만물을 둘러싸고 있는 것과 같은 것으로, 자신의 몸을 신중하게 움직이고 절약을 한다. 이러한 사람은 만사를 신중하게 행동한다."

문 "코끝이 위로 향하여 콧구멍이 보이는 사람은 윗사람을 배신한다는 것은 왜 그렇습니까?"

답 "코가 위로 향해 있는 사람은 자신의 신체가 하늘을 향하여 있는 것과 같기 때문에 윗사람을 배신한다고 한다. 또 코가 단단하게 보이는 사람은 그 몸도 단단하여 부드럽지 못한 것과 같기 때문에 마음도 자연스럽게 옹고집인 사람이다. 또 여성은 일반적으로 코가 부드러우므로 마음도 부드러우면서 유연한 것이 특징이다. 코가 단단하게 보이는 여성은 마음이 부드럽지 못하기 때문에 남편을 극克하는 것이다."

문 "코가 견고하면 장수한다는 것은 왜 그렇습니까?"

답 "기력이 충만하면 자연스럽게 코가 견고하게 된다. 즉 자신의 신체가 건강하기 때문에 장수하는 것이다."

문 "코에 마디처럼 요철이 있는 사람은 가정이 안정되지 못하다는 것은 왜 그렇습니까?"

답 "코에 마디가 있는 사람은 자신의 몸을 어지럽히는 것과 같기 때문에 가정도 어지러운 것이다."

문 "코가 비뚤어져 있는 것은 어떻습니까?"

답 "코가 비뚤어져 있는 것은 자신의 신체가 바르지 못하고 어느 한쪽으로 휘어져 있는 것과 같다. 이러한 사람은 인생에 부침浮沈이 많다. 또 코에 일자一字 주름이 있는 사람은 그 주름이 신체를 어지럽게 하므로 일생에 한 번은 큰 파산을 당한다."

문 "코가 풍요롭고 크면서 콧대가 바른 사람은 윗사람의 도움을 많이 받는다는 것은 왜 그렇습니까?"

답 "코는 자신의 신체에 해당한다. 코에서 위쪽은 윗사람을 의미한다. 그러므로 콧대가 바른 사람은 자신과 윗사람이 잘 통하기 때문에 여러 가지로 많은 도움을 받는다. 또 콧대가 낮은 사람은 윗사람과 통하는 통로가 좁기 때문에 귀인이나 윗사람에게 도움 받을 기회가 많지 않다."

광대뼈[顴骨]에 대해서

- 광대뼈는 세상일을 의미한다. 활동력의 강약强弱을 알 수 있다.
- 광대뼈가 많이 튀어나온 사람은 마음이 불안하고 초조해하며 사려가 깊지 못하다. 마음 씀씀이가 천박하기 때문에 가정이 어지럽다. 광대뼈가 앞으로 튀어나온 사람은 활동력이 강하고 자신의 권위를 과시하는 경향이 있다. 일생에 한 번은 자신의 고집 때문에 큰 고생을 한다. 마음은 선善에도 악惡에도 강한 성격으로 눈물이 많다.
- 광대뼈가 옆으로(가로로) 튀어나온 사람은 활동력이 강하지만 대인 관계가 좋지 않다. 또 심리적으로 불안하고 초조해하며 눈물이 많고 가정을 붕괴시키거나 파산하게 한다.
- 광대뼈가 튀어나와 있는데 그 뼈가 귀까지 연결되어 있는 사람은 하상下相일지라도 반드시 한 가지 재주로 장인匠人이나 스승이 될 것이다. 그러나 가정을 붕괴시키거나 파산하게 한다.
- 광대뼈 좌우의 높이가 다른 사람은 여러 가지 일을 성취할 수 없다. 사람과 사귀어도 아무런 이유 없이 오랫동안 친분 관계를 유지하지 못하고, 마음이 안정되는 것이 다른 사람에 비해 늦다.
- 광대뼈가 높은 사람은 내심內心으로 질투심이 강하다.[15]
- 광대뼈가 낮아서 없는 것과 같은 사람은 마음에 덕과 재량이 부족하고, 자신에게 충분한 논리적인 이유가 있다고 해도 그것을 잘 표현하지 못한다. 또 큰 목적이나 희망이 부족하고, 큰 목적을 가지고 있다고 해도 실현하기가 어렵다. 그러나 눈썹과 눈이 날카로운 사람은 별개로 생각해야 한다. 이러한 내용은 구전口傳에 없다.
- 광대뼈가 높고 이마와 턱이 좁은 사람은 자식과 인연이 약하다. 고생을

---

15 광대뼈가 높은 사람은 집념이 강하다. 남성이 광대뼈가 앞으로 많이 튀어나온 사람은 흉폭하고, 여성은 히스테릭한 성격이다. 하지만 눈에 이상이 없으면 그 정도가 지나치지는 않다.

많이 하고 가족과 인연이 약하다. 말하자면, 고독의 상이다.

● 얼굴 전체에 상응하는 살집이 있고, 광대뼈가 잘 발달되어 높고, 코가 잘 발달되어 조금 높은 사람은 활동력이 강하며, 가정을 붕괴시키거나 파산하지만 이름을 드날린다. 교제 범위와 견문見聞이 넓고, 장사를 해도 번창한다. 이러한 관상을 가진 사람이 무사武士라면 관직이 증가하여 자신의 권위를 과시한다. 학문이나 출가를 하는 경우에는 크게 명성을 드날리고, 장인匠人이 되기도 한다. 그러나 이러한 관상을 가지고 있어도 얼굴이 갸름한 사람은 좋지 않다. 둥글고 조금 긴 광대뼈를 가진 얼굴이 전반적으로 운세가 좋다.

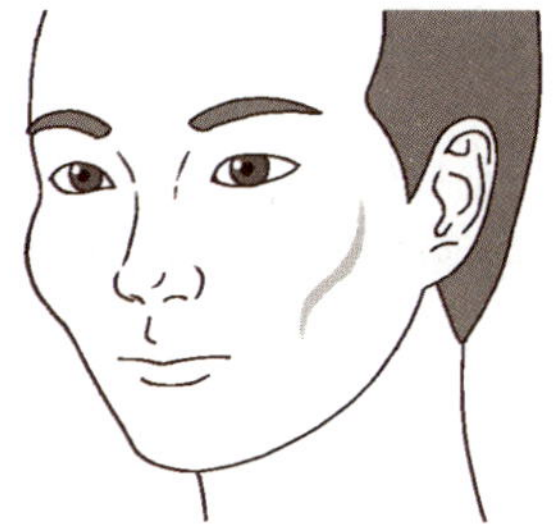

광대뼈가 높은 사람은 집념이 강하다.

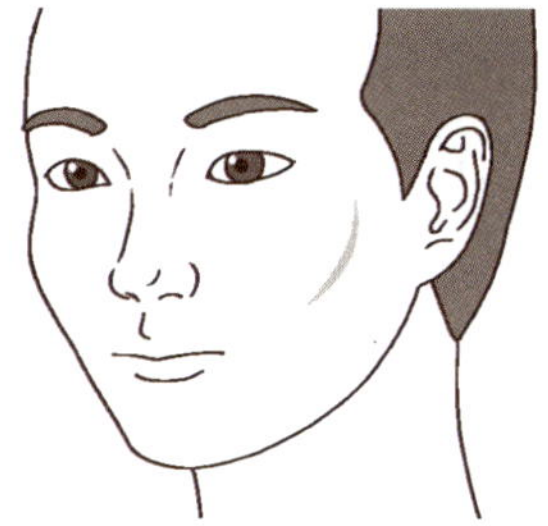

광대뼈가 낮은 사람은 덕이 부족하다.

〈그림 13〉 광대뼈 형태와 운명

● 광대뼈가 눈 바로 아래에서 튀어나온 사람은 활동력이 있으며, 그에 상응하는 복과 운이 있다. 운세가 전반적으로 강하다.

● 광대뼈가 낮은 사람은 권위가 약하고, 마음에 덕과 재주가 없다. 만약 마음에 덕과 재주가 있다고 해도 다른 사람을 부릴 정도는 아니다.

● 광대뼈가 높고 위쪽으로 붙어 있어서 매달려 있는 것처럼 보이는 사람은 활동적이고 자기 주장이 강하다. 큰 꿈을 가지고 노력하지만 가정을 붕괴시키거나 파산하게 한다.

제자가 여쭈었다.

문 "광대뼈가 튀어나온 사람은 모두 활동적이라는 것은 왜 그렇습니까?"

답 "코는 중앙의 군주요, 광대뼈는 장군의 위치라 할 수 있다. 그러므로 광대뼈가 높은 사람은 장군의 지위가 높고 권위를 과시하는 것과 유사하다. 따라서 광대뼈가 튀어나온 사람은 활동력이 강하다고 할 수 있다."

문 "광대뼈가 좌우 균형이 맞지 않는 사람은 어떻습니까?"

답 "광대뼈가 좌우의 높낮이, 즉 균형이 맞지 않는 사람은 장군으로서 지위가 정해지지 않은 것과 같기 때문에, 만사를 이루고자 하나 성취할 수 없다."

문 "광대뼈의 살집이 좋고, 위쪽으로 매달려 있는 것처럼 보이는 사람은 활동력이 강하고 명성을 드날린다는 것은 왜 그렇습니까?"

답 "광대뼈가 위를 향하고 있는 것은 권위가 위를 향하는 것과 같기 때문에 명예를 드날린다고 한다. 다만 상인의 경우에는 그 권위가 매우 강하기 때문에 가정을 붕괴시키거나 파산하게 한다. 그러나 활동적이기 때문에 상업은 날로 번창한다. 또 광대뼈가 없는 것처럼 보이는 사람은 장군으로서 기세氣勢가 부족한 것과 같기 때문에 활동력이 부족하고 마음에 덕과 재능이 부족하다."

문 "광대뼈가 높고 귀까지 연결된 사람은 비록 하천下賤해도 사람들의 스승이 된다는 것은 왜 그렇습니까?"

답 "광대뼈는 세상일을 의미하고, 귀는 지혜[智]를 의미한다. 그러므로 광대뼈가 높으면서 귀까지 연결되어 있다면, 세상에서 자신의 지식이나 지혜가 통하는 것과 같다. 그렇기 때문에 비록 하천한 사람일지라도 다른 사람들의 스승이 된다고 하는 것이다."

문 "광대뼈가 높은 사람이 자기 주장이 강한 것은 왜 그렇습니까?"

답 "광대뼈가 높은 사람은 자기 주장이나 고집이 강하다고 해도, 그렇게만 생각해서는 안 된다. 광대뼈는 자기의 생각[一念]이 모이는 장소이다. 특히 애정에 관련된 생각이 가장 강하게 모이며, 그러한 생각이 가장 잘 나타나는 곳이다. 또 즐거운 생각도, 분노의 생각도, 색정에 관한 것도 먼저 광대뼈에 나타난다. 이른바 악녀는 질투가 강하기 때문에 광대뼈가 높아진다. 그러므로 광대뼈가 낮은 경우는 악녀의 관상은 아니다. 이러한 것은 충분히 연구하여 임상에 응용해야 한다."

문 "광대뼈가 높은 사람은 심리가 불안하다는 것은 왜 그렇습니까?"

답 "얼굴에는 다섯 개의 산[五岳]이 있다고 한다.[16] 이마와 턱을 남북南北의 산, 양쪽 광대뼈는 동서東西의 산, 코를 중앙의 산으로 한다. 이것을 고서에서는 오악五岳이라고 하는데, 원래 오악은 한조(漢朝 : 중국)의 산이다. 오악을 얼굴에 적용할 경우, 양쪽 광대뼈가 높을 때 얼굴 전체에 높은 산이 있다고 여긴다. 높은 산은 기운이 날카롭고 험하다. 따라서 이러한 사람은 자연스럽게 그 마음이 험악하고 여러 가지 일을 처리할 때 성급하게 한다. 잘 생각해서 응용하기 바란다."

문 "광대뼈가 높고 이마와 턱이 좁은 사람이 운이 나쁘고, 자식과 인연이 약하다는데 왜 그렇습니까?"

답 "얼굴에는 천天 · 지地 · 인人의 삼재三才가 있다. 이마는 하늘에 해당하고, 턱은 땅에 해당하고, 광대뼈는 사람에 해당하고 자기 자신을 나타낸다. 그 광대뼈가 높고 이마와 턱이 좁은 경우에는 자기 자신이 천지를 극克하는 것과 같으므로 운이 나쁜다. 또 자신이 천지를 극할 때는 부모나 손윗사람과 아랫사람을 극하는 것과 같으므로 고독하다."

문 "광대뼈가 얼굴에 따라 잘 발달되어 높고, 코가 얼굴에 따라 잘 발달되어 높은 사람은 기세가 강하고, 세상에 이름을 떨친다는 것은 왜 그렇습니까?"

답 "코는 중앙의 군주이고, 광대뼈는 장군의 지위이다. 그러므로 코가 높고 광대뼈도 높은 것은 얼굴 전체의 군신君臣이 서로 조화를 이루고 있기 때문에 활동력이 강하여 천하에 그 이름을 떨친다."

---

16 오악은 코를 중악, 왼쪽 광대뼈를 동악, 오른쪽 광대뼈를 서악, 이마를 남악, 턱을 북악이라 본다. 남성은 음소양대陰小陽大의 이론에 근거하여 오악의 살집이 좋고 적당히 높은 것은 길吉하다. 좌우 광대뼈가 낮은 남성은 투쟁심이나 생활력이 약하고, 사회적 약자가 되거나 발전이 어렵다. 여성은 오악이 높은 것은 흉凶이므로 광대뼈가 높은 여성은 광대뼈가 낮은 남성과 결혼하면 비교적 잘 산다. 반대로 광대뼈가 높은 사람끼리 결혼하면 자주 다투기 때문에 이혼하거나 어느 한 쪽이 요절하기도 하며 병이 들기도 한다.

문 "광대뼈가 높고, 처첩궁(妻妾宮 : 눈꼬리 근처) 쪽으로 연결되어 있는 사람은 어떻게 보아야 합니까?"

답 "광대뼈가 높고 처첩궁까지 뻗어 있는 사람은 권위가 아내의 내조로 얻어지는 것과 같은 것이다. 그러므로 이러한 관상을 가진 사람은 처갓집의 도움으로 성공한다. 잘 생각해 보기 바란다."

법령法令에 대해서

- 법령은 상업에 관련된 것을 살피는 곳이다.
- 법령이 넓은 사람은 거주하는 집이 넓고, 장사를 하는 사업장도 넓다. 또 아랫사람의 도움을 많이 받고, 가난해도 사람을 부리는 위치에 오른다. 자연스럽게 사람들에게 신임을 받는다.
- 법령이 좁은 사람은 거주하는 집도 좁다. 예를 들면, 거주하는 집이 넓어도 한정된 좁은 공간만을 사용한다. 또 자신의 지위에 상응하는 복과 운이 있는 사람이 법령이 좁다면 근검절약을 제일로 하는 사람이다.
- 법령이 짧은 사람은 단명短命하고, 법령이 긴 사람은 장수長壽한다.
- 법령에 주름이 많은 사람은 상업 분야로 전직을 하거나 부업을 하기도 한다.
- 법령이 넓고 균형을 잘 이루고 있는 사람은 장사를 크게 하고 번창한다. 또 복과 운이 따르고 아랫사람을 많이 부린다. 이것에 대하여 자세한 것은 '혈색' 편에서 설명하고자 한다(220쪽 참고).
- 법령이 넓으면서 뒤쪽(입꼬리 밖)으로 흐르는 사람은 활동력이 왕성하여 다른 사람의 도움이 없어도 자수성가를 하거나 신임을 받는다. 장사 수완이 좋아 많은 사람을 부리며 많은 토지를 가진다. 복과 수명에 대한 혜택을 받는다.
- 법령이 입으로 흘러 들어가는 듯한 사람은 일생 동안 먹는 것으로 고생

을 하지 않는다. 또 위치에 상응하는 복과 운이 따르지만, 물을 낭비하는 것을 싫어하여 일생 동안 근검절약한다.[17]

- 좌우 모두 지선이 나온 법령선을 가진 여성은 늦게 결혼하거나 재혼한다. 남성은 부업을 하거나, 두 가정을 꾸리거나 2명의 부인이나 첩을 둔다.
- 법령이 길어서 지각地閣 부위에까지 이르렀으며, 지각과의 사이가 일촌一寸이라면 80세까지 장수한다. 이것을 근거로 살펴보면 법령의 길이로 수명의 장단長短을 살필 수 있다. 이러한 내용은 구전口傳에 없다.

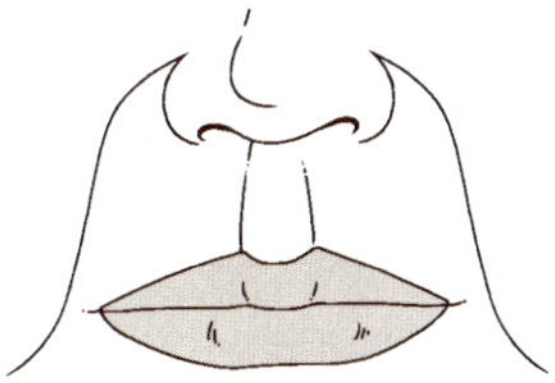

법령선이 입꼬리 밖으로 흐르는 사람은 자수성가한다.

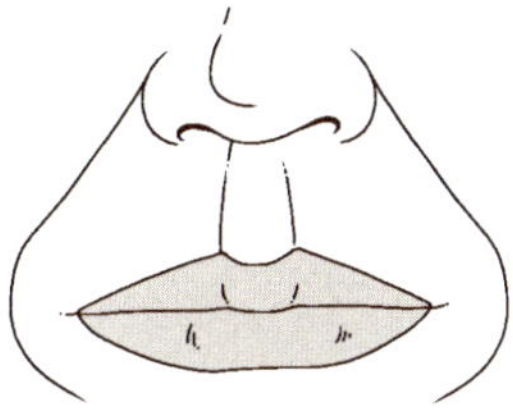

법령선이 입을 감싸고 있는 사람은 근검절약한다.

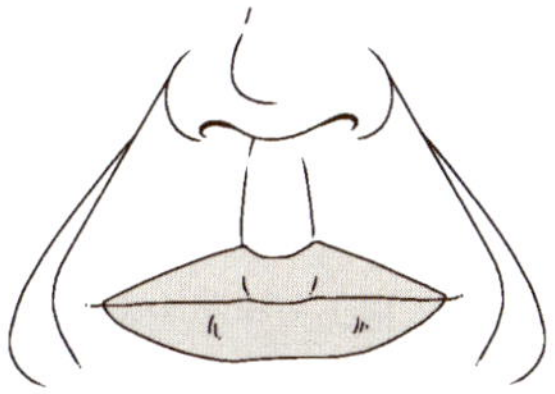

법령선의 좌우로 지선이 나와 있는 여성은 늦게 결혼한다.

〈그림 14〉 법령선 형태와 운명

제자가 여쭈었다.

문 "법령이 상업이나 장사를 담당한다는 것은 왜 그렇습니까?"

답 "법령은 규칙과 같은 것이다. 그러므로 법령은 코에서 시작하는 것이지만, 코는 중앙의 군주이기 때문에 그 군주가 자기의 백성을 보살피기 위해서 각각의 법령을 아래로 내려뜨리고 있는 것과 같다. 그렇기 때문에 백성들은 그 법령을 지키면서 일상생활을 영위하고 있는 것이다.

17 관상학의 많은 고서古書에서는 법령이 입으로 흘러 들어가면 굶어 죽는다고 하는데, 여기서는 복과 운이 있다고 본다. 자세한 것은 '문답' 편에서 설명하겠다(143쪽 참고).

무사武士는 무사로서, 출가자는 출가자로서, 상인은 상인으로서 각자의 임무를 다하면서 살고 있는 것이다. 자신의 임무에 맞지 않는 장사를 하면 법령에 빗나간다고 하는 것이다. 즉 규칙이 지켜지지 않는다는 것이다. 따라서 법령은 장사를 담당한다고 한다."

문 "법령이 넓고 긴 사람은 집이 넓고, 장사 수완도 뛰어나다는 것은 왜 그렇습니까?"

답 "법령이 넓을 때는 상업을 담당하는 것이 넓기 때문에 당연히 장사 수완이 뛰어나다고 한다. 또 지각地閣과 노복奴僕은 법령의 안쪽에 있지만, 지각은 집을 의미하고, 노복은 아랫사람을 의미하므로 법령이 넓고 길 때는 그 지각과 노복도 당연히 넓기 때문에 집도 넓고 아랫사람도 많다고 한다. 또 법령이 좁을 때는 지각과 노복이 당연히 좁기 때문에 집도 좁고 아랫사람도 별로 없다는 것이다. 그러므로 빈상貧相은 자연히 법령이 좁은 것이다."

문 "집이 넓고 아랫사람이 많지만 법령이 좁은 사람은 어떻게 보아야 합니까?"

답 "집이 넓고 아랫사람이 많아도, 그에 상응하는 관상을 가지고 있지 않은 사람은 큰 집의 주인으로서 자질이 부족하다. 즉 아랫사람들이 해야 할 일을 주인 자신이 하는 경우가 많다. 이것은 스스로 마음이 궁핍한 것이다. 마음이 궁핍하기 때문에 이러한 사람은 자연스럽게 절약을 잘한다. 또 절약하고 검소하게 생활한다는 것은, 궁핍해도 자연과 하늘의 이치에 맞게 생활하기 때문에 부자가 되는 것이다. 이러한 점은 잘 생각해야 한다."

문 "집이 작고 아랫사람이 한 명도 없지만 법령이 넓은 것은 어떻게 보아야 합니까?"

답 "비유하자면, 궁핍하게 살고 있어도 마음에는 큰 집을 가지고 있는 것처럼 도량度量이 넓고, 궁핍해도 궁핍한 것에 지나치게 마음을 쓰지 않는 사람으로, 마음이 복상福相인 것이다. 이에 대해서는 그 사람의 마음과 정신 상태를 보고 판단해야 한다. 이러한 내용은 구전口傳에 없다."

문 "법령이 긴 사람이 장수를 한다는 것은 왜 그렇습니까?"

답 "법령은 상업이나 장사를 담당한다. 상업이라는 것은 의식주의 근본이기 때문에, 법령이 길게 뻗어 있을 때는 의식주의 세 가지가 오랫동안 유지되는 것과 같은 것이다. 따라서 자연스럽게 장수한다고 한다."

문 "젊은 사람에게는 법령이 보이지 않는데, 무엇을 가지고 법령이라고 하는 것입니까?"

답 "젊을 때는 살집이 많기 때문에 법령이 잘 나타나지 않는다. 젊은 사람의 법령의 장단長短을 살피는 것은 입을 크게 벌리고 이빨이 드러나게 한다. 입을 크게 벌리면 그 좌우에 법령의 주름이 자연스럽게 나타나지만, 그 주름이 깊게 뻗어 있는지 살펴서 수명을 판단한다. 또 법령은 자신의 직업을 나타낸다. 따라서 직업이 안정되지 않으면 법령도 바르게 나타나지 않는다. 직업이 안정되면 법령은 저절로 나타난다. 잘 생각해서 판단해야 한다."

문 "동생(차남이나 삼남)으로 태어난 사람의 법령선이 얇은 것은 왜 그렇습니까?"

답 "차남이나 삼남으로 태어난 사람은 부모의 가업을 계승하지 않기 때문에 저절로 법령선이 얇은 것이다. 장남으로 태어난 사람은 부모의 가업을 계승해야 하기 때문에 상업이나 장사를 계승하는 것이 된다. 그러므로 그 법령선은 자연스럽게 깊고 선명하게 나타나는 것이다."

문 "옛 관상책에는 '법령이 입으로 흘러 들어가면 반드시 굶어 죽는다'라고 기록되어 있는데, 선생은 '일생 동안 음식에 곤란을 겪지 않는다'라고 하신 것은 왜 그렇습니까?"

답 "법령은 규칙을 담당하는 곳으로, 자신의 신체를 기르는 직업을 나타낸다. 그러한 법령이 입으로 흘러 들어가는 것은, 그 일(직업 : 食禄 · 天禄 · 食物)을 먹는 것에 신경을 많이 쓰기 때문에 굶어 죽는다고 하는 것이다. 그러나 굶어 죽는다고 하는 것은 반드시 옳은 것은 아니다. 이러한 관상은 음식이 궁핍한 것을 나타내기 때문에, 매우 검약하여 자신이 먹고 싶은 것조차 먹지 않고 음식을 아끼는 사람이다. 그렇기 때문에 자연스럽게 굶는다고 하는 것이다. 근검절약을 하여 물건을 함부로 낭비하지 않고, 먹는 것에 사치를 하지 않을 때는 저절로 하늘의 이치에 합당하게 생활하는 것이므로, 궁핍한 관상이지만 일생 동안 음식으로 곤란을 당하지 않는다. 다시 말해 타고난 복을 가진 사람과 다르지만, 후천적인 노력에 의해서 복이 있는 사람이다."

입에 대해서

〈그림 15〉 입의 구조

- 입은 자손의 유무有無와 기력氣力의 강약強弱을 살피는 곳이다.
- 입이 작은 사람은 소심하고, 작은 일에도 잘 놀란다. 또 끈기가 약하고 눈물이 많다. 그리고 자식과 인연도 약하다.
- 입이 큰 사람은 꿈이 원대하며, 가정을 붕괴시키거나 파산하는 경우도 있다.
- 항상 입을 다물고 있는 사람은 건강한 정신과 체력을 유지한다. 그러므로 건강도 좋고 끈기도 강하다.
- 입이 뾰족하게 튀어나온 사람은 자식과 인연이 약하고, 이익이 없는 행동을 싫어한다. 또 문맹文盲이 많다.
- 항상 입속에서 군침과 같은 침이 흐르는 사람은 한쪽 부모와 빨리 이별한다. 또 끈기가 약하고 자식과 인연도 약하다. 양자를 들이는 것도 생

각해 볼 만하다. 잘 생각해서 판단하기 바란다.

- 입술은 기력의 문이다. 그런 까닭에, 입을 벌리고 있는 사람은 기력이 자연스럽게 누설되고 체력도 약하게 되어 끈기도 약하게 된다.
- 입술이 두터운 사람은 충직하다.
- 입술이 얇은 사람은 자식과 인연이 약하지만, 윗입술이 조금 얇은 사람은 자식과 인연이 좋다.
- 입술이 삼각형인 사람은 생각하는 것이 많지만 제대로 이루어지는 것이 없다. 또 자식과 인연이 약하고, 마음 씀씀이가 천박하고 우둔하며 고생을 많이 한다.
- 윗입술이 위쪽으로 조금 말려 있는 사람은 자식과 인연이 약하다. 또 끈기도 약하고 마음 씀씀이가 좋지 않다. 또 눈물도 많이 흘린다. 다만 젊은 사람의 관상觀相을 판단할 때는 아이가 없다고 단언해서는 안 된다. 이 부분에 관해서는 충분한 임상을 거친 다음에 판단해야 한다.
- 아랫입술이 약간 돌출되어 있는 사람은 손윗사람과 의견이 맞지 않아서 전직轉職을 하는 경우가 많다. 하지만 복자福者에 대해서는 더 자세

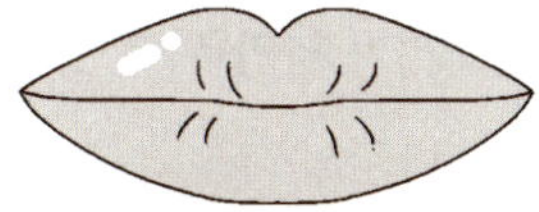

입이 큰 사람은 꿈이 원대하다.

입술이 두터운 사람은 충직하다.

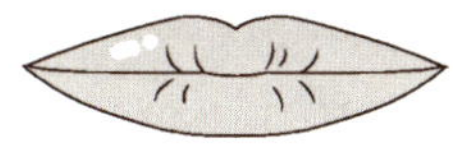

입술이 얇은 사람은 자식과 인연이 약하다.

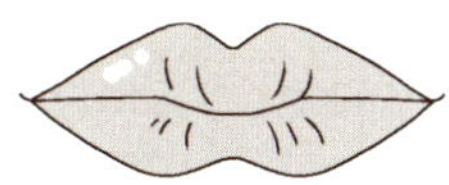

입술이 삼각형인 사람은 고생을 많이 한다.

윗입술이 튀어나와 있는 사람은 적극적이다.

아랫입술이 튀어나와 있는 사람은 전직이 잦다.

〈그림 16〉 입술 형태와 운명

하게 살펴야 한다.

- 입꼬리가 약간 위로 올라간 사람은 일생 동안 음식 때문에 곤란을 겪지 않는다.
- 입꼬리가 약간 아래로 처진 사람은 산재散財가 많다.

제자가 여쭈었다.

문 "입을 보고 자손의 유무有無를 판단하는 것은 어떠한 이유입니까?"

답 "입은 건강과 생명의 근원이며 정신의 문이다. 남자는 양陽으로 항상 입을 닫고 있으며, 여자는 음陰으로 항상 입을 열고 있다. 이것이 음양陰陽이며, 그 음양이 서로 화합하고 사귀는 일로 자손이 태어나는 것이다. 그러므로 입을 자손의 관官으로 보고 자손의 유무를 논하는 것이다. 따라서 음양의 도리를 갖추지 않은 입을 가진 사람은 당연히 자손과 인연이 부족하다고 생각하는 것이다."

문 "윗입술보다 아랫입술이 튀어나온 사람은 손윗사람의 말을 거역한다는 것은 왜 그렇습니까?"

답 "입술은 비장의 싹으로 흙[土]에 해당한다. 윗입술은 하늘에 해당하고, 아랫입술은 땅에 해당한다. 그리고 하늘은 만물을 덮고 있다. 윗입술이 아랫입술을 가리는 것은 천지자연의 이치에 합당한 것이다. 하지만 아랫입술이 윗입술을 가릴 때는 천지의 이치가 뒤바뀐 것과 같은 것이다. 이러한 관상인 사람은 만사萬事를 화합하지 못하고 윗사람과 부딪치는 일이 많다. 그래서 윗입술보다 아랫입술이 튀어나올 때는 손윗사람을 거역한다고 하는 것이다."

문 "입의 형태가 삼각형으로 보이는 사람은 어떠한 일(사업)을 하고자 해도 모두 실패하는 것은 어떠한 이유입니까?"

답 "입은 대해大海라고 하는데, 물[水]의 기운을 유지하는 곳이다. 하지만 입의 형태가 삼각형이라 하는 것은 불[火]의 형태에 해당하는 것이다. 이것은 수극화水克火의 이치에 해당하는 것이기 때문에, 모든 일을 실행하고자 해도 실패한다. 이것은 나의 얕은 생각이지만, 잘 생각해 보기 바란다."

문 "입이 날카롭게 돌출된 사람은 자식과 인연이 약하고, 어리석다고 하는 것은 어떤 이유입니까?"

답 "입은 언어의 문이며, 언어는 자신의 현명함과 어리석음을 나타내는 것이다. 그러므로 입이 날카롭게 돌출된 사람은 말이 서투르고 어리석다. 이것에 대해서는 잘 생각해야 한다. 또 입은 자손의 관官이며, 입이 날카롭게 돌출되어 있을 때는 자손의 관이 원만하지 않은 것과 같다. 그러므로 자식과 인연이 희박하다."

문 "입이 작은 사람은 소심하고 작은 일에도 잘 놀라며, 반대로 입이 큰 사람은 대담하고 바라는 일도 크다고 하는 것은 어떤 이유입니까?"

답 "남자는 양陽이기 때문에 입이 크고, 여자는 음陰이기 때문에 입이 작다. 그러므로 입이 작은 남자는 여자의 입을 가지고 있는 것과 같아서 소심하고 작은 일에도 잘 놀란다. 이것은 음양의 자연 이치가 자연스럽지 못하기 때문에, 당연히 자식과 인연이 약하다."

문 "항상 입속에 군침과 같은 타액이 많아서 침을 흘리는 사람은 부모와 빨리 이별한다는 것은 왜 그렇습니까?"

답 "위장胃臟은 군침에 해당하는 것이다. 어린 시절에 부모와 헤어지면 아이들은 자신의 신체를 양생養生하는 것이 쉽지 않다. 따라서 자연히 비위의 기능이 약해져서 항상 군침을 흘리게 된다."

문 "윗입술이 조금 위쪽으로 말려 있는 사람은 끈기가 약하고 자식과 인연이 약하다는 것은 왜 그렇습니까?"

답 "윗입술이 조금 위쪽으로 말려 있는 사람은 자연스럽게 신기神氣가 약해져서 끈기가 없어진다. 또 입꼬리가 조금 위쪽으로 향해 있으면 하늘의 녹祿을 받는 것이기 때문에 음식에 대해 곤란을 겪는 일이 없다. 반대로 입꼬리가 아래로 처져 있을 때는 하늘의 녹을 받을 수가 없으며, 그대로 땅으로 방출하는 것과 같다. 그렇기 때문에 낭비가 많다."

치아齒牙에 대해서

- 치아를 보고 신장腎臟의 강약強弱을 알 수 있다. 따라서 신체의 강약도 살펴볼 수 있다.
- 치아가 작으면서 희고 짧은 사람은 하상下相의 사람이고, 일생 동안 음식을 구걸하거나 한다. 또 일생 동안 다른 사람 위에 설 수가 없으며, 검난劍難[18]에 주의해야 한다.
- 치열齒列이 나쁜 사람은 부모와 인연이 좋지 않다. 부모를 오랫동안 봉양하는 경우에는 반드시 부모가 소중하게 기른 아이이다. 그러나 기력氣力이 약하거나 끈기가 없다.
- 치아 사이가 벌어져 있는 사람은 끈기가 약하고 가족과 인연이 희박하다. 또 가족이 많다고 해도 서로 관계가 좋지 않다.
- 앞니 사이가 벌어져 있는 사람은 끈기가 약하고 마음 씀씀이도 좋지 않고, 눈물을 많이 흘린다. 또 부모의 가업을 잇지 못한다.
- 치아가 긴 사람은 궁상스러워도 결코 궁핍하지는 않으며, 자신의 지위에 상응하는 복록福祿을 누린다. 또 위험한 일을 만나도 피해 가는 경우가 많다.
- 치아가 안쪽으로 휘어진 사람은 자신이 피해를 당하거나 화가 난 일을 언제까지나 잊지 않으며, 집념이 강하다. 또 여성 맹인에게 이러한 치아를 가진 사람이 많다. 자세한 것은 실제로 관찰하면서 연구하기 바란다.
- 2개의 치아 사이에 날카로운 치아가 자라는 사람은 한 번 정도는 부모에게 불효를 저지른다. 또 처자妻子와 인연이 약하고 가정을 붕괴시키거나 파산하는 일이 있으며, 고향을 멀리 떠나서 사는 경우가 많다.
- 개 이빨처럼 날카로운 치아를 가진 사람은 가족과 사이가 좋지 않고, 결코 부모의 가업을 이을 수 없다.

---

18 현대사회에서 검난은 돌발 사고나 사건, 칼날에 의한 상해 사건 등을 의미한다.

- 백골처럼 윤기가 없는 흰 치아를 가진 사람은 반드시 횡사橫死한다. 또 음식을 타인에게 구걸하는 관상觀相이다. 이것에 대해서는 잘 관찰하기 바란다.
- 앞 치아 2개가 병풍을 세운 것처럼 안쪽으로 들어가 있는 사람은 구설에 오르는 경우가 많지만, 상응하는 복록福祿이 많다. 특히 가난한 사람에게는 보이지 않는 관상이다.

치아가 긴 사람은 자신의 지위에 상응하는 복록을 누린다.

치아 사이에 날카로운 치아가 자라는 사람은 자식과 인연이 약하다.

날카로운 치아를 가진 사람은 가업을 잇지 못한다.

〈그림 17〉 치아 형태와 운명

제자가 여쭈었다.

문 "치아는 무엇에 해당하고, 무엇을 담당합니까?"

답 "치아는 신장을 나타내는 것이고 뼈[骨]의 나머지이다. 이것은 부모의 골육骨肉이다. 다시 말해 윗니는 하늘에 해당하는 것으로 양陽을 상징하고, 아랫니는 땅에 해당하는 것으로 음陰을 상징한다. 그러므로 이것은 천지음양, 부모의 관官이라 한다. 따라서 속설에서는 윗니가 빠졌을 때는 하늘로 돌려주고, 아랫니가 빠졌을 때는 땅으로 돌려준다고 말한다. 이것이 천지자연의 이치이다."

문 "앞니 2개의 틈새가 벌어진 사람이 끈기가 약하다는 것은 무엇 때문입니까?"

답 "앞니 2개는 호흡이 출입하는 장소이기 때문에, 이 부위의 치아를 당문当門이라 한다. 즉 기력이 출입하는 문이다. 그 기력이 출입하는 문이 항상 꼭 잠겨 있지 않기 때문에, 자연스럽게 기력이 세는 것은 당연한 것이다. 따라서 끈기가 약하다고 하는 것이다. 또 당문 2개의 치아는 부모를 상징한다. 그러므로 부모의 좌우로 늘어서 있는 치아들은 친척을 상징한다. 따라서 치아 사이가 벌어져 있는 사람은, 가족과 멀리 떨어져 있는 것과 같기 때문에 가족과 인연이 약하다고 한다. 게다가 친척과 사이가 친밀하지 못한 것과 같으므로 가족과 사이가 나쁘다고 하는 것이다. 또 당문 좌우의 이빨이 날카로운 것은 가족에게 검을 치켜드는 것과 같으므로 가족과 사이가 나쁘다고 하는 것이다."

문 "치아 끝이 날카로운 사람이 육식을 좋아하는데, 이것은 무엇 때문입니까?"

답 "확실히 치아 끝이 날카로운 동물은 대부분 육식을 좋아한다. 그러므로 치아 끝이 날카로운 사람은 육식을 좋아한다고 하는 것이다. 그러나 신체神體를 얻은 인간은 동물의 눈이나 이빨을 가지고 있지 않다. 만약 실제로 동물과 같은 종류의 눈이나 형태를 가진 사람이 있다면 그때 다시 논하고자 한다. 따라서 인간에게 동물과 같은 모양이나 형태가 있어도 그러한 것에 억지로 끼워 맞추거나 집착해서는 안 된다."

문 "치열이 나쁜 사람은 부모와 인연이 희박하다는 것은 왜 그렇습니까?"

답 "치아는 신장에 해당하고 뼈의 나머지이다. 그러므로 부모가 나이가 들었을 때 태어난 사람은 당연히 신장이 약하고 뼈가 가늘다. 따라서 치열이 나쁜 것은 당연하다. 그러므로 치열이 나쁜 사람은 부모와 인연이 약하다고 하는 것이다. 또 부모님이 젊어도 그 신체가 쇠약하고 신장의 기운이 약할 때 태어난 사람은 신장의 기운이 심약하다. 그러므로 치열도 나쁘다. 노인에게서 태어난 아이들 중에는 뼈가 굵은 사람도 있지만, 그 뼈에는 신神이 없다. 따라서 치열이 좋아도 그 치아에 신이 없을 때는 신기腎氣가 약하다."

문 "치아에 신神이 없다는 것은 무엇을 말하는 것입니까?"

답 "예를 들면, 초목의 뿌리가 얕은 것과 같은 것이다. 이것을 치아에 신이 없다고 하는 것이다."

문 "부모를 오랫동안 봉양하는 자식 중에 치열이 나쁜 것을 두고 부모가 총애하는 자식이라고 하는 것은 왜 그렇습니까?"

답 "치아는 한 번 나고, 또 나서 바뀌는 것이다. 그런데 부모가 지나치게 총애하면 자연스럽게 그릇된 사랑이 넘치기 때문에 치열이 좋지 않다."

〈상법 전편〉 5권

인중人中에 대해서

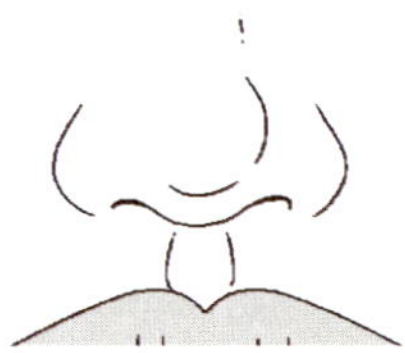

〈그림 1〉 인중

- 인중이란 코끝에서 입까지 사이를 말한다. 인중을 통해서 기력氣力의 강약強弱, 생명의 장단長短 그리고 자손의 유무有無를 알 수 있다.
- 인중이 짧은 사람은 끈기와 사려가 부족하고 눈물이 많다. 또 작은 일에도 잘 놀라고, 사람들과 오랫동안 교제할 수 없다.
- 인중이 아름답고 부드럽고 선명하게 보이는 사람은 마음도 우아하고 솔직하다. 또 마음이 상냥하고 눈물이 많으며, 작은 일에도 잘 놀란다.
- 인중 모양이 선명하고 분명하게 보이는 사람은 마음이 야무지고, 그에 상응하는 복과 운이 따른다.
- 인중이 선명하지 않은 사람은 결단력과 판단력이 부족하므로 좀처럼 운이 열리지 않는다.
- 인중에 수염이 많이 나는 사람은 자기 분야의 일에 빨리 적응하고 만족

할 것이다. 또 여러 가지 일에 뛰어나지 않지만 마음이 너그럽다.

- 인중에 수염이 적은 사람은 여러 가지 일에 뛰어나며 재능이 많다. 또 불평불만이 많고, 감사하고 배려하는 마음이 부족하다. 그러므로 원하는 일을 잘 성취할 수 없다. 잘 생각해 보기 바란다.
- 인중이 휘어진 사람은 좋지 않다. 고서에 의하면, 인중이 휘어진 사람은 신의神意가 없다고 한다.
- 인중에 횡선橫線이 있는 사람은 자식과 인연이 약하며, 자식이 있다고 하더라도 의지가 되지 않는다. 만약 자식이 많다면 늙어서 고생을 많이 한다.
- 인중에 점이 있는 경우는 그 위치와 수에 따라 해석이 다르다. 인중 윗부분에 점이 있는 사람은 아들이 많고, 아랫부분에 점이 있는 사람은 딸이 많다. 중간에 점이 있는 사람은 결혼을 빨리 하지만, 이혼한 후에 재혼을 한다. 인중 양쪽에 점이 있으면 쌍둥이를 낳는다.

인중이 선명하지 않은 사람은 운이 없다.

인중에 수염이 많은 사람은 너그럽다.

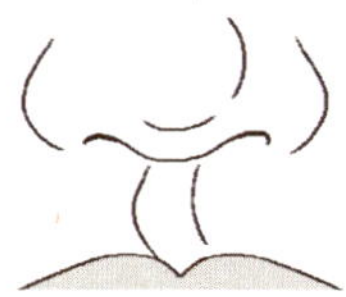

인중이 휘어진 사람은 신의가 없다.

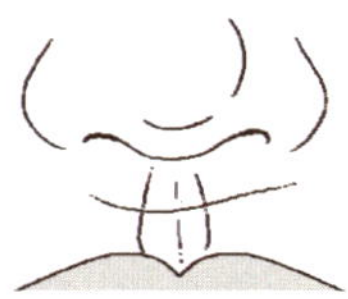

인중에 횡선이 있는 사람은 자식과 인연이 약하다.

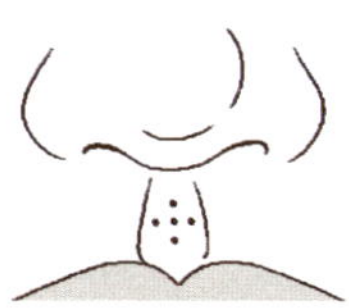

인중의 점은 위치와 수에 따라 해석이 다르다.

〈그림 2〉 인중 형태와 운명

- 인중이 길고 윗입술이 치아를 가리고 있는(잇몸이 보이지 않는) 사람은 매우 훌륭한 사람이다. 사람들 위에 서 있으며, 자연과 사람을 부릴 줄 안다. 궁핍하게 사는 사람에게는 힘이 되어 주기도 한다. 또 물건을 자유

자재로 사용하거나 가정을 마음대로 움직이면서 지배할 수 있는 관상觀相이라 할 수 있다.

- 인중의 구溝가 깊을 때는 마음이 안정되지 않고, 운명을 개척해 나갈 수 없다. 깊은 인중 구가 얇아지는 상태에 따라 마음이 자연스럽게 안정되고 운도 자연스럽게 펼쳐지는 것이다. 잘 생각해 보기 바란다.
- 좋은 관상을 가지고 있어도 인중이 선명하지 않고 윗입술이 위쪽으로 조금 말려 있는 사람은 관상이 좋다고 해서는 안 된다. 어떤 일을 진행하고자 해도 잘 풀리지 않고, 끈기가 부족하고, 참고 견디는 힘 또한 부족하다. 그러나 앞니가 빠질 무렵부터는 운이 자연스럽게 좋아진다. 참고로, 항상 인중이 선명하고 야무지게 보이는 사람은 앞니가 빠지는 해부터는 운이 매우 나쁘다.

·

제자가 여쭈었다.

문 "인중을 통하여 기력의 강약을 살피고, 자손의 유무에 대해서 알 수 있는 것은 어떠한 이유입니까?"

답 "인중은 입과 같이 정신과 기력이 모이는 곳이다. 그러므로 마음이 기뻐서 웃을 때는 인중이 자연스럽게 펴지는 것이다. 반대로 정신을 집중할 때는 입을 꽉 다물기 때문에 인중이 자연스럽게 야무져 보이고, 무의식중에도 마음을 편안하게 유지하는 것이다. 따라서 인중을 통하여 정신의 강약과 수명을 알 수 있다. 또 인중은 임맥任脈에 해당하는 것으로, 기혈氣血의 통로이며, 자손을 의미한다."

문 "그럼, 인중의 형태가 선명하고 분명한 사람은 기운도 야무지다는 것은 왜 그렇습니까?"

답 "정신을 다잡고 집중할 때는 육근六根도 그것에 따라서 정신의 문을 닫는다. 이것은 입을 다무는 것과 같은 것이고, 입을 다물고 있으면 자연스럽게 인중도 야무져 보이고, 이것이 마음과 정신을 집중하는 것과 같은 것이다. 그러므로 인중의 윤곽이 선명하고 형태가 분명한 사람은 마음과 정신의 집중이 뛰어나다. 즉 마음가짐이 야무지지 못할 때는 한 나라의 군주의 마음이 안정되지 못하고 갈팡질팡하는 것과 같은 것이다. 따라서 일신一身의 문이 굳게 닫혀 있지 못하면, 육근의 신하가 나타나고 종횡으로 왔다 갔다 하면서 그 군주를 없애는 것과 같은 것이다. 잘 생각하기 바란다."

문 "인중에 코밑수염이 많이 난 사람은 천천히 행동하고, 모든 일에 만족할 수 있게 된다는 것은 왜 그렇습니까?"

답 "인중 좌우에는 식록食祿을 담당하는 부위가 있다. 즉 인중에 코밑수염이 많이 날 때는 식록(녹봉)이 가득 차는 것과 같은 것이다. 그러므로 '빨리 만족하는 것을 안다'라는 이치이다. 비록 가난한 사람일지라도 모든 일에 만족할 수 있게 되었다면, 그것은 '마음에 복이 있는 사람이다'라고 한다. 이러한 관상은 가난한 사람에게도 복이 있거나 부자인 사람에게도 존재한다. 잘 생각해 보기 바란다."

문 "그럼, 인중에 횡선이 있는 사람은 자식과 인연이 약하고, 자식이 있다고 해도 의지할 수 없다는 것은 무엇 때문입니까?"

답 "인중은 기혈이 흐르는 통로이며 자손을 담당하는 곳이다. 따라서 인중에 횡선이 있을 때에는 그 선이 자손의 관官을 손상시키는 것과 같다. 그러므로 자식과 인연이 약하다."

문 "인중이 길고, 입술이 치아를 감싸듯이 잘 다물고 있는 것이 대길大吉의 상相이라는 것은 왜 그렇습니까?"

답 "치아는 금金에 해당하고, 입술은 수水에 해당한다. 그러므로 치아와 입술이 잘 맞을 때 이것은 입의 상성相性이라 한다. 다시 말해 금생수金生水이기 때문에 대길의 상이다. 또 치아와 입술은 언어의 문이기 때문에, 이것은 그 언어의 문에 있어서 상생相生하고 있는 까닭으로 능변能辯이라고 한다. 입은 대해大海, 인중은 도랑[溝]이며, 다시 말해 물이 흐르는 통로인 것이다. 인중이 길고, 더불어 치아를 잘 감싸고 있는 것은 수원水源부터 큰 바다에 이르는 물길이 청정한 것과 같은 것이다. 따라서 이러한 관상을 가지고 있는 사람은 사물事物의 통로를 잘 갖추고 있는 것과 같고, 모든 일에 막히는 것이 없다.[19]"

문 "그럼, 인중이 선명하고 깊이 패여 있는 동안에는 마음이 안정되지 못하고 운이 열리지 않는다, 인중이 얕아지는 모양에 따라 마음이 안정되고 운이 열린다는 것은 어떠한 이유입니까?"

답 "인중은 신의(神意 : 기력氣力)의 기운이 모이는 장소이다. 그러므로 '마음'을 야무지게 가지면 인중 모양도 자연스럽게 야무진 모양으로 나타난다. 따라서 인중의 구溝도 자연스럽게 얕아진다. 또 기력이 좋고 강할 때는 마음도 자연스럽게 다스려지기 때문에 안정되고 운이 열리는 것이다. 잘 생각해 보기 바란다."

문 "얼굴 전체에 살집이 좋고 복상福相이어도, 인중 끝이 조금 위쪽으로 말려 있는 사람은 모든 일에 정체되는 것이 많다는 것은 왜 그렇습니까?"

답 "얼굴은 신체 중의 번화繁華이다. 입은 대해大海이며, 인중은 수로水路이다. 얼굴빛이 좋으면서 살집이 풍부한 것은 몸의 건강 상태가 좋은 것과 같다. 하지만 인중이 조금 위쪽으로 말려 있을 때는 번화한 항구로 가는 통로가 막혀 있는 것과 같은 것이다. 번화의 땅이라는 것은 사방팔방으로 항로가 자유롭고, 모든 것이 막히는 것이 없는 장소이다. 따라서 인중이 조금 위쪽으로 말려 있을 때는 번화의 땅으로 통하는 수로에 장애물이 있어서 통로 상태가 나쁜 것과 같다. 따라서 모든 일에 많은 정체가 발생한다. 그러나 앞니가 빠질 때는 위쪽으로 말려 올라간 것이 없어지게 되어 인중은 자연스럽게 아래로 처진다. 따라서 대해로부터 번화의 땅에 이르는 통로가 좋아지는 것과 같다. 그러므로

---

19 입술이 치아를 덮고 있는 모양은 웃었을 때 잇몸이 드러나지 않고, 윗입술이 치아의 상부를 덮은 것처럼 보이는 것을 말한다. 웃었을 때 잇몸이 드러나는 것은 하상下相이나 천상賤相이다. 여성의 경우 음란의 상이며, 사이비 종교를 광신하는 무리들에게 많이 나타나는 관상이다. 강렬한 정욕에서 벗어나거나 그릇된 신앙을 바로잡으면 웃어도 잇몸이 관계가 없게 된다.

그 무렵부터 운이 좋아진다. 잘 생각해 보기 바란다."

처첩妻妾 · 어미魚尾 · 남녀男女에 대해서

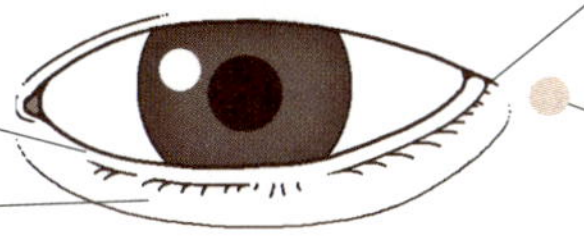

〈그림 3〉 처첩 · 어미 · 남녀

- 처첩궁妻妾宮은 아내(남편)에 관한 것을 살피고, 남녀궁男女宮은 자손에 관한 것을 살피는 곳이다.
- 처첩궁이 눈에 띄게 함몰된 사람은 처와 인연이 약하고, 결혼을 해도 곧 이혼한다. 자식들과 인연도 약하다. 아내(남편)가 있는 사람은 부부관계가 나쁘거나 가정이 안정되지 못하고 불화가 많다.
- 눈 바깥쪽에 점이나 상처, 주름 등이 없고 잘 발달되어 아름다운 사람은 좋은 부인(남편)을 만난다. 부부 사이가 좋으며, 자연스럽게 가정이 안정된다.
- 처첩궁이 지나치게 발달된 사람은 부인과 인연이 약하고, 처와 인연이 자주 바뀌는 경향이 있다. 이러한 사람은 부인을 극克하는 관상觀相이다.
- 눈 바깥쪽에 점이나 상처가 있는 사람은 부부관계가 좋지 못하다. 그러므로 처와 인연이 약하여 부인(남편)이 자주 바뀐다.
- 장녀인데 처첩궁이 발달하지 못하고 낮으면 일생 동안 여러 가지 질병에 걸리는 경향이 많다. 남편 때문에 고생을 많이 하고 반드시 이혼한다.
- 눈 아래에 살집이 빈약한 사람은 자식과 인연이 부족하다.
- 눈 아래가 움푹 들어간 사람은 자식과 인연이 약하고, 가정을 붕괴시키

거나 파산하는 경향이 있다.

● 눈꼬리에 그림처럼 몇 개의 주름이 아래로 처져 있는 것은 공처가의 기질이 있다.

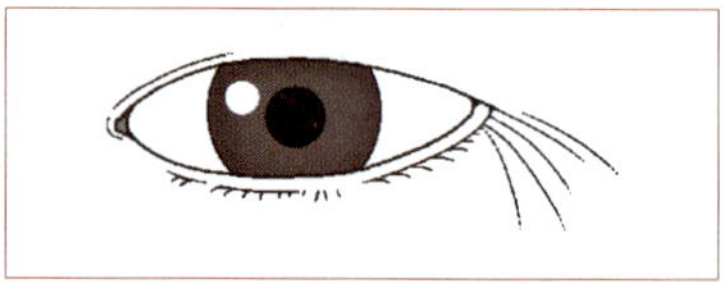

〈그림 4〉 눈꼬리에 주름이 있는 경우

● 눈꼬리의 주름이 위쪽으로 향해 있는 사람은 마음이 매우 거칠고, 재능이나 학식이 있더라도 부인에게는 매우 엄격하다.

● 눈꼬리의 주름이 아래쪽으로 향해 있는 사람은 도량度量이 좁고 발전이 늦다. 이러한 관상을 가진 남성은 공처가이며, 훌륭한 아내가 있다. 잘 생각하기 바란다.

● 눈꼬리의 주름이 길어서 귀밑까지 이르는 사람은 좀처럼 마음이 안정되지 못한다.

제자가 여쭈었다.

문 "처첩궁이 발달하지 못하고 낮은 사람은 이혼한다는 것은 왜 그렇습니까?"

답 "처첩궁은 부부의 인연을 담당한다. 그러므로 처첩궁이 매우 낮은 사람은 처첩의 관官이 완성되지 않았다고 한다. 따라서 자연스럽게 아내와 인연이 약하거나 바뀐다는 것이다."

문 "그렇다면 처첩궁의 살집이 매우 발달된 사람도 이혼한다는 것은 왜 그렇습니까?"

답 "처첩궁의 살집이 매우 발달되어 있거나 극단적으로 높은 사람은 처첩의 관을 유지하지 않은 것과 같다. 즉 이것은 '가득 차면 흘러넘친다'라는 도리와 같은 것이다. 그러므로 아내와 인연이 바뀌는 것이다. 처첩의 살집이 얼굴 전체의 살집과 조화를 이루고, 점이나 상처 등의 결함이 없고 잘 발달되어 있을 때 이것을 처첩의 관이 완성되어 있다고 한다. 이러한 경우는 성격 · 기량器量을 모두 갖춘 좋은 아내를 맞이한다. 그러므로 아내를 얻는 무렵부터 '돋보이는 것이 있다'라고 말하는 것이다. 또 처첩궁에 점이나 상처 등의 장애가 없는 경우에는 부부 사이에 어떠한 장애도 없는 것과 같다. 이러한 것을 처첩궁이 발달되어 있거나 좋다고 한다. 잘 생각해 보기 바란다."

문 "남녀궁의 살집이 긴밀하지 않은 사람에게 자식과 인연이 부족하다는 것은 어떠한 이유입니까?"

답 "남녀궁은 자손을 담당하는 곳이다. 살집이 긴밀하지 않다는 것은 자손의 관이 발달하지 않았거나 좋지 않다는 것이다. 그러므로 자손과 인연이 없다. 잘 생각해 보기 바란다."

문 "어미가 아래쪽으로 처져 있는 사람은 부인의 마음이 사납다는 것은 왜 그렇습니까?"

답 "어미의 주름이나 살집이 아래쪽으로 처져 있을 때는 아내의 관(처첩궁)이 자연스럽게 위쪽으로 온다. 그러므로 아내의 마음이 사나워지고 남편을 이기려고 하는 것이라고 한다. 이것에 대해서는 많은 임상을 해 보기 바란다."

인당印堂 · 명궁命宮에 대해서

〈그림 5〉 인당과 명궁

- 인당(좌우 눈썹 사이)은 그 사람의 모든 것과 현재의 운세運勢에 대해서 살피는 곳이다. 명궁(좌우 눈 사이)은 질병에 관련된 것과 수명을 살피는 곳이다.

인당이 넓은 사람은 병에 잘 걸리지 않는다.

인당에 솜털이 있는 사람은 근심과 걱정이 많다.

인당에 점이 있으면 실패가 잦다.

〈그림 6〉 인당 형태와 운명

- 인당이 좁은 사람은 불안 · 초조해하고, 인내심과 끈기가 부족하다. 또 눈물을 많이 흘리고 가정을 무너뜨리거나 파산하게 한다.
- 인당에 가는 솜털이 많이 있으면 근심과 걱정이 많고, 일이 성취되는 것이 적다. 여성의 이마가 이러한 경우 남편이 죽거나 실연을 당한 후이다.
- 인당에 점이나 상처 등의 결함이 있는 사람은 모든 일을 성취하기에 앞서 실패하는 경우가 많다. 또 부모의 가업을 계승하여 발전시키지 못한다. 그리고 손윗사람과 의견이 맞지 않는다. 인당에 세로 주름이 많은 사람은 가정이 안정되기 어렵고, 무엇인가를 시작하지만 실패하는 것이 많으며, 고생이 끊이지 않는다.
- 인당이 매우 넓은 사람은 좀처럼 질병에 걸리지 않는다. 그러나 마음이 칠칠치 못하고 야무지지 못하여 발전하기가 어렵다. 또 검약의 관상이라 할지라도 근검절약한다고는 할 수 없다.
- 인당의 넓이가 중지中指의 가운데 마디의 넓이라면, 점이나 사마귀 · 상처 등의 결함이 없고, 주름도 없고, 깨끗하고 수려한 사람은 귀인貴人이나 손윗사람과 교류하는 기회가 많다. 또 가운家運을 일으켜 집안을 발전시키고, 그에 상응하는 복덕福德이 따른다.
- 명궁이 좁은 사람은 가족과 인연이 약하다. 가정을 붕괴시키거나 파산하는 경향이 있으며, 일생 동안 고생을 많이 하는 고독의 관상이다.
- 명궁이 넓은 사람은 재능이나 학식이 부족하다. 또 사물에 대한 순응성

이 낮다. 명궁이 넓어도 재능이 있는 사람은 있지만, 세상 물정에는 어둡다.

- 명궁이 좁은 사람은 성급하지만, 세상 물정에 빠르게 적응하고 빨리 판단한다. 하지만 단명短命한다.
- 명궁이 높지도 낮지도 않고, 점이나 사마귀 · 상처 등의 결함이 없고, 잘 발달되어 있는 사람은 가족과 관계가 좋다. 또 그에 상응하는 복덕이 따른다.

제자가 여쭈었다.

문 "인당이 좁은 사람이 불안하거나 초조하기 쉽다는 것은 어떤 이유입니까?"

답 "인당은 임맥任脈에 있으며, 기혈氣穴이 가득 차는 곳이다. 그러므로 그 신체에 신혈腎血이 부족할 때는 인당에 기혈이 가득 차지 않는다. 따라서 자연스럽게 털이 나기 때문에 인당이 좁아진다. 예를 들면, 사람이 항상 왕래하는 길에는 초목이 자라지 않지만 사람의 왕래가 적은 길에는 초목이 무성하다. 그러므로 인당이 좁은 사람은 신혈이 부족하다. 신혈이 부족하면 자연스럽게 마음의 화가 증가하여 안정되지 않는다."

문 "그럼, 인당이 좁은 사람은 귀인이나 손윗사람과 교류하는 것이 원만하지 못하다는 것은 왜 그렇습니까?"

답 "코는 중앙에 있으며 자신의 신체에 해당한다. 또 인당보다 위쪽은 손윗사람을 담당하는 관官이다. 그러므로 인당이 좁은 사람은 자신의 신체와 손윗사람의 관에 격차가 있고, 통로가 좁은 것과 같은 것이다. 그러므로 인당이 좁은 사람은 귀인이나 손윗사람과 원만하게 교류하는 것이 적다. 반대로 인당이 넓고 검은 점(사마귀)이나 상처 등의 흠집이 없고, 잘 발달된 것처럼 보이는 것은 자신의 신체로부터 손윗사람과 관계를 담당하는 부위와 어떠한 장애 요인이 없는 것과 같다. 따라서 귀인이나 손윗사람에게 후원을 받거나 융화가 잘된다고 한다. 잘 생각해 보기 바란다."

문 "인당에 점이나 상처 등의 흠이 있는 사람은 계획한 일을 70~80%로 성취하고도 결국 실패한다는 것은 왜 그렇습니까?"

답 "인당에 점이나 상처 등의 흠집이나 결함이 있을 때는 자신의 신체가 하늘의 에너지를 받아들이는 통로에 많은 장애가 있는 것과 같다. 그러므로 생각한 일을 성취하려고 노력하지만 실패한다. 그렇기 때문에 운이 나쁘다고 하는 것이다."

문 "인당이 매우 넓은 사람은 신체가 건강하지만, 마음이 굳건하지 못하다는 것은 왜 그렇습니까?"

답 "인당은 간기肝氣가 모이는 장소이다. 그러므로 여러 가지 일을 생각하고 고민할 때는 인당에 자연스럽게 기운이 모이고, 세로 주름이 생긴다. 이것을 일반적으로 사안추思案皺[20]라고 한다. 반대로 인당에 기운이 모이지 않는 사람은, 인당이 자연스럽게 넓고 풍부하게 발달된 것처럼 보인다. 이것이 바로 마음이 굳건하지 못하고 허한 것처럼 보이는 것이다. 따라서 인당이 극단적으로 넓은 사람은 마음이 굳건하지 못하고, 허하면서 얼빠진 것처럼 보인다. 집착이나 욕심이 없어 자연스럽게 마음고생을 하지 않기 때문에[21] 신체가 건강하다고 하는 것이다."

문 "명궁이 가는[細][22] 사람은 어찌하여 가족과 인연이 약합니까?"

답 "눈썹은 가족에게 해당하고, 코는 자신의 신체에 해당한다. 즉 명궁(눈과 눈의 사이)은 자신과 가족 사이에 있다. 그러므로 명궁이 가는 사람은 가족과 자신의 관계를 이어 주는 끈이 가는 것과 같다. 따라서 가족과

---

20 사안추思案皺 또는 현침문懸針紋은 인당에 나타나는 세로 주름으로, 항상 눈에 힘이 들어가 있는 사람에게 나타나기 쉽다. 심리적으로 고생을 많이 하는 관상으로, 항상 신경질적이며 걱정이 많은 사람 또는 윗사람 때문에 스트레스를 많이 받는 사람에게서 자주 나타난다. 욕구불만인 사람에게도 나타난다.

21 걱정이 없다기보다는 감수성이 부족하여 스트레스를 잘 받지 않는 경우를 말한다. 좀처럼 외적 환경에 영향을 받지 않는다. 매사에 너그럽고 집착이나 욕심이 없지만, 마음이 느슨하므로 전반적으로 좋지 않다. 한마디로 말하면, 야무지지 못한 것을 의미한다. 이것은 살진 사람에게 대부분 볼 수 있는 상이다.

22 명궁이 가늘다 : 원문에는 '명궁이 가늘다'와 '명궁이 좁다'라는 2개의 표현이 있는데, 미묘한 차이가 있다고 생각된다. 원문에서 표현한 차이를 제대로 연구한 다음 관상을 보는 것이 중요하다.

인연이 좋지 못하다. 특히 명궁이 좁고 날카로운 칼처럼 보이는 사람은 자신과 가족 사이에 검을 치켜드는 것과 같다. 따라서 가족과 관계가 나쁘다고 하는 것이다. 반대로 명궁에 점이나 상처 등으로 장애가 없고, 잘 발달되어 있을 때는 가족과 서로 잘 통하는 것과 같다."

문 "그럼, 명궁이 낮은 사람은 끈기가 약하다는 것은 왜 그렇습니까?"

답 "명궁은 코 위쪽에 있어 콧대의 출발점이다. 코는 비脾 · 토土에 속한다. 그러므로 명궁이 낮은 것은 비장이 약한 것과 같은 것으로 끈기가 약하다고 하는 것이다. 또 코는 자신의 신체에 해당하기 때문에, 명궁이 낮을 때는 자신의 신체도 낮은 것과 같다. 따라서 자존심도 낮다고 하는 것이다."

문 "명궁이 좁은 사람은 마음이 좁다는 것은 왜 그렇습니까?"

답 "명궁은 인당과 같은 것으로 간기肝氣가 모이는 장소이다. 즉 간기가 역립逆立할 때는 그 기운이 명궁에 모이므로, 명궁이 자연스럽게 좁아진다. 그러므로 명궁이 좁은 사람은 자연스럽게 마음이 좁다. 또 간기가 약한 사람은 둔감하기 때문에 명궁이 자연스럽게 넓다. 잘 생각해 보기 바란다."

턱에 대해서

- 턱을 보고 그 사람의 천성이나 몸의 침착함(마음의 안정)을 살필 수 있다.
- 턱이 앞으로 돌출된 사람은 마음이 솔직하지 못하고, 가정을 붕괴시키거나 파산하는 경우가 많다.
- 턱이 뾰족하고 모가 난 사람은 손윗사람을 배신하고, 자만심이 강하여 제멋대로 행동하고 가정을 혼란하게 하거나 파산한다.
- 턱 끝이 2개로 나뉘어 있는 사람은 부모의 가업을 계승하지 못한다. 가정을 붕괴시키거나 파산하며, 모든 일을 폐廢하는 경우가 많다.

- 턱이 얼굴 형태에 맞게 살집이 풍부한 사람은 그에 상응하는 복운福運이 있다.
- 턱이 매우 크면서 살집이 많은 사람, 마치 턱이 부은 것처럼 보이는 사람은 좋지 않다. 모든 일이 순조롭게 진행되지 못하며, 당시의 사업이나 업무가 안정되지 못함을 나타낸다. 이러한 관상은 턱에 힘이 없어 보이거나 살이 처진 느낌을 준다.
- 턱이 없는 것처럼 보이는 사람은 생각이 깊지 못하다. 또 가정을 붕괴시키거나 파산한다. 또는 가족을 잘 다스리거나 꾸리지 못하고, 사람을 부리지 못한다. 그러나 급한 성질의 관상을 가진 사람에 대해서는 잘 생각해서 관찰하기 바란다.
- 턱을 둘러싸고 있는 것처럼 근육[筋]이 보이는 사람은 운이 열리고 있는 사람이다.
- 턱을 둘러싸고 있는 근육이 작게 보이는 사람도, 현재보다는 앞으로 운이 점차 열리는 사람이다.

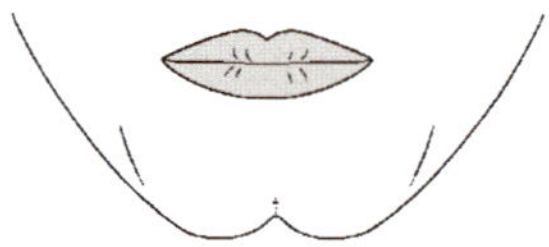

턱이 2개로 나누어진 사람은 가업을 잇지 못하고 파산한다.

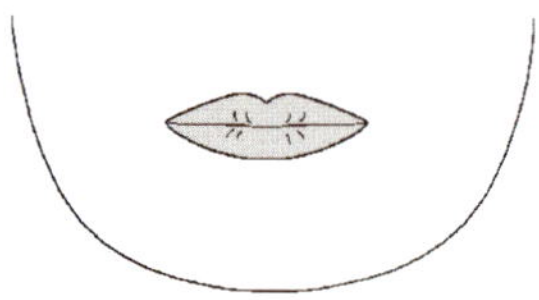

턱이 얼굴형에 맞게 살집이 풍부한 사람은 복이 있다.

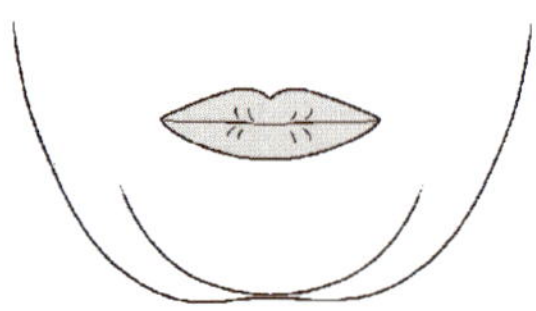

턱을 둘러싸고 있는 근육이 보이면 운이 열리고 있는 것이다.

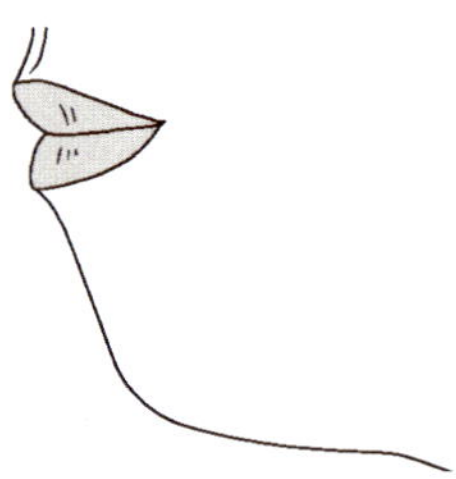

턱이 없는 것처럼 보이는 사람은 생각이 얕다.

〈그림 7〉 턱 형태와 운명

- 턱을 근육이 깊게 둘러싸고 있어도, 그 근육 모양이 없는 것처럼 마른 느낌이 있으면서 외롭게 보이는 사람은 한때 영화를 누렸지만, 현재는 그 운이 다해 가는 사람이다.

해골害骨에 대해서

- 해골[23]이 높은(튀어나온) 사람은 욕구가 강하다. 손윗사람과 의견이 맞지 않는다. 하지만 자신에게 이익이 되는 일이면, 일을 잘하는 사람이다. 이러한 사람을 관찰할 때는 정신력을 고려해서 판단해야 한다.

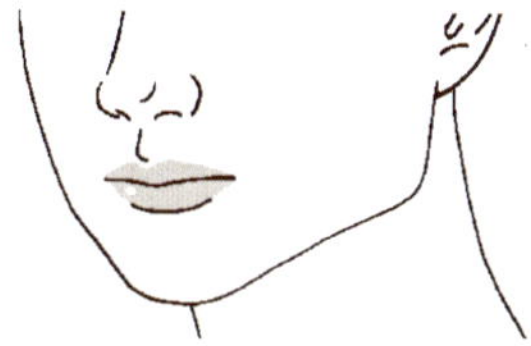

해골이 튀어나온 사람은 욕구가 강하다.

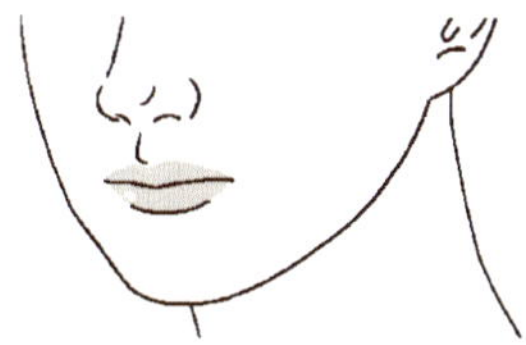

해골이 없는 사람은 권위가 없지만 정직하다.

〈그림 8〉 턱뼈 형태와 운명

- 해골이 없는 것처럼 보이는 사람은 권위가 부족하고, 발전하기가 어렵다. 그러나 정직하며, 일생 동안 먹는 것으로 곤란을 겪지 않는다.
- 해골에 살집이 없고, 튀어나와 있으면서 날카롭게 보이는 사람은 매우 좋지 않다. 일생 동안 한 번은 부귀영화를 누리지만 말년에는 반드시 실패를 경험한다. 또 사람들과 오랫동안 교제할 수 없다. 그러나 이것은 마음의 청탁淸濁에 따라 결정된다.
- 해골이 튀어나와 있어도 살집이 풍부한 사람은 인생이 전반적으로 좋지 않아도 고생을 하거나 괴로운 일은 없다.
- 해골이 얼굴에 상응하여 살집이 좋고 풍부하면서 튀어나온 사람은 길상吉相이다. 마음이 정직하고 손윗사람과 관계가 좋고, 그에 상응하는 복록福祿의 혜택이 있다.

23 해골은 귀 아래에 위치한 턱뼈[骨]를 말한다.

제자가 여쭈었다.

문 "해골이 튀어나온 사람은 욕심이 많으면서 손윗사람을 거역하고, 턱뼈가 날카로우면서 모가 난 사람은 손윗사람을 거역한다는 것은 왜 그렇습니까?"

답 "코는 중앙의 군주이며, 광대뼈는 장군의 관官에 해당한다. 또 귀부터 아래턱[下頤] 부위까지는 모두 제후諸侯의 관官이다. 그러므로 해골이 높게 튀어나온 사람은 장군의 권위를 그대로 두고, 제후의 권위를 가진 것처럼 권력을 휘두르는 것과 같다. 이것은 자연과 하늘의 이치를 거역하는 것이다. 한 번은 부귀영화를 누리지만 나중에는 쇠약해지는 것이 도리道理이다. 반대로 해골이 없는 것처럼 보이는 사람은 군주는 있지만 제후가 없는 것과 같다. 그러므로 절대적인 권위가 부족한 것이다. 잘 생각해 보기 바란다."

문 "턱이 짧은 사람은 가족과 관계가 나쁘고, 집안이 안정되는 것이 늦다는 것은 왜 그렇습니까?"

답 "턱은 땅에 해당하고, 제후의 관에 해당한다. 그러므로 턱이 짧은 사람은 땅을 지키기 위한 제후들이 없는 것과 같다. 따라서 그 군주의 주거가 안정되지 못하기 때문에 가정이 안정되는 것이 늦다. 따라서 가족 간에 관계가 좋지 못하다고 하는 것이다."

문 "그렇다면 어찌하여 턱이 긴 사람은 가정을 붕괴시키거나 파산하고, 가족 간에 관계가 좋지 못하다는 것입니까?"

답 "턱이 긴 사람은 제후의 관직이 있다고 해도 다스릴 수 있는 영토나 부하들이 없는 것과 같다. 따라서 그 집은 자연스럽게 안정을 잃는다. 이것은 왕은 있지만 신하가 모이지 않는 것과 같고, 그 나라를 붕괴시키는 것과 같다. 또 턱이 부풀어 오른 것처럼 살집이 많은 사람도, 제후의 관직을 가지고 있지만 신하나 부하가 모이지 않는 것과 같기 때문에 신상身上이 안정되지 않는다. 게다가 턱은 땅에 해당되기 때문에, 예를 들면 물기가 너무 많은 연못에 만물이 자랄 수 없는 것처럼 사물이 모여들기 어렵다."

문 "해골이 얼굴 형태에 따라 살집이 좋고 풍부하게 보이는 사람은 정직하고, 손윗사람을 거역하지 않는다는 것은 왜 그렇습니까?"

답 "해골의 살집이 좋으면서 풍부할 때는 제후의 영토와 병사들이 많고 나라를 바르게 다스리는 것과 같다. 또 제후의 영토와 많은 병사들과 백성들을 잘 다스릴 때는 자연스럽게 영토가 넓어지고 신하(부하)들이 많아지면서 군주도 정치를 잘하게 된다. 이것은 군신君臣이 모두 풍요로운 삶과 정치를 펼치는 것과 같다. 따라서 손윗사람을 거역하지 않는다."

문 "그럼 턱뼈가 날카롭고 모가 난 것처럼 보이는 사람은 어찌하여 손윗사람을 거역한다는 것입니까?"

답 "턱이 날카로우면서 모가 났을 때는 제후의 관이 날카롭게 된 것처럼 정치를 제대로 하지 못하는 것과 같다. 따라서 자연스럽게 손윗사람을 거역하는 것이다."

문 "하정下停이 풍부하게 발달했고, 턱을 살집이 잘 감싸고 있는 것처럼 보이는 사람은 운명을 개척해 나가고 있는 사람이라는데 왜 그렇습니까?"

답 "하정이 풍부하고, 살집이 잘 감싸고 있을 때는 제후의 영토가 풍부하고 병사들이 많이 모여들어 번성하는 것과 같다. 또 제후가 늘어나고 저마다 번성할 때는 군주의 권위도 한층 높아지므로 운명을 개척해 나가고 있는 사람이라고 한다. 또 살집이 턱을 조금 감싸고 있는 것처럼 발달한 사람은, 지금부터 계속해서 제후의 관이 활발하게 발달하는 것과 같으므로 운이 트고 있다는 것을 암시한다. 또 턱을 풍부한 살집이 감싸고 있는 것처럼 보이지만 기운이 없고 외로워 보이는 사람은, 최고의 전성기가 지난 제후로, 현재는 그 세력이 점차 약해지고 있는 것과 같다. 따라서 제후들의 세력이 약해지면서 군주의 세력도 자연스럽게 쇠약해지는 것과 같이, 그 당시는 쇠약해지는 사람이라고 한다."

기타 골격骨格에 대해서

- 천창天倉에 살집이 두터운 사람은 그에 상응하는 복운福運이 따른다.
- 젊은 사람이 천창의 살집이 빈약하다면 산재散財가 많고 주어진 복이 없는 사람이다.
- 젊은 사람이 천창부터 처첩궁妻妾宮에 이르기까지 살집이 빈약하면서 낮게 보이는 사람은 결혼하는 무렵부터 운이 나빠진다. 또 부부 사이가 나빠지면서 자식과 인연도 부족하고, 가정사로 고생을 많이 한다.
- 손바닥에 세로 주름[縱筋]이 중지中指 끝까지 뻗어 있는 사람, 즉 천하근天下筋[24]이 있는 사람은 가족이나 친척 중에 학자나 의사, 출가 수행자가 있다.
- 성격이 급한 사람이 애교가 있으면 마음은 선악에 강하다. 또 눈물이 많고, 세상사에 관심이 많다.
- 인후咽喉 부위가 낮은 사람은 눈물이 많다. 또 매사每事에 사려 깊지 못하고, 작은 일에도 잘 놀라고 끈기가 부족하다.

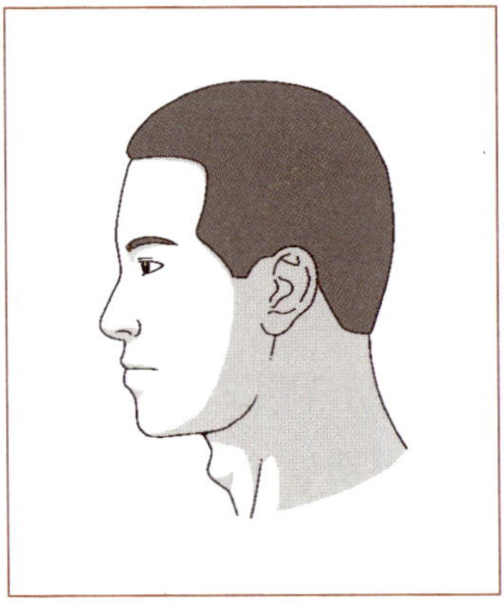

〈그림 9〉 인후 부위

- 얼굴 전체가 살집이 좋게 보이는 사람은 장남의 상이다. 만약 장남이 아니라도 마음이 너그럽고 도량度量이 넓다.
- 얼굴 전체가 여위어 좀스럽게 보이는 사람은 둘째나 셋째의 관상이다. 이러한 얼굴을 가진 사람은 불안해하

24 천하근이란 손목 부위에서 중지 아래(토성구)를 향해 길고 곧게 뻗어 있는 운명선을 말한다. 천하근이 있으면 청년기부터 노년기를 통해 행운을 얻거나 크게 성공한다고 알려져 있다. 토요토미 히데요시(豊臣秀吉)에게 있었다고 전해지는 손금이다. 여성에게 이 손금이 있으면 사업가가 되거나 일생 동안 독신을 고집하거나 미망인이 되는 경우가 많고, 전반적으로 보면 남자를 극克하는 운명이다.

거나 초조해하는 경우가 많고, 부모의 가업을 계승하지 못하고 자택을 타인에게 양도하는 경우가 자주 발생한다.

- 신체가 작고, 머리 부분도 작고, 얼굴 전체에 살집이 없어서 야위어 보이는 사람은 반드시 가정을 붕괴시키거나 파산한다. 또 여난女難이 많아 이혼하는 경우가 많다. 게다가 손윗사람을 거역하기도 한다. 전체적으로 운이 나쁘다.
- 모발과 눈썹이 굵은 사람은 둘째나 셋째이다. 이런 사람은 초조해하기 쉽고, 끈기가 부족하다.
- 모발과 눈썹이 가는 사람은 장남이다. 만약 둘째나 셋째라도 장남 역할을 하면서 부모의 가업을 계승한다. 또 이런 모발과 눈썹을 가진 사람은 마음이 너그럽고 도량이 크다. 머리카락이 두텁다는 것은 머리카락이 굵고 검으면서 딱딱한 것을 말한다. 반대로 머리카락이 얇거나 가늘다는 것은 머리카락이 가늘면서 유연하고 부드럽게 보이는 것을 말한다.
- 온화하고 애교가 있는 장남(후계자)에게는 삼신할머니가 여자아이를 많이 내려 주신다. 이러한 사람은 눈물이 많고 끈기가 부족하다.
- 신체에 살이 많이 찌는 경우는 몸 전체에 수분이 많은 것과 같고, 근육이나 살집이 단단하거나 야무지지 못하고 팔뚝(상완삼두근 근처)을 잡았을 때 근육이나 살집이 부드러우면서 단단하지 못한 사람은 반드시 중풍 질환(뇌졸중 등)에 걸린다. 중풍 환자들을 잘 조사하고 관찰해 보기 바란다. 이러한 내용은 구전口傳에 없다.
- 장녀로서 이마와 귀밑털 사이의 조금 앞쪽에 검은 점이 있는 경우는 이혼한다. 일반 서민 여자에게 이러한 관상이 있으면 반드시 불륜을 저지른다. 다만 큰 점은 예외

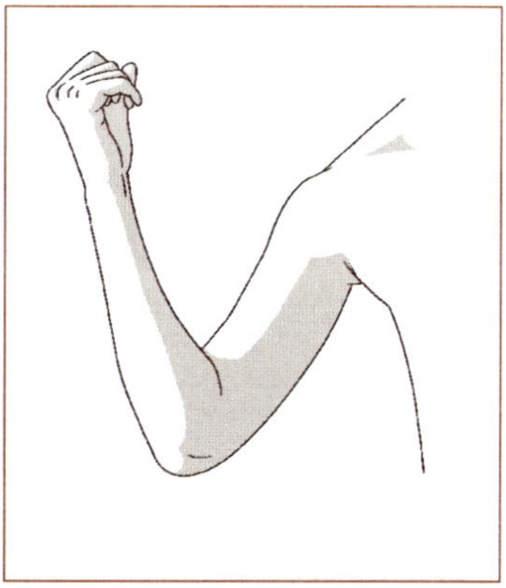

〈그림 10〉 근육이 단단하지 못한 경우

로 한다.

● 산림山林의 살집이 빈(鬢 : 귀밑털이 난 부위)까지 깊게 패여 있는 사람은 부모의 유산을 탕진한다. 가정을 붕괴시키거나 파산하는 경우가 많고, 서서히 사회에서 격리되어 은둔하는 경우도 많다.

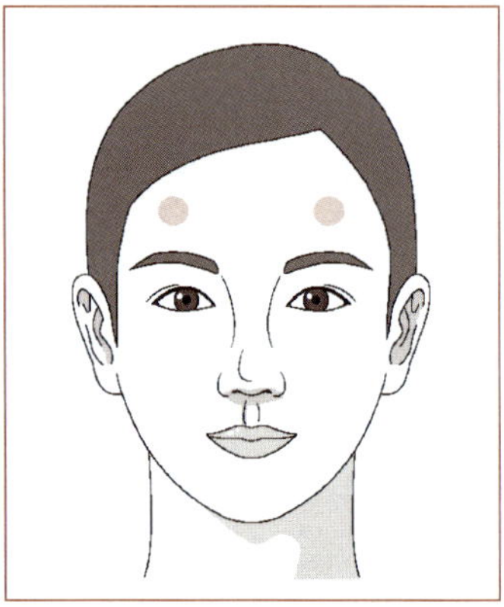

〈그림 11〉 산림 부위

제자가 여쭈었다.

문 "천창天倉을 왜 복당福堂과 천이遷移라고 합니까?"

답 "천창은 하늘의 창이기 때문에 천창에 살집이 좋을 때는 하늘의 창고가 가득 차는 것과 같다. 그러므로 이것을 복당이라고 한다. 또 하늘이 복을 주는 시기가 되면 천창은 윤기를 띠기 때문에 이것을 천이[25]라고 이름 붙였다. 천창의 살집이 좋지 않을 때는 하늘에서 주는 복과 운이 없는 것과 같다. 그러기 때문에 이러한 사람에게는 자연히 복과 운이 없다. 반대로 천창에 살집이 많고 윤기가 있을 때는 하늘에서 주는 복과 운이 가득한 것과 같다. 이러한 사람에게는 복과 운이 따른다. 더욱더 자세한 것은 혈색血色을 논할 때 다시 설명하고자 하니 많은 연구를 바란다."

문 "하늘에서 주는 복과 운에 대해서는 그 원리를 설명하셨습니다만 스스로 불러오는 복운福運에 대해서는 어디를 어떻게 살펴보는 것입니까?"

답 "그것은 반드시 지고地庫에 나타난다. 하늘이 하사한 복운은 천창에 있으며, 이를 복당이라고도 한다. 또 스스로 불러온 복운은 자연스럽게 지고에 나타나고 법령에서 시작한다. 이것을 천지天地의 복운이라고 한다. 자세한 것은 '혈색' 편에서 설명하고자 한다(261쪽 참고)."

25 천遷은 이移와 같은 의미로, 여기서는 '움직이는, 바뀌는' 뜻으로 보면 된다.

문 "복당에서 처첩妻妾에 이르기까지 살이 패여[凹] 있는 사람은 부인을 얻으면서 운이 나빠진다는 것은 왜 그렇습니까?"

답 "복당에서 처첩까지 살이 패인 것은 처첩이 복당을 극克하는 형태이지만, 이미 처재妻財의 관官이 없는 것과 같다. 따라서 부인을 얻으면서 후운後運이 기울어지는 것이라 한다. 반대로 이 부위의 살집이 좋고, 풍부하게 보이는 사람은 처재의 관을 얻는 것과 같아서 부인을 얻고 나서부터 운이 좋아지므로 많은 복운을 얻을 수 있다."

문 "손바닥에 있는 세로 주름을 천하근天下筋이라고 하는 까닭은 무엇입니까?"

답 "손바닥에는 천인지의 세 개의 문양紋樣이 있다. 그 지(地 : 땅, 손목 근처)에서 손금이 뻗어 나와 하늘(손가락의 밑부분)을 관통하는 경우가 있는데, 이것을 천하근이라 한다. 그것은 가족 중에 군인이나 경찰이 있다는 의미다. 또 땅에서 뻗어 나온 손금이 하늘을 관통하는 일을 속담에서는 '한 자식이 출가를 하면 9족이 하늘에 태어난다'라고 한다. 이러한 의미로 가족 중에 출가자가 있다는 의미다."

문 "성격이 급한 사람인데 애교가 풍부한 경우, 선악善惡 어느 쪽이나 다 강한 마음을 가지고 있다는 것은 왜 그렇습니까?"

답 "성급한 성질은 일시적으로 악惡이다. 애교는 전 생애에 걸치는 선善이다. 그러므로 선악의 마음이 나타나는 것이다. 또 급한 성질은 자연스럽게 신세를 망친다. 반대로 마음이 너그러운 사람은 신체도 자연스럽게 건강해진다. 즉 급한 성질을 잘 다스리면 몸도 다스려져서, 가정과 본인이 사랑과 행복이 넘치게 되어 운도 자연스럽게 향상되고 심신이 두루 편안하고 행복해진다."

문 "목의 후두가 발달되지 않은 사람은 눈물이 많고 대수롭지 않은 일에 무서워한다는 것은 왜 그렇습니까?"

답 "남자는 양陽이기 때문에 목의 후두가 높다. 여자는 음陰이기 때문에 후두가 발달되어 있지 않다. 그러므로 후두가 발달되지 않은 사람은 여성적인 기질이 있는 것과 같기 때문에 눈물이 많고 별일 아닌 일을 두려워하거나 무서움을 많이 탄다. 이것은 여자의 상이다. 잘 생각해 보기 바란다."

문 "얼굴에 살집이 좋게 보이는 사람은 장남의 상이고, 얼굴이 말라 보이는 사람은 차남이나 삼남의 관상이라는 것은 왜 그렇습니까?"

답 "장남(장녀)은 첫아이이기 때문에 부모의 총애를 받는다. 부모의 마음이 그 아이에게 잘 통하므로 아이는 자연스럽게 풍족하게 자라 얼굴도 자연스럽게 풍후해진다. 또 장남으로 태어나는 사람은 태어나기 전부터 상속권을 계승하기 때문에 자연스럽게 살집이 좋아진다. 반대로 둘째나 셋째로 태어나는 사람은 태어나기 전부터 상속권이 없기 때문에 부모의 총애 정도가 크게 다르다. 그러므로 얼굴이 자연스럽게 풍후해지지 않는다."

문 "궁핍한 집에서 태어난 사람은 장남이어도 얼굴이 풍후해지지 않는 것은 왜 그렇습니까?"

답 "가난한 집의 부모는 매일 일이나 잡무로 바쁜 경우가 많기 때문에 장남이어도 아이를 사랑하는 시간이 적다. 따라서 그 아이는 슬퍼하는 일이 많아서 장남이어도 얼굴이 자연스럽게 풍후해지지 않는다. 또 가난한 집은 좁고 마음에 여유가 없어 얼굴도 풍후하지 않다. 그렇기 때문에 가난한 집에 태어난 아이는 장남이어도 얼굴에 자연스럽게 살집이 없다."

문 "선생은 머리카락과 눈썹이 얇은 사람은 장남, 머리카락과 눈썹이 두터운 사람은 둘째나 셋째라고 하였습니다. 그러나 장남으로 머리카락과 눈썹이 두터운 사람도 있지만, 둘째나 셋째로 태어난 사람도 머리카락과 눈썹이 얇은 사람이 있습니다. 이것은 왜 그렇습니까?"

답 "머리카락은 피의 싹이며 신장에 속한다. 장남일지라도 부모의 기혈氣血이 쇠약할 때나 정신적으로 안정되지 않았을 때 잉태된 사람은, 그 싹이 자라는 환경 조건이 좋지 못한 것과 같다. 그러므로 머리카락이

나 눈썹이 자연스럽게 두텁게 자란다. 또 둘째나 셋째로 태어나도 부모의 기혈이 왕성할 때, 정신적으로 안정되었을 때 잉태된 사람은, 그 신체의 기초가 강하고 왕성하기 때문에 자연스럽게 머리카락과 눈썹이 풍부하고 얇게 자란다.[26]"

문 "온화하고 애교가 있는 남자는 후계자 자리를 딸에게 물려주고, 딸과 인연이 많다는 것은 왜 그렇습니까?"

답 "온화하고 애교가 있는 남자는 기력이 약하고, 여성적인 기력이 많다. 기력이 약한 상태로 여성과 사귀면, 남성 기력이 여성 기력에 눌리고 둘러싸이므로 자연스럽게 여자 아이를 내려 주신다. 이것은 자연의 법이다. 따라서 온화하고 애교가 있는 남자에게는 딸이 많다. 또 항상 기력이 강한 남자일지라도 기력이 쇠약해졌을 때 부부관계를 하면 여성의 기력에 눌려서 자연스럽게 딸이 태어나는 것이다."

문 "중풍이 발생하는 원인은 무엇인가요?"

답 "천지에는 수기水氣가 있다. 사람에게는 혈액(血液 : 體液)이 있다. 천지

---

26 본래 털은 동물의 신체를 보호하기 위해 나는 것이지만, 인체에서 털은 '소중한' 부분에만 난다. 예를 들면, 머리나 음부陰部를 보호하기 위해서 털이 자란다. 특히 열을 집중적으로 발산해야 하는 부위는 열을 발산하기 위해 집중적으로 난다. 이것은 열대 지방에 거주하거나 체열의 유지가 생사生死와 관련이 있거나, 아프리카 흑인들의 모발을 보면 알 수 있다. 또 인체의 곱슬머리는 성 호르몬의 영향을 강하게 받는 아포인트멘트 크린선이 분포하는 음부 주변이나 겨드랑이 부위 등에서 많이 볼 수 있다. 따라서 인체 머리 부분에 곱슬머리가 많은 경우 성욕에 이상이 있다고 본다. 인상학의 고전에는 '한 가지 형태로 자라는 모발은 정력이 강하다(음란)'라는 의미로 기술하고 있지만, 생리학을 알지 못했던 옛사람들이 음부에 나는 털이 모발에 나타나는 일을 음란한 것으로 본 것은, 과학적인 관점이라기보다는 통계학적인 관점에 의한 것이다. 또 털은 일종의 안테나 장치로, 외적 환경의 변화를 빠르게 읽고, 체내 항상성을 유지하기 위해 중요한 기능을 한다. 즉 어떠한 요인으로 체내 환경이 나쁜 사람은, 그 취약함을 유지하기 위해 어려운 외적 환경에 민감하게 반응해야 하므로 정상인에 비해 털이 많다고 볼 수 있다. 때때로 신체, 특히 호흡기계·소화기계(오행五行으로 생각하면 폐와 표리에 있는 대장도 포함한다)가 약한 사람이 털이 많다고 볼 수 있다. 여성은 본래 음陰이며, 양면(음부 이외)에는 털이 적지만, 전신에 배냇머리[產毛]가 많으면, 신체가 선천적으로 약하다는 것이다. 즉 털은 약한 부분에 나는 것과 동시에, 약하기 때문에 난다고 할 수 있다. 이와 같이 인상을 보면, '인중에 털이 나는 여자는 자식과 인연이 약하다'라는 내용을 쉽게 이해할 것이다(다른 각도에서 설명을 하면, 털은 화火, 인중은 수水이기 때문에 수극화水克火의 관계이다). 여성의 경우 인중은 소인형법에서 자궁과 질에 해당하지만, 여기에 본래 없어야 할 털이 난다는 것은 생식기 계통에 이상이 있음을 암시하는 것으로, 아이가 생기지 않거나 자식이 있다고 해도 잘 양육할 수 없는 것이다. 또 인중에 검은 점이나 상처가 있거나 인중이 비뚤어져 있거나 인중이 얇은 여성도, 자식과 인연이 약하다고 본다. 덧붙여서 인중의 검은 점은 쌍둥이를 낳는 상이지만 자궁암이나 자궁근종 등 부인과 질환에 걸리기 쉬운 상이기도 하다.

의 수기는 항상 세계를 주유하면서 돌아다닌다. 또 사람의 혈액도 항상 사지관절을 비롯한 온몸을 돌아다닌다. 그러므로 신체가 완전하면 혈액순환도 원활하면서 완전하다. 동시에 혈액이 완전할 때는 신체도 완전하다. 또 혈기血氣가 가득 찰 때는 신체도 자연스럽게 건강할 것이다. 반대로 피가 잘 돌지 못하고 정체될 때는 신체도 약하다. 젊을 때는 활력이 왕성하고 강하기 때문에 기혈이 막히거나 정체되는 일이 없어 중풍에 걸릴 염려도 없다. 하지만 나이가 들면 활력은 떨어지고 오체五體에 기혈이 제대로 돌지 않기 때문에 자연히 손발이 저리게 되어 중풍에 걸리는 경향이 있다. 중풍에 걸리는 사람은 살이 찌고, 살과 피부가 처지면서 탄력이 없고 거칠어진다. 이것은 혈분이 많기 때문이며 수면 중에 기혈의 흐름을 막는다. 따라서 수면 중에는 기혈이 정체되어 잘 순환하지 못하고 오체가 저리는 일이 자주 발생한다. 반대로 활동할 때는 기혈의 통로가 열리기 때문에 기혈이 순환하여 신체가 저려도 치료가 잘된다. 여성인 경우에는 조금 차이가 있지만, 잘 생각하기 바란다."

문 "여성으로 귀밑털[鬢]의 조금 안쪽에 검은 점이 있는 사람에게 불륜의 난難이 일어난다는 것은 왜 그렇습니까?"

답 "점은 혈血이 밖으로 나타나는 것이기 때문에 신장腎臟과 관계가 있는 것으로 음陰이다. 또 이마는 하늘[陽]이며 남편에 해당한다. 즉 남편의 관官에 음의 검은 점을 숨겨 놓은 것과 같으므로 불륜의 난이 있다고 하는 것이다."

문 "그렇다면 산림山林의 살집이 패인[凹] 사람은 상속자를 잃기 때문에 집을 붕괴시키거나 파산하는 일이 일어난다는 것은 왜 그렇습니까?"

답 "이마는 손윗사람의 관官으로, 산림은 손윗사람이 소유하는 산림이나 논밭과 같은 것이다. 그러므로 산림의 살집이 움푹 패여 있을 때는 손윗사람이 소유하는 산림을 파괴하거나 해치는 것과 같다. 즉 부모의 상속자를 잃어버리는 것이기 때문에 가정을 붕괴시키거나 파산한다고 한다. 잘 생각해 보기 바란다."

- 여성을 보았을 때 이혼하는 관상[27]인데 이혼하지 않는 경우도 있다. 그러한 경우에는 그 남편에게 강한 마음이 있거나, 남편의 성격이 온화하다. 이혼의 상을 가진 여성은 남편에 관련된 일에 대해서 만사에 주제넘게 나서고, 남편보다 마음이 몹시 거친 경우가 대부분이다. 그러나 남편에게 강한 마음이 있으면, 부인은 남편의 말과 마음을 잘 따라 자연스럽게 음양陰陽이 화합되어 평화를 이룬다.[28] 그러면 그 가정은 크게 번창할 것이다. 잘 생각해 보기 바란다. 이러한 내용은 구전口傳에 없다.
- 도시(번화繁華의 땅)를 떠나서 시골(변경, 벽지)에 머무는 사람은 부부의 인연이 약해져 이혼하는 관상이 되지만, 반드시 이혼한다고는 할 수 없다.
- 도시에 사는 사람은 이혼하지 않는 관상이라 해도 이혼하는 일이 있다. 그러나 이 일에 대해서는 잘 생각해야 한다.
- 시골에서 태어나 살고 있는 사람은 아이가 생기지 않는 관상이라 해도 아이가 태어나는 경우가 있다.
- 시골에서도 매춘부가 있는 장소에서 태어나 살고 있는 사람은, 자식이 있는 관상이라 해도 자식이 태어나지 않는 경우가 있다. 부부의 인연에 대해서도 같은 현상이 나타난다. 잘 생각해 보기 바란다.
- 도시에서 태어나 살고 있는 사람은 자식이 있는 관상이라 해도 자식이

---

27 이혼의 관상을 가진 여성은 한마디로 미망인의 관상이다. 관상의 기본은 음소양대陰小陽大인데, 남녀에게 가장 좋은 궁합도 당연히 이러한 것을 따른다. 즉 여성은 '음陰'이며, 기량(용모나 성격)이 만사에 소극적(즉 '음소')으로, '여자답다'라는 것이 자연스럽고 당연한 이치이다. 반대로 남자는 '양陽'이며 기량이나 성질 그 어떤 것에도 여성스러운 면모가 없는 '남자답다'라는 것이 최상이다. 따라서 남녀가 부부가 되어 짝이 되는 경우에는 '여자다운 여자'와 '남자다운 남자'가 화합하는 것이 음양(자연)의 도리를 따르는 가장 좋은 것이다. 또 '남자다운 여자'와 '여자다운 남자'가 결혼하는 것도 좋지만, 결국 음양의 이치를 거역하는 것이므로, 여자가 남편 위에 서게 되어 남편을 극克하여 요절하는 일이 일어나기도 한다. 최악의 경우는 '남자다운 여자'와 '남자다운 남자'가 결혼하는 경우로, 대체로 이른 시기에 이혼하지만 이혼하지 않는 경우 남편에게 악영향이 미친다.

28 음소양대란 《관면비록》에 '남양男陽이란, 그 관상 가운데 밖으로 나타나는 것은 큰 것을 따르는 것이 순리이고, 안으로 숨기는 것은 적은 것이 순리이다. 여음女陰이란 그 관상 가운데 밖으로 나타나는 것이 적은 것이 순리이고, 숨기는 것은 큰 것이 순리이다'라고 하였다.

태어나지 않는 일이 있다. 잘 생각해 보기 바란다.

- 도시에 살고 있어도 평소 행동이 좋고, 생각이 깊고 신중한 사람은 자식이 없는 관상이라 해도 자식이 태어나는 경우가 있다. 이는 부부의 인연에 대해서도 마찬가지다. 잘 생각해 보기 바란다.
- 일반적으로 여성처럼 생긴 남자는 마음에 아량과 관대함이 부족하고 잔걱정이 많은 성격으로, 스스로 사람들을 부리거나 이용하는 경우가 적다. 또 크게 발전하기가 어렵다.
- 남녀 모두 음부陰部에 검은 점이 있는 경우는 반드시 이혼한다. 또 자식과 인연이 부족하고 정사에 빠지기가 쉽다. 잘 생각해 보기 바란다.
- 다른 집으로 양자로 갈 관상을 가진 사람이 양자로 가지 않으면 부모 중 어느 한쪽이 바뀌는 일이 일어난다.
- 관상을 보았을 때 장남이나 동생의 관상이 보이지 않는 사람은, 독자의 관상이다. 잘 생각해 보기 바란다. 이러한 내용은 구전口傳에 없다.

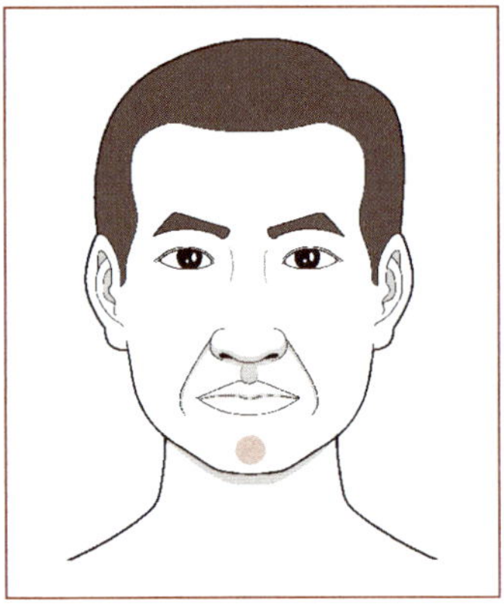

〈그림 12〉 지각 부위

- 지각地閣에 검은 점이 있는 사람은 일생 동안 가족과 인연이 부족하다. 또는 가정을 꾸려 놓고도(집을 정해 놓고도) 그 집에서 평생 동안 살려고 하는 의지가 없다. 하지만 복과 운이 좋아 상속 받은 재산이 많아도, 어떤 사람은 일생 동안 건축 공사로 재산을 탕진하기도 한다. 잘 생각해 보기 바란다. 이러한 내용은 구전에 없다.

제자가 여쭈었다.

문 "선생은 '일반적으로 여자처럼 생긴 남자는 어리석은 사람이다'라고 하였습니다. 무엇을 보고 여자와 비슷한 관상이라고 하는 것입니까?"

답 "남자는 양陽이기 때문에 그 형태는 강하고, 눈 · 귀 · 코 · 입은 모두 크고, 말투도 몹시 거칠면서 크다. 이것을 소천지小天地의 큰 햇빛이라고 하는데, 남자의 일반적인 모습이다. 반대로 여자는 그 형태가 부드럽고, 눈 · 귀 · 코 · 입은 작고, 말투도 부드러우면서 작다. 이것을 소천지의 대음大陰이라고 하는데, 여자의 일반적인 모습이다. 또 여자는 힘이 약하고 조금 부족한 남자이지만 여자의 관상이나 형태를 가지고 있는 사람은, 그 마음이 아둔하고 부족하기 때문에 사람들을 부리거나 지도자가 될 수 없다. 게다가 대양大陽에 해당하는 남자가 대음大陰에 해당하는 여자를 닮았을 때는 음양陰陽이 불순不順한 것과 같기 때문에, 모든 것을 자연스럽게 갖추기가 어렵고 출세 또한 쉽지 않다. 잘 생각하기 바란다. 이러한 내용은 구전에 없다."

문 "그렇다면 음부에 검은 점이 있는 사람이 정사에 빠지기 쉬운 호색한好色漢이라는 것은 왜 그렇습니까?"

답 "검은 점은 피가 밖으로 나타나는 것으로 신장腎臟과 관련이 있기 때문에 음陰이다. 그러므로 음부에 검은 점이 생길 때는 음에 음을 중첩하는 의미와 같으므로 정욕에 빠지기 쉬운 호색好色이라 하는 것이다."

문 "지각에 검은 점이 있는 사람이 가정과 인연이 약하다는 것은 왜 그렇습니까?"

답 "지각은 땅에 해당하는 것이기 때문에 가거家居의 관官이라고 한다. 또 검은 점은 피가 나타나는 것이기 때문에 신체의 수水에 속한다. 그러므로 지각에 검은 점이 있을 때는 땅에 물기가 고여 있는 것과 같아 자연스럽게 집에 장애가 발생한다. 잘 생각해 보기 바란다."

문 "도시에서 태어나 살고 있는 사람이 자식을 둘 관상이라 해도 자식을 가지지 못하는 것은 왜 그렇습니까?"

답 "도시에서 사는 사람은, 젊은 시절부터 창녀들과 만나거나 놀 기회가 많아서 쓸데없이 정력을 지나치게 사용하여 아내를 얻을 무렵에는 신체가 쇠약해져 자식을 기르기가 어려워진다(즉 임신하기가 어렵다). 만약 아이들이 많이 있어도 단명短命한다. 따라서 도시에 사는 사람은 자연스럽게 단명한다. 그러나 도시에 살고 있다고 해도 건강관리를 하면서 신중하게 처신하는 사람은, 자식을 가지지 못하는 관상이라 해도 자연스럽게 자식을 가질 수 있다. 즉 자손은 하늘이 주는 것이라 말하기는 어렵다. 모든 것은 스스로 하기 나름이다. 잘 생각해 보기 바란다. 자손의 유무有無에 관한 관상은 구전口傳으로 전하지 않는다. 또 시골에서 창녀가 없는 곳에 사는 사람이라도 함부로 정력을 낭비하지 않고 가능하면 때에 맞게 음양의 화합(부부관계)을 이루면 부부 사이가 좋아져 좋은 자식을 가질 수 있다."

- 양자로 갈 관상이라 해도 이마가 좁거나 이마에 요철凹凸이 있는 사람, 눈이 크거나 돌출된 사람, 눈썹이 굵고 산란하게 자란 사람, 코가 크고 날카로운 사람, 성격이 매우 급한 사람은 결코 양자로 갈 수 없다. 또 양자(데릴사위)로 들어가는 집을 파산시키거나 지위와 재산을 잃는다. 현재 양자로 가서 살고 있는 사람도 같다고 생각하면 된다.
- 빈천貧賤한 사람에게 귀상貴相이나 위상威相이 있는 경우에는 그 마음이 고귀하기 때문에 사람들에게 미움과 시기, 질투를 받아 좋은 관상이 아니다. 또 상인에게 귀상이나 위상이 있는 경우에는 자존심이 강하기 때문에, 손님들에게 미움을 받아 장사가 점차 쇠약해져 자연스럽게 파산한다. 잘 생각해 보기 바란다. 이러한 내용은 구전에 없다.
- 발등이 매우 얇은 사람은 가족과 인연이 매우 약하다. 또 집이 안정된 것 같아도 일생 동안 그 집에 살고자 하는 의지가 없다. 자식과 인연도 약하고, 말년 운이 좋지 못하다.
- 사회적으로 지위가 높고, 수입이 많은 사람에게 애교가 있을 때는 그 지위를 오랫동안 유지할 수 없다. 파산하거나 가정을 망하게 할 것이다. 또 나중에는 도망다니거나 숨어서 사는 일이 일어난다.
- 처음 만났는데 아무 말도 하지 않는 동안 가장된 웃음을 흘리는 여성은 음욕이 강하고, 이성 교제가 많기 때문에 이혼을 자주 한다. 또 불륜의

난亂이 있다.

- 도시에서 태어나 살고 있는 사람이 변지辺地의 관官[29]에 장애가 있을 때는 변지(시골)로 가지 않는 것이 좋다. 도시에서 사는 것이 운명적으로 좋다. 반대로 시골에서 태어나 살고 있는 사람이 변지의 관에 장애가 있을 때는 고향을 떠나 도시에서 사는 것이 좋다. 시골에 살면 좋지 못한 일이 일어난다. 잘 생각해 보기 바란다.

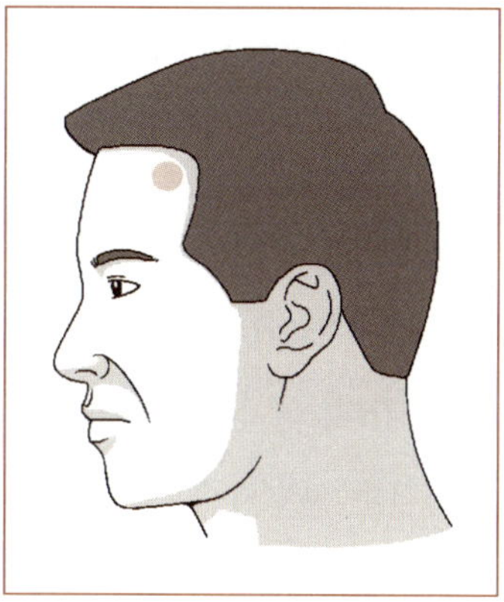

〈그림 13〉 변지의 관

- 인당(양 눈썹의 사이)의 조금 위가 낮은 사람은 양자로 가서 자신의 욕심과 의견만을 중요하게 생각한다.
- 근시近視인 사람은 가족과 인연이 부족하고 의견이 맞지 않는다.
- 뺨의 살집이 부족하고 깎은 듯이 보이는 사람은 부모의 가업을 계승하지 못한다.
- 윗사람을 극克하는 관상이 없는 사람은 높은 지위에 오르기가 어렵다. 그러나 윗사람을 극하여 높은 지위에 올랐다면, 반드시 노년에 파산하거나 쇠퇴衰退한다. 잘 생각해 보기 바란다.
- 윗사람을 잘 섬기고 근무를 잘하는 사람은 높은 지위에 오르는 것이 늦다. 반드시 타인들의 방해를 받는다. 또 윗사람에게 순종하는 관상이라

29 변지의 관은 13부위에서 말하는 사공(司空 : 이마의 정중, 거의 중앙)과 같은 높이로, 사공에서 밖으로 손가락 아홉 번째의 위치에 있는 부위. 타향이나 여행지, 시골에서의 일 등에 관해 알 수 있다. 정면에서 볼 때 남녀 모두 오른쪽 변지를 동쪽, 왼쪽 변지를 서쪽으로 보기도 한다. 해외로의 전근이나 여행의 길흉吉凶도 변지 부위를 통해 알 수 있다. 변지 부위에 점이나 상처, 요철凹凸이 있는 경우에는 시골에서 먼 도시에 사는 것이 좋다. 기본적으로 고향은 유소년기를 보낸 곳이며, 태어나서 자란 곳을 탄생지라 한다. 예를 들어, 상주에서 태어나서 곧바로 서울로 이사하여 서울에서 유소년기를 보낸 경우는 서울이 탄생지다. 어쨌든 변지 부위에 장애가 있는 경우에는 도시에서 사는 것이 길吉하다. 또 변지 부위에 장애가 있는 사람들은 먼 곳과의 거래, 출장지에서 사고나 사건 등에 대해 주의하는 것이 좋다. 덧붙여서 손금에서 생명선의 끝부분이 갈라지는 것을 통해 생을 도시에서 마감할지 시골에서 마감할지 알 수 있다.

해도 높은 지위에 오를 때는 나중에 파산하거나 쇠퇴하는 일이 있으며, 노년기에는 안락하게 살 수 있다. 잘 생각해 보기 바란다. 이러한 내용은 구전에 없다.

- 인당印堂과 산근山根에 천연두 자국 같은 상처[凹]가 있는 사람은 양자로 간다. 이 상처는 3개까지는 길흉吉凶을 판단하지만, 4개 이상일 때는 길흉 유무有無를 판단하지 않는다.

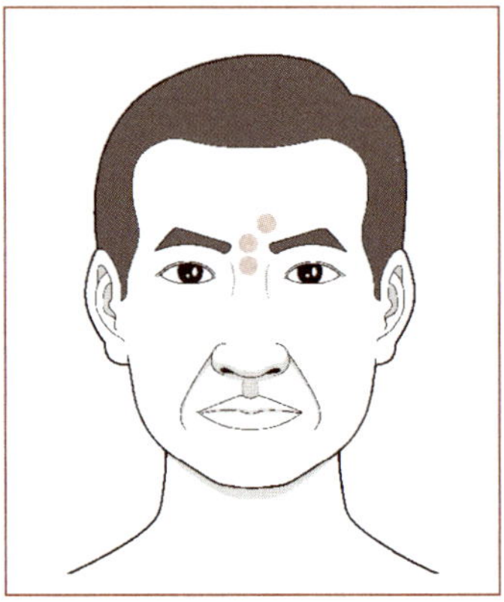

〈그림 14〉 인당과 산근에 상처가 있는 경우

- 장점이 없고 궁상스러워도 그 마음이 정직한 사람은 극빈極貧에는 이르지 않을 것이며, 신분에 상응하는 만큼 살 수 있다. 그러므로 가난한 사람의 복운福運은 정직함에 따라 나타난다.
- 먹을 음식조차 없을 정도로 가난한 사람일지라도 애교가 있는 사람은 극빈자가 되지 않으며, 일생 동안 음식이 떨어지지 않는다. 그러므로 극빈자의 복운은 애교에 있다.
- 산재散財의 관상이 아닌 사람이 크게 출세하지 못하는 경우가 있다. 이는 반드시 빈상貧相이다.
- 산림山林 부근에서 미간에 걸쳐 피부가 좋지 못하거나 주름이 많은 사람은 비천한 관상[下相]일지라도 출세하거나 발전한다. 즉 많은 사람들이 일을 시킨다. 이것을 필부匹夫의 용勇[30]이라 한다.
- 간기肝氣가 강해서 기운이 안정되지 못하는 사람은 반드시 단명한다. 또 일을 할 때 많이 실패한다.

30 필부의 용 : 필부란 천한 사람들의 일을 뜻한다.《孟子(梁惠王下)》의 〈此匹夫之勇, 敵一人者也〉에 의한 말로, 사려 분별이 없고, 결과를 생각하지 않고, 단지 혈기에 의한 용기를 말한다. 즉 감정만을 앞세운 일을 말한다.

- 출가자나 학자가 인내심이 없으면 크게 발전하거나 출세할 수 없다. 기생이나 예술을 하는 사람들도 마찬가지다.
- 남성 같은 관상을 가진 여성은 반드시 남편을 극克한다. 또 이혼하거나, 남편 때문에 고생을 많이 한다.
- 얼굴에 갖추어져 있는 음양(陰陽 : 요철)에는 일반적으로 크고 작은 것이 있는 것은 당연하다. 하지만 안면부의 음양(얼굴 부분)에 극단적으로 크고 작은 것이 확연히 드러난 사람에 대해 이것을 '얼굴의 음양이 잘 갖추어져 있지 않다'라고 한다. 그러므로 자연스럽게 이혼하거나 가정을 붕괴시키거나 파산한다.
- 환자의 배꼽[臍]을 보았을 때 힘이 없고, 손으로 잡아당겼을 때 부드럽고 잘 집힐 때는 반드시 죽는다. 노인들은 다르게 생각해야 한다.
- 관상이 나빠도 성실한 사람이 있다. 이러한 사람은 처음에는 음陰이어서 나쁘게 여기지만, 말년으로 갈수록 좋아진다. 잘 생각해 보기 바란다.
- 좋은 관상이라 해도 성실하지 못한 사람이 있다. 이러한 사람은 큰 꿈을 가지고 큰 것을 바라지만, 나이가 들어 갈수록 인생이 좋지 못하다. 또 젊을 때부터 귀인貴人이나 부자들에게 호감을 받지만, 그 관계를 오랫동안 유지할 수 없다. 잘 생각해 보기 바란다. 이러한 내용은 구전에 없다.
- 금전적으로 풍부하지만(복상이지만), 궁상스러운 사람이 있다. 이 사람은 물건을 함부로 사용하거나 소비하는 것을 매우 슬퍼하며, 검약을 제일로 한다. 이것을 '마음의 빈상'이라고 한다.
- 복상福相이라 해도 궁핍한 사람이 있다. 이러한 사람은 마음이 관대하고 야무지지 못하다. 또 실패를 해도 후회하지 않는다. 이것을 '마음의 복상'이라고 한다.
- 신분이 귀인일지라도 귀상貴相을 가지고 있지 못할 때는 반드시 그 사람의 속마음은 하상下相이다. 그러므로 파산하거나 가정을 붕괴시키거나 몰락한다. 잘 생각해 보기 바란다.
- 자식들과 인연이 없는 관상인데, 자식을 많이 가진 사람이 있다. 이러한

사람은 아이가 많아도 그 아이들이 반드시 의지가 되지 않는다. 또 여자 아이가 많다든지 의지할 수 있는 자식이 있어도 죽을 때까지 일을 해야 한다. 자식들이 부양하지 않는다.

- 자식을 둘 관상인데 자식을 낳을 수 없는 사람이 있다. 하지만 이러한 사람은 의지할 수 있는 양자를 두는 복이 있기 때문에 노년기를 자연스럽게 편안하게 보낸다.

제자가 여쭈었다.

문 "선생님은 입에 대해서 말씀하셨지만, 아직 입안에 관한 것에 대해서는 말씀하지 않았습니다. 입안은 관상을 보는 것입니까, 관상을 보지 않는 것입니까?"

답 "식사를 하면, 음식은 비장으로 들어간다. 그러므로 비장은 창고(倉庫 : 곳간)의 관官이라 한다. 그러므로 입안은 창고의 정원에 해당한다. 입이 큰 사람은 입안이 넓고, 반대로 입이 작은 사람은 입안이 좁다. 따라서 입이 좁은 사람은 곳간의 뜰이 좁은 것과 같고, 오장육부五臟六腑를 기르는 힘이 자연스럽게 약하다. 그렇기 때문에 그 신체는 자연스럽게 약하고, 작은 일에도 잘 놀라는 것이다. 또 입이 큰 사람은 곳간이 넓은 것과 같기 때문에 오장육부의 기능도 완전하다. 따라서 그 신체는 건강하다. 즉 입안은 오장五臟의 묘종苗種이 모이는 장소로, 오장이 서로 교류하고 오미五味를 나누는 장소이기 때문에, 좋아하는 곳으로 달리는 장소이기도 하다."

문 "치아는 무엇에 해당하는 것입니까?"

답 "치아는 창고의 사용인[奴僕]에 속한다. 즉 이빨은 음식물을 씹어 부수므로 육부六腑를 길러 준다. 치아가 많은 사람은 창고의 노복이 많은 것과 같다. 음식을 보다 잘게 씹고 부술 수 있으므로 오장육부를 기르는 힘이 강하여 신체도 강해지고 장수하며, 먹는 양도 많아진다. 치아가 긴 사람도 마찬가지다. 반대로 치아가 짧은 사람은 창고의 일을 담당하는 사람들이 적은 것과 같다. 따라서 맛있는 음식[美食]을 먹을 수 가 없으며 소식小食하는 사람이다. 또 치열齒列이 고르지 못하고 나쁜 사람은 곳간의 노복이 고르지 못한 것과 같다. 음식물을 씹어 부수는 기능이 좋지 못하여 오장육부를 충분히 기를 수 없으므로 신체가 약하고 끈기도 부족하다. 치아가 적은 사람은 곳간의 노복이 충분하지 못한 것과 같으며, 따라서 소식하는 사람이며, 내심도 자연스럽게 천박하다."

문 "혀는 무엇에 해당하는 것입니까?"

답 "혀는 창고의 우마牛馬에 해당하므로 음식물을 옮기는 역할을 한다. 혀가 작은 사람은 창고의 우마가 적은 것과 같으며, 음식물을 육부로 옮기는 일에 쫓겨 자연스럽게 음식물이 가늘다(식욕이 약하다). 반대로 혀가 큰 사람은 창고의 우마가 많은 것과 같다. 그러므로 음식물을 육부로 옮기는 일에 쫓기지 않고, 자연스럽게 음식물도 굵고(식욕이 강하고) 느긋하게 먹는다. 따라서 그 신체는 건강하고 그에 상응하는 복운福運이 있다. 혀가 뾰족하거나 날카로운 사람은 창고의 우마가 격렬해지는 것과 같고, 음식을 먹는 속도가 빠르고, 심리적으로 초조해하기가 쉬워 단명한다. 혀가 크면서 두터운 사람은 창고의 우마가 풍부한 것과 같다. 느긋하게 먹기 때문에 신체가 건강하고, 자연스럽게 마음도 풍부해진다. 혀는 창고의 문을 지키는 경비와 같다. 좋은 사람(물건)은 창고를 통하고, 나쁜 사람(물건)은 밖으로 내보내는 역할을 하므로 청정淸淨한(문지기로서 의무를 다하는) 사람은 나쁜 음식은 절대로 먹지 않는다. 반대로 혀가 부정한 사람은 자연스럽게 좋지 못한 음식을 먹기도 한다. 잘 생각해 보기 바란다. 또 혀는 언어와 음악의 중요한 기관이기 때문에, 혀가 좋지 못한 사람은 언설言舌도 좋지 않다."

문 "옛날 관상 책에서는 왼쪽 눈썹을 라후성羅喉星, 오른쪽 눈썹을 계도성計都星이라고 하는데, 왜 그렇습니까?"

답 "이마는 양陽이고, 화성火星이라 한다. 그러므로 라·계의 두 별을 양쪽 눈썹에 대비한다. 따라서 이것을 라羅 · 계計 · 화火의 삼성三星으로 상징한다. 라 · 계 · 화의 삼성은 매우 지극히 거친 별이라고 한다. 그러므로 눈썹이 흐트러져 정리되지 않을 때는 큰 혼란이나 어려움이 닥친다. 이것은 라 · 계의 두 별이 거칠어지는 것과 같다. 또 이마에 붉은 기운이 있을 때도 큰 난이 닥친다. 이것은 화성이 거칠어지는 것과 같다. 자세한 것은 스스로 잘 생각해 보기 바란다."

문 "중국 관상학의 고전에 눈[眼] · 귀[耳] · 코[鼻] · 입[口]은 한 개의 호수라고 기록되어 있는데, 왜 그런 것입니까?"

답 "눈 · 귀 · 코 · 입은 얼굴에서 양혈(陽穴 : 구멍이 있는 장소)이며, 기운[氣力]의 출입이 자연스럽게 되도록 갖추어져 있는 것이다. 그러므로 이것을 4개의 호수에 비유한 것이다. 그러나 이 학설은 일본에서는 설명하기가 어렵다. 내 해석으로는 정신과 마음의 두 가지를 기본으로 생각한다. 즉 눈 · 귀 · 입은 군신群神의 사방의 문이고, 이 문을 신하들이 항상 지키는 것이다. 따라서 신하들이 이 문을 지키지 않을 때는 바깥 세계의 모든 것이 정신을 통할 수 없다."

문 "배의 삼임三壬에 대해서는 알겠는데, 등의 삼갑三甲은 어떤 것입니까?"

답 "삼갑은 등 뒤쪽에 있는 양陽이다. 삼임은 복부에 있는데 음陰이다. 또 등은 하늘에 해당하고 복부는 땅에 해당하지만, 이것은 천지음양의 도리다. 또 임壬은 음이고, 갑甲은 양이므로 삼갑삼임은 동체胴體의 음양이다. 그 동체의 음양이 완전하게 구성되어 있는지에 따라 등의 삼갑, 복부의 삼임이라 한다. 또 음에 세 개의 숫자가 있고, 양에도 세 개의 숫자가 있다. 그래서 음을 포함한 양이 있고, 양을 포함한 음이 있는 것이다. 다시 말해 복부에 삼임이 있는 사람은 등에 삼갑이 있고, 삼갑이 있는 사람도 삼임을 갖추고 있어서 이 둘은 불이不二의 관계이다. 결코 이러한 원리에 대해서 헤매어서는 안 된다. 이러한 내용은 구전에 없다. 덧붙여서 등의 삼갑을 형성하고 있는 것은 등에 살집이 많기 때문인데, 척추 좌우에 척추와 같은 살집이 있는 것을 말한다."

문 "시골에 사는 사람은 이혼할 관상이라 해도 이혼하지 않는다는 것은 왜 그렇습니까?"

답 "시골에 사는 사람들이 결혼을 하면, 다른 이성에게 마음을 주거나 움직일 일이 없다. 남편은 한 명의 아내를 지키고, 아내는 한 명의 남편을 사랑하고 지키는 것이 본분이다. 따라서 자연스럽게 음양이 조화를 이루어 화평하게 된다. 그러므로 시골에 사는 사람들은 이혼할 관상이라 해도 이혼하지 않는다. 반대로 도시에 사는 사람은 한 명의 아내를 사랑하거나 지킬 수가 없기 때문에, 창녀나 첩(애인)을 구해서 어지러운 생활을 하여 자연스럽게 부부 사이가 나빠진다. 따라서 도시 지역에 사는 사람은 자연스럽게 이혼하는 경우가 많다. 잘 생각해 보기 바란다."

문 "가난한 사람에게 아이들이 많이 있는 것은 왜 그렇습니까?"

답 "가난한 사람은 일에 마음을 빼앗겨 항상 아내와 함께 일하는 데 힘쓰고, 자신이 하는 일에만 신경을 쓰므로 함부로 창녀를 구하는 일이 없다. 다시 말해 정욕에 빠지지 않고 쓸데없이 정력을 사용하지 않는 것이다. 따라서 가난한 사람에게 아이들이 많이 있다고 하는 것이 합당한 이유이다. 천박한 이치이기는 하지만 잘 생각해 보기 바란다."

문 "빈상貧相 또는 천상賤相을 가진 사람과 상인에게 귀상貴相이나 위상威相이 있는 때는 사람들에게 미움을 받아 가정을 붕괴시키거나 파산하는 일이 있다는 것은 왜 그렇습니까?"

답 "가난한 사람이나 상인은 상냥하고 온화하면서 애교가 있는 것을 좋다고 한다. 애교가 적을 때는 자연스럽게 장사가 번성하지 않는다. 다시 말해 상인에게 귀상이나 위상이 있을 때에는 손님이 두려워하기 때문에 자연스럽게 인기가 떨어져 사람들이 모이지 않는다. 그러므로 자연스럽게 사람들에게 미움을 받는 것이 이치다. 따라서 상인은 그 장사가 쇠약해져서 파산하게 된다."

문 "고위관직을 가진 사람이 애교가 있을 때, 그 관직을 오랫동안 유지할 수 없다는 것은 왜 그렇습니까?"

답 "귀인은 다른 사람과 대화할 때 미소를 짓는 일이 적으므로 당연히 애교도 적다. 하지만 비천한 사람은 다른 사람과 대화할 때 허물없이 미소를 짓기 때문에 자연히 애교가 있다. 따라서 귀인에게 애교가 있는 것은 비천한 상을 가진 것과 같아서 관직을 오랫동안 유지할 수 없는 것이다. 그렇게 되면 가정을 붕괴시키거나 파산하는 일이 발생한다."

문 "발등이 극단적으로 얇은 사람은 집(가정)에 대한 인연이 부족하고, 자식과 인연도 약하다는 것은 왜 그렇습니까?"

답 "다리는 땅(대지)에 해당한다. 땅은 두터워야만 땅의 미덕을 갖추고 있는 것이다. 그러므로 발등이 얇은 사람은 땅의 미덕이 얇은 것과 같다. 따라서 집이나 가정에 대한 인연이 부족하다. 또 머리를 초년(몸통을 중년), 다리를 말년으로 본다. 자손은 말년의 복이며, 발등이 얇은 사람은 말년의 복이 부족한 것과 같다. 따라서 자손에 대한 인연이 부족하다는 것은 합당한 이유가 있기 때문에 말년 운이 나쁘다고 하는 것이다."

문 "장수할 관상이라 해도 단명하는 사람은 왜 그렇습니까?"

답 "생명이라는 것은 관상가의 힘으로 어찌할 도리가 없는 것이다. 사람의 명은 하늘로부터 부여 받은 것이다. 하지만 생명은 하늘의 생명이라고는 해도, 모든 것은 여러분 자신에게 있는 것이다. 그러므로 천리天理에 적합한 삶의 방법을 찾는다면, 자연히 하늘이 생명을 주는 것이다. 따라서 천리를 거역하는 삶을 살아간다면 자연히 천명이 끊어진다. 장수하길 바란다면, 먼저 음덕陰德을 베풀어 음색주식淫色酒食을 조심하고, 천지에 살고 있는 사물들을 무익하게 사용하지 말고, 검약을 제일로 하루하루를 보내야 할 것이다. 그러면 천리가 실현되어 자연스럽게 생명을 오랫동안 유지할 수 있다. 모든 면에서 신중하지 못한 사람은 자연히 단명한다. 만약 인생에 신중하지 못한 사람이 장수한다고 할지라도 늙은 후에 음식에 곤궁해지고 궁핍해진다. 또 극히 드물게 신중하지 못한 사람도 인생을 잘 사는 사람이 있지만, 이 경우는 반드시 절손絶孫하게 된다. 그러나 그 가문에 선조의 덕德이 있는 경우도 있으므로 잘 생각해야 한다. 음덕을 베풀고 항상 검약에 신경 쓰고 조심하는 사람은, 단명의 관상을 가지고 있어도 자연히 장수하게 되어 일생 동안 먹는 것에 곤란을 겪지 않는다. 또 임종을 맞이해서도 음식에 곤란을 겪지 않으며, 임종 순간에 괴로움을 겪는 일도 없다. 생명은 하늘의 생명이며, 장수는 본인의 노력에 의한 것이다. 또 관록(官祿 : 지위나 재물)에 대해서도 이상의 일과 같다. 즉 나라에 충성하고 부모에게 효도하면 자연히 하늘이 관록을 내려 준다. 반대로 불충불효不忠不孝를 하면, 바로 하늘이 관록을 단절시켜 버린다. 음덕陰德을 쌓으면 양덕陽德이 되고, 음악陰惡을 쌓으면 양악陽惡이 된다(모든 것은 비밀이나 나쁜 일이 드러난다). 두려워해야 할 것은 하늘이며, 조심해야 하는 것은 자기 자신이다."

문 "좌두(座頭 : 악사)의 관직은 어디를 보고 뽑는 것입니까?"

답 "좌두라고 하는 것은 맹인이 맡는다. 따라서 좌두의 관직을 뽑을 때는 눈을 본다."

문 "그것은 왜 그렇습니까?"

답 "예를 들면, 거문고나 샤미센[三味線]이 능숙해도 양쪽 눈이 보이는 사람을 구당이나 검교의 관직에 채용할 수 없다. 그러므로 맹인의 관직 등급에 대해서는 눈을 보고 결정하는 것이다."

문 "어떻게 눈을 보고서 고관高官을 정하는 것입니까?"

답 "맹인은 항상 눈꺼풀을 닫고 아름다움을 관하는 것을 좋아한다. 이것은 맹인의 관(눈)[31]이 맑고 바르기 때문에 고관에 오른다. 반대로 항상 외롭게 보고 있는 눈은 관직 등급이 외로운 것과 같고 하관下官에 종사한다. 또 항상 눈꺼풀을 열고 있는 맹인은 그 관직 등급이 닫혀 있지 않

---

31 맹인의 관 : 정상인에서 말하는 눈을 의미한다고 생각된다. 관상학에서는 정상인이나 맹인 등에 관계 없이 모두 눈을 보는 것이 가장 중요한 것이다. 정상인은 눈을 뜬 상태를 보고, 맹인은 눈을 감은 상태를 본다.

는 것과 같기 때문에 하관이며, 고관에 종사한다고 해도 그 관직 등급이 자신에게 맞지 않기 때문에 임무를 완수할 수 없다. 게다가 항상 눈꺼풀을 열고 안구가 튀어나와 있는 눈을 가진 맹인은, 그 관직 등급이 안정되어 있지 않고 흐트러진 것과 같아서 하관이다. 설령 고관에 종사한다고 해도, 관직 등급이 안정되지 못하고 실패하는 것과 같고, 관직을 오랫동안 유지할 수 없다. 이것은 일반적으로 '문맹자'라 하여 정상인과 같은 눈을 한 맹인은, 맹인의 관을 완수하지 못하는 것과 같고(자연의 도리에 반하는 것이고), 그 관직 등급에 오르는 일조차 할 수 없다. 또 항상 눈꺼풀을 뜨고자 하는 맹인은 그 맹인의 관官과 인연을 단절하는 것으로 매우 나쁜 악상惡相이다."

문 "파산하는 관상을 가지고 있는데도 파산하는 일이 없고, 게다가 영화를 누리는 사람이 있는데, 이것은 왜 그렇습니까?"

답 "파산하는 관상이 강하더라도, 참고 견디고 인내심을 가지고 마음을 움직이지 않으면 파산하는 일이 없다. 즉 의 · 식 · 주의 세 가지는 참음과 인내의 두 가지에 있다. 잘 생각해 보기 바란다."

문 "선생님이 전하는 상법相法에는 파산하는 상이나 가정을 붕괴시키는 상이 많이 있는데, 이것은 왜 그렇습니까?"

답 "중국의 일은 잘 모르지만, 일본에서는 고관(고급 관료)이 적고, 관록의 사람(보통 공무원)이 2~3할, 무관무록無官無祿의 평인(안정된 급여가 없는 서민, 사회적 특권 · 관제상의 지위가 없는 평민)이 8~9할을 차지한다. 관록의 사람은(수입이 안정되기 때문에) 파산하는 일은 적다. 하지만 무관무록의 사람은 그 집에 덕(인덕이나 부 · 혜택 · 능력)이 없기 때문에 파산하는 경우가 많다. 그러므로 나의 상법에는 파산하는 상이나 가정을 붕괴시키는 상이 많은 것이다. 직공이나 상인의 종류는 그 업業을 '녹(고정급)'으로 생각한다. 그러나 인상에 따라 다르므로 잘 생각해 보기 바란다."

문 "여성은 외형[姿形]이 약한 것 같지만 내심內心은 강합니다. 왜 그렇습니까?"

답 "남성은 내면에 음陰을 포함하고, 외면으로는 양陽을 나타낸다. 그러므로 남성은 외면이 강하고, 내면(내심)이 약하다. 반대로 여성은 내면에 양을 포함하고, 외면으로 음을 나타낸다. 그러므로 여성은 외면이 약하고 내면이 강하다. 다시 말해 남자는 그 외형이 강하고 자연스럽게 눈 · 귀 · 코 · 입이 크다. 이것은 양을 나타내는 것과 같다. 따라서 여성으로 눈 · 귀 · 코 · 입이 큰 사람은 외면으로 양형陽形이 나타나는 것과 같아 남자의 형태를 한 것과 같다. 결과적으로 이러한 여성은 자연스럽게 남자를 극克한다. 잘 생각해 보기 바란다."

문 "저는 정신(분위기)이 맑으면 기운이 집중되거나 좋아지지만 관상을 할 때 제대로 적중시키지 못합니다. 왜 그렇습니까?"

답 "그러한 것은 진정한 의미로 정신이 맑다고 할 수 없다. 실제로 정신이 맑으면 기운은 흥분되지 않는다. 마음이 정신을 극하기 때문에 기운이 흥분되는 것이므로 적중하지 않는다. 정말로 정신을 모으고 집중하여 관상을 볼 때는 육근(六根 : 번뇌)이 그 정신에 복종하여 정신은 자연스럽게 맑아진다. 그러므로 사람의 관상을 봐도 실패하는 일이 없다. 잘 생각해 보기 바란다."

문 "자식과 인연이 있는 관상일지라도, 그 용모가 아름다운 여성은 결코 아이를 가질 수 없다는 것은 왜 그렇습니까?"

답 "그것에 대해서는 초목에 적용시켜 생각해 보면 좋다. 예를 들면, 꽃이 유난히 아름다운 벚나무는 열매를 맺지 않는 경우가 있다. 복숭아나무 또한 꽃이 아름다우면 열매를 맺지 못하는 경우가 종종 있다. 즉 아름다운 꽃이 피는 초목은 대체로 그 열매를 먹을 수 없다. 반대로 별로 아름답지 않은 꽃이 피는 수목에는 맛이 좋은 열매가 많이 달린다. 그러므로 아름다운 용모를 가진 여자는 아름다운 꽃이 피는 초목과 같으므로 자연히 자식과 인연이 부족하다고 하는 것이다."

문 "기량器量이 나쁘지만 아름다운 관상을 가진 여성도 있지만, 기량이 좋으면서도 하품으로 추접스러운 관상을 가진 여성이 있습니다. 이것은 왜 그렇습니까?"

답 "신체에서 가장 오염된 부위는 음부(성기 · 항문)이다. 그러므로 항상 음부를 청결하게 유지하는 사람은 그 신체도 자연히 맑고 아름다운 관상이다. 근간이 맑으면 지엽도 자연히 맑아진다는 것은 합당한 도리다."

문 "목형木刑의 관상 5할割과 토형土刑의 관상 5할이 서로 사귀는 사람이 있습니다. 이것은 완전히 목극토木克土이지만, 이 사람은 성공하고 있습니다. 이것은 왜 그렇습니까?"

문(선생) "그 사람에게 항상 기세가 있는지?"

답 "그렇습니다."

답(선생) "그런가. 기세가 있는 관상은 화火에 속한다. 그러므로 목형의 상을 사귈 때는 목생화木生火가 되어 상생相生이 된다. 또 토형의 상을 사귈 때도 화생토火生土의 상생이 되므로 크게 발전하는 것이다."

문 "관상가의 대부분이 '산재散財'라는 말을 사용하는데, 산재란 어떠한 일을 말하는 것입니까?"

답 "최근 일반적으로 말하는 산재는, 산재라는 말에 적합하지 않다. 원래 재보財寶는 아무리 모아도 자신의 물건은 되지 않는다. 즉 '재財'란 본래 천지에 의해서 혜택을 받고 풍족해지는 것이며, 그 재보를 잃었다고 해도 그것을 땅에 돌려주는 일인 것이고, 다시 재보에 둘러싸여 풍족한 삶을 살 것이다. 그러나 소천지小天地의 재보란 본인의 신체에 관한 것이고, 신체를 함부로 손상시켜 한 방울의 피라도 흘리게 된다면 다시 그것이 돌아가 오는 일은 없다. 이것을 사람의 산재라고 한다. 잘 생각해 보기 바란다."

문 "관상법의 묘妙라고 하는 것은 어떠한 것을 말하는 것입니까?"

답 "관상법의 묘라고 하는 것은 자연의 도리(섭리)에 잘 부응하는 것이고 영묘한 덕성(도덕의식)에 있다. 모든 것을 자신 속에서 구한다면 대답은 하나다."

문 "운수가 좋다는(운이 좋은, 행운) 것은 어떠한 상태를 말하는 것입니까?"

답 “신체발부(身體髮膚 : 전신)가 완전한 것을 운수가 좋다고 한다. 신체발부는 사대라고도 하지만, 이 사대가 잘 모여 있는 것을 운수가 좋다고 한다. 비록 금전적으로 풍족해도 본인이 주의하지 않아 오체五體 불구가 되는 것을 가리켜 운수가 나쁘다고 한다.”

문 “사람의 운기는 천지(자연계)에서 무엇에 상응하는 것입니까?”

답 “사람의 운기는 천지의 흐름에 따르고 있다. 또 운運에도, 순順에도 돈다는 의미가 있다. 다시 말해 천지가 불순하여 회廻가 나쁠 때는 만물이 막히고, 생산되는 사물도 적다. 이것은 대천지의 순기順氣가 악화되고 있기 때문이다. 이와 같이 신체가 불순할 때는 기분도 나쁘고, 만사萬事가 막히는 것이 많기 때문에 이것을 운기가 나쁘다고 한다. 이와 같이 사람은 대천지의 기운과 흐름을 따르고 있다. 그러므로 하늘이 흐릴 때는 사람도 자연히 기분이 악화된다. 다른 것은 깊이 생각해 보기 바란다.”

문 “정직한 사람은 길吉일까요?”

답 “정직한 사람은 사람을 불쌍히 여기는 마음이 강하기 때문에 낭비가 많아 재물을 저축하는 일이 불가능하다. 하지만 정직한 사람은 천지의 덕과 같은 것이다. 천지는 본래 개방적(밝고 맑은 것)이며, 만민을 위해서 만물을 생산하는 것이다. 사람도 마찬가지여서, 정직한 사람은 천지 해방解放과 같으므로 다른 사람을 불쌍하게 여겨서 재물을 자신의 것으로 축적할 수 없다. 그러므로 정직한 사람을 ‘천지동체天地同体의 사람’이라고 한다. 많은 사람은 천지에서 발생하는 만물이나 재물을 탐내어 자기 것으로 하려고 기를 쓰고 있지만, 정직한 사람에게는 자연스럽게 재물이 주어진다. 하지만 인색한 사람(구두쇠)은 정직한 사람의 재물을 탐낸다. 천지를 탐내고 재물을 저축하는 사람을 세계의 도적이라 부른다.”

문 “운이 좋으면 나쁜 짓을 해도 반드시 이익(재물)을 얻을 수 있습니까?”

답 “‘나쁜 짓을 해서라도 이익을 얻는다’라는 생각 자체가 좋지 않은 것이다. 사람이 정직하면 하늘이 이것을 불쌍히 여기고 자연스럽게 운을 주는 것이고, 반대로 불성실하거나 정직하지 못하면 하늘은 이것을 미워하고, 자연스럽게 운이 좋지 못하고 재앙이 생긴다. 그러므로 불성실하거나 정직하지 못하면 하늘의 보살핌을 받지 못하는 것과 같기 때문에 이익을 얻을 수 없다."

문 "하지만 악행을 업으로 하는데도 금은재보를 축적하는 사람이 있습니다. 왜 그렇습니까?"

답 "금은재보를 많이 얻는다고 해도 이는 '얻거나 축적하는 것'이 아니라 '욕심을 내고 있는 것'이기 때문에 '부실不實'이라 할 수 있다. 왜냐하면 천지를 속이고, 사람들에게 사기를 쳐서 본인 것이 아닌 재물을 얻는 것이기 때문이다. 따라서 악행을 업으로 하는 사람은 금은재보를 많이 얻는다고 해도 인상(얼굴색)이 매우 나쁘다. 다시 말해, 하늘을 얻지 못하는 사람인 것이다. 다른 일을 잘 생각해 보기 바란다."

문 "그러면 운이 나쁠 때 나쁜 짓을 하면 이익을 얻을 수 있습니까?"

답 "나쁜 짓을 하는 것은 불성실한 것이고, 하늘의 도리에 어긋나는 것이다. 관상법은 성인聖人이 전한 것이다. 성인이 전한 상법에는 나쁜 짓을 하는 사람에 대해 관상을 보는 방법이 있다. 하지만 실제로 나쁜 짓을 하고 이익을 얻는 것은 운의 좋고 나쁨에는 관계가 없다. 정신(원문에는 마음)이 강하고 그 기세가 번성하면 '화살을 쏘는 것'과 같은 것이다. 즉 관상에 강한 기운이 있을 때는 나쁜 짓을 해도 이익을 얻을 수 있다. 그러므로 나쁜 짓을 하는 사람은 자연스럽게 그러한 경우를 축하하고, 기연起緣을 축하하는 것이다. 그렇게 하는 일로 한층 더 기운을 더하는 것이다. 자세한 것은 '기색' 편에서 다시 설명하고자 한다(325쪽 참고). 스스로 잘 연구하고 살펴보기 바란다."

문 "저는 다른 사람에게 많은 돈을 빌려주어 매우 고생하고 있습니다. 빌려준 돈을 되돌려 받을 수 있습니까?"

답 "금전은 천지의 보물이다. 그러므로 금전을 올바르게 사용하는 일은 그것을 천지에 돌려주는 것과 같다. 따라서 때가 되면 하늘이 베풀어 주시는 것처럼 자신에게 돈이 되돌아온다. 따라서 오랫동안 괴로워하는 일은 없을 것이다."

문 "그렇다면 빚지고 있는 사람의 관상觀相은 어떻게 보는 것입니까?"

답 "다른 사람의 재산을 빌리는 사람은 도적과 같다. 또 재산의 길을 끊는 것과 같다. 따라서 자연히 재산이 오는 길이 끊어지게 되어, 나중에는 생활이 많이 막히고 어렵게 된다. 다른 것도 잘 생각해 보기 바란다."

문 "관상의 명인名人이란, 무엇을 가지고 말하는 것입니까?"

답 "좋은 관상을 봐도 그것을 말하지 않는 관상가를 명인이라고 한다. 이 관상가는 반드시 사람을 좋은 방향으로 이끌어 불행한 일을 시키는 일이 없다. 반대로 좋은 관상에만 집착하여 좋은 관상만을 지적하는 관상가가 있는데, 이 관상가는 하수下手이다. 이러한 관상가는 실제로 맞히는 일이 드물며, 사람을 불행하게 만드는 경향이 있다. 잘 생각해 보기 바란다."

문 "얼굴이나 몸의 점은 무엇에 해당하는 것입니까?"

답 "점은 이 세상에 있는 묘지(분묘)와 같다. 다시 말해 제국에서도 분묘가 있는 장소는 그 땅에 재앙의 인연이 있기 때문에 분묘를 만드는 것이다. 따라서 사람에게 있는 점은 그 사람과 어떠한 인연이 있기 때문에 발생하는 것이다. 잘 생각해 보기 바란다."

문 "선생님은 '마음속으로 생각하는 단명短命은 관상에 나타나 장수長壽를 이긴다'라고 하셨는데, 이는 왜 그렇습니까?"

답 "장수의 관상을 가지고 있지만, 마음속으로 단명이라고 믿는 것을 '심중心中의 단명으로 얼굴에 나타난 장수를 이긴다'라고 한다. 형태[相]는 마음에 따라 변하는 것이다. 즉 형태는 마음의 활동인 것이다. 또 수명은 정신(분위기)의 활동이다. 그러므로 정신이 약하면 몸도 자연스럽게 약해진다. 따라서 마음속으로 단명이라고 생각하는 것이다. 잘 생각해 보기 바란다."

문 "사람의 관상을 보는 일에 체용體用이 있는 것은 왜 그렇습니까?"

답 "신체에서 골격骨格의 상은 관상의 체體이다. 혈색血色과 기색氣色은 관상에서 용用이다. 그러나 그렇게는 말해도 서적에 실려 있는 골격이나 혈색에 관한 것은 관상의 체용이라 말해도 사물死物이다. 잘 생각해 보기 바란다."

문 "사람(인상)에게 체體 · 용用 · 묘妙의 세 개가 있다는 것은 왜 그렇습니까?"

답 "사람(인상)은 체體가 있다. 인상에서 각 부위의 명칭이 용用이다. 그리고 그것을 논하는 것이 묘妙이다. 잘 생각해 보기 바란다."

문 "이마의 관록궁에 돼지 간을 얹어 높은 것처럼 둥근 살집이 있는 사람은 차남이나 삼남이라 해도 부모의 유산을 상속받는다고 했습니다. 왜 그렇습니까?"

답 "이마는 윗사람에 관한 관官이다. 또 관록은 윗사람의 녹봉(祿俸 : 급료)에 해당한다. 따라서 그 윗사람의 녹봉에 본인의 좋은 살집을 붙여 놓은 것과 같은 상태라면 부모의 녹봉을 유지하고 받는 것과 같은 것이다. 따라서 차남이나 삼남일지라도 부모의 유산을 상속한다고 한다."

문 "선생님은 항상 정신精神과 마음을 두 가지로 구별해서 논하고, 음덕陰德과 충효忠孝에 마음을 집중해야 한다고 말합니다. 그러나 저는 수등手燈[32]으로 손바닥에서 천문天紋이 시작하는 부근을, 지등指燈으로 왼쪽의 새끼손가락을 태웠습니다. 관상학에서는 손바닥의 천문을 태우는 일은 천부天父를 극克하는 것과 같다고 합니다. 또 새끼손가락을 태우는 일은 자손을 극하는 것과 같고, 선조와 인연을 단절하는 것과 같은 이치라고 합니다. 불교를 수행하면서 손을 손상시키는 것은 효행에 반

---

32 수등은 불교 수행의 하나이다. 손에 지촉脂燭을 달거나, 손바닥에 직접등심直接灯心을 밝히거나 한다. 아마 이 질문자는 선생의 영향이나 불교에 귀의하고 있고, 수등 수행 중에 새끼손가락부터 새끼손가락의 근원(손금에서 말하는 감정선의 시점 근처)까지 불에 태운 것으로 추측된다. 게다가 새끼손가락이 구부러져 있거나 다른 손가락에 비해 짧거나 상처가 있거나 점이 있는 것 등은 모두 자식과 인연이 부족하다.

하는 것입니까?"

답 "신체발부는 부모에게 받은 것이지만, 나는 어느 순간에 잘못된 마음을 가지고 있었기 때문에 부모를 거역하여 마침내 신체발부를 함부로 손상한 적이 있었다. 이러한 경우는 부모에게 효행하는 것이 아니다. 그 일을 자행한 것에 대해 매우 후회하고 슬퍼했지만 한때 나쁜 마음을 가졌던 것은 없어지지 않았다. 그래서 나는 부동존不動尊에 기도하고, 다양한 형태로 마음과 영혼을 집중하여 새끼손가락을 태우거나 수등을 했다. 그 덕에 의해서 나쁜 마음을 멀리할 수 있었다. 따라서 내가 일생 동안 신체발부를 무사하게 유지할 수 있었던 일은 의심할 여지가 없다. 새끼손가락을 손상시켜서 오체 불구가 된 일은 매우 불효한 것이지만, 마음으로 부족한 곳이 없으면 불효는 아니라고 할 수 있다. 나는 나쁜 생각을 하고 있었기 때문에 오체 불구가 되었다. 그러나 지금은 그 나쁜 마음을 물리치고 장수를 유지하여 돌아가신 부모에게 효도할 수 있었다. 이것 또한 효도의 하나이다."

문 "선생님의 관상을 보면 어디 한 곳도 좋은 구석이 없습니다. 또 선생님의 몸은 크지도 않고, 그렇다고 작은 편도 아니고, 용모는 마치 하인 같습니다. 얼굴은 옹졸하고, 귀는 작으며, 눈은 날카로우면서 움푹 들어가 있습니다. 또한 인당은 좁고, 눈자위는 항상 검습니다. 눈썹은 얇고, 전택궁이 좁으며, 코는 낮고, 광대뼈는 높고, 이빨은 짧고 작습니다. 게다가 다리가 짧고 발등이 높습니다. 손은 풍부하게 보이지만, 왼팔에 칼에 의한 상처가 있습니다. 즉 '스승'이라고 인정할 수 있는 관상이 없습니다. 도대체 어디에 '스승'의 상이 있는 것입니까?"

답 "토지에 따라 금석과 초목이 다른 것과 같다. 나는 가난한 집에서 태어나 줄곧 곤궁하게 지냈고, 좋은 사람과 교류하는 일도 없으며, 좋은 것을 보고 들은 적도 없었다. 그러므로 하상下相이다. 그런데 하상이라고 하는 것은 '미즈노 남보쿠水野南北라고 하는 남자'의 것이다. 관상을 살필 때 '형태'에 집착하거나 사로잡혀서는 안 된다. 원래 나는 시골구석의 조그만한 곳에서 태어났지만 지금은 매우 큰 세상에 살고 있다. 따라서 나는 괴롭다는 것도 알지 못하고, 즐겁다는 것도 알지 못하고, 늙는다는 것도 알지 못하고, 죽는다는 것도 알지 못한다. 다시 말해 자연스럽게 32상 84합을 갖추고 있는 것이다. 무릇 관상이라는 것은 무상無相을 기본으로 보는 것이다. 앞으로도 잘 생각해 보고 배우기 바란다."

"관상이라는 것은 막연히 '본다'라는 것이 아니다. 가장 중요한 것은 달[月 : 숨어 있는 부분]을 분명히 살피는 것이다. 이것이 무상을 본다는 것이다. 그러므로 나에게 스승은 존재하지 않는다. 관상을 볼 때는 골격을 보는 것이 아니라, 법계(진리, 심중)의 음성에 의해서 그 사람의 하늘(운명)을 살피는 것이다. 여기에 기록한 관상에 관한 문답은 수행이 부족할 때는 읽지 말고, 본문을 요점(요소)으로 이용하기 바란다. 관상의 문답에 대해서는 주로 의심이 되는 부분에 대해서만 논하고 있다. 따라서 열 개 중에서 두세 개는 이해하기 어려운 부분이 있을지도 모르다. 또 내가 미숙한 상태로 편집했기 때문에 취지가 난해하게 된 부분도 있을 수 있다. 세상에는 명철明哲한 관상가들이 많이 있을 것이다. 모르는 것이 있으면 그들에게 가르침을 청하여라. 원컨대 의意와 심心의 차이를 이해할 수 있을 때까지 연구를 게을리하지 말아야 한다. 관상법을 공부할 때 가장 중요한 것은 의意와 심心 두 가지에 집중하는 것이다."

남북상법 南北相法

후편 後篇

자서自序

도道라는 것은 사람을 만나야 널리 퍼지는 것이다. 도라는 것은 혼자서 자연스럽게 퍼지는 것이 아니다. 유교儒教는 공자를 통해서 융성한 시대를 만났고, 불교佛教는 석가모니에 의해서 번영을 맞이했다. 이 '관상觀相의 도道' 또한 사람을 얻지 않으면 널리 대중들에게 퍼질 수 없다. 옛사람들은 이 관상의 도에 대해서 확실한 개념을 가지지 않았다. 따라서 공자孔子는 자우子羽를 보았고, 사마천司馬遷은 장량張良에 대해 생각을 달리했다. 또 순자荀子의 변론이나 장자莊子의 식견에도 관상의 도를 몰랐기 때문에 많은 오류가 있다.

나는 어린 시절부터 책 읽는 것을 싫어하고, 학문을 닦는 일도 게을리했다. 원래 나는 우재단몽愚才短蒙, 즉 재능도 부족하고 어리석었기 때문에 문자도 제대로 이해하지 못하였다. 일찍이 해상海常 선생을 사사하여《신상전편神相全編》의 요점을 들은 것이 2, 3일에 불과했지만 마음속으로 얻은 것이 많았고 생각 또한 깊게 되었다. 그 뒤 오랜 세월 관상에 의지하여 마음을 갈고닦아 왔다. 그러나 나는 한[一] 자字도 알지 못하는 사람이기 때문에, 세상의 많은 상서相書를 제대로 읽지 못하고, 스승에게 물어보지도 못하고, 단지 생각을 궁리하는 것만으로 관상을 연구하고 있었다. 아무튼 그렇게 하는 것만으로도, 적지만 관상의 묘리妙理를 체득했다고 생각한다.

그 뒤 나는 현장에서 많은 사람들의 관상을 보면서 생각하였고, 관상가로서 몸은 가난했지만 전국을 누비고 다녔다. 그런데 나는 선천적으로 용모가 비루鄙陋하여, (특히 당시는 매우 추하였다) 그 어디를 가도, 나에게 관상을 청하는 사람이 없었다. 관상을 봐 주고 싶다고 해도 받아들이는 사람이 없으니 할 수가 없었다. 그 이후로 점점 나는 쇠락하여 갔고, 하룻밤의 숙박과 한 끼의 식사에 대한 감사의 뜻으로 사람들의 관상을 봐 주면서 10년의 세월을 보냈다. 이렇게 해서 많은 사람들의 관상을 보았고, 관상에 관한 이치를 깨달았다. 미숙하지만 옛사람들이 말한 것이나 지금의 사람들이 말한 것을 이해할 수 있었다.

세상에서 길흉吉凶의 변화가 일어났을 때, 하늘에는 일월성진日月星辰의 순역順逆이 있었다. 그것은 땅에서 산천초목山川草木의 흥망이 있는 것과 같은 것이다. 또 사람은 '소천지(≒소우주)'이기 때문에 길흉이 있으면 그 변화가 반드시 관상에 나타난다. 이것은 자연의 당연한 이치이다. 게다가 '천지의 변화'라고 표현하지만, 그 국군(國君≒군주)의 덕德과 부덕不德에 따라 흉이 길이 되거나 길吉이 흉凶이 되는 이치가 있다. 나는 많은 사람들의 관상을 보고 이러한 이치를 체득했다. 처음에는 혈색血色, 유년流年에 대한 것을 깨달았다. 전편에서는 이것에 대해서 언급하지 않았지만, 후편에서는 동호同好의 사람들에게 언급할 생각이다.

사람들이 나의 학식의 부족함을 알고 있지만 나는 부끄럽지 않다. 독자들이 나의 고루固陋함을 싫어하지 않고, 이 관상의 도로써 얻은 것이 많았다는 것을 이해한다면, 이는 '사람을 얻음으로써 널리 퍼진다'라는 말로 표현할 수 있을 것이다. 나는 이것을 매우 감사히 여길 뿐이며, 결코 사람들에게 억지로 권하고 싶지 않다.

향화임술(享和壬戌 : 1802년) 11월

미즈노 남보쿠水野南北

〈상법 후편〉 1권

혈색血色의 부部

- 물[水]은 음陰이며, 혈血을 일으킨다. 즉 어머니에 해당한다.
- 불[火]은 양陽이고, 맥脈을 일으킨다. 즉 아버지에 해당한다.
- 땅[地]은 음으로 혈을 일으킨다. 즉 어머니에 해당한다.
- 바람[風]은 양으로 맥을 일으킨다. 즉 아버지에 해당한다.

사람에게는 선천적으로 지地·수水·화火·풍風의 사대四大가 있다. 이것은 대천지가 만물을 생육하는 근원이다. 사람은 이 땅과 물과 불과 바람의 혈맥血脈에 의해서 태어난다. 그러므로 사람은 선천적으로 천지음양의 기운을 받고 지수화풍의 사덕四德을 몸에 갖추고 있다. 또 음중陰中에 불[火]이 있어서 음양이 교합할 때는 음화陰火와 양화陽火가 서로 섞여 있으므로, 이것을 '일원기一元氣'라 한다. 또 이것을 인심人心이라고도 한다.

인심은 소천지(사람)가 만사萬事를 이루는 근원으로 한다. 그러므로 인심에는 악상惡相이 없다. 이것은 다시 말해, 대천지와 같은 덕을 갖추고 있기 때문이다. 그리고 의意를 일으킨다. 예를 들면, 심心은 대장大將과 같다. 의意는 사졸士卒과 같다. 마음[心]은 몸, 의는 용用이다. 체體는 근본이고, 용은

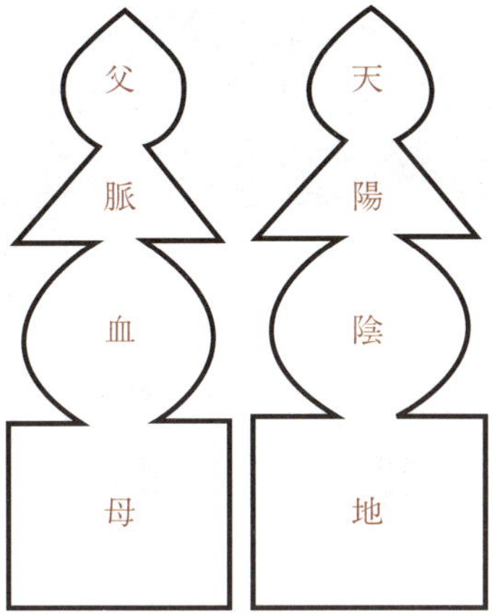

〈그림 1〉 사람의 몸 탄생

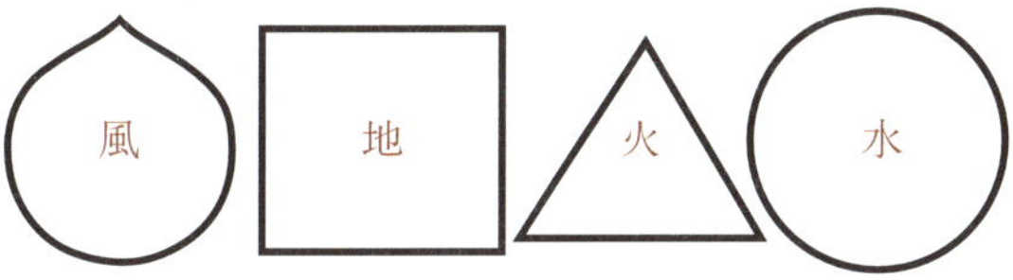

〈그림 2〉 사대四大

〈그림 3〉 인신人身에 오덕五德이 갖춰진 상태

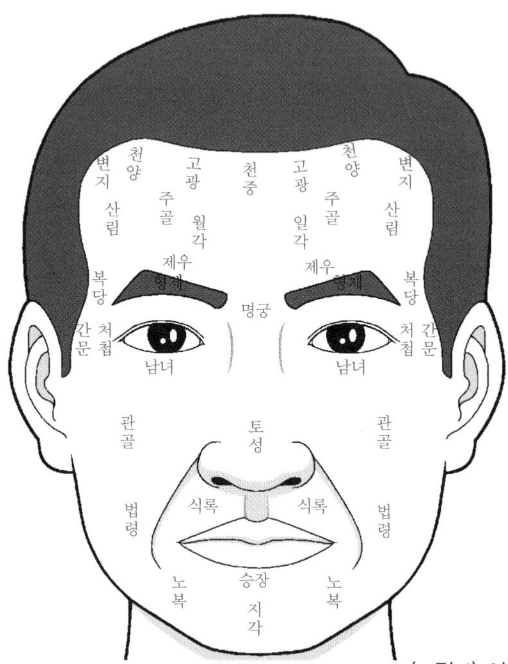

〈그림 4〉 이십일혈二十一穴

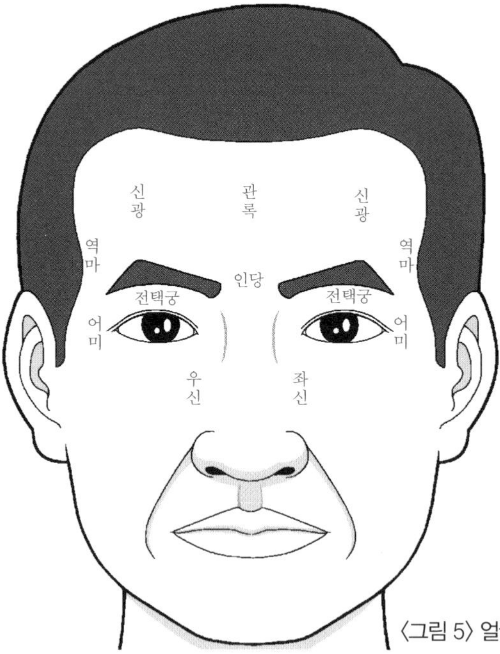

〈그림 5〉 얼굴의 칠혈七穴

현상[末]이다. 그것은 마치 그림자[影]가 형태에 의지하는 것과 같다. 다시 말해 마음은 형태이며, 의는 그림자이다. 그러므로 의를 공이라 한다. 뜻은 '물物'에 접촉하는 것이고, 악에 물들기 쉬워지고, 동요動搖하기 쉬워진다. 하지만 마음은 인신人身의 대극(大極=태극)이고, 움직이는 것이 없다. 따라서 뜻이 움직이는 것에 따르고, 용모에 변화가 나타나는 것이다. 관상법에서는 그 변화를 가지고 길흉吉凶을 헤아린다. 이것은 관상의 도道에 들어가기 위한 제일의 요점이다.

상색常色을 논하다

청색의 기운

봄은 청색의 기운이 변지辺地 부위에 걸쳐서 나타나고, 조금은 윤기가 있다. 여름은 청색의 기운이 상정上停에 있고, 쇠약해져 윤기가 없다. 가을은 청색의 기운이 중순中巡에서 지각地閣과 노복奴僕 쪽에 있다. 겨울은 청색의 기운이 하순下巡에서 삼음삼양(三陰三陽 : 눈 주변)에 있으며 윤기가 있고, 많게는 왼쪽에 보인다.

황색의 기운

봄은 황색의 기운이 입을 둘러싸고, 시든 느낌이 들면서 윤기가 없다. 여름은 황색의 기운이 중순부터 지각과 노복 쪽에 나타난다. 가을은 황색의 기운이 상순上巡부터 토성(코) 좌우 사이에 있다. 겨울은 황색의 기운이 이마 좌우에 있고, 조금 윤기가 있다.

적색의 기운

봄은 적색의 기운이 관골에 있고, 조금 윤기가 있다. 여름은 적색의 기운이 중순부터 처첩妻妾과 명문命門에 있고, 조금 윤기가 있다. 가을은 적색의 기운이 눈의 흰자위에 있다. 겨울은 적색의 기운이 중순부터 관골과 토성에 있다.

검은색의 기운

봄은 검은색의 기운이 상순부터 전택田宅과 남녀男女의 부위에 있고, 주로 오른쪽에 있다. 여름은 검은색의 기운이 지고地庫 주변에 있다. 가을은 검은색의 기운이 중순부터 명문 주변에 있다. 겨울에는 검은색의 기운이 중순부터 상정에 있고, 조금 윤기가 있다.

백색의 기운

백색의 기운은 사계절의 환절기에 변동하기 때문에 정확하게 살피는 것이 매우 어렵다. 나는 다양하게 온 정신을 집중시켜 백색의 상색常色을 보려고 시도했지만, 아직까지 제대로 파악할 수 없다. 먼 훗날 유능한 관상가가 나와서 백색의 상색을 정확하게 살피는 법을 연구하기 바란다.

위에서 말한 기색[血色]에서, 상색常色은 누구에게나 항상 나타나고 있는 기색이다. 다시 말해, 상색으로 선악에 대해서 판단하지 않는다. 관상觀相에 능통하지 못한 관상가는 이 상색을 보고 경우에 따라 선악 · 길흉을 판단하기도 한다. 게다가 결과적으로 길흉의 변화가 없으면(변화가 없는 것은 당연한 일이지만), '기색 · 혈색血色은 믿을 수 없다(맞지 않는다)'라고 관상법을 비난하기도 한다. 이것은 자신의 마음 양쪽 눈에 익숙하지 않은 것이 원인이다. 따라서 이러한 무리들이 속하는 유파에서는 상색에 대해 자세하게 논하는 잘못을 범하는 경우가 많다.

이 책은 초심자들을 위해서, 중류 계급 이하 사람들의 관상을 중심으로 논하고 있는 부분이 많다. 하지만 귀상貴相과 천상賤相이 섞여 있는 관상이 있기 때문에, 예를 들면 귀인에게 중용되는 혈색이 있어도, 그 사람이 비천하고 무예無芸 · 무능無能하고 분명하게 귀인을 만날 합당한 이유가 없으면 '부잣집에 출입하는 일이 있다'라고 판단한다. 또 귀인(부자)에게 굶어 죽는 혈색이 있어도, 세상이 안정되고 평화롭다면 '난치병 등으로 먹을 수 없게 된다'라고 판단한다. 게다가 무사武士에게 전직轉職의 혈색이 있다고 해도 '전역(직무가 바뀌는 것)이 있다'라고 판단하고, 출가자에게 전직의 혈색이 있어도 '개종(종파를 바꾸는 것) 또는 환속(출가를 그만두는 것)한다'라고 본다. 이와 같이 모든 것은 각각의 관상에 준해 응용하고 귀천노약貴賤老弱의 품격을 정확하게 살펴서 판단해야 한다.

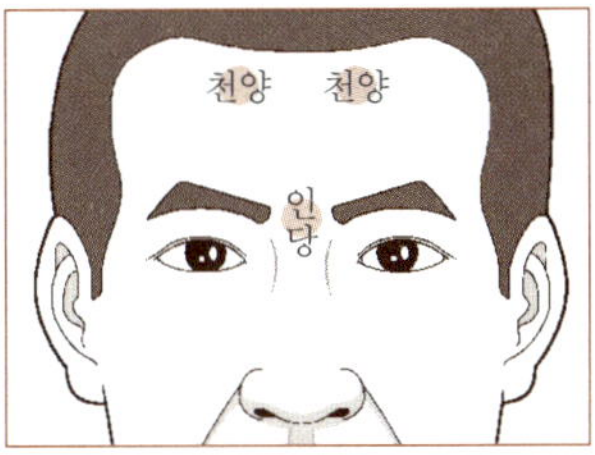

● 이마가 평탄하면서 윤기가 있다. 또 천양天陽에서 인당印堂으로 윤기가 있는 황색이 내려온다. 이러한 경우는 반드시 귀인으로부터 부름을 받고 중용된다.

처음에는 흐린 것처럼 보이지만, 한동안 보고 있으면 태양이 떠오르듯이 점점 힘차게 보이고, 자연스럽게 윤기가 있는 것처럼 된다. 이를 '평탄의 윤기'라고 한다. 실제 귀인의 부름을 받은 이후에는 완전히 윤기가 나기 때문에 누구라도 볼 수 있다. 이와 같이 혈색에서 황색이 입을 둘러싸고 있을 때는 귀인에게 상여금(임시수입)을 받는다. 이 황색도 앞에서 말한 것처럼 실제로 상여금을 받을 때까지는 흐리게 보이지만, 그 뒤에는 자연스럽게 황윤黃潤이 되는 것이다.

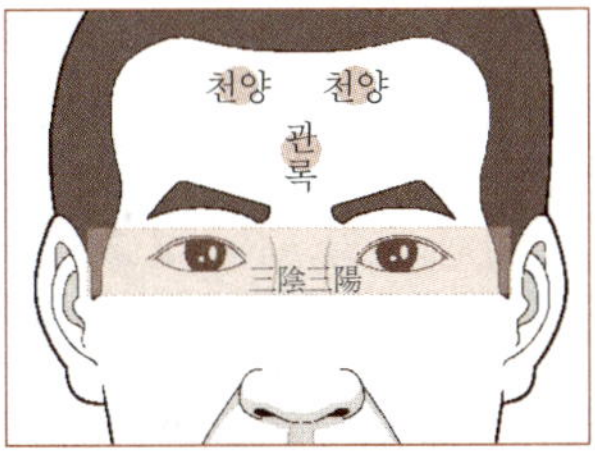

● 천양에서 관록官祿으로 황색의 윤기가 내려온다. 또 황색이 입을 둘러싸고 있을 때는 반드시 가까운 시일 안에 가록(加錄 : 임시수입)이 있다.

이마는 자연스럽게 맑고 밝다. 하지만 입을 둘러싸고 있는 황색은 가록이 있을 때까지는 흐린 것처럼 보인다.

가록을 받은 뒤에는 황색의 윤기가 나타난다. 또 천양부터 관록으로 미색美色이 내려올 때는 반드시 주군(주인 · 상사)에게 특별한 대우를 받거나 관직에 임명되는 일이 있으므로 매우 좋다. 만약 이 혈색이 야인野人에게 나타날 때는 옛날 주인의 부름을 받고 다시 관직에 임명된다.

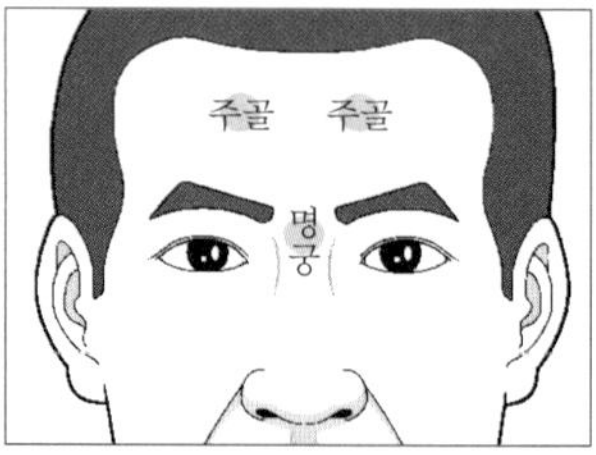

- 이마에 몽색(蒙色 : 회색)이 나타나고, 백색의 기운이 명궁命宮부터 상정上停까지 이른다. 이러한 경우는 반드시 주군에게 간언諫言하는 것을 의미한다.

천양과 주골主骨에 걸쳐서 회색이 확연히 나타날 경우에는 간언해도 주군이 받아들이지 않는다. 또 천양 · 이마의 발제髮際 부위에 윤기가 보일 때는 의견을 들어주거나 받아들일 수 있다. 첫째는 윤기가 있는 것을 길吉로 한다. 만약 왼쪽에 있는 것처럼 간언을 들어 줄 수 없는 혈색 외에, 식록食祿에서 흑색의 기운이 나타나 법령의 바깥쪽에 이르고 있을 때는 반드시 주군에게 간언했던 것이 해害가 되어 지위를 잃고 야인[無職]이 된다. 게다가 간언을 들어줄 수 없는 혈색 외에, 얼굴 한 면에 검푸른색[青暗]이 널리 펴져 있거나, 삼음삼양(눈의 주위)에 어두운 기운이 관통하듯이 나타날 때는 간언한 뒤에 반드시 자살한다. 먼저, 몽색蒙色이란 구름이 낀 것처럼 흐린 색이라는 것을 알아야 한다.

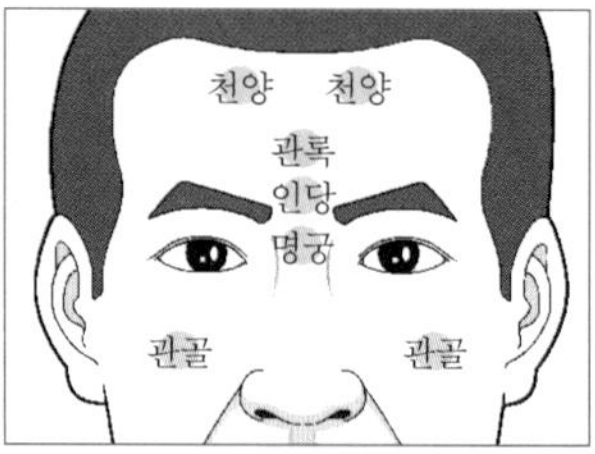

- 천양부터 청색의 기운이 관록에 이르고, 관골을 어두운 기운이 감싼다. 이 경우는 반드시 주군에게 폐문閉門을 당한다.

또 천양과 광대뼈 부위가 왠지 흐린 것처럼 보일 때는 신중하게 행동하고 처신해야 한다. 오른쪽의 천양에서 내려오는 청색의 기운은 몽색처럼 보이는 것이다.

- 명궁에서 몽색이 시작하여 관록 주위를 둘러쌀 때는 반드시 주군을 위험한 상황에서 구한다.

이상의 몽색은 명궁에서 시작하여 관록 좌우로 흩어져 있는 것처럼 퍼지고, 관록의 혈소穴所를 둘러싸듯이 나타난다. 또 눈 속(눈빛)이 날카롭고 충혈되어 있으면, 자연스럽게 살벌한 기운을 느낄 수 있다. 게다가 천양과 주골 부근에 어두운 기운[暗氣]을 띠고 있다. 몽색이란 구름이 낀 것 같은 흐린 색이다.

● 명궁에서 어두운 기운이 시작하여 관록 주위를 둘러싸고, 상정에 붉은색 무늬[赤紋]가 나타난다. 이 경우는 반드시 주군을 필사必死의 상황에서 구하지만, 본인은 필사를 피하기 어렵다.

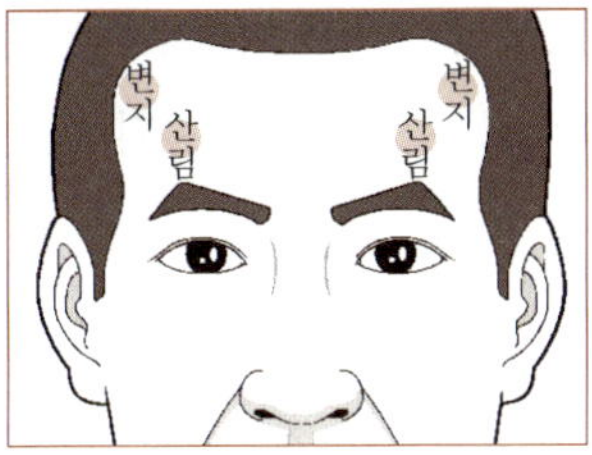

얼굴의 전체적인 색이 어둡고 흐리고, 눈빛이 날카롭고 격렬하게 화난 것처럼 보인다. 또 붉은색 주름이 겹쳐 있는 것처럼 보이고, 산림山林 · 변지 辺地 부근에 많이 나타난다. 그리고 천양과 주골 부근에 어두운 기운이 있다.

● 얼굴 전체에 암몽(暗蒙 : 暗氣)이 나타나고, 상정에 붉은색 주름이 겹쳐서 나타나고, 눈빛이 날카롭고 격렬하게 화를 내는 것처럼 보인다. 이러한 경우는 반드시 전사戰死한다.

이상의 암몽색暗蒙色이란 얼굴 전체가 어두운 것 같고, 푸른색 기운이 도는 것처럼 흐린 것을 말한다. 또 붉은색 주름이 겹쳐서 나타난다.

● 천양에서 관록에 이르러 검은색의 기운이 내려오고, 명궁에서 관록에 이르러 몽색의 기운이 오르고, 검은색의 기운이 눈 주위에 있다. 이러한 경우에는 주군을 위해 자신의 생명을 바친다.

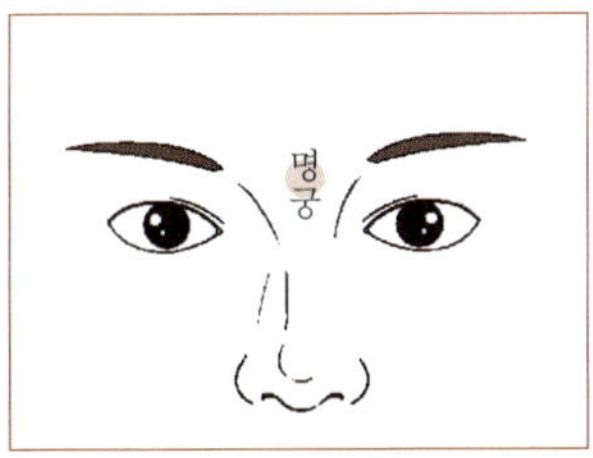

어두운 푸른색이 얼굴의 한 면을 덮고 있다. 또 명궁부터 관록으로 오르는 몽색의 기운에는 자연스럽게 윤기가 있다. 삼음삼양三陰三陽이란 눈의 상하좌우(이마의 발제 부위까지)의 범위를 가리킨다. 이 부위의 한 면에 검은색의 기운이 나타난다. 몽기蒙氣란 먼저 구름이 낀 것처럼 흐린 것을 말한다.

- 코에 암색暗色, 하정下停 · 변지辺地에 토색土色의 기운이 있다. 또 인당부터 변지에 이르러 어두운 색이 나타난다. 이러한 경우에는 반드시 가까운 시일 안에 노상에서 죽는다.

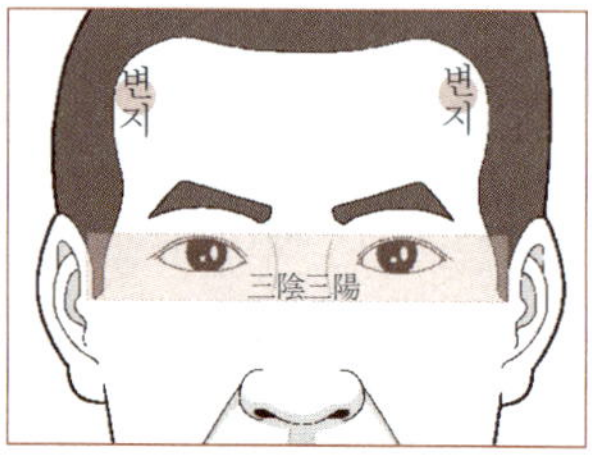

변지에는 토색의 기운이 심하게 나타난다. 또 어두운 색이 귀의 한 면을 덮고 있다. 게다가 하정의 한 면에도 토색이 나타나고, 특히 입 주위에 토색이 심하게 나타난다. 그 토색이나 암색은 모두 외로운 느낌으로, 확실히 노상에서 넘어지는 것과 같이 혈색血色이 보인다.

- 관록에서 명궁에 이르기까지 미색美色이 있는 사람은 반드시 음덕陰德을 쌓은 사람이다.

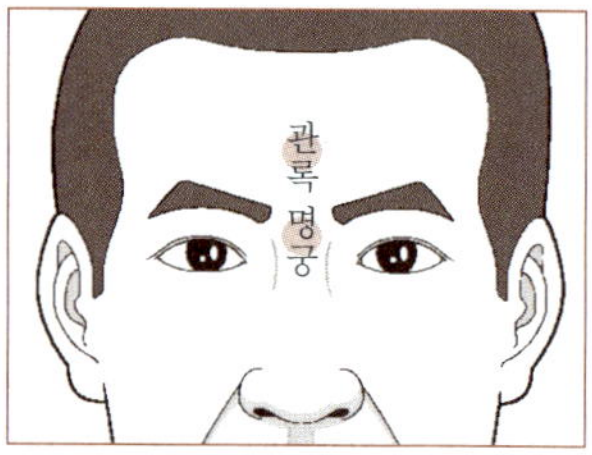

비록 음덕은 아니어도,[33] 사람이 목숨을 구할 만한 일을 하면 금방 이 혈색이 나타난다. 또 이 혈색은 만악万惡의 적이기 때문에 그 밖에 나쁜 기색이 나타난다고 해도, 이 혈색이 나타나면 '나쁘다'라고는 판단하지 않는다. 하지만 일반 관상가들은 알지 못하는 부분이므로 음덕이나 충효는 관상가들에게 관상을 판단할 때 가장 힘들게 하는 부분이다.

---

33 이러한 관상에 덧붙여, 누당涙當이 부풀고 팽창되어 혈색이 좋다면, 확실히 음덕을 쌓은 사람이다. 반대로 말하면, 이러한 관상이 없는데 누당의 혈색이 조금 검으면, 음험하고 불평불만이 많거나 부정하게 얻은 돈을 벌고 있거나, 악행을 거듭하는 무리일 가능성이 높다. 또 비뇨 · 생식기에 이상이 있거나 하반신이 만성적으로 냉하거나 정력을 낭비하고 있거나 불임증이거나 해도, 누당의 혈색은 악화된다. 옛날 만화에서는 갱이나 악덕 정치가 등 악역의 눈꺼풀을 조금 검게 그렸는데, 이것은 관상학적인 측면에서 보아도 잘 그린 것이다. 뛰어난 예술가는 때때로 관찰하는 시각이 매우 날카롭다.

이마 부위

● 이마에 윤기가 있으면서 빛이 있는 경우에는 큰 고생을 많이 한다. 바라는 것이 많지만 하나라도 성취하기가 어렵다. 또 마음이 불안정하다.

이마가 밝고 흐리지 않고, 마치 기름을 바른 것처럼 번들번들하면서 빛나고 있는 것을 뜻한다.[34] 이 윤기와 빛이 사라지고, 혈색이 나빠지게 됨에 따라서 자연히 운運이 좋아진다. 이러한 관상을 가진 사람은 언뜻 보면 얼굴 한 부분에 흐린 것이 없고 혈색이 좋은 것처럼 보인다. 이러한 역설적인 이치에 대해서는 〈후편 2권〉에서 다시 설명하겠다(251쪽 참고).

● 이마 좌우에 검은색이 나타난다고 해서 반드시 흉凶이라고는 할 수 없다. 상응하는 복분福分이 있다. 그러나 많은 고생을 하거나 많은 사람들을 돌보아야 한다.

위에서 말한 검은색은 불에 탄 것처럼 보인다. 하지만 검은색 안에는 자연스러운 윤기가 있다. 첫째는 이마의 중앙이 검지 않고 자연스럽게 밝다. 또 대난大難이 있어 이마 좌우가 검게 되는 사람이 있지만, 이 경우의 검은색은 물을 뿌려 놓은 것처럼 지저분하게 보인다.

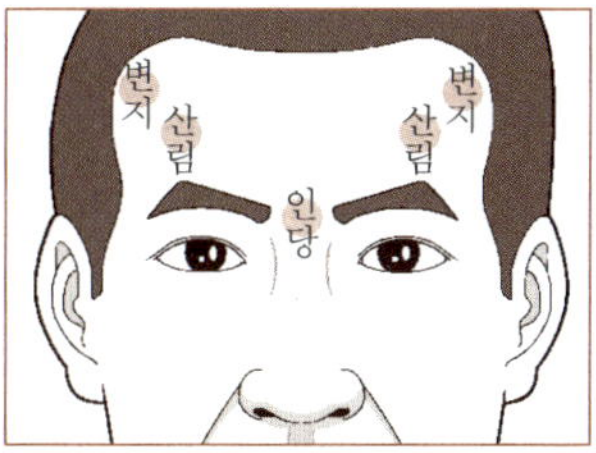

● 이마가 구름이 낀 것처럼 흐리고, 이마에 '~'와 같은 붉은색 주름이 나타나 내려올 때는 반드시 가까운 시일 안에 검난(劍難 : 돌발적인 사고 등)이 있다. 다만 칼날에 의해서 죽는 것은 아니다.

이마가 구름이 낀 것처럼 흐리다는 것은, 비유하면 추울 때 모공이 닭살처럼 소름이 돋는 것을 말한다. 또 적근赤筋이라고 하는 것은, 붉은색의 정색正色이 아니라 피처럼 보이는 것을 말한다. 그것은 머리카락 정도의

34 기본적으로 이마가 밝고 빛나는 것처럼 보이면 만사萬事가 잘되고 있는 상相이다. 그러나 중용中庸이라는 말이 있듯이 관상학에서도 '지나친 것은 모자람만 못하다'라고 하여 도가 지나친 것은 흉상凶相으로 본다. 초심자나 수양이 부족한 사람들이 이를 잘못 평가하지 않도록 주의해야 할 것이다.

굵기로 1.5cm 정도의 길이로 나타난다. 이마의 머리털 부분에서 나타나 아래로 내려오기도 하며, 인당印堂 근처에 나타나기도 한다. 대부분 산림山林 · 변지辺地 부근에 나타난다.

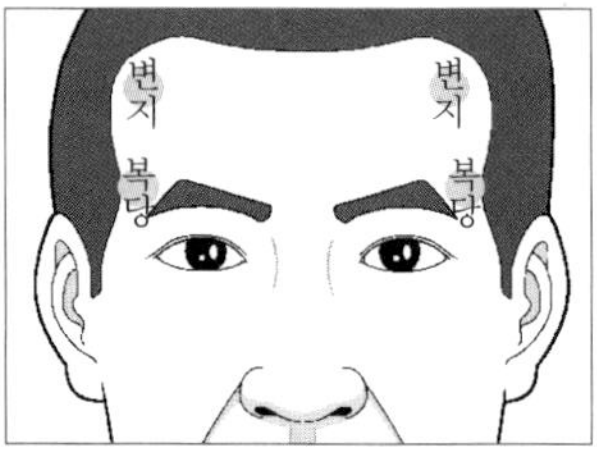

- 이마가 구름이 낀 것처럼 흐리고, 이마 좌우에 붉은색이 있으며, 인당에서 붉은색이 떠오른다. 이러한 경우는 반드시 재앙(災殃 : 주로 화재)이 있다.

이상은 이마가 시든 것처럼 흐리다. 산림 · 변지 · 복당福堂 부근에 연한 붉은색이 흩어진 것처럼 나타난다. 또 인당에 연한 붉은색이 흩어진 것처럼 떠오른다. 이 혈색은 불[火]에 놀랄(화재를 당할) 때도 나타난다. 마침내 화재를 당할 때는 '주거'[35]에 매우 혼잡하게 움직이는 것처럼 혈색이 나타난다. 복을 잃는 혈색이 심하게 나타나기도 한다. 붉은색은 실제로 화재를 당하는 40일이나 50일 전에 피부 아래에 숨어 있기 때문에 살피기가 어렵다. 화재가 가까워지는 시기에는 비로소 보이게 된다. 화재나 검난을 알기 위한 비결은 〈전편 3권〉의 '골격' 편에서 설명하였다(97쪽 참고).

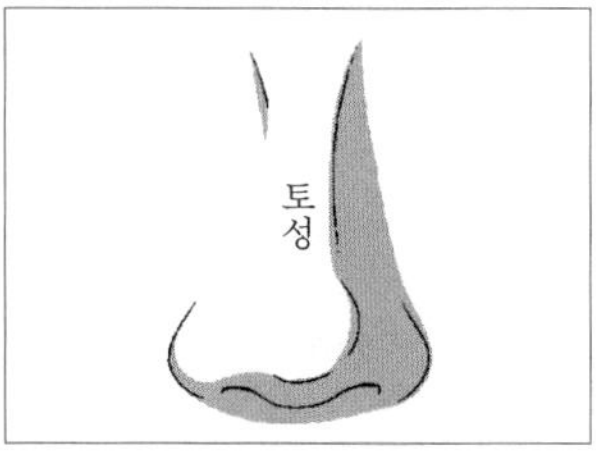

- 이마와 턱이 윤기가 없고 구름이 낀 것처럼 흐리고, 토성(코)과 광대뼈가 안개가 피어오른 것처럼 흐리다. 이 경우는 지위나 전 재산을 잃거나 생활이 곤궁에 처할 정도의 재난이 있다.

이상에서 '이마와 턱이 흐리다'라고 하는 것은 몽색이 나타나는 것을 가리키며, '피어오른다'라는 암색暗色이 나타나는 것을 가리킨다.

- 이마 좌우에 황색이 구름이 낀 것처럼 나타나 있는 경우에는 반드시 근심과 걱정이 있다.

---

35 주거는 식록이나 지각 부위를 말한다.

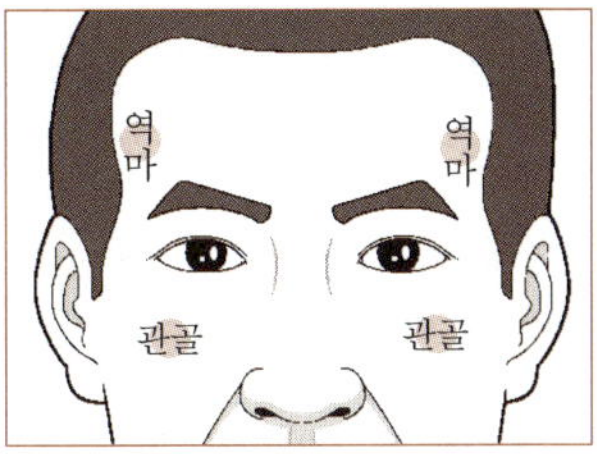

황색은 이마의 좌우, 산림 · 변지 · 역마驛馬부위에 나타난다. 대체로 근심의 상相은 산림 · 변지 · 역마 부위로부터 횡면(옆얼굴)에 걸쳐 물을 뿌려 놓은 것처럼 보인다. 비유하면 땅이 거칠어진 것처럼, 추울 때 모공에 소름이 돋는 것처럼 보인다. 또 '황색이 구름이 낀 것처럼 보인다'라는 것은 황몽색黃蒙色이 서로 혼잡되어 나타나는 것을 말한다. 언뜻 보면 청색처럼 보이지만 그 본체는 황색이다.

- 습병濕病이 있는 사람은 이마가 어둡게 흐려진다. 만약 그 질병 상태가 악화되고 있는데도 흐렸다가 맑아지는 것처럼 개는 일이 있으면 반드시 죽는다. 환자의 이마가 질병에 차도를 보이는 것에 따라 점차 개기 시작하는 경우는, 그 신체가 건강하여 생명에는 별 이상이 없는 것으로 본다. 그러므로 습병이 있는 사람의 이마가 어둡게 흐릴 때는 반드시 질병에서 회복되는 속도가 매우 느리다.

복당福堂 부위

- 복당 주위에 아래 그림처럼 붉은색이 있는 경우에는 고생을 많이 하게 되고, 일이 생각한 대로 추진되지 않는 것이 많다.

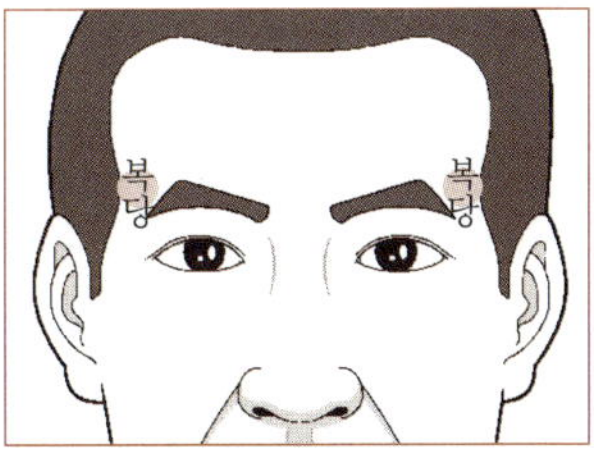

이마의 좌우, 복당 주위의 피부를 손가락으로 당겨 보면 붉은색을 분명하게 볼 수 있다. 이 붉은색은 얇은 피부 속에 있는 붉은색이다. 따라서 피부를 강하게 당겨 본다.

● 복당에 검은색이 나타나 있는 경우는 길을 잘못 들어서 크게 파산한다.

이 부위에 나타난 검은색은 새끼손가락으로 누른 정도의 크기로, 그윽하게[幽] 보인다. 또 파산하기 전에는 복당의 살집이 시든 것처럼 자연스럽게 구름이 낀 것처럼 흐리게 보인다. 파산한 뒤에는 검은색이 된다. 그러나 파산 정도가 가벼운 사람은 복당에 나타나지 않는다. 크게 파산하거나, 그 뒤에도 발전이 없는 사람에게는 검은색이 나타난다. 이상의 검은색은 8개월가량 근심과 걱정을 계속하고 있는 사람에게 나타나는 검은색과 보는 방법이 다르다. 이 검은색은 근심과 걱정으로 나타나지 않는 것이다.

관골顴骨 부위

● 광대뼈[顴骨] 뒤쪽에서 지고地庫 부근까지 미색美色이 나타나 있는 경우에는 후견인이 된다.

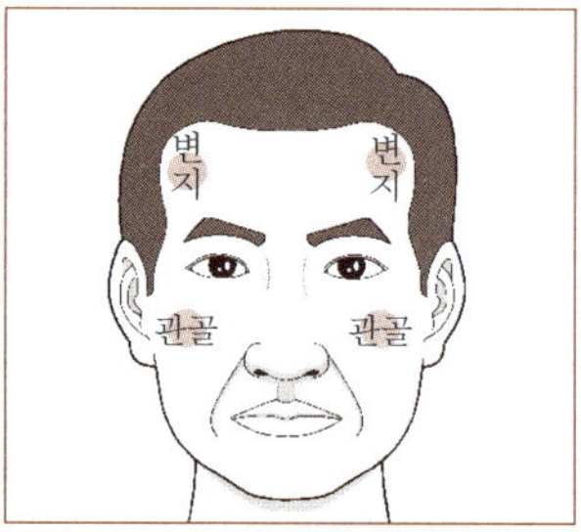

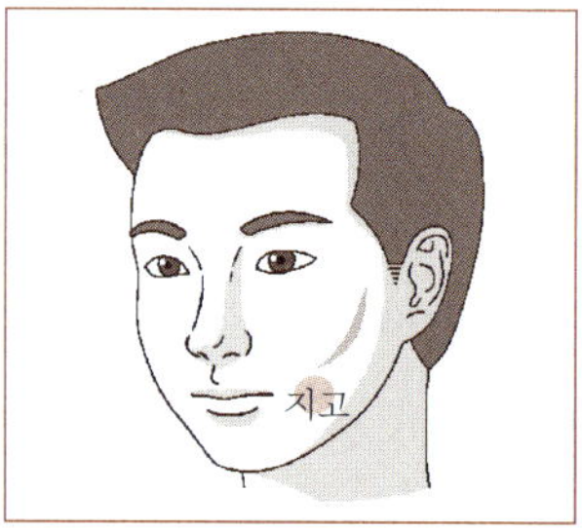

이상의 미색이란 윤기潤氣를 뜻한다. 광대뼈 뒤쪽에서 지고 부위는 얼굴의 정면에서 뒤쪽에 위치하기 때문에 음陰이라고 한다. 후견인이란 사람들의 후원자가 되어서 만사萬事를 도와주는 사람이다. 비록 자신의 지위地位가 쇠약해지더라도 도움을 받는 사람의 집이 번성할 때는 이상의 혈색血色도 번성한다. 하지만 도움을 받는 사람의 집이 쇠약해질 때는 이상의 혈색도 거기에 따라서 쇠약해진다. 만약 후견인이 되지 않은 사람에게 이러한 혈색이 나타났을 경우는 음으로 좋은 일이 있다고 보면 된다.

- 광대뼈 뒤쪽에서 지고 부근까지 암색暗色이 나타나는 경우에는, 외면적으로 좋게 보이지만 타인이 알지 못하는 부분에서는 고생을 많이 한다.

이상처럼 어두운 색이 불에 그을린 것처럼 보이며, 몽색蒙色처럼 보이는 경우도 있다. 또는 물을 뿌려서 대지가 거칠어지는 것처럼 보이는 일도 있다. 만약을 위해 후견인이 있는지 확인해 두어야 한다.

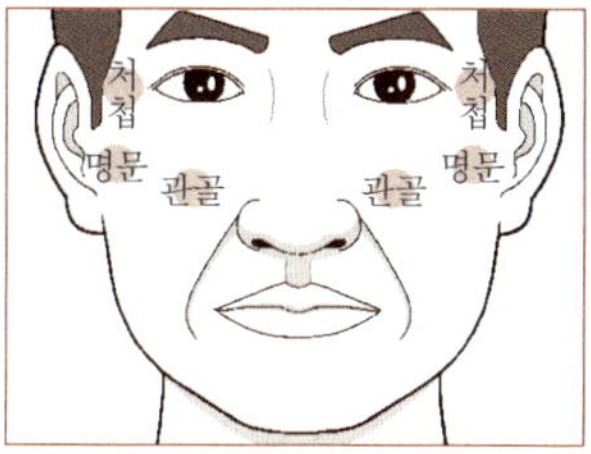

- 광대뼈 뒤쪽으로 붉은색이 나타나는 경우에는 마음고생을 많이 한다. 만사가 생각했던 것처럼 잘되지 않는 경우가 많다.

이상처럼 혈색은 붉은색과 어두운 색이 교대로 나타난다. 따라서 검붉은색이 보인다. 또 명문命門 앞이나 머리카락이 난 발제 부위에서 시작하여 외제外際로 나타난다. 대략 한 치(약 3cm) 정도의 길이로, 세로로 흩어진 것처럼 색이 짙게 나타난다.

- 매춘부가 장사가 번성하고 있는 경우, 광대뼈 · 명문의 혈색이 매우 좋다. 또 몸을 팔고 있는 경우에는 광대뼈 · 명문의 혈색은 쇠약해지고 나빠진다. 그 혈색은 자연스럽게 물을 뿌려 놓은 것처럼 보인다.

매춘부로서 몸을 팔고 있는 경우에는 광대뼈부터 명문까지 얼굴 혈색이 쇠약해진다. 혈색이 좋은 경우에 대해서는 위에서 설명한 것과 같다. 다만 '혈색이 쇠약해진다'라는 것은 윤기(윤색)가 없고, 물을 뿌려 놓은 것처럼 지저분하게 보인다는 것이다. 매우 좋은 경우에는 아름다운 윤기가 있다.

- 광대뼈 위에 검은색이 있는 경우는 부인과 인연이 약하다. 또 아내가 있는 사람은 아내와 사이가 나쁘고, 항상 부부 사이에 말다툼이 끊이지 않는다. 이것을 '여로女労의 상相'이라고 한다.

검은색이 광대뼈 위와 눈초리 아래에 나타나는데, 항상 좌우에 함께 나타난다. 또 눈 아래부터 광대뼈까지 검게 연결되어 나타나는 일도 있다. 대부분 광대뼈가 높은 사람에게 나타나는 관상이다.[36] 일반적으로 눈 아래가 검은 사람은 음란하다고 하지만, 반드시 음란하다고는 할 수 없다. 다시 말해, 간의 기운이 강한 사람이거나 모든 일을 성급하게 처리하는 사람이다. 따라서 이러한 사람은 초조해하는 마음이 생기면, 바로 눈 아래에 검은색의 기운이 돈다.[37] 이것은 모두 신기腎氣가 약하고, 간기肝氣가 강한 것이 원인이다.

명궁命宮 부위

● 명궁 좌우에 청색靑色이 세로로 나타나는 경우는, 주거住居의 움직임(≒이사, 이동, 변화)이나 주거에 관해서 희망하는 일이 있다. 어쨌든 주거에 관한 일로 불안함이 있다. 또 조용한 곳에서 움직이지 않고 쉬고 싶은 기운이 있다.

---

36 광대뼈가 눈에 띄게 높은 사람은 간의 기세氣勢가 기질적으로 강하다. '3형질'로 말하면, 심성질에 해당한다. 남성은 광대뼈가 적당히 높은 것은 길상吉相이지만, 여성은 흉상凶相이며(특히 앞으로 많이 튀어나온 경우) 공격성이 강한 관상, 히스테리의 관상, 미망인 상이라고 본다. 중세 유럽에서 히스테리는 '성기가 빙빙 도는 질병'이라고 하지만, 관상학에서는 '히스테리≒욕구불만≒음란'이라고 본다. 현대 의학적으로 말하면, 광대뼈가 높은 여성은 자율신경을 실조하기 쉽고 정서가 불안하기 쉽다고 한다. 또 관상학에서 청색은 앞에서 말한 것처럼 간을 상징하는 색이지만, 간은 또 오행五行의 '목木=성장기, 성장 과정'을 상징하고, '청색=미숙'이라고 본다. 즉 자연계에 있던 청색이 미성숙의 색이듯이, 관상학에서도 청색은 '미성숙, 미완성, 유아성'을 암시한다. 예를 들면, 박(珀 : 안구의 백안 부분)에 핏대(정맥)가 나타나거나 흰자위 전체에 푸른 기운이 도는 여성은 성숙成熟하지 못하고, 처녀處女라든지, 유아성(幼兒性≒잔학성≒히스테리)이 남아 있다든지, 성적으로 미성숙한(≒성적 경험이 적은, 정상적으로 욕구를 다 승화시키지 못하여 음란성이 있는) 것으로 본다. 또 처첩궁에 정맥이 노장되어 있는 경우는 남녀 사이의 불화 · 이혼의 관상이라 봐도 틀림없다.

37 누당은 신(腎≒현대 의학에서 신장)이나 비뇨 · 생식기 상태를 살피지만, 누당 부위에 검은색이 나타나는 경우는 그러한 기능이 항진 또는 저하되고 있다고 보면 된다. 다시 말해, 누당의 흑기黑氣는 음란(정력 항진)이나 성적 불능(정력 저하)으로 보는 것이다. 게다가 누당의 검은색 기운은 음덕陰德의 결여, 하반신의 냉기, 생식 능력의 저하, 불임증, 불감증, 음습한 성격(음험함), 자식에 대한 각종 문제 등을 암시한다. 누당이 포동포동하고, 혈색과 윤기가 있을 정도로 좋은 것을 최상으로 한다. 눈과 누당에 이상이 있는 경우는 위험한 인물이라고 봐도 틀림없다. 덧붙여서, 정력의 낭비는 생명력의 손실, 나아가서는 운기의 손실이므로 정도를 걸어야 하고 조심해야 한다. 접객업에 오랫동안 종사하거나 관련된 사람들은 말년이 불행하다. 이는 결코 우연이 아니다.

이상의 부위에 나타난 청색은 좌우 눈의 근처에 핏대(정맥)가 서 있듯이 나타나 있다. 또 소아의 명궁에는 청색이 가로로 나타나는 경우도 있다. 그러므로 이것으로 길흉吉凶을 판단하지 않는다.

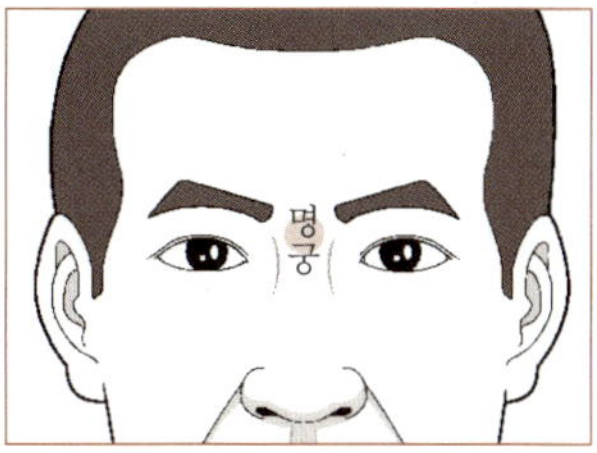

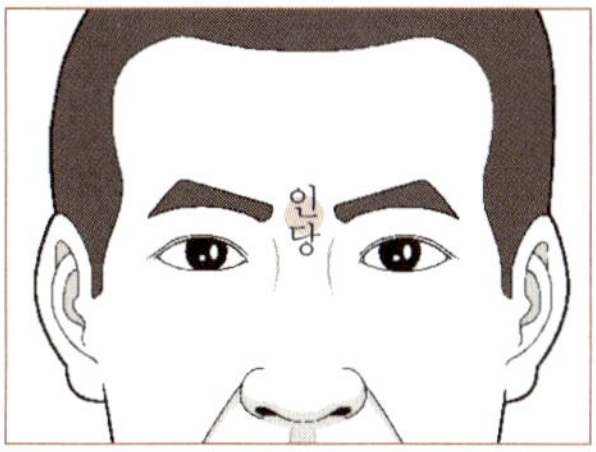

● 명궁에 붉은색이 나타나 있는 경우 집안에 재앙이 있다. 또는 가족과 불화가 있으며, 의사소통이 제대로 되지 않기도 한다. 잘 생각해 보기 바란다.

이 부위에 나타난 붉은색을 잘 관찰해 보면, 아주 작은 것은 좁쌀 크기의 여드름 같은 것이 보이기도 한다. 즉 왠지 모르게 붉은색이 혼합하여 나타나는 것이다. 따라서 가정이 시끄러운 합당한 이유가 있을 것이다. 또 이 부위에 붉은색이 있으면 사고나 부상을 당하기도 한다. 이 붉은색은 인당과 명궁 사이에 연하게 나타난다.

● 명궁에 미색美色이 있는 경우는 집안에 즐거운 일이 있다. 환자에게 나타났을 경우에는 질병에서 반드시 회복한다.

여기서 말하는 미색이란 홍윤紅潤한 것을 가리킨다. 또 환자에게 나타나는 미색은 홍색이 없고, 윤택만이 있다. 만약 홍색이 있을 때는 질병에 점차 차도가 있다.

● 명궁에 어두운 색이 있는 경우에는 거주 및 가정에 좋지 못한 일이 일어난다.

이러한 어두운 색은 불에 그을린 것처럼 보인다. 이상의 암색暗色은 집에 관련된 움직임을 판단하지만, 사람에 따라 가까운 시일 안에 질병에 걸린다고 판단한다. 부인에게 좋지 못한 일이 일어나는 경우에도 이러한 암색이 나타난다.

● 명궁에 미색 또는 명문에 미색이 있는 경우는 집안에 즐거운 일이 일어나거나 부인을 얻는다.

명문의 미색 속에 붉은 점이나 그 밖의 방해(나쁜 관상)가 있는 경우는, 혼담이 있었다고 해도 여러 가지 장애가 일어나 성취하기가 어렵다. 붉은 점이란 바늘 끝으로 찌른 것처럼 붉은 것이다.

코 부위

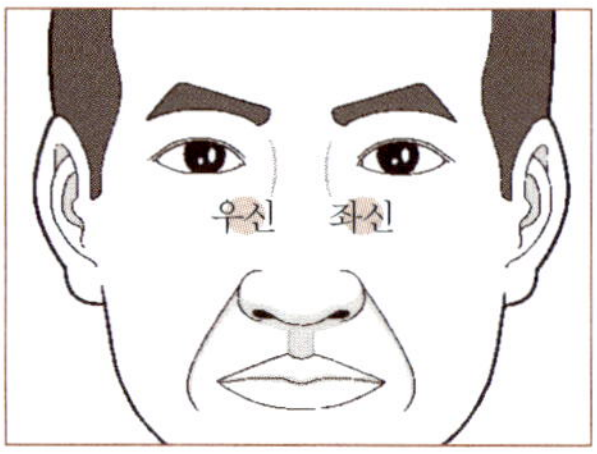

● 우신右身 · 좌신左身에서 황색이 나타나고, 콧방울 근처까지 나타났을 경우에는 반드시 낭비가 있거나 그 밖의 손실이 있다.

이 부위에 나타난 황색은 연수(年寿 : 코의 중앙)부터 시작하여 우신 · 좌신, 좌우 콧방울 근처까지 흩어진 것처럼 나타난다. 또 이 황색은 윤기 없이 청색처럼 보이지만, 그 본체는 황색이다. 게다가 이러한 혈색은 산재散财나 낭비의 상相이면서, 돈을 출연하여 상속자(≒적자嫡子, 후계자)를 구할 때에도 나타나는 것이 있다. 잘 살펴야 한다.

● 어두운 색이 콧방울 주위를 감싸고 콧구멍으로 들어갈 경우, 또는 어두운 색이 입 근처에 있으면서 입으로 들어가는 경우는 반드시 수난水難이나 수해를 당하여 손해를 입는다.

위에서 말한 것은 어두운 색[암색暗色]이라기보다는 어두운 기운[暗氣]이다. 따라서 그윽하게 나타난다. 또 수난의 혈색이 있을 뿐만 아니라, 임맥(任脈≒주로 얼굴의 정중 부분. 원문에서는 인맥人脈)의 쇠퇴가 두드러질 때는 반드시 익사한다. 물에 빠지지 않는 경우에는 진정한 수난이라고 할 수 없다. 이 경우는 '수해에 의한 손실의 상이다'라고 말한다. 따라서 빠지는 상황이 전혀 없는데 수난의 상이 나타났을 때는 반드시 그 수난의 관상은 손실의 상이 함께 나타나고 있는 것이다. 수해에 의한 손실이 있을 때는 물을 극克하는 혈색이 나타난다. 따라서 수해에 의한 손실의 것은 얼굴(안면)의 토극수土克水, 수극화水克火의 도리를 생각하고, 깨닫는 것이 중요하다. 이것은 필담筆談만으로 표현하기 어려운 내용이다. 스스로 체득하기 바란다. 또 임맥이란 얼굴의 한가운데 콧날의 중간을 통하는 것을 말한다.

● 콧구멍 가장자리에 황색이 나타나는 경우에는 반드시 가까운 시일 안에 금전을 얻는다. 비록 금전을 얻지 못해도 다른 물건이라도 얻는다.

이상의 황색은 비유를 하자면 나뭇잎에 반점斑點이 들어간 것처럼 콧구멍 가장자리에 나타난다. 구멍의 가장자리 한쪽에 나타나는 경우도 있다. 또 이 황색은 구멍 속에서 밖으로 출현하는 혈색이다. 윤기가 있는 황색이 교대로 나타난다. 임질(성병)이 있는 사람에게는 윤기가 있는 흰색으로 잘못 파악할 수도 있다. 잘 살펴보기 바란다.

● 콧구멍 가장자리에 백색이 있는 경우는 반드시 임질이다.

이상의 백색은 콧구멍의 가장자리 한 면에 나타난다. 그 증상에 따라 진하게 보이기도 한다. 또는 윤기 있는 흰색이 보이기도 한다. 어쨌든 남근男根의 질환이다. 또 금전을 얻을 때나 오랫동안 쇠약했던 사람이 회복할 때 이 부위에 윤기 있는 색이 나타난다. 이 윤기 있는 색은 임질이 있을 때 나타나는 백윤白潤으로 잘못 보기 쉽다. 잘 살피기 바란다.

● 코 주위에 흰색의 기운이 있는 경우에는 음식창陰蝕瘡의 증상이 있다.

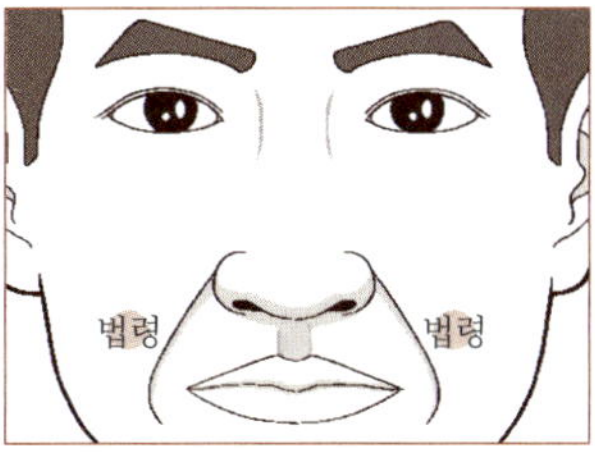

이상의 백기白氣는 콧방울의 조금 위쪽에서부터 법령선 근처에 걸치고, 흩어진 것처럼 인중人中을 돌아서 나타난다. 그러나 인중에 감도는 흰색의 기운은 사람에 따라 정확하게 살피기가 어렵다. 예를 들면, 중지中指 끝으로 둥글게 만진 것처럼 코 좌우에 나타난다. 또 낭비나 산재가 있을 때는 이 부위에 이상과 같은 흰색의 기운이 나타나는 일이 있다. 잘 살피기 바란다.

- 코가 붉은 사람은 자식과 인연이 부족하다. 일생 동안 만족하는 법을 잘 모른다.

이처럼 '코가 붉다'라는 것은 일반적으로 말하는 주사비酒渣鼻이다. 주사비가 아니라도 코끝이 항상 발그스름한 사람이 있다. 이러한 종류도 자식과 인연이 부족하지만, 주사비처럼 심하지는 않다. 코는 '토성土星'이라 하는데, 토土를 상징하고 자신의 신체에 상응한다. 또 붉은색은 화火의 색이며, 그 불로 자신의 토를 다 태우는 것과 같다. 초토焦土가 되면, 만물은 생육할 수 없다. 따라서 일생 동안 만족이라는 것을 모른다. 본인의 신체에서 발생하는 것은 자손이며, 흙이 타는 것은 본인의 신체가 완전하게 소멸하는 것과 같은 것이다. 그러므로 자식과 인연이 부족하다고 할 수 있다. 비록 자식이 있다고 해도 의지하지 못한다. '토성(코)'에 화기火氣가 있을 때는 화생토火生土이지만, 이 경우의 붉은색에 대해서는 생각하지 않았다.

- 코끝이 마른 것처럼 흐린 사람은 고생을 많이 한다. 이러한 색이 나타나면 성사되는 일이 아무것도 없다.

코의 중간[中程] 정도부터 아래 콧방울에 걸쳐서 마른 것처럼 연기가 낀 것처럼 나타난다. 이상의 혈색은 윤기가 없는 황색으로 암색과 교대로 나타난다. 그러므로 연기가 낀 것과 같은 황색이 보이는 일도 있다. 코는 '중앙'이며, 본인 신체 그 자체라 할 수 있다. 그러므로 코가 마른 것처럼 윤기가 없을 때는 본인의 신체가 쇠약해지는 것처럼 고생을 많이 한다. 또 코는 토土를 상징하기 때문에, 토의 윤기[水氣 : 물기]를 잃어서 만물이 자라기가 매우 어려운 상황이다. 그러므로 '만사가 조화를 이루기가 어렵다'라고 한다.

- 코와 귀가 시드는 것처럼 흐리고, 콧방울이 특히 구름이 낀 것처럼 흐리며, 이와 같이 명궁命宮도 흐리고 눈빛이 흐릿하다. 이 경우는 반드시 죽는다.

이상의 '시든 것처럼 흐리다'라는 것은 몽색蒙色이 나타나는 것을 뜻한다.

또 '콧방울이 특별히 흐리다'라는 것은 암색과 몽색이 서로 교대로 나타나는 것을 가리킨다(즉 콧방울에 현저한 몽색이 나타난다). 게다가 '명궁이 흐리다'라는 것은 윤기가 없는 몽색의 기운[蒙氣]이 나

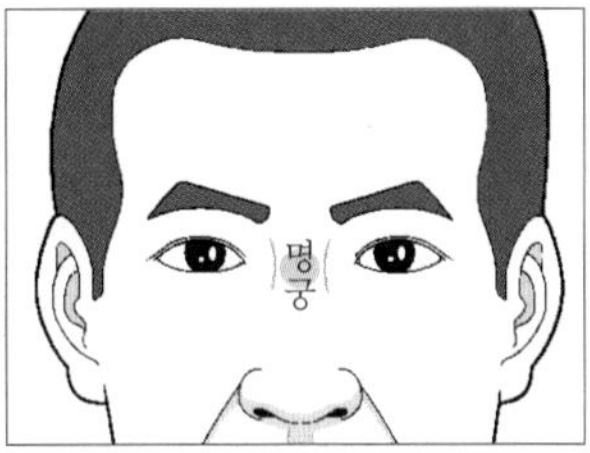

타나는 것을 가리킨다. 일반적으로 사상死相에 대해서는 40~50일 안에 죽는 사람에 대해서 눈 속을 살펴보고 스스로 판단한다. 사람은 태어나 49일까지는 눈 속에 신(神 : 정신)이 머무는 일이 약하다. 고여 있는 물처럼 흐려져 있다.

또 죽음을 앞둔 49일 전의 눈빛도 눈 속에 신神이 통하는 것이 약해지게 된다. 따라서 눈빛이 약해져서 눈 속은 자연스럽게 흐려진다. 또 환자가 죽기 7일 전의 눈빛과 태어난 뒤 7일 된 갓난아이의 눈빛도 같다. 또 죽기 49일 전의 눈빛과 태어난 뒤 49일 된 눈빛도 같다. 또 사망한 지 얼마 안 된 사람의 눈빛과 태어난 지 얼마 안 된 갓난아이가 처음으로 눈을 떴을 때의 눈빛과 같다. 자세한 것은 죽어 가는 사람과 갓 태어난 아기들의 눈빛을 보고 파악해야 한다. 또 환자가 숨이 끊어져 곧 죽을 것처럼 보여도 눈과 귀, 코가 죽지 않았을 때는 죽는 일은 없다. 눈 · 귀 · 코는 심장 · 신장 · 비장의 3정(三停 : 삼재三才)에 대응한다. 이 3정이 끊어지는 것이 없으면, 결코 죽었다고 판단할 수 없다. 반대로 말하면 신체가 건강하게 보이고 건강하게 생활하는 듯 보여도 3정이 끊어졌다면 죽은 편작이 돌아와도 환자를 소생시키는 것은 불가능하다. 더욱더 많은 연구와 노력을 거듭하여 죽을 관상[死相]의 묘리妙理를 잘 파악해야 한다. 더 자세한 것을 붓으로써 전하기에는 곤란하다.

법령法令 부위

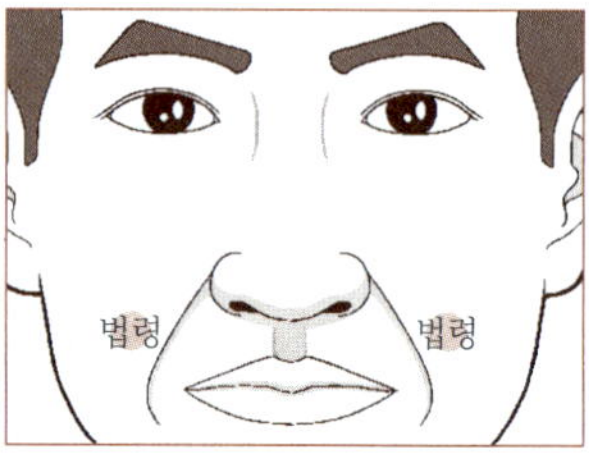

- 법령선法令線 바깥쪽에 미색美色이 있을 때, 그 당시 가업(일)이 번성하고 있거나 장사가 잘되고 있는 것을 의미한다.

  이상의 미색은 일반적으로 법령선 바깥쪽에 나타나지만, 법령선 위쪽에 걸쳐서 나타나는 일도 있다. 또 입과 같은 정도의 높이로, 법령선 바깥쪽에 흩어진 것처럼 그윽하게 나타나기도 하며, 법령선 위에 많이 나타나는 일도 있다. 사람에 따라서는 법령선 수가 많은 것처럼 보이는 경우도 있다. 하지만 코의 근원根元에서 흘러나오는 주름이 진정한 법령선이다.

- 법령선 바깥쪽에 지저분한 색[穢色]이 있는 경우에는 집안에 저축이 잘되지 않거나 수입이 없다. 또는 장사하고 있어도 손실이 크다.

  여기서 말하는 예색穢色이란 지저분하고 더러워진 것처럼 보이는 색이다. 원래 이 혈색은 어두운 기운이 나타났다가 시간이 지나면 예색으로 변화하는 것이다. 또 사람에 따라 어두운 기운만으로 끝나는 일도 있다. 중요한 것은 암기暗氣를 정확하게 판단하는 것이 조금 어렵다는 것이다. 암기나 예색이 함께 재난을 당하는 것을 미리 암시한다는 점에서는 같다. 암기도 입과 같은 정도의 높이로, 법령선 바깥쪽에 나타난다.

- 법령선 바깥쪽에는 미색, 안쪽에는 암색(暗色 : 암기暗氣)이 있다. 이러한 경우 외부적으로 가업이 번성하고 있는 것처럼 보이지만, 실제는 이익이 나지 않는다고 본다.

  이상의 미색에는 윤기가 있다. 또 암색이라고 해도 희미하고 암기처럼 보인다.

- 우신右身 · 좌신左身에서 미색이 나타나고, 입 부근까지 나타날 때는 가까운 시일 안에 즐거운 일이 생기거나 가업이 번성하는 등 어느 쪽이나 모두 경사스러운 일이 있다.

이처럼 미색은 우신 · 좌신에서 일어나 법령선 위를 지나 입 근처까지 나타나 내려온다. 또 이 미색은 '목욕을 금방하고 나온 것' 같은 느낌이 있는 것으로 희미한 윤기가 있다. 그러나 홍윤紅潤은 아니다.

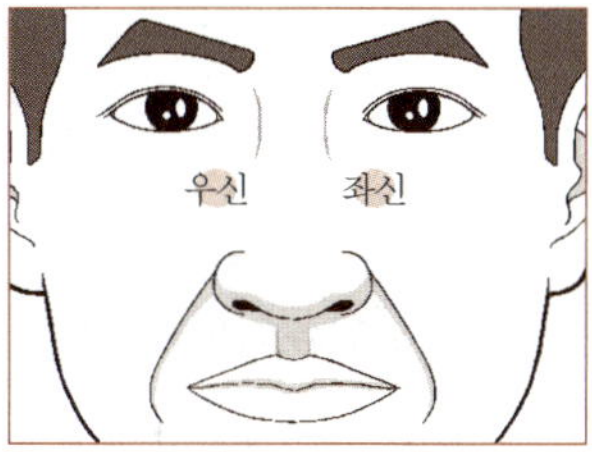

● 법령선의 근원부터 입 근처까지 미색이 있는 경우는 가업에 대한 열의가 있거나 상업으로 돈을 벌고 있다.

이상의 미색은 법령선의 근원에서 일어나고, 법령선을 따라 내려와 입 근처까지 이른다. 또 법령선의 외제外際에서 나타나 내려오거나 법령선 안쪽에 나타나는 일도 있다. 또는 법령선을 걸쳐서 나타나 아래로 내려오는 경우도 있다. 예를 들면, 영아嬰児의 새끼손가락의 마지막 마디 넓이 정도로 나타난다. 이상의 혈색은 황기黃氣에 홍기紅氣가 조금 섞인 미색이다.

● 법령선의 근원부터 입 근처까지 암색이 있는 경우는 가업이 쇠약해지고 있다. 또는 장사에 손실이 있거나, 장사를 하고 있어도 수입이 별로 없다.

이상의 암색은 전 항과 같이, 영아의 새끼손가락의 마지막 마디 정도의 넓이로 나타난다. 또는 법령선 안쪽에 그림자가 비친 것처럼 나타나는 일도 있다. 또 법령선에 동행하듯이 하여 법령선의 안쪽이나 바깥쪽에 나타나는 일도 있다.

● 법령선을 흙빛[土色]이 덮고 있으며, 지각地閣이나 노복奴僕의 부위까지 어두운 색이 있다. 이러한 경우에는 전 재산 또는 지위를 잃거나 가업이나 장사에 많은 방해를 받는다. 어느 쪽이나 모두 고생을 많이 한다.

이상의 흙빛은 황색의 기운에 어두운 기운이 서로 섞여 나타난다. 따라서 더러워진 것처럼 보인다. 법령선을 따라서

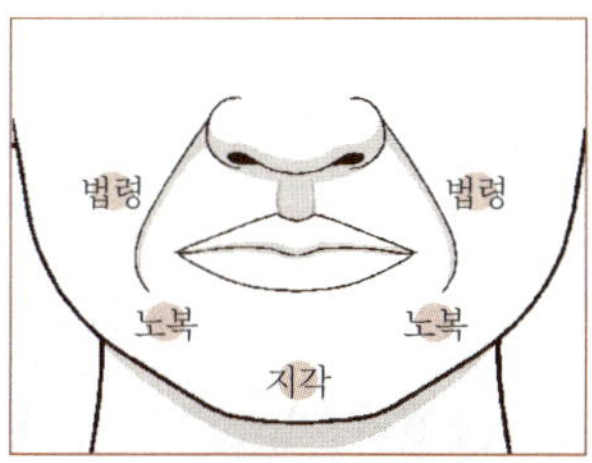

입 근처까지 나타난다. 또 법령선의 근원부터 입 근처까지 더러워진 것처럼 흐리다. 지각이나 노복 근처에 나타난 암색이란 암색과 몽색이 서로 섞여 나타난 상태를 가리킨다. 이것은 '한낮에 나타난 한 줄기의 어두움'이라고 하여 대흉大凶이다. 일족一族의 멸망을 피할 수 없는 것이라는 생각이 들 정도의 혈색이다.

● 법령선이 뚜렷하지 않은 사람은 가업(직업)이 안정적이지 못하다.

대체로, 전국을 떠돌면서 생업을 하는 사람들은 특히 법령선이 잘 갖추어져 있지 못하다. 또 법령선이 선명하지 못하기 때문에 자연히 외롭고 힘들게 보인다.

● 가업(직업)이 안정된 사람이 법령선이 뚜렷하지 않을 때는 가업이 쇠약해진다. 또는 가업에 소극적이거나 가업을 바꾸고 싶은 마음이 있다. 법령선 안에 진흙색[泥色]이 있는 경우는 전 재산이나 지위를 잃거나 가업의 파탄破綻이 있다.

이상의 진흙색이란, 비유한다면 때가 끼어 있는 것처럼 보이는 상태를 말한다. 이 색이 법령선 안에 나타나면, 정말로 때가 모여 있는 것처럼 보인다. 또 가업이 쇠약해져 많은 고생을 할 때도 이 색이 나타나기도 한다.

식록食祿 부위

● 식록에 미색美色이 나타날 때는 마음속에 즐거운 일이 있다. 또는 가업(직업)이나 상속자(가산, 유산)와 관계된 즐거운 일이 있다. 어느 쪽이든 집에 관해서 즐거운 일이 있다.

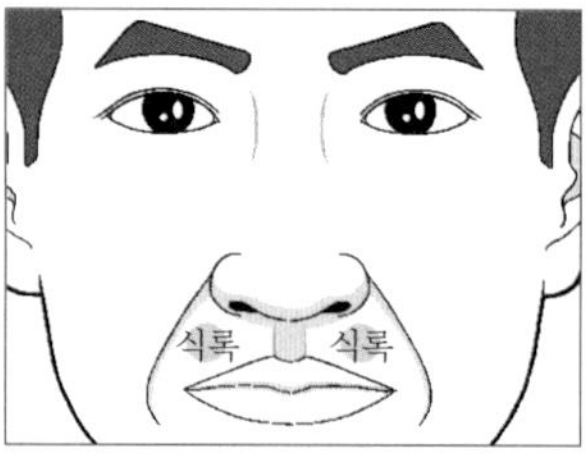

이상의 미색은 식록 부위에 흩어져 있는 것처럼 널리 나타난다. 특히 콧구멍 주변에서 강하게 나타난다. 이 혈색은 홍윤紅潤의 미색이다. 그러나 즐거움이 찾아오기 전에는 홍윤이 아니고 윤기만 있다. 즐거운 일이 생긴 이후에 홍윤이 된다.

- 식록에 미색이 있고, 그 색이 법령선 바깥쪽에 나타날 때는 마침내 마음속에 즐거운 일이 실현된다.

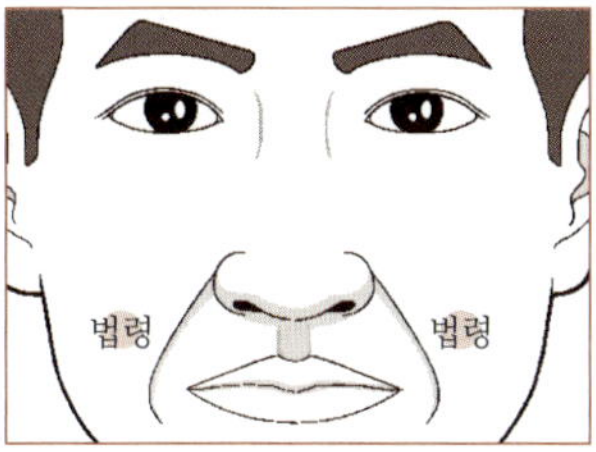

이상의 미색이 식록에 머물러 있으면서 떠나기 전에는, 마음속으로 즐거운 일이 있다고 해도 아직 실현되지 않은 단계라고 본다. 즐거운 일이 점점 실현됨에 따라 미색이 법령선 바깥쪽에 나타난다.

- 식록에 예색穢色이 있을 때는 가업 또는 상속자가 크게 고생한다. 매우 흉凶하다.

이 부위에 나타난 예색은 지저분하고 더러워진 것 또는 연기에 그을린 것처럼 보이는 색이다. 식록 일부분에 나타난다. 이 예색이 나타날 때는 일이 대부분 정체되는 것이 많아 마음이 초조해진다.

- 식록에 예색이 있고, 그 색이 법령선 바깥쪽에 나타날 때는 가업 또는 상속자를 잃는 일이 발생한다. 어느 쪽이라 해도 마음속에 있는 고민이나 염려가 구체화되어 나타난다.

- 식록에서 황색이 나타나 입 주위를 돌아다닐 때는 반드시 가까운 시일 안에 좋은 일이 일어난다. 그것은 가업 또는 상속자에 관한 즐거운 일이다.

이상의 황색은 입 주위의 한쪽에 나타난다. 이것을 '청천평단삼晴天平旦三의 윤기'라고 말한다. 따라서 흐린 것 같은 황색이 보인다. 그러나 어느 순간에 보면 정말로 황윤黃潤이 선명하게 보인다. 식록은 즉 상속자를 담당하고, 입은 오체五體를 기르는 문이며, 황색은 즐거움이나 번영의 색이다. 신분이나 지위의 귀천貴賤에 관련되지 않고, 이러한 이치를 가지고 관상을 판단하기 바란다.

- 식록에 윤기가 있는 색이 나타나 입으로 들어갈 때는 가까운 시일 안에

상속자에 관한 즐거운 일이 있다.

이와 같이 윤기가 있는 색은 식록 좌우에 흩어진 것처럼 나타나고, 입에 들어가는 것처럼 보인다. 또 왼쪽에서 나타나 입으로 들어가는 경우도 있으며, 오른쪽에서 나타나 입으로 들어가는 경우도 있다. 이 혈색은 구름이 낀 하늘에 나타난 태양처럼 윤기가 있다. 즉 탁하면서 흐린 것처럼 보여도 자연스럽게 윤기가 있다. 이 혈색이 어느 쪽으로 나타나든지 경사스러운 일이 있음을 암시한다.

- 식록에 윤기가 있는 황색이 가로로 나타날 때는 주거 또는 상속자에 관한 즐거운 일이 있다.

이와 같이 윤기가 있는 황색은 식록의 위, 콧구멍 사이에 가로로 나타난다. 예를 들면, 손가락 끝으로 선을 그은 것처럼, 또는 가로로 흩어진 것처럼 나타난다. 이 혈색이 법령선 밖에 나타날 때는 가까운 시일 안에 즐거운 일이 일어난다. 어느 쪽이나 모두 경사스러운 일이 있다.

- 식록에 붉은색이 나타날 때는 가업 또는 상속자를 잃는다.

붉은색이라고 해도 적색과 암색暗色이 교대로 나타난다. 따라서 검붉은색으로 보인다. 또 상속자를 잃기 전은 적암색赤暗色만이 아니라 암색도 나타난다. 잃은 뒤에는 적암색이 매우 진하게 나타난다. 게다가 이 혈색은 식록 부위의 한쪽에 나타나는 것처럼 보인다. 대체로 암색은 시들어 쇠약해지거나 윤택이 없는 것처럼 보인다. 그러므로 이 색이 식록 부위에 나타날 때는 '식록'이 시들거나 쇠약해지는 것과 같다. 따라서 가업이나 상속자의 쇠약이라고 말한다. 그러나 식록에 나쁜 색이 나타나도, 우신 · 좌신에서 미색이 일어나고 콧방울을 지나 아래로 나타날 때는 함부로 판단해서는 안 된다. 이 경우 일반적인 흉사凶事는 도움 받는 일이 있어 자연스럽게 피할 수 있다. 또 피하기 어려운 흉사가 왔다고 해도, 그 뒤에 상응하는 경사慶事가 일어난다.

- 식록에서 예색穢色이 일어나 입을 둘러싸거나 입술에 예색이 있다. 또는 아랫입술 속에 검푸른색[黑青色]이 흩날린 것처럼 있다. 이 경우에는

가까운 시일 내에 낙오자가 된다.

예색이란 시든 것처럼 말라 있거나 지저분하거나 흐린 색을 말한다. 즉 이것은 '담천일질曇天日昳의 마지막 암색'이다. 낙오자가 된다는 관상을 비유하자면, 본인이 하늘로부터 녹봉(식료, 급료)을 받는 장소인데, 녹봉의 관官이 죄다 마르거나 쇠약해져 그 지위를 잃는 것과 같다. 따라서 녹봉이 부족해져, 사람 축에도 들지 못하는 사람이 되는 것이다. 하지만 실업자가 되어도 14, 15일이 지나면, 이상의 혈색은 자연스럽게 사라져 아무 일도 없었던 것처럼 보인다. 다시 말해 퇴직자로 확정되었을 때 순수하게 받아들이고 순응한다면 이러한 혈색은 사라진다. 하지만 이러한 혈색이 나타나도 실업자가 되지 않는 경우에는 반드시 음식을 빌어먹을 정도로 곤궁에 처하게 된다. 또 부귀한 사람에게 이러한 혈색이 나타났을 경우는 대란大難이 온다. 상속자를 잃거나 파산하여, 그 다음은 스스로 음식을 빌어먹을 정도로 고난을 겪거나 유랑하게 된다. 귀천을 따지지 말고 이 관상에 준해서 살펴보기 바란다. 실업자가 된다고 해도 특별한 관상은 아니다. 본인 행동의 선악善惡에 따라 누구에게나 나타나는 관상이다. 그러므로 골형(骨形 : 골격)에는 나타나지 않고, 혈색이나 의색(意色 : 마음의 색)으로 나타나는 것이다.

처첩妻妾 부위

● 처첩궁妻妾宮[38]에 청색이 있는 경우에는 이혼의 기운이 있다.

이상의 청색이 처첩 부위에서 나타나 눈썹꼬리 근처까지 나타난다. 또 처

38 《남북상법》은 남존여비의 풍조가 만연하던 때의 관상법이기 때문에 주로 남성의 관상을 중심으로 기록되어 있다. 기본적으로 왼쪽은 양陽, 오른쪽은 음陰이라고 하는 원칙에 따라 남자 처첩궁의 왼쪽은 부인의 일, 오른쪽은 애인이나 첩에 관한 것을 살펴본다. 여성은 반대로 본다. 남녀 모두 왼쪽은 동성, 오른쪽은 이성이라고 생각해도 좋다.

첩에서 시작하여 약간 광대뼈 쪽으로 흩어지듯이 나타난다. 다만 이 경우 핏대는 아니다. 이러한 청색이 나타날 때는 남녀에게 모두 이혼의 마음이 있다. 색이 강하게 나타날 때는 마침내 이혼이 결정된다.

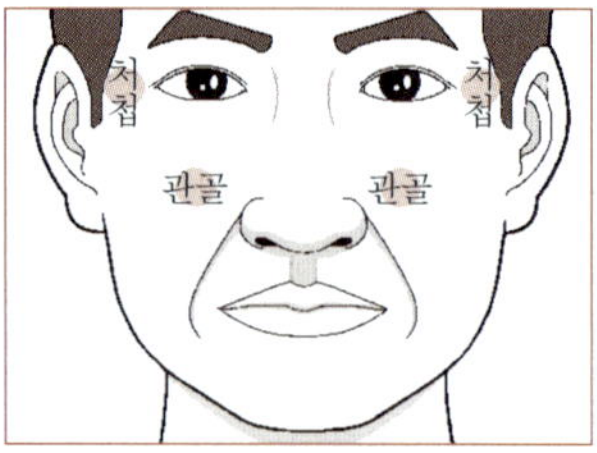

- 왼쪽의 처첩궁에 미색美色이 있고, 오른쪽의 처첩궁에 은은한 색이 있다. 이러한 경우 아내의 마음은 안정되어 있지만, 남편의 마음은 안정되지 못하다(바람기가 있다)고 본다.

  위에서 말한 은은한 색[収色]이란 미색만큼 아름답지는 않지만 조용하고 차분한(안정된) 느낌의 혈색이다. 반대로 왼쪽의 처첩에 수색収色이 있고, 오른쪽의 처첩에 미색이 있는 경우는 남편의 마음은 안정되어 있지만, 아내의 마음은 불안정하다고 본다.

- 처첩궁에 윤색潤色이 있는 경우 아직도 '결혼할 상대로 정해진' 부인이 없다.

  이처럼 윤색이란 담홍색처럼 화려하게 보이는 색이다. 다만 그 색은 드러나 보이는 것이다.

- 처첩에 항상 수색収色이 있는 경우 이미 '결혼할 상대로 정해진' 부인이 있다.

  수색이란 앞에서 말한 것처럼 조용하게 숨어 있는 것처럼 보이는 색이다. 이것을 '평단平旦한 윤기'라고 한다. 그러므로 보고 있으면, 매우 건강하게 보이는 색이다.

- 부인이 있는 남편의 처첩궁에 윤색이 있는 경우[39] 남편은 아내와 이혼하고 싶은 마음이 있다.

---

39 처첩궁의 '담홍색淡紅色의 화려한' 윤색, 침착함이 없는 색은 '바람기의 색=바람기의 상'이라고 본다. 게다가 남편의 눈썹(형제궁)에 고운 윤기가 나타날 경우에는 부인이 바람을 피우고 있다. 게다가 인중에 횡선이 나타나는 경우도 간통(바람기)의 상이며, 여성 특유의 바람기의 상이다.

이러한 사람은 반드시 아내와 이혼하고, 곧바로 새로운 아내를 얻는 경우가 있다. 또 음陰으로 여자관계가 복잡하게 얽혀 있는 경우에도 이러한 혈색이 나타난다.

● 오른쪽의 처첩궁에 청색이 있는 경우 아내가 남편에게 이혼을 요청하는 관상이다.

반대로 왼쪽의 처첩에 청색이 있는 경우는 남편이 아내에게 이혼을 요청한다. 이 청색은 처첩궁에 흩어진 것처럼 나타난다. 또 조금 광대뼈 쪽으로도 넓게 흩어져 보인다. 다시 말해 왼쪽의 처첩은 양陽으로서 남편을 상징하고, 오른쪽의 처첩은 음陰으로서 아내를 상징하는 것이다. 또 청색은 간기肝氣의 색이며, 분노를 나타내는 색이기도 하다. 그러므로 자신 스스로 화를 내서 '자신을 무너트린다'라는 이치이다. 이것은 남녀에게 모두 적용되는 내용이다.

● 처첩에 청몽색青蒙色이 있고, 토성(코) 좌우에 황색이 있다. 이러한 경우는 반드시 황달 증상이 있다.

'청몽'이란 파르스름한 것처럼 흐린 색을 말한다. 황달은 간목肝木 · 비토脾土가 상극이 되어 비脾 · 간肝의 기가 함께 쇠약해져서 발생하는 병이다. 그러므로 이 사람은 항상 마음이 무겁고, 사소한 일로 고민하고 걱정한다. 처첩은 눈 뒤쪽에 있어 간의 기운이 흐르는 장소이다(→ 간과 눈은 오행 관계에 있다). 또 토성의 좌우는 비토를 담당한다(→ 코는 얼굴의 중심으로, 토土는 중심에 해당한다). 따라서 비 · 간의 기운이 건전하지 않을 때는 반드시 처첩에 청색이 나타나고, 토성 좌우에 황색이 나타난다. 비 · 간의 기운이 확실히 끊어지려고 할 때는 온몸에 청색 · 황색이 나타난다(→ 말하자면 사반死斑, 즉 죽을 상의 하나). 이상의 질병이 있는 사람에게 토성 좌우에 황색이 강하게 나타났을 때는 반드시 질병이 악화된 것이다.

명문命門 부위

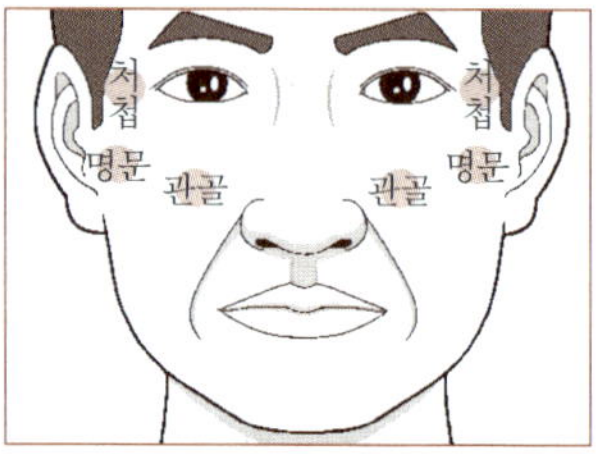

● 명문에 미색美色이 있는 경우는 반드시 첩(애인)이 있다.

명문의 미색이 담홍색 같고, 중후하게 빛나고 있을 때는 반드시 첩의 일로 말다툼이나 마음고생이 있다. 대체로 명문 부위가 담홍색으로 빛날 때는 여난女難이 있다.

● 명문에 윤색潤色이 있고, 광대뼈 뒤쪽으로 붉은색의 기운이 있다. 이러한 경우에는 반드시 여난이 있다.

이상의 적기赤氣는 광대뼈 뒤쪽에서 명문 쪽으로 흩어진 것처럼 나타난다. 또 적색이 나타나는 일도 있다.

● 첩도 없고, 여난도 없는 사람이 명문에 미색이 나타날 때는 반드시 아내와 이별한다.

이 미색은 여난이 있는 사람의 혈색처럼 나타난다. 특히 젊은 사람과 색욕이 강한 사람에게서 대부분 나타나는 혈색이기도 하다. 또 부부 사이에 사랑(성교)이 없으면 자연스럽게 신기腎氣가 움직이기 쉽고, 이상과 같은 혈색이 나타나는 일도 있다. 아내와 관계가 회복되어 14~15일간 사랑을 나누게 되면, 이상의 혈색은 자연스럽게 사라진다.

● 명문의 살집이 두툼하고, 건강하게 보이는 사람은 반드시 신기腎氣가 강하여 오래 산다.

반대로 명문의 살집이 약하고 마른 것처럼 보이는 사람은 신기가 약하다. 게다가 섭생을 잘하지 못하면 반드시 단명短命한다. 이러한 사람의 용모가 다소 거칠면서 왜소하게 보일 때는 병들지 않아도 죽는다. 병에 걸리면 오래 가지 않는다(→ 돌발적으로 죽는다).

● 환자가 명문의 살집이 쇠약해지고, 어두운 기운이 나타날 때는 반드시 죽는다.

또 일반 사람들에게는 신허腎虛가 되는 전조 증상이기도 하다. 이러한 경우도 곧바로 병이 들지만, 어두운 기운이 귀를 둘러싸고 있으면 반드시 죽는다. 다른 부위의 관상도 잘 관찰해서 판단하기 바란다.

눈 및 남녀관男女官의 부위

● 눈의 흰자위에 푸른 기운이 있는 사람은 스스로 일을 망치고, 몸을 망쳐도 자신에게 원인이 있다는 것을 알지 못한다.

이러한 관상인 사람이 신중하지 못하면, 반드시 단명短命하거나 미쳐서 뜻하지 않은 죽음을 맞이할 것이다. 하지만 어떻게 될지 예측하기 어려운 상이다. 조심하면 피할 수도 있다.

● 눈의 흰자위가 푸른 여자는 대단히 악녀이다.[40] 마음이 혼란스럽고 미쳐 있는 것과 같다.

이러한 여자는 반드시 남편을 무시하고, 남편이 하는 모든 일에 주제넘게 참견하거나 나선다. 또 이혼을 반복한다. 게다가 자식과 인연이 부족하고 자식이 생기지 않는다. 이러한 여자는 조심하지 않으면 노년기는 대흉大凶이다. 미치거나 비정상적으로 죽는 경우가 있는 등 예측하기가 매우 어려운 관상이다.

● 눈 아래에 붉은 점이 있는 사람은 의지할 만한 사람이 있다.

이미 의지가 되는 아랫사람이 있거나 붉은 점이 나타나 뒤에 의지가 되는 아랫사람을 얻는 경우도 있다. 어느 쪽이든지 자신의 아군이 되는 사람이 있다고 본다. 만약 의지가 되는 사람이 쇠약해질 때는 붉은 점도 자연

40 오행에서 파란색은 간기의 색이며, 간기는 분노와 관계가 있다. 따라서 이러한 관상인 여성은 중년기에 히스테리를 발병하거나 음탕하게 미칠 가능성이 높다. 어쨌든 이성에 대한 자제가 효과가 없고, 욕망이 향하는 대로 행동한다. 식욕 · 성욕 · 물욕 · 수면 욕구 등이 남보다 왕성하여 자제하려고 노력하지 않으면 단명한다.

스럽게 쇠약해진다. 반대로 활발하게 되면 그에 따라서 윤기가 나타난다. 이상의 붉은 점이란 점을 말하며 여드름이나 사마귀는 아니다.

- 남녀궁에 윤기 있는 푸른색이 나타날 경우에는 임신을 하고 있다. 남녀에게 모두 나타나는 관상이다.

이처럼 윤기 있는 청색이란 청기靑氣에 홍색의 기운이 조금 섞여서 나타나는 것이다. 그러므로 윤기 있는 청색 또는 연보라색과 같이 보이는 일도 있다. 이상의 혈색이 건강하게 보일 때는 순산順産, 쇠약해져 보일 때는 난산難産이다. 또 혈색이 건강한 것처럼 보여도, 조금이라도 나쁜 색이 보이면 난산이 되어 태아는 죽는다. 비록 출산을 했다고 해도 생명의 장단長短은 이에 준하여 판단한다.

- 남녀궁에 윤기가 있는 푸른색이 왼쪽에 강하게 나타날 때는 남자아이를 낳는다. 반대로 오른쪽에 강하게 나타나면 여자아이를 낳는다.[41]

만약 이상의 혈색血色이 비정상으로 건강하게 보일 때는 반대로 난산을 하기도 한다. 비록 출생을 했다고 해도 그 아이는 단명한다. 또 사람에 따라 이처럼 윤기가 있는 청색이 진하게 나타나는 경우도 있는데, 이것은 일반적으로 피부가 흰 사람에게 나타나는 경우가 많다.

- 임신하고 있을 때, 삼음삼양三陰三陽에 평단동방명平旦東方明의 윤기가 나타날 때는 반드시 수재秀才를 낳는다. 그 아이는 나중에 반드시 천하

41 출산에 대해 살피는 방법이 여러 가지가 있지만, 역자譯者의 경험으로 볼 때 부인에게 미망인상이 강하면 여자아이가 태어나기 쉬운 것 같다(남편과 상극이 되는 관상일수록 여자아이가 태어나기 쉽다). 이 경우는 반드시 부부의 관상을 보고 비교하지만, 남편의 관상이 여성적이거나 관상에 기세氣勢가 없거나, 운세가 하강하는 경향에 있거나 컨디션이 불안정하고 자주 아프거나 할 때, 또는 부인이 강한 미망인상인 경우는 반드시 여자아이나 건강하지 못한 아이가 태어난다. 반대로 부인에게 강한 미망인상이 있어서 남자와 같은 관상을 가지고 있다고 해도, 남편이 아내를 능가할 정도의 남자다운 관상이나 위엄이 있는 관상을 가지고 있으면 남자 아이가 태어나기 쉽다. 옛말에 '번개 치는 날'이나 '술을 먹은 날'은 아이를 만들지 말라고 했다. 육체적으로 정신적으로, 나아가서는 운세가 불안정한 때에 성교를 하여 태어난 아이는 반드시 단명하거나 신체 장애를 가지고 태어난다. 또 옛날사람들은 젊을 때 자식을 낳을 것을 장려하였는데, 이것도 경험에 의해서 얻은 결론일 것이다. 부부가 고령이면 장애아가 태어날 위험이 높아지는 것은 의학적으로 증명되고 있다. 일반적으로 '장애아'라고 하면 외형적이나 육체적으로 어떠한 특징이 있는 것이라 생각하기 쉽지만, 실제는 내면적 · 정신적으로 장애가 있는 경우도 많아 성인이 된 후에 악행에 손을 대거나 자살하거나 한다.

에 이름을 날린다.

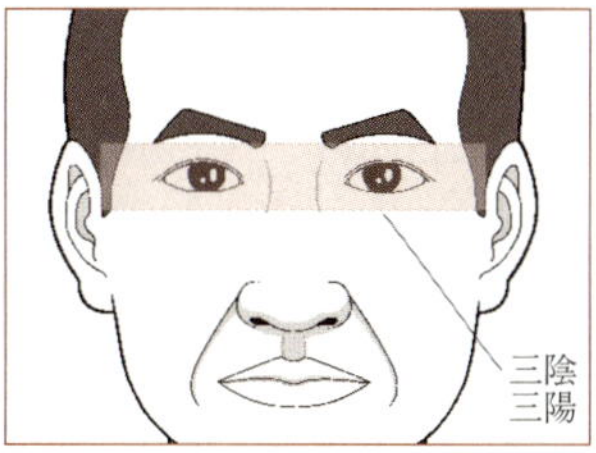

이처럼 삼음삼양이란 눈의 상하좌우, 귀 부위의 머리털 부분에 이르는 부위를 가리킨다. 또 평단동방명의 윤기란, 불윤不潤, 불명不明, 불암不暗, 건강하고, 태양(↔太陰)이고, 발달의 기운이 보이는 것이다.

어미魚尾 · 간문奸門의 부위

● 어미에 붉은색이 있을 때는 부인에게 질병이 있다. 또는 부부 사이에 말다툼이 끊이지 않는다.

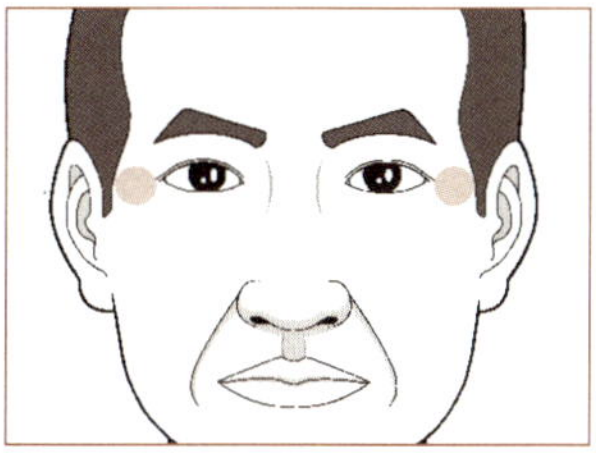

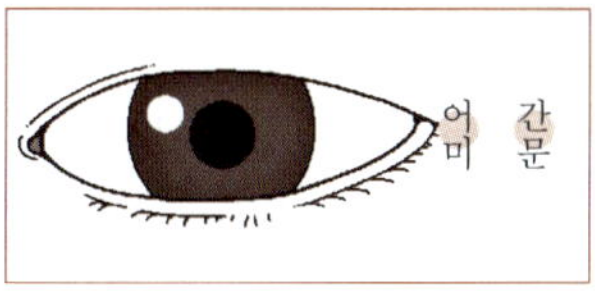

이상의 붉은색은 약 3~6㎜의 크기로 흩어진 것처럼 나타난다. 눈을 감으면 보이지 않고 눈을 뜨면 나타나는 혈색이며, 눈꼬리부터 눈 속으로 들어가는 장소에 나타난다. 붉은색이라고 해도 검은색이 조금 섞여 있기 때문에 검붉게 보인다. 또 담홍색과 함께 나타나는 경우도 있다. 아내가 없는 사람은 여난女難을 당하기도 한다.

● 어미에 검은색이 있을 때는 부부 사이에 말다툼이 끊이지 않는다. 또 부인과 인연이 약하고 이혼을 한다.

이처럼 검은색이 있는데도 이혼하지 않을 때는 반드시 그 부인에게 질병이 있거나 발생한다. 어느 쪽이든 여자 때문에 고생을 많이 한다. 앞에서 말한 것처럼 눈꼬리부터 눈 속으로 들어가는 장소에 나타나는데, 마치 눌어붙은 것 같다. 눈을 꼭 감고 있으면 관찰하기 어렵고, 눈을 뜨고 있으면 쉽게 관찰할 수 있다.

- 어미에 붉은 점이 있을 때는 가족에 관련하여 불안한 일이 있거나 고생을 많이 하게 된다.

이 붉은 점은 좁쌀 크기의 것이다. 사마귀도 아니고 부스럼 종류도 아니다. 많이 있는 경우는 고려하지 않고 한 개만 나타났을 때 관찰한다. 어미 또는 어미 위아래로 나타난다.

- 간문에 적색이 있을 때는 많은 고생을 한다. 특히 여자 때문에 고생을 한다.

이와 같은 적색은 간문 부위의 발제髮際 부분에서 진하게 나타나는데 마치 그을린 것처럼 검붉다. 간문은 음면(陰面 : 옆얼굴)의 후방에 있기 때문에 음陰이다. 검붉은 것은 불과 물[火水]이 서로 싸우는 색이다. 이러한 원리를 바탕으로 잘 판단하기 바란다. 또한 간문은 음陰인 여자를 상징한다.

- 간문에 붉은 점이 있을 때는 여난女難 또는 말다툼이 끊이지 않는다.

이 붉은 점은 크기가 좁쌀이나 쌀알[米粒]의 단면斷面 정도 된다. 많이 있는 경우는 여드름이나 부스럼 종류이므로, 1개 정도 있는 경우만 관찰의 대상으로 삼는다. 이러한 적색이 간문부터 머리카락의 조금 안쪽에 걸쳐서 나타난다. 앞에서 말한 것처럼 간문은 처첩궁 뒤쪽에 있는데 음陰인 여자를 상징한다. 게다가 적색은 재난災難을 담당하는 색이므로 '음인 여성에 대한 재난이 있다'라고 본다. 또 머리카락은 본인 혈액의 나머지 부분으로, 친척을 상징한다. 따라서 적색이 머리카락에 걸쳐 있을 때는 그 재난이 친척에게까지 미친다고 본다.

천중天中 · 관록官祿의 부위

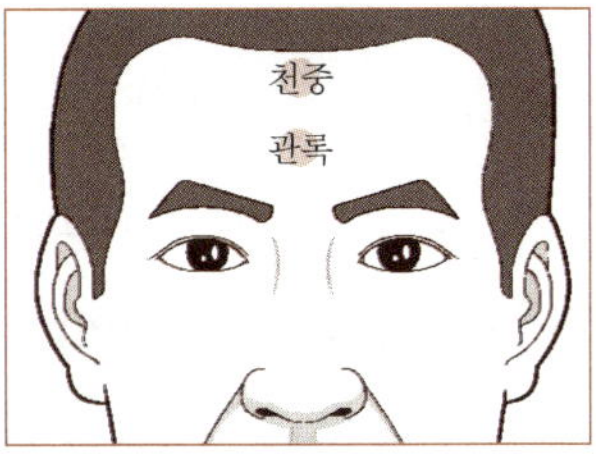

● 천중 · 관록까지 청색이 내려올 때는 윗사람에게 질타와 책망을 당한다.

이처럼 청색은 천중부터 두 종류의 선이 되어 관록 부위까지 내려온다. 흩어져서 한 줄기로 내려오기도 한다. 예를 들면, 어린아이 새끼손가락 끝으로 선을 그은 것처럼 넓게 나타난다. 그러나 두드러지지 않으며, 분명하게 청색으로 보이는 것도 아니다. 그렇다고 반드시 푸른색의 핏대가 있는 것도 아니다.

● 천중부터 관록까지 붉은색 기운이 내려오면 반드시 윗사람에 의한 재난이 닥친다.

이상과 같은 붉은색의 기운은 천중부터 일어나 관록 부위까지 흩어진 것처럼 나타나서 내려온다. 또 앞에서 말했듯이 어린아이 손가락으로 선을 그은 것 같은 넓이로 나타나거나, 등심灯心의 꾸불꾸불한 모양으로 나타나 내려오는 것도 있다. 붉은색의 기운 끝이 가늘어지고 있을 때는 반드시 가까운 시일 안에 큰 재난이 일어난다.

● 관록의 혈색血色이 쇠약해져 시든 것처럼 나타날 때는 매우 좋지 못하고, 고생을 많이 한다.

이러한 색이 나타나면, 그 당시는 바라는 일이 많지만 제대로 실현되는 것은 하나도 없다. 이처럼 '쇠약해지고 시든' 것처럼 보이는 것은 암몽暗蒙의 기운이 서로 교대로 나타나는 것을 가리킨다. 이 사람은 반드시 집이 망하거나, 그 지위를 잃거나, 막히는 일이 많다. 잘 관찰하기 바란다.

● 남편이 없는 여자는 관록의 혈색이 쇠약해지거나 나쁘다. 반대로 남편이 있는 여자는 자연스럽게 혈색이 좋다.

이러한 혈색은 매춘부나 품행이 단정하지 못하거나, 정조 관념이 부족한 여성 등 자연의 이치를 거스르는 사람에게 나타나지 않는다. 미망인이나 미혼 여자에게 나타난다.

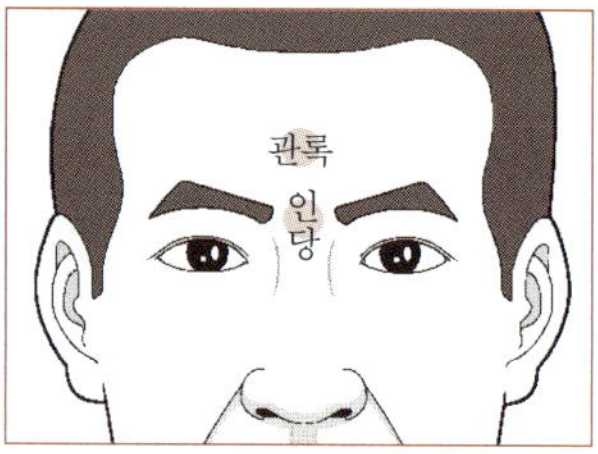

- 관록부터 인당까지 청색의 기운이 있을 때는 근심이 있거나 놀라는 일이 일어난다.

이와 같은 청색의 기운은 관록부터 인당까지 흩어진 것처럼 엷게 나타난다. 하지만 흐린 몽색처럼 보이는 경우도 있다. 무엇보다 청색의 기운은 근심이나 놀라움의 색이다.

일월日月 · 인당印堂의 부위

- 적자(嫡子 : 상속하는 사람, 즉 장남 · 장녀)가 죽을 때는 일월(日角과 月角)의 혈색이 쇠약해져 자연스럽게 살이 빠진 것처럼 보인다.

이 일은 많은 자식 중에서 아들 하나가 죽는 것에 대해서는 판단하지 않는다. 독자인 경우에만 판단한다. 이것에 대해서는 〈후편 2권〉에서 자세하게 설명하고자 한다(247쪽 참고).

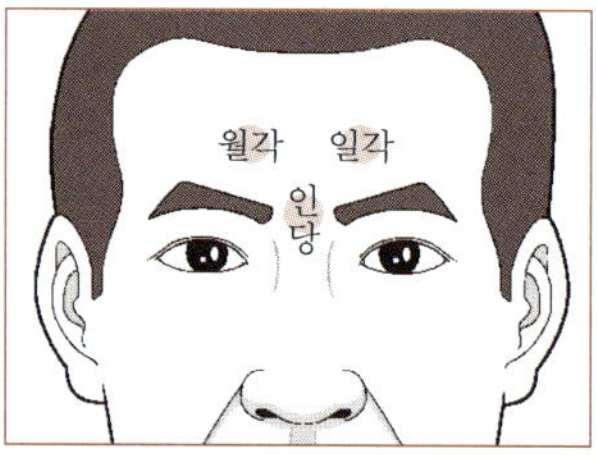

- 일월에 미색美色이 있을 때는 자신을 도와주는 윗사람이 있다.

부모가 있는 사람은 자기보다도 부모의 기세氣勢가 강한 경우가 있다. 이러한 혈색血色은 일월의 관에 대략 동전 크기 정도로 엷고 희미하게 나타난다. 반드시 두드러져 나타난다고는 할 수 없다. 미색이란 윤기가 있는 것을 가리키지만 사람에 따라 진하게 나타나는 것도 미색이라고 한다.

- 인당에 붉은색 기운이 솟아오를 때는 반드시 공난公難이 있다.

이와 같은 붉은색 기운은 두 가지가 있다. 흩어진 것처럼 솟아오르는 경우와, 왠지 모르게 엷고 희미하게 피어 오르는 것처럼 보이는 경우가 있다. 다만 붉은색의 기운이기 때문에 어느 쪽이나 모두 희미하게 나타나는데, 사람에 따라서 조금 진하게 나타나는 일도 있다. 만약 적색과 같이 진하게 나타났다면 판단하지 않는다. 잘 생각하고 판단해야 한다. 또 이러한 붉은색이 나타나고, 동시에 파산하는 혈색이 있거나 생활이 막히는 혈색이 나타날 때는 그 공난公難은 큰 일이 된다.

- 인당이 넓고, 홍색紅氣의 기운이 있는 것처럼 항상 붉은 사람은 우둔한 사람이다. 이러한 사람은 항상 마음에 희열喜悅을 간직하고 있다. 그러므로 인당에 붉은색이 나타난다. 붉은색에는 두 가지가 있다. 간기肝氣가 강하거나 마음을 피폐시키고 있을 때는 자연스럽게 심화心火가 높아지고, 인당에 붉은색이 나타난다.
- 인당부터 관록까지 미색이 있을 때는 모든 일이 순조롭다.

이 사람은 반드시 마음속에 기세를 간직하고 있기 때문에, 자연스럽게 관상가는 '지금부터 운이 열릴 것이다'라고 생각한다. 이러한 미색은 원래는 홍윤紅潤의 기색氣色이다. 즉 이것은 기운이 좋거나 건강할 때 나타나는 혈색이다. 따라서 마음속에 즐거움을 포함한 색이다. 일반적으로 심화心火가 건강한 때는 만사에 정체가 없고, 자연스럽게 운의 순환도 좋아진다. 덧붙여 이 혈색은 음덕陰德을 쌓는 사람에게 나타나는 혈색으로 잘못 판단하는 경우가 있으므로 두 가지를 잘 생각하기 바란다.

- 인당에 붉은 점이 있을 때는 반드시 싸움이 일어나거나 재앙이 있다.

이상과 같은 붉은 점이란 앞에서 말한 것처럼 좁쌀이나 겨자씨 정도의 크기를 말한다. 또 인당의 조금 위나 아래에 나타나는 경우도 있다. 많이 나타나 있는 경우는 관상의 길흉을 판단하지 않는다. 하나만 나타난 경우에만 판단한다. 희미하고 판단하기가 어려운 일도 있으므로 잘 판단해야 한다.

- 인당에서 청색의 기운이 일어나 변지를 향해 달릴 때는 현실을 피해 멀리 도망가고 싶다는 생각을 하고 있다.

하지만 결국은 멀리 갈 수 없다. 이러한 혈색은 간기가 많이 쇠약해지면 자연스럽게 음침하게 되어 무상無常의 기운이 강해진 결과이다. 그러므로 현실로부터 피해 어딘가 멀리 가고 싶다는 생각을 하는 것이다. 따라서 간기가 다스려질 때는 이상의 혈색이 홀연히 사라진다. 또 이 혈색은 변란變亂이 격렬하기 때문에 판단하기가 어렵다. 만약 현실을 피해 진심으로 멀리 가려고 할 때는 이상의 혈색은 인당에 나타나지 않고, 음陰면 24혈인 변지 · 역마에 나타난다. 다른 부위의 관상도 함께 참조하여 판단한다.

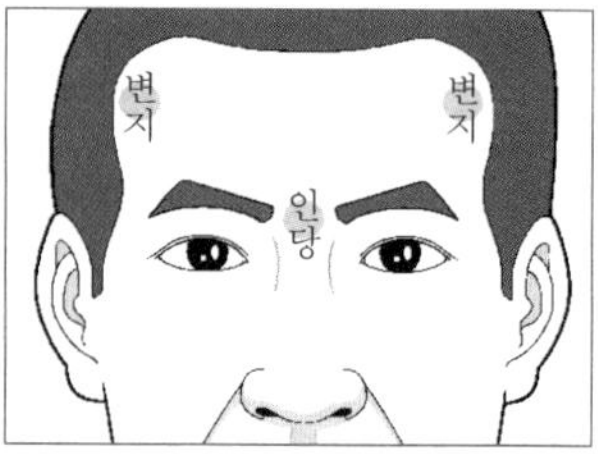

입술[唇] · 승장承漿의 부위

● 입술이 검붉은 사람은 운이 강하다. 그에 상응하는 발전이 있다. 또 신장의 기운이 강하다.

이 검붉은색은 적동赤銅처럼 윤기가 있다. 또 아랫입술의 안쪽이 다홍색이다. 이러한 사람은 피부가 희지 않고, 얼굴색이 조금 검붉다. 만약 피부가 흰색이면 대흉大凶이다.

● 입술이 붉은 사람은 길吉하다. 하지만 색이 나빠지면 운기運氣도 자연스럽게 나빠진다.

입술 색이 나빠질 때는 만사萬事에 장애가 있고 성취하기가 어렵다. 노인은 기혈氣血이 쇠약해지고 있기 때문에 입술 색이 자연히 나쁘다. 이것은 노인들의 상색常色이다. 반대로 젊은 사람은 기혈이 왕성하기 때문에 입술 색이 자연스럽게 좋다. 이러한 이치를 잘 생각해야 한다.

● 입술이 흐린 것처럼 검은 반점이 있는 사람은 운기가 쇠약해지고 있기 때문에 종종 재난을 당한다. 원하는 것이 하나도 성취되지 않는다.

이와 같은 검은 반점은 크기가 쌀알[米粒] 정도이고 검푸른 색으로, 입술

얼룩으로 나타나거나, 쌀알이 스며들어 붙은 것처럼 나타나기도 한다. 이 반점이 얇아짐에 따라 운기도 자연히 좋아진다. 굳이 검은 반점이 아니어도 이상과 같은 혈색이 나타날 때는 똑같이 판단한다.

- 입술이 희게 보일 때는 비장에 질병이 있고, 자연히 기운이 음陰으로 차고 무겁다.

또 대수롭지 않은 일에 대해서도 걱정을 많이 한다. 이러한 사람은 반드시 질병이 원인이 되어 운기를 하강시켜 버린다. 또 질병에 걸리지 않아도 마음이 무거우면 이루어지는 일이 없다. 만사가 정체되고 운기에 장애가 생긴다.

- 환자의 승장承漿에 나쁜 색이 있을 때는 반드시 '약위藥違'가 있다.

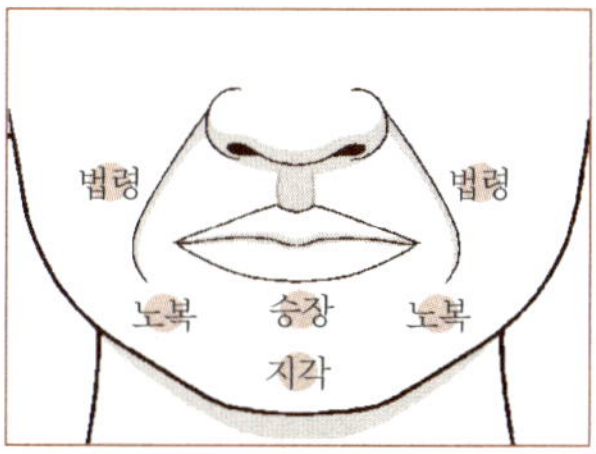

이러한 혈색은 왠지 모르게 나쁜 색이다. 또 질병의 증세에 따라서, 연기가 낀 것처럼 보라색처럼 검푸른 색이 나타나는 일도 있다. 어느 쪽이라 해도 승장에 나쁜 색이 나타날 때는 약이 잘 듣지 않는다. 이러한 혈색은 승장의 일부분에 나타난다.

- 보통 사람(질병이 없는 사람)으로, 위에서 말한 것처럼 나쁜 색이 승장 부위에 나타났을 때는 식체食滯라 할 수 있다.

식체라고 생각해도 승장에 나쁜 색이 나타나지 않으면 식체는 아니다. 또 약위藥違라고 생각해도 이와 같이 승장의 색에 변화가 없으면 약위가 아니다.

역마驛馬 부위

● 역마부터 변지까지 미색美色이 나타날 때는 집에 공사할 일이 있거나 이사하는 일이 있다.

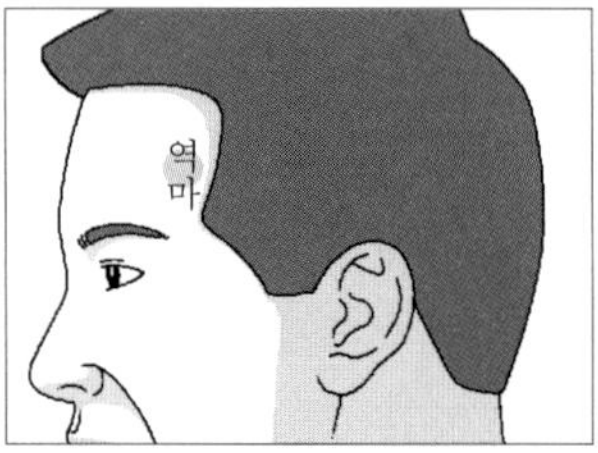

집에 즐거운 일이 있을 때, 이러한 혈색血色이 나타나는 경우가 있다. 이 미색은 역마에서 일어나 변지를 거쳐서 퍼지는 혈색으로 홍윤紅潤이 서로 섞여 있는 미색이다.

● 역마에 어두운 기운이 나타날 때는 집에 대한 걱정거리가 있거나 가정에 고생스러운 일이 있다.

이러한 암기暗氣는 흐린 것처럼 보인다. 이것을 '일질日昳의 어두움'이라고 하여 살피기가 어려운 혈색이다. 하지만 2~3척(약 60~90㎝) 정도 떨어져서 살펴보면 자연스럽게 보인다. 또 암색이 나타나는 경우가 있는데, 이것은 살피기가 쉽다.

● 역마부터 산림에 이르기까지 어두운 기운이 있을 때는 집이 망하거나 가정에서 다투는 일이 있다.

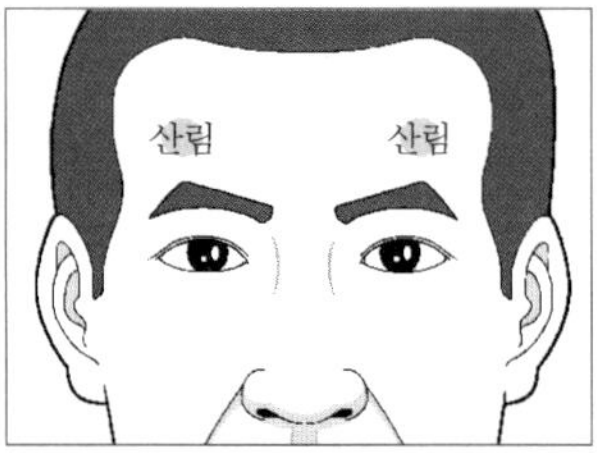

이 어두운 기운은 연기가 낀 것처럼 희미하다. 또 이 혈색은 역마로부터 나오고, 산림 쪽으로 당긴 것처럼 나타난다. 비유한다면 어린아이의 새끼손가락 끝으로 그은 정도의 넓이로 보인다. 하지만 두드러지지는 않는다.

얼굴 부위의 색

- 얼굴에 적동赤銅처럼 검붉은색이 있는 사람은 운기運氣가 강하고, 상응하는 복이 있다.

이것을 철면鉄面이라고 말하는데, 귀천貴賤에 관련되지 않고 나타나는 길상吉相이다. 첫째로 마음이 강하고, 신장腎臟의 기능이 좋다. 만약 빈상貧相이라 해도, 철면의 사람은 우선 가난해지는 일이 없다. 또 고독의 상이라고 해도, 철면의 사람은 아무리 혼자된다고 해도 자식이 있다. 게다가 친족 중에서도 자연스럽게 의지할 만한 사람이 있다. 검붉은 가운데에 윤기가 있다. 니면泥面이나 예면穢面은 철면과 혼동하기 쉬운 얼굴색이지만, 윤기가 없고 때가 낀 것처럼 지저분하고, 그을린 것처럼 보인다.

- 예색(穢色 : 더러운 색)이나 진흙색이 항상 나타나고 있는 사람은 비록 관상觀相이 좋다고 해도 일생 동안 빈궁하거나 발전하기가 어렵다.

이러한 얼굴색은 때가 모여 있는 것 같거나 지저분해 보이는 하품下品으로, 얼굴의 한 면에 나타난다. 중요한 것은, 이러한 혈색은 일시적인 것이 아니라 선천적인 얼굴색이다. 이 사람은 일생 동안 주거가 안정되기가 매우 어렵다. 일반적으로, 아무리 노력해도 성공하지 못하거나 보답을 받지 못하는 관상이다. 하지만 신앙을 가지고 음덕陰德을 쌓을 때는 반드시 좋은 쪽으로 변화한다.

- 얼굴의 한쪽에 예색이 나타날 때는 필사必死의 궁액(고난)이 있다.

앞에서 말한 것과 같이 더러워진 것처럼 보이거나, 그을린 것처럼 보인다. 궁액窮厄이란, 재난이 닥치거나 가업이 파멸하거나 가난한 사람에게는 음식이 떨어지거나 하는 일 등이 일어나는 경우로, 모두 대흉大凶이라 할 수 있다. 다만 다른 관상을 보고 종합적으로 판단해야 한다. 만약 환자에게 이 관상이 나타나면, 죽음이 매우 임박한 상황이다.

- 얼굴에 진흙색이 나타날 때는 좋지 않은 상황에 처해 있다.

이 진흙색이 나타날 때는 재난을 당한 뒤거나, 가업 상속자로서 큰 손실을 입은 다음이다. 이러한 혈색은 처음에는 예색으로 시작하여 나중에는 진흙색이 되는데, 운기가 강한 사람은 예색만으로 끝나기도 한다. 예색이나 진흙색은 잘 살펴야 한다. 다만 이 혈색은 항상 있는 얼굴색이 아니라, 당시의 흉에 의해서 일시적으로 나타나는 것이다.

● 소아小児일지라도 종주宗主가 될 때는 양면陽面의 혈색이 좋아진다.

비록 그 집의 주인일지라도 종주가 되지 않을 때는 반드시 양면의 혈색이 나쁘다. 양면이란 얼굴 정면이며, 세상을 상징한다.(얼굴의 옆면으로 음陰을 상징한다) 그러므로 어린아이일지라도 종주가 될 때는 얼굴 정면의 혈색이 좋아진다. 반대로 그 집의 주인이라도 종주가 되지 않으면 정면의 혈색은 자연스럽게 나쁘다. 귀천에 얽매이지 말고 이러한 관상을 기준으로 판단해야 한다.

● 얼굴색을 잠시 보고 있어도 전혀 '냉하다'라는 느낌이 없는 사람은, 마음이 강하고 운도 강하다. 반드시 발전하고 사람들에게 중용된다.

또 얼굴을 살피기 시작했을 때는 좋게 보여도, 살펴본 뒤에 왠지 모르게 '냉하게 보이는' 사람은 마음이 약하고, 끈기가 부족하여 발전하기가 어렵다. 또 마음은 강하지만 신체가 건강하지 못한 사람은, 얼굴 정면의 혈색을 잠시만 살펴보면 자연스럽게 약하게 보인다. 하지만 신(神≒정신)이 있어 마음이 약해도 마음속에 즐거움이 있을 때는 얼굴색이 좋고 보고 있으면 냉하지 않은 상태가 된다. 반대로 신이 없을 때는 마음이 강한 상태를 닮았지만, 마치 성곽은 견고하지만 대장인 주군이 없는 성과 같은 것이다.

● 얼굴을 청색의 기운[青氣]이 덮고 있을 때는 반드시 이연離縁이 있다.

얼굴이 새파래진 것처럼 보인다. 청색 기운이라고 하지만 몽색이다. 여기서 청색 기운이라고 한 것은 쉽게 살펴 볼 수 있기 때문이다. 간기肝氣가 강하고 기운이 뜬[塞] 것처럼 된 사람도, 얼굴이 새파래진 것처럼 보인다. 이는 잘 살펴 보아야 하며, 남녀 모두 보는 방법이 같다.

● 난심亂心의 관상이라 해도 얼굴에 체기가 나타나 있는 사람은 난심이

되지 않는다.

체기란 항상 간기가 강한 사람이 그 간기를 억제하여 몸속에 담고 있는 기운이 얼굴에 나타나는 것이다. 체기가 있으면 자연스럽게 얼굴색이 어둡거나 무겁다. 다시 말해 얼굴색의 용태(≒모습)에 따라 체기인지 아닌지를 본다. 체기란 간기를 억제하여 기가 몸속에서 울체되어 있고, 겉[表]으로 나타나지 않은 상태이다. 따라서 발광(≒난심)하는 일은 없다.

- 귀인貴人은 얼굴색이 흰 것을 길吉로 하고, 하천인下賤人은 얼굴색이 붉은 것을 길吉로 한다.

원래 사람은 혈맥에 의해서 발생하는 것이다. 그러므로 귀천貴賤과 상관없이 얼굴색은 항상 붉다. 귀인은 하늘의 덕을 얻는 사람으로, 희면서 붉은 것이 길하다. 즉 '하늘은 물을 일으키고 만물을 기른다'라는 것이 하늘의 덕이다. 한편 하천한 사람은 땅의 덕을 얻는 사람이며, 붉고 노란 것을 길로 한다. 즉 '땅에서 만물을 기르고 하늘의 덕에 보답한다'라는 것은 당연한 것으로, 땅의 덕인 것이다.

- 얼굴색이 쇠약해져 많이 나쁘게 보여도 법령선에 윤기가 있는 색이 나타날 때는 반드시 나쁘다고 판단하지 않는다. 오히려 가업은 번성한다.

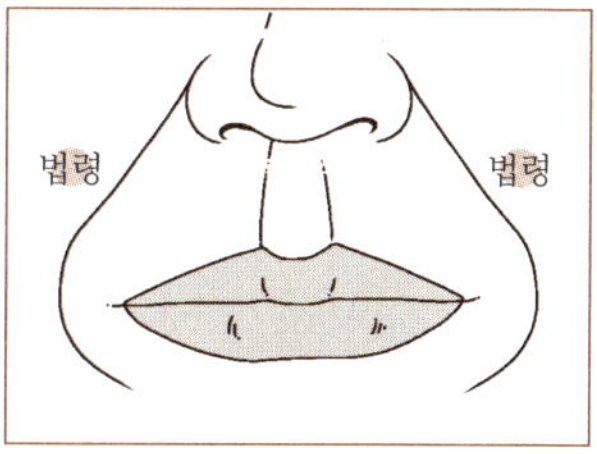

풍당風当 · 지고地庫 · 턱[頤] · 가슴[胸] · 도관盜官의 부위

- 풍당에 윤기 있는 색이 있을 때는 반드시 가까운 시일 안에 좋은 소식을 듣는다.

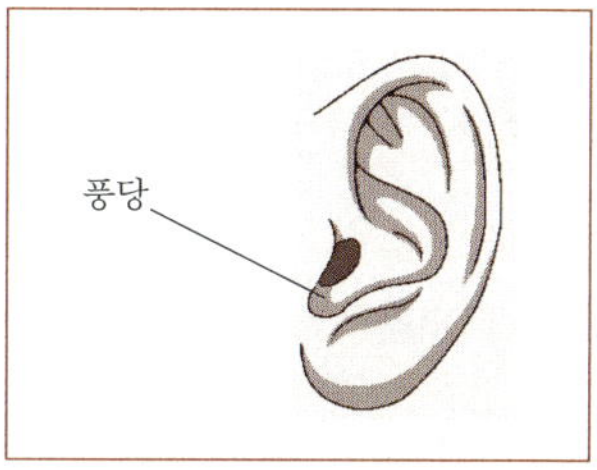

여기서 풍당이라고 하는 것은 귓구멍 사이에 있는 것이다. 이 부위에 윤기 있는 색이 강하게 나타날 때는 이미 경사스

러운 소식을 들은 다음이다. 그러나 이상의 윤색에 조금이라도 나쁜 색이 서로 교대로 나타날 때는 좋은 소식을 들었다고 해도 장애가 있어 안정되기 어렵다. 또 선명하게 나쁜 색이 나타나고 있을 때는 나쁜 소식을 듣게 된다.

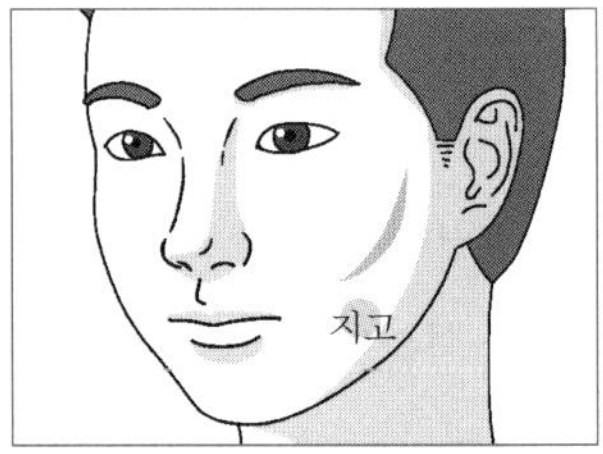

● 지고地庫에 침전물이 가라앉은 것처럼 보이는 색이 있을 때는 친척에게 재난이 있다. 또는 사람들의 지도자가 되는 사람은, 그 지배하에 공난公難이 있다.

침전물 색이란 다른 특별한 색이 아니라 침전이 되어 있는 것처럼 나타나는 색이다. 또 암기暗氣, 몽색蒙色, 적기赤氣가 나타나는 일도 있다. 게다가 왠지 모르게 흐린 것 같은 색이 나타나는 일도 있다. 어느 쪽이라 해도 색이 바뀌거나 침전물이 있는 것처럼 보일 때는 친척이나 아랫사람에게 난이 있다. 또 이 혈색이 지고 부근에서 흩어진 것처럼 둥글게 또는 흩뿌려 놓은 것처럼 나타난다.

● 가슴에 담홍색과 같은 것이 있을 때는 운이 강하고 그에 상응하는 복이 있다.

담홍색과 같은 색에 윤기가 있을 때는 금전과 그 밖의 일에 대해서 만사가 안정되기 쉽다. 하지만 다홍색 무늬를 바른 것처럼 적색이 강한 경우는 반드시 하상下相이다. 따라서 이것을 길吉로 보면 안 된다. 가슴이 흰 사람은 마음이 약하고, 단명短命한다. 여자로서 가슴이 붉은 사람은 남편을 극克하는 악처惡妻이다.

● 도관盜官에 어두운 점이 있을 때는 이미 도난盜難을 당했거나, 분실물이 있다.

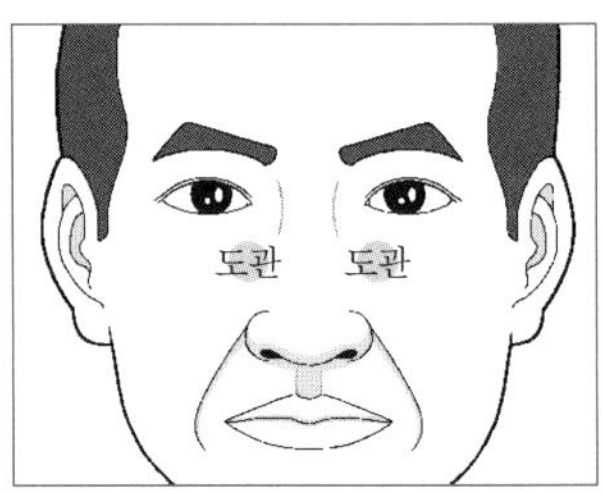

이처럼 어두운 점이란 미립, 또는 맥립麥粒 정도의 크기로 어슴푸레한 것이다. 또는 바늘 끝으로 찌른 정도의 크기의 적색이 나타나는 일도 있다. 어느 쪽이라 해도 도관의 색이 바뀌거나 방해가 있을 때는 도난을 당하거나 분실물이 있다. 다시 말해, 도난을 당할 때까지는 광대뼈로부터 어두운 기운이 나와 도관에서 머문다. 이미 도난을 당했다면 이상과 같은 어두운 점이 되어 도관에 머문다. 도난을 당할 때까지는 어두운 기운을 살피기가 어려워 도난을 당한 뒤의 상을 여기에 나타냈다. 차근차근 살펴보기 바란다. 광대뼈는 세상에 관련된 일을 담당하고, 코는 당신의 신체를 상징한다. 게다가 코의 좌우(≒도관)는 당신의 성곽이며, 어두운 기운은 논쟁이나 싸움을 나타내는 색이다. 다시 말해, '세상이 당신의 성곽을 어둡게 한다'라는 의미로 '도난을 당한다'라고 말한다.

기색氣色 및 위치에 관한 것

1. 대음(大陰=太陰)의 기색이 있는 사람은 남에게 베풀지 않고 단지 탐하기만 한다. 타인의 명덕(明德 : 뛰어난 품성)을 가리고, 타인의 미악微惡을 드러내는 것을 좋아한다. 그 기운은 보름달이 뜬 한밤에 위치한다.
2. 대양(大陽=太陽)의 기색이 있는 사람은 의지가 강하고 모든 일이 순조롭다. 하지만 번성한 사람은 반드시 쇠약해지는 것이 통례이다. 잘 생각해야 한다. 그 기운은 천상의 정중앙에 있다.
3. 소음(小陰=少陰)의 기색이 있는 사람은 타인이 쇠약해지는 것을 좋아하고, 타인의 마음을 어지럽게 하거나 탐내는 일을 한다. 그 기운은 일질황혼日昳黄昏에 있다.
4. 소양(小陽=少陽)의 기색이 있는 사람은 관연(寬然 : 느긋하게 안정되고 있는) 한 모습을 하고 있으며, 뜻과 생각이 광대하다. 또한 욕심이 없으며 올바르게 타인을 이끌어 모든 일을 좋게 해 준다. 그 기운은 평단현상平旦現上에 있다.

〈상법 후편〉 2권

혈색血色의 부위 : 論弁

● 관상觀相을 볼 때 그 혈색을 잘 살피고자 한다면, 조석潮汐으로 파악하고 살펴보아야 한다. 마음이 안정되어 있으므로 자연스럽게 잘 보인다. 원래 인체의 기혈이 있다고 하는 것은 천지天地에 조수潮水가 있는 것과 같다. 그러므로 사람의 기혈은 조수의 진퇴(≒차감)에 따르고 흥망성쇠가 있다. 다시 말해, 만조滿朝가 되어 가득 찰 때[吉]는 사람의 기혈도 가득 차므로, 그때 살펴보면 혈색이 자연스럽게 떠올라 알기 쉽다. 또 관상을 보는 사람도 본인 신체의 기혈이 이상과 같이 충만한 때에 관상을 보면, 마음이 집중되고 건전健全하기 때문에 관상이 자연스럽게 잘 보인다. 조수가 물러갈 때는 마음이 음陰이 되어 기혈도 가라앉아 있으므로 알기가 어려워진다. 이처럼 관상을 보는 사람도 심신이 편안하지 못할 때는 관상이 제대로 보이지 않기 때문에 확인하기가 매우 어렵다. 기혈이 쇠약해져 항상 혈색이 나쁜 사람일지라도 천지가 만조가 되어 가득 찰 때는 혈색[42]도 자연스럽게 떠올라 나타나기 쉽고, 관상을 잘 볼 수 있다. 항상 혈색이 좋

42 혈색은 음陰이며 만조 때는 보기가 어렵고, 썰물 때는 보기가 쉽다. 반대로 기색은 양陽이며, 만조 때는 보기 쉽고, 썰물 때는 보기 어렵다.

게 보이는 사람일지라도 이것을 기준으로 판단하기 바란다. 참고로, 태음太陰의 사람은 썰물[退潮] 때에 혈색이 좋아지고, 밀물[進潮] 때에는 혈색이 쇠약해진다.

● **남녀의 관에 보라색이 나타날 때는 자식을 낳는다.**

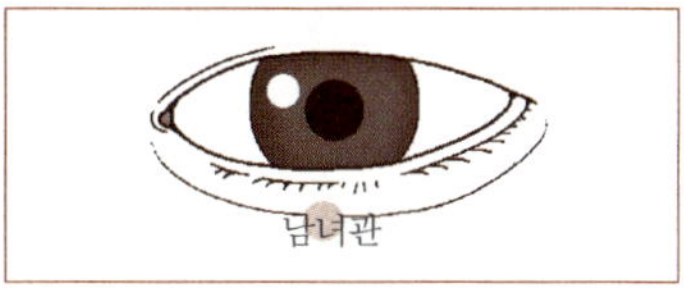

원래 음양이 화합하면 자식을 낳는다. 남녀의 관은 얼굴의 천지음양의 중간에 위치하고, 삼음삼양三陰三陽의 관이므로 남녀의 관이라고 명명되어 자손의 관으로 여겨졌다.

보라색에는 2종류가 있다. 청색과 적색을 섞어 놓은 듯한 보라색일 때는 청색은 목木, 적색은 화火로 목생화木生火의 상생相生의 색이 된다. 즉 자손의 관에 상생의 색이 나타나는 것이기 때문에 아이를 낳는다고 하는 것이다. 또 적색과 흑색이 합해서 보라색이 될 때는 적색은 아버지의 색이자 태양의 색이며, 흑색은 어머니의 색이자 태음의 색이다. 이 경우도 음양의 색이 합하여 자손의 관에 나타나기 때문에 아이를 낳는다고 한다. 그러나 적색과 흑색이 혼합된 보라색일 때는 적색은 불, 흑색은 물의 색으로서 수극화水克火의 상극相克이 되므로 반드시 난산難産하게 된다. 청색과 적색이 합하여 보라색이 될 경우에는 목생화의 상생이 되어 순산順産하게 된다.

● **비록 빈천貧賤할지라도 이미 남편이 정해진 여자는 자연스럽게 관록의 혈색이 좋다. 반대로 부귀할지라도 아직도 남편이 정해지지 않은 여자는 자연히 관록의 혈색이 나쁘다.**

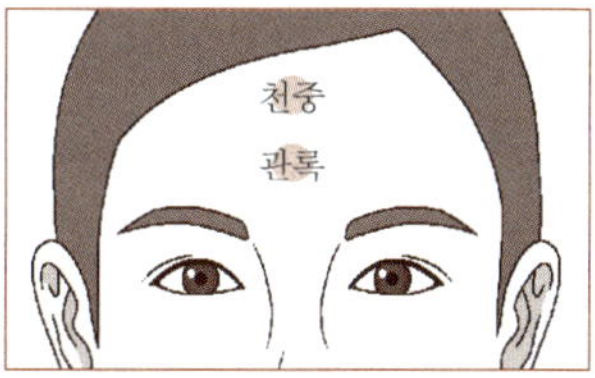

관록의 관官은 천제(≒이마)의 중앙에 있으며 군왕을 상징하고, 여자에게는 남편의 관이 된다. 그러므로 남편이 이미 정해져 있는 여성은 군주를 얻는 것과 같고, 관록에 빛과 윤기가 나타난다. 비유한다면, 남편의 위광威光을 머리에 이고 있는 것과 같다. 하지만 남편에 대해 지조가 없는 여성은 남편을 얻었어도 군주를 얻었다고는 도저히 생각할 수 없기 때문에 남편 빛(≒위광)이 있는 것을 이해할 수 없다. 더구나 자신이 스스로 매우 영리하다고 생각하여 남편을 제쳐 두고 만사에 주제넘게 참견하는 경우가 많다. 만약 이러한 여자를 얻었다면, 그 집이 망하는 것은 물로 불을 끄는 것처럼 자명하다. 따라서 아내와 말다툼이 끊임없이 일어나고 재앙이 발생한다. 여자의 복福인 의식주의 3가지는 모두 남편의 인과응보에 의하는 것이다. 그러므로 여자의 관상이 아무리 좋아도 좋다고 말할 수 없다. 남편을 군주처럼 공경하고, 항상 남편의 위광을 머리 위에 이고 있다고 생각하며, 진정으로 정조를 지키는 여성은 비록 남편의 운이 조금 나쁘더라도 여자 자신의 인과응보에 의해서 남편을 돕는 것이 있다. 이것이 바로 음陰이 양陽을 도와서 화합하여 영광을 누린다는 이치이다. 매춘부는 논외라 하지만, 그들 중에서도 진정으로 정조를 지키려고 하는 사람은 이와 같게 된다.

● 좋은 일이 많은 관상이라고 해도, 관록의 혈색이 나쁠 때는 만사가 안정되기 어렵다.

앞에서 말했듯이 관록의 관은 천제(天帝 : 이마)의 중앙에 위치하며, 군주라고 한다. 따라서 만사의 길흉은 모두 이 부위에 나타난다. 즉 이것은 세상의 청탁은 그 군주의 덕부덕德不德에 있는 것과 같다. 그러므로 관록의 혈색이 탁해질 때는 군주의 혜택을 받는 일이 없고, 국가를 빛내는 일도 없기 때문에 만사가 안정되기 어렵다고 한다.

● 이마 좌우에 윤기가 없는 황색이 나타날 때는 반드시 친족에 대한 근심 걱정이 있다.

사람의 신체는 토의 기[土氣]를 받고 자란다. 그러므로 본인의 신체 그 자체가 토기土氣로 가득 차 있다. 또 황색은 중앙이며, 토의 색이다. 따라서 친족 중에서 사망하는 사람이 있을 때는 본인 신체의 토기동기土氣同氣가 서로 감응하여 자연스럽게 쇠약해져 윤기가 없는 황색이 나타나게 된다. 본래, 황색은 즐거움의 색이라고 말하지만, 사람에게 성쇠盛衰가 있듯이 색에도 청탁이 있다. 그러므로 통틀어 말해서는 안 된다. 이미 당신에게 좋은 일이 찾아왔을 때는, 신체의 토의 기운이 윤기를 얻고, 황색 또한 윤기를 나타낸다. 즉 이것은 본인 신체의 토의 기운이 돋보이기 때문이다.

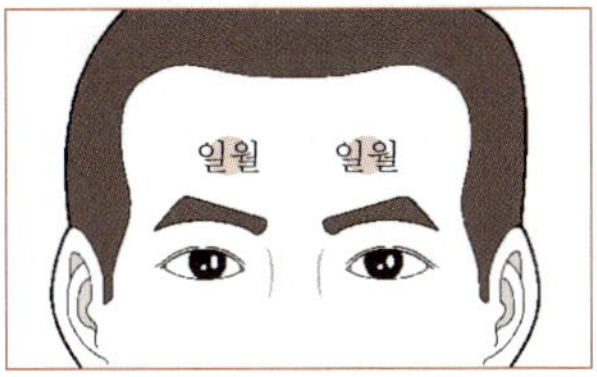

- 일월日月의 관에 검은색이 나타날 때는 반드시 본인의 자식과 사별이 있다.

일월의 관은 부모 · 선조의 관이라 한다. 원래 자손이라는 것은 부모 · 선조로부터 혈맥을 받고 있는 동일체와 같은 것이다. 그러므로 자신의 아이가 사망할 때는 혈맥이 서로 감응하여, 본인의 일월관에 검은색이 나타난다. 검은색은 죽음의 색이다. 또 일월관의 살집이 마른 것처럼 쇠약해질 때는 선조가 쇠약해지는 것과 같다. 이것에 따라서 자손은 존속하지 않는다. 자손이 존속하는 사람은 일월관의 살집이 좋고, 자연스럽게 건강하게 보인다. 반대로 쇠약해질 때는 혈색도 자연히 쇠약해진다. 하지만 이상의 검은색은 자손이 많이 있는 사람에게는 일월관에 나타나지 않는다. 단지 한 명의 혈맥(독자)이 사망할 경우에만 나타난다.

- 이마가 구름이 낀 것처럼 흐리고, 그 부위에 머리카락 같은 붉은 주름이 나타날 때는 반드시 검난(剣難≒돌발적인 사고)이 있다.

이 붉은 주름은 혈血의 색이며 재앙의 색이다. 게다가 이 붉은색 주름은 고기를 저며 놓은 것처럼 나타난다. 그것은 마치 재앙의 색에 의해서 전신의 근육을 손상시키는 것과 같기 때문에 '검난이 있다'라고 하는 것이다. 또 검난이 있을 때는 일월관의 혈색이 쇠약해진다. 왜냐하면 본인의 신체발부(≒전신)는 부모(선조)로부터 물려받은 것이기 때문에 몸을 손상시키는 일은 부모(선조)의 몸을 손상시키는 것과 같기 때문이다. 일월의 관은 결국은 부모 · 선조의 관이다.

- 습기를 하부下部에 포함한 사람은 턱 부위가 자연스럽게 흐려 보인다. 또 턱이 흐린 사람은 배꼽 아래도 자연스럽게 좋지 못하다.

이마는 얼굴의 남쪽에 위치하고, 심화心火에 속하고 상부로 통하고 있다.

또 코와 광대뼈의 부위는 중앙에 위치하고 비토脾土에 속하고, 중부를 통하고 있다. 게다가 턱 부위는 북방에 위치하여 신수腎水에 속하고 하부로 통하고 있다.

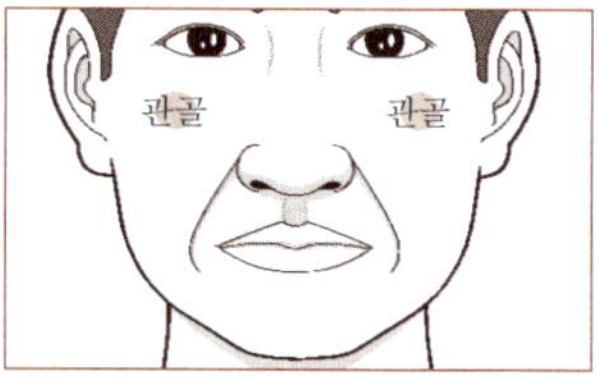

따라서 하부에 습기를 포함한 사람은 턱 근처가 자연스럽게 흐려지는 것이다. 또 물기[水氣]가 많은 곳에 사는 사람은 당연히 그 물기를 하부에 포함하기 때문에 아랫배와 턱 부위가 자연스럽게 흐리다. 본디 그 몸이 건강하고 질병이 없는 사람이나 제대로 양생하는 사람은 물기를 포함하지 않아 흐려지는 일은 없다. 하지만 많은 사람은 하부에 물기를 포함하는 일을 면하기는 어렵다.

- 남녀의 관에서 기색이 나오고, 중정中停에 위치하는 변지까지 이른다. 그 기색이 변지에서 시든 것처럼 백육白肉이 될 때는 반드시 자손이 먼 곳에 가서 죽는다.

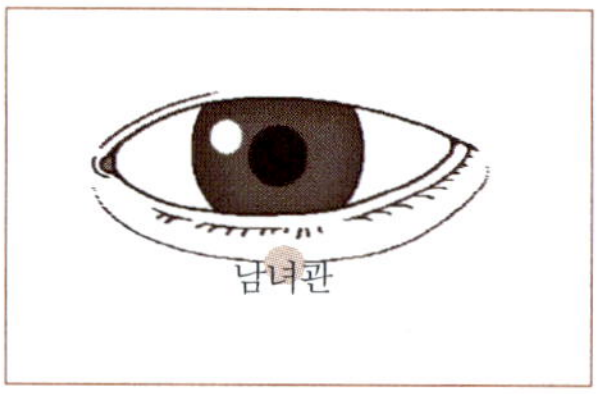

남녀의 관은 자손의 관이다. 그 자손의 관에서 기색이 나오고 변지에 이르면, 자손이 먼 곳으로 간다고 말한다. 기색이 변지 부위에서 시든 것처럼 백육이 된다면, 자손이 먼 곳에 가서 죽는다고 말한다. 백육이란, 근심과 걱정을 하는 색을 포함한 피부와 살집을 말한다.

- 손바닥에 윤기가 있는 홍색이 나타날 때는 그 몸은 건강하고 하는 일이 모두 소원대로 성취된다. 하지만 홍색의 기운이 쇠약해질 때는 만사가 안정되지 못한다.

기혈이 건강할 때는 마음도 건강하고, 손바닥에 윤기가 있는 홍색이 나타난다. 또 마음이 건강하면, 그 몸도 건강하고 하는 일이 모두 자연스럽게 성취된다. 손발은 일신一身의 가지이며, 기혈이 잘 순행하지 못하면 사지에 윤기가 없어진다. 이것은 마치 초목의 뿌리가 건강하지 않으면 지엽枝葉이 쇠약해지는 것과 같은 것이다. 그러므로 손바닥에 윤기가 없을 때는 몸이 돋보일 수 없으며, 무엇을 하더라도 성취되는 것이 없을 뿐더러 안정되지 않는다. 또 사람은 기혈이 잘 흐르지 못할 때 여러 가지 질병이 발생한다. 기혈이 잘 순환하면 저절로 질병은 낫는다. 그러므로 환자가 차도를 보이기 시작하면 이미 손바닥에 윤기가 생긴다. 또 항상 손바닥에 윤기 있는 홍색이 있는 사람은, 그 홍색이 흩어져 없어지기 전에 윤기가 먼저 사라진다. 반대로 항상 손바닥이 시들어 있는 사람은 윤기 있는 홍색이 생기기 전에 먼저 윤기를 얻고, 그 후에 홍색이 나타난다. 얼굴에 나타나는 혈색도 마찬가지로, 좋은 혈색이 나타나기 전에 먼저 윤기가 생겨나고, 나쁜 혈색이 나타나기 전에는 평소의 윤기가 먼저 없어진다. 따라서 홍색이 나타나고 있어도 손바닥이 시들어 마른 것 같은지, 윤기가 있는지 없는지를 잘 살펴야 한다.

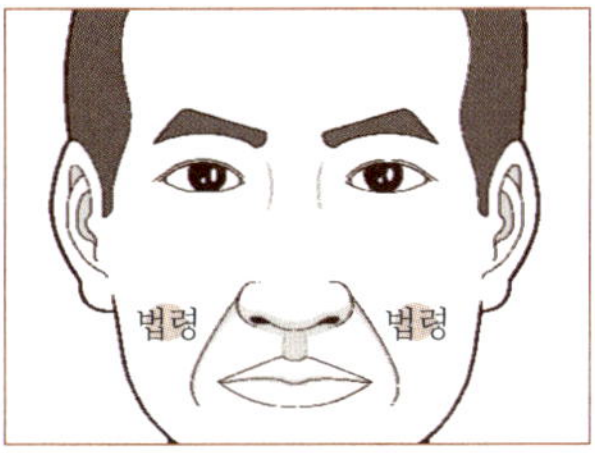

● 얼굴의 혈색 중에서 한 부분만 많이 나쁠지라도 함부로 나쁘다고 판단해서는 안 된다. 가업이 크게 번영하면서 마음의 피로가 겹쳐질 때는 얼굴색이 많이 쇠약해져 이른바 몽색이 된다. 자연스럽게 구름이 낀 것처럼 흐려지는 일이 있다.

관상을 볼 때는 가업家業의 관官을 자세하게 살펴야 한다. 가업이 번성하는 사람은 심신의 피로가 겹치는 경우가 많아 자연스럽게 얼굴색이 나빠지는 경우가 많다. 하지만 가업의 관 주위는 혈색이 좋다. 가업의 관은 법령선을 말한다.

● 일질(日昳 : 석양)의 윤색潤色이 있는 사람은 공난公難이 있다. 상정上停의 윤기 있는 색은 살펴보기가 어렵기 때문에 광대뼈 주위의 윤색을 살펴보기 바란다.

광대뼈는 세상일을 담당한다. 그러므로 광대뼈에 어두운 색이 나타날 때는 세상(≒타인과의 관계 등)의 일이 분명하지 않고, 통로(≒타인과 관련되어)를 잃는 것과 같다. 그러므로 공난이 있다고 한다. 이 색은 원래는 상정(이마)에 있지만 일질日昳, 즉 저녁 무렵 석양과 비슷한 윤색으로 덮여 있기 때문에 정확하게 살피기가 어렵다. 또 일질의 윤색은 상정에서 많이 빛나는 것이다. 일질의 윤색이란, 태양이 서쪽 하늘로 기울어질 무렵, 그 빛을 동쪽 방향으로 비추는 것을 말한다.

● 현재 상황이 곤궁해도 얼굴색이 좋고, 살집이 좋은 사람이 있다. 또 고생을 하지 않는데도 살집이 쇠약한 것처럼 말라 보이는 사람이 있다.

마음이 약하고 알뜰하지 못한 사람은 자연스럽게 마음이 얼굴에서 벗어난다. 그러므로 자연히 얼굴의 살집이 늘어난다. 이 경우는 얼굴에 윤택함이 있지만, 실제로 살집이 가득 찬 상태라고 할 수 없다. 이를 탁육(濁肉 : 탁한 살집)이라고 한다. 또 마음이 강하고 부지런하고 알뜰한 사람은 기혈이 흐트러지지 않고, 혈색이 온화하고 살집도 탄력 있어 보인다. 이러한 사람은 고생을 하지 않는다. 살집이 쇠약하고 야윈 것처럼 보이지만, 실제로 야위었다고 할 수 없기 때문에 탄력 있는 살집이라고 한다. 만사가 길하다.

선천적으로 마음이 약한 사람은 기색이 쇠약한 상태로 태어나므로 혈색에 강인함이 없다. 살집이 가득 차는 일도 없고, 살집이 약하게 보인다. 이것을 박육(薄肉 : 엷은 살집)이라고 한다. 결국은 빈털터리로 전락하는 사람의 관상이다. 선천적으로 마음이 강한 사람은 기색이 건강하게 나타나고, 자연스럽게 혈색에도 강인함이 있다. 그러므로 튼튼해 보인다. 이것을 '살집이 두텁다[厚肉]'라고 한다. 이는 부귀한 사람에게 나타나는 관상이다. 또 장기간 곤궁하여 얼굴색이 쇠약한 사람이 운기가 좋아질 때는 그 얼굴색이 살진 것처럼 보인다. 그러나 이것은 실제로 살쪘다고는 할 수 없다. 마음이 건강하게 되면 기운이 안으로 가득 차기 때문에, 그 기운이 자연스럽게 얼굴에 나타나 살이 찐 것처럼 보이는 것뿐이다. 이것을 육색肉色이라고 한다.

원래 살집은 마음의 기운에서 나타나는 것이므로 마음의 기운이 쇠약하면 기색이 쇠약하고, 기색이 쇠약하면 혈색이 쇠약하고, 혈색이 쇠약하면 자연히 살집이 쇠약해진다. 쇠약한 살집에는 자연히 윤기가 사라진다. 또 탁육濁肉에는 윤기가 있지만 신神(≒정신)이 없다. 두터운 살집이 건강하고 윤택이 있을 때는 정신도 가득 찬다. 이러한 것들은 모두 마음에 의한 것이다. 마음은 소천지(≒인체)의 태극이며, 만사의 길흉에 따라 일어나는 것이다.

● 오랜 세월 동안 운기가 나쁜 사람은 얼굴이 어두운 기운으로 덮여 있다. 그러나 그 어두운 기운이 검은색으로 변화할 때는 많이 좋다.

어두운 기운이란 어슴푸레한 색이다. 검은색이란 심하게 어두운 색이다. 사람에게 나타나는 기색은 천지의 순기順氣를 따르는 것이다. 예를 들면, 태양이 동쪽에서 떠오르기 전에는 천지가 매우 어둡다. 이것을 평단삼平旦三의 어두움이라 하고, 검은색과 같은 것이다. 즉 이것은 음기陰氣가 다하고, 양기陽氣로 순환하기 시작한다는 자연의 이치를 따르고 있는 것이다. 그러므로 암기暗氣가 검은색으로 변화할 때는 서서히 양기가 증가하기 때문에 많이 좋다.

● 눈에 핏발이 서고, 눈동자가 붉은색으로 덮여 있으며, 눈의 기운이 약해져서 정신이 깃들어 있지 않은 것처럼 보이는 경우는 반드시 검난을 당해서 죽게 된다.

검난을 당해 죽는 사람에게는 죽을 상이 나타나지 않는다. 원래 생명은 하늘이 주는 것이다. 질병에 의해 자연스럽게 죽는 사람은 천명이 다해 심心 · 비脾 · 신腎이 자연스럽게 쇠약해져 오행五行이 모두 그 근원으로 돌아간다. 오행이 근원으로 돌아가는 것에 의해서 자연히 죽을 상이 나타난다. 그러므로 병사의 경우는 분명한 죽을 상이 나타난다. 그러나 검난으로 죽는 사람은 죽음에 이를 때까지 몸은 건강하고, 오장五臟이 병드는 일도 없다. 따라서 오행도 건강하기 때문에 죽을 상이 나타나지 않는다. 한편 눈은 일신의 세월이기 때문에 검난으로 죽을 관상이 눈에 나타난다.

● 상정이 맑으면서 기름을 바른 것처럼 빛나는 사람은 대흉이다. 만사가 안정되기 어렵다.

마음이 안으로 가득 차지 않으면 얼굴에서 벗어나 버린다. 그렇게 되면, 얼굴에 기름을 바른 것처럼 번들거리는 빛이 나타난다. 이를 두고 '마음이 얼굴에서 벗어나 만사를 다한다'라고 한다. 이 때문에 모든 것이 안정되기 어렵다. 이것이 석양의 윤색으로, 크게 흉하다[大凶]. 또 마음이 기운으로 가득 찰 때는 얼굴에 나타나는 빛이 마치 일출 같고, 얼굴색은 자연히 풍부하고, 용장勇壯의 기운이 있다. 이것을 '마음의 기운이 단전에 있어서 만사를 위한다'라고 한다.

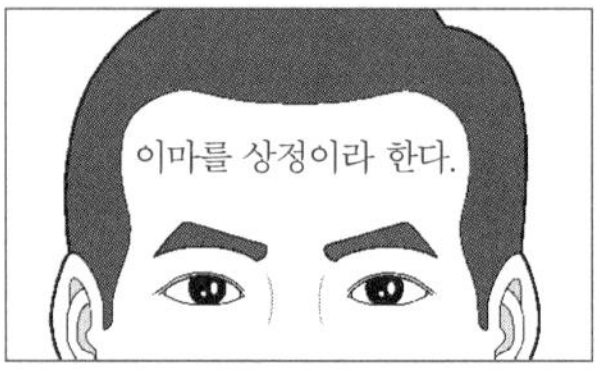

● 이마의 좌우가 검은 사람일지라도 흉은 아니다. 상응하는 복분福分이 있다.

청년으로 아직 직업이 안정되지 않은 사람은, 세상 물정에 대한 고생이 적은 편이다. 다시 말해 그다지 신경을 쓸 것이 없고, 마음이 안일安逸하여 하늘로부터 분명한 장애가 주어지지 않은 것과 같다. 그러므로 이마는 자연히 밝다. 한편 이미 직업이 정해져 있는 사람은 그 일이 점차 번성함에 따라 다른 사람들에게 신경 쓰는 일이 늘어나게 된다. 즉 만사에 마음을 집중하는 것이 많아지면, 심 · 간의 기운이 소진되고, 그것이 상정으로 올라가 양명陽明에 그을린 듯한 색이 나타난다. 이것은 그 직업이 번성하기 때문이므로 흉이라고는 할 수 없다. 또 이 흑색은 간기肝氣가 흥분되고 있어 초조해하기 쉬운 사람에게 대부분 나타난다. 고서古書에는 이마 좌우에 흑색이 나타날 때 대난이 있다고 기록되어 있지만, 이 흑색과는 다르다. 고서에서 말하는 흑색은, 윤택이 없고 모든 구름이 봉우리에 나타나는 것처럼 보이는 색이다. 고서에서 말하는 대난大難은, 그 당시에 다가오는 나쁜 일 때문에 흑색을 덧칠한 것처럼 보인다. 내가 말하는 흑색은 그 당시의 일은 아니다. 이 때문에 이마에 그을린 듯한 색이 나타나는 것처럼 보인다. 또 원래는 좋은 색이기 때문에 자연히 윤기를 포함하고 있다. 이 색은 평단平旦의 윤색이라고 하는데, 태양빛이 동방으로 비친다는 의미이다.

- 습병濕病이 있는 사람은 자연히 이마가 구름이 낀 것처럼 흐리다. 만약 투병 중에 흐렸다가 개면 반드시 죽는다.

사람에게는 양화陽火가 근원에 있다. 또 이마는 모든 양陽의 경락이 모이는 장소이며, 양명陽明에 속하고 양화를 담당하는 장소이기도 하다. 습병은 본래 물기[水氣]로부터 생긴다. 그러므로 신체에 습기를 포함하는 것이 심할 때는 일신의 양화가 그 물기에 덮여 이마가 자연히 흐려지는 것이다. 만약 투병 중에 흐렸다가 확실하게 개면, 그 물기가 더욱더 심해지는 것이기 때문에 마침내 몸의 양화가 극멸剋滅한다. 이것은 진정한 의미에서 개는 것이 아니다. 처음부터 주어진 수명이 다해 본인의 양화陽火가 하늘로 돌아가기 위해 이마가 자연스럽게 개는 것이다. 이러한 이치를 근거로 하여 추측한다면, 습병이 아니어도 사람이 임종을 맞이할 때는 누구든지 흐렸던 이마가 갠다. 이것을 '천명이 다한다'라고 한다.

- 산림山林 주위에 있는 살집이 거칠어진 것처럼 많이 쇠약해지고, 매우 그윽한 황색이 나타날 때는 산림을 벌목하여 논밭으로 만드는 것과 같다.

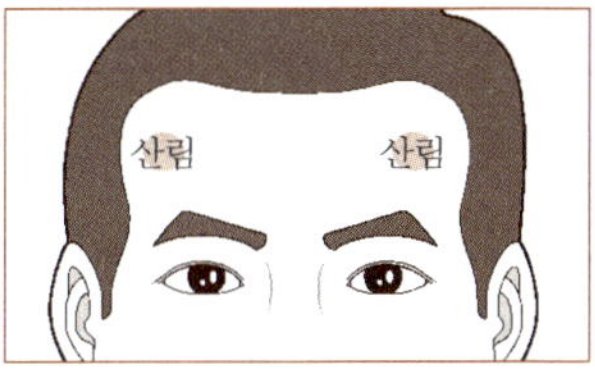

산림의 관官은 이마에 있어서 부모 · 선조에게 물려받은 산림에 관한 것을 담당한다. 산림을 잘라 없애고 개간할 때는 반드시 흙을 움직이게 된다. 그러므로 토기(황색)가 산림의 관에 감응하여 산림 부위에 있는 살집이 자연스럽게 변화하여 그윽한 황색이 나타난다. 또 산림이라는 것은 천지에 자연스럽게 발생하는 것이어서, 산림을 잘라 내어 논밭으로 만드는 것은 사람의 기운이 작용하는 것이다. 그러므로 그 기운이 서로 감응한다. 또 논밭은 지고地庫의 관이 담당하는 것이어서 토공(토목공사)을 성취한 다음에는 자연스럽게 지고의 관에 윤기가 생기고 살집이 좋아진다. 즉 이것은 지고의 관이 가득 찼다는 의미이다.

- 지각地閣에서 윤기가 나와 좌우로 나누어질 때는 반드시 좋은 일에 의

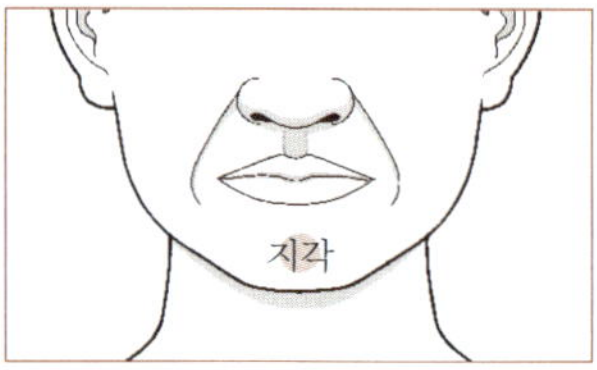

해서 '집'이 2개가 된다.

지각은 집을 담당하는 관이고, 윤기 있는 기색은 즐거움의 색이다. 이것을 근거로 생각해 보기 바란다.

청색은 간기에서 일어나는 분노의 색이다. 그러므로 지각에서 나타나 좌우로 나뉠 때는 집안에 싸움이 일어나 집이 2개로 나뉜다. 어두운 색은 멸망의 색이므로 지각에 나타나 좌우로 나뉠 때는 집이 망하게 된다.

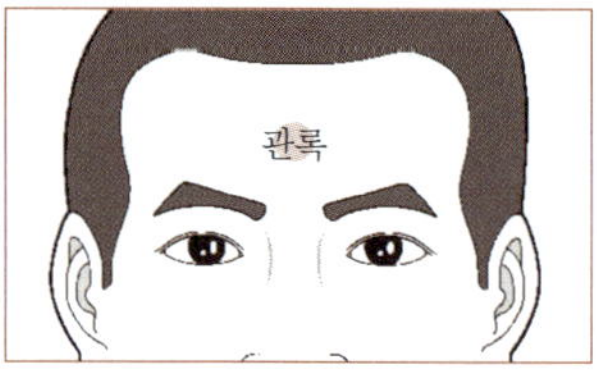

- 관록 좌우에서 몽색이 나와 관록의 혈소穴所를 가릴 때는 상속자를 빼앗기는 일이 있다.

관록의 혈소는 귀천에 상관없고, 본인의 신분 · 상속자의 일을 담당한다. 관록의 좌우는 세상을 상징하므로 관록 좌우에서 몽색이 나와 관록의 혈소를 가릴 때는 세상(타인)에 상속자를 빼앗기는 표상表象이라고 한다. 몽색이란 구름이 낀 것처럼 흐린 색이다. 만약 파산할 것 같은 관상이라 해도, 관록 좌우에서 윤기 있는 기색이 나와 관록 혈소에서 만날 때는 결코 파산하지 않는다. 즉 상속자를 돕는 사람이 있다.

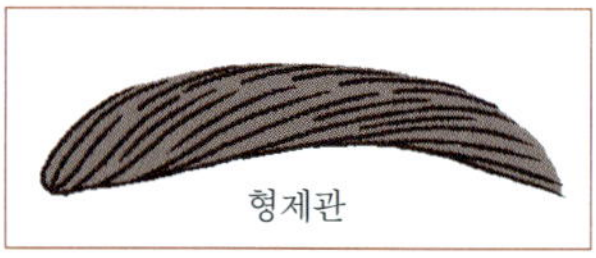

- 형제兄弟의 관에서 몽색이 나와 관록의 혈소를 가릴 때는 친족에게 상속자를 빼앗기는 일이 있다.

형제의 관은 친족을 상징한다. 그러므로 형제의 관에서 윤기 있는 기색이 나와 관록의 혈소에서 서로 만날 때는 반드시 친족에게 중용되는 일이 있다. 또 상정에서는 관록의 혈소를, 중정에서는 코를, 하정에서는 입을 본인의 몸이라고 정한다.

- 주골主骨에서 청색의 기운이 일어나 관록궁으로 내려올 때는 반드시 주인(≒상사)에게 책망이나 비난을 받는다. 또는 주인에게 잔소리를 많이 듣거나 질책 받는 일이 있다.

주골에서 청색의 기운이 시작되고, 관록에 몽색蒙色이 나타날 때는 가까운 시일 안에 비난을 받는다. 또 주골에서 미색이 일어나 관록에 이르면 주인에게 좋은 선물이나 칭찬을 받는다. 게다가 관록에 윤기 있는 기색이 나타날 때는 좋은 일이 곧바로 일어난다. 이것은, 관록은 본인 몸의 상象이고, 주골은 주군의 상象이고, 청색은 분노의 색이고, 몽색은 놀라움의 색이며, 미색은 즐거움의 색으로 한다는 자연의 이치에 근거한다.

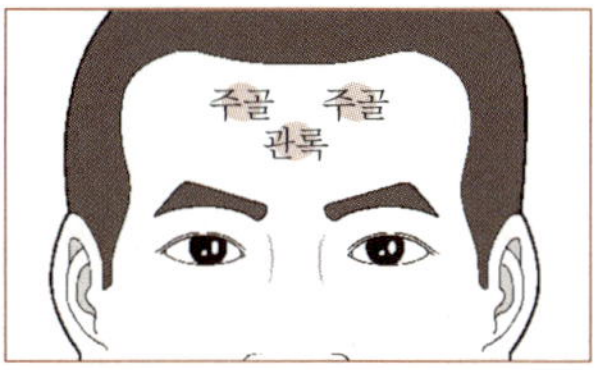

- 눈썹 속에서 적색赤色이 일어나서 눈을 덮고 눈초리 쪽으로 내려올 때는 가까운 시일 안에 대난大難이 있다.

이상과 같은 혈색이 나타날 때는 비록 작은 재난일지라도 대란으로 바뀌고, 본인의 신상에 큰일이 닥치게 된다. 눈은 일신一身의 일월(日月 : 양음의 상象)이고, 좌우의 눈썹은 라후성羅睺星, 계도성計都星의 상象이다. 그러므로 눈썹 속에서 붉은 기운이 나와서 눈을 덮을 때는 라 · 계의 두 별이 일월을 덮는 것과 같은 현상이라 할 수 있다.

- 명궁命宮으로 향하는 예리한 적색이 광대뼈에 나타나고 명궁 부위까지 이를 때는 반드시 문전門前의 분쟁이 아내에게까지 이른다.

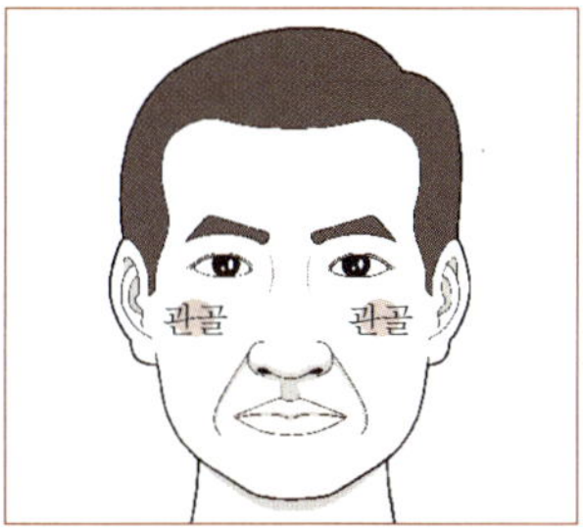

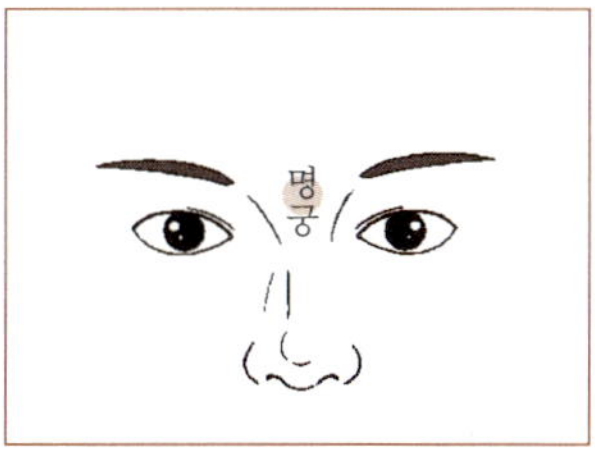

이 적색은 어느 쪽이라도 예리하고, 선명하고, 강한 적색이다. 따라서 검난劍難을 암시한다. 또 광대뼈는 문밖(세상이나 타인)의 표상이며, 명문은 문안(아내나 자기 자신)의 표상이다. 이러한 것을 근거로 살펴본다. 광대뼈에 머리카락 굵기의 적색이 항상 나타나는 사람이 있지만, 이것은 관상을 판단하는 범주에 넣어서는 안 된다. 이상에서 말한 적색이란, 가늘고 희미하기는 하지만 예리하게 눈에 띄는 것 같기도 하여 판단하기가 매우 어려운 적색이다.

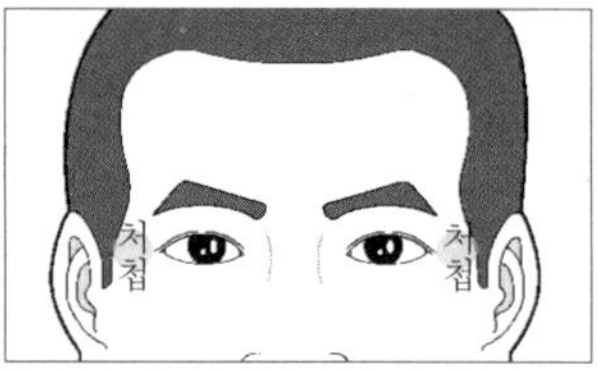

- 처첩妻妾의 관에 윤기 있는 홍색이 있는 사람은 아직 아내가 정해지지 않았다. 반대로 윤기 있는 홍색이 없고 그 색이 감추어진 듯하면 곧 아내가 정해질 것이다.

처첩의 관은 부인과의 인연을 담당한다. 중요한 것은 간신肝腎의 기운이 모이는 장소이다. 아내가 정해졌을 때는 간신肝腎의 기운이 자연스럽게 스며들므로 처첩의 혈색 또한 자연스럽게 스며든다. 반대로 아직도 아내가 정해지지 않은 사람은 간신의 기운이 스며들지 않고 색욕의 정情이 일어난다. 그러므로 자연스럽게 처첩의 혈색이 움직여 윤기 있는 홍색이 나타난다. 따라서 비록 노인일지라도 부인이 아직 정해지지 않고 색욕의 정이 깊으면, 윤기 있는 색이 나타난다. 즉 부인이 정해지지 않는 사람은 일생 동안 이 윤색이 사라지지 않는다. 여성은 좌우 반대로 본다.

- 왼쪽 처첩궁에 윤기 있는 홍색이 있고, 오른쪽 처첩궁에는 윤기 있는 홍색이 없고, 그 색이 피부 속으로 스며들어 있다. 이 경우 부인의 마음은 안정되어 있지만, 남편의 마음은 안정되지 않았다(≒바람기가 있다).

왼쪽은 양陽에 속하며 남편으로 한다(남편의 일을 담당한다). 왼쪽 처첩궁이 윤기 있는 홍색일 때 남편은 아내에게 만족하지 못하고, 마음(≒혈색)이 움직이기 쉽다. 그러므로 윤기가 있는 홍색이 나타난다. 오른쪽은 음陰에 속하며 부인으로 한다(부인의 일을 담당한다). 오른쪽 처첩궁의 혈색이 피부 속으로 스며들어 있으며 윤기 있는 홍색이 나타나지 않을 때 아내는 남편에게 만족하기 때문에 마음이 움직이는 일이 없다. 모든 것에 대해 마음이 움직일 때는 자연스럽게 혈색이 나타나고, 마음이 움직이지 않을 때는 기운이 단전에 들어가 있기 때문에 혈색이 나타나지 않는다. 즉 얼굴에 나타나지 않는다. 여성은 좌우 반대로 본다.

● 처첩궁에 핏대가 나타나 있는 사람은 아내와 사이가 나쁘다.

앞에서 말한 것처럼 처첩궁은 부부관계를 살피는 부위이다. 또 청색은 간기肝氣에서 일어나는 분노의 색이다. 그러므로 사이가 나쁘다고 본다. 부부가 항상 분노의 감정을 안고 있으면 자연히 이별하는 것이라고 이해하면 된다.

● 가슴이 발그스름한 사람은 마음이 강하다. 또 변병弁柄을 바른 것처럼 붉은 경우는 난폭한 성질이 있음을 암시하는데, 이는 하상下相이다.

가슴은 군화君火이며, 심화心火를 담당한다. 또 붉은색은 심장(마음)의 색이다. 원래 사람은 마음을 근원으로 하므로 마음이 강한 사람은 자연스럽게 가슴이 붉다. 이것은 군화의 빛의 표상이다. 또 마음이 건강하고 번성한 때는 심신(≒정신)도 자연스럽게 맑고 깨끗하고, 운기도 잘 순환한다. 그러한 때는 자연스럽게 적색에 윤택이 생긴다.

● 식록의 관에 어두운 색이 있을 때는 상속자에게 많은 고생이 있다. 반대로 윤기가 있는 홍색이 있을 때는 마음속에 기쁜 일이 있다.

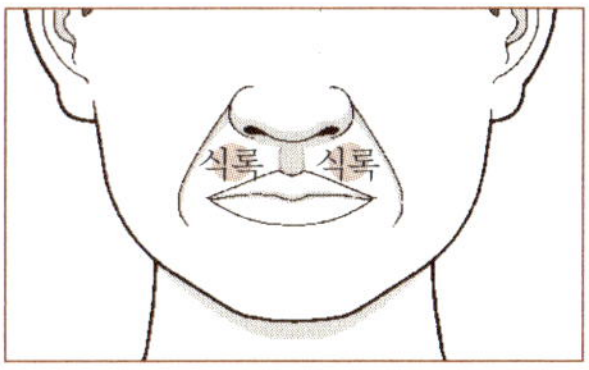

사람의 얼굴에는 자연스럽게 산해山海가 갖춰져 있다. 코를 산山으로 하고, 입을 바다로 한다. 코와 입 사이에 있는 도랑을 인중人中이라 하고, 이것을 민중民衆의 표상으로 한다. 민중은 군주를 위해 공물을 만들어 헌상해야 하므로 인중의 좌우를 식록(녹봉)의 관이라고 하여 상속자의 일을 담당한다. 따라서 상속자가 쇠약해질 때는 자연히 식록(녹봉)의 관도 쇠약해져 나쁜 색이 나타난다. 반대로 상속자에 대한 즐거움이 있을 때는 윤기 있는 색이 나타난다. 법령선 안쪽은 모두 녹봉의 관으로 한다. 법령선 안쪽은 부인이나 집안일을 담당하고, 바깥쪽은 세상일을 맡는다. 그러므로 식록의 관에서 혈색이 나와 법령선 바깥쪽에 나타날 때는 마음속의 즐거운 일이 세상 밖으로 나타나고 성취되는 것이다.

● 검은색이 콧방울 사이를 둘러싸고, 입 주위에 검은색이 나타나고 입술

로 들어간다. 이러한 혈색이 나타날 때는 반드시 수난水難이 있다.

코는 얼굴 중앙에 있고, 인체의 오행 중에서 토土에 속한다. 검은색은 물의 색이다. 그러므로 검은색이 코를 둘러쌀 때는 물이 몸인 토土를 극하는 것과 같아 이를 수난이라고 하는 것이다. 또 입술은 비脾 · 토土에 속한다. 그러므로 검은색이 입술에 들어갈 때도 수극토水克土의 원리에 의해 수난이라고 한다. 입을 바다로 하고, 검은색이 밖에서 입으로 들어갈 때는 물이 흘러넘쳐 수로가 없던 장소에 수로를 만들 수 있기 때문에 '수난이 있다'라고 한다.

● 마음(≒정신, 분위기)이 약하지만 집념이 강하고, 간기肝氣가 강하면서 그을린 것처럼 보인다. 또는 간기가 강하면서 기운이 음陰으로 가득 차 있다. 이러한 사람은 병들지 않아도 죽는다.

대체로 이러한 사람은 병이 들어도 오랫동안 앓는 일은 없으므로 급사急死의 종류라고 본다. 이들은 병이 들어도 그 밖의 다른 특징은 없다. 무엇보다도 급사는 마음(정신)이 약하고, 간기가 강한 사람에게 많다. 심心 · 비脾 · 신腎이 쇠약해지면, 몸이 건강하지 않은데도 간기가 강한 사람은 모든 일에 변화가 없는 것처럼 보인다. 다만 얼굴에 정신이 없어 보인다. 일반적으로 '그림자가 없는 사람'이라고 하는데 잔병에 걸리는 일 없이 죽는다. 죽기 직전의 환자인데도 말이 명료하고 소리도 잘 들리는 경우는 간기肝氣의 영향 때문이다(결국은 죽을 상의 하나).

● 왼쪽 주골에 몽색이 있고, 오른쪽 주골에 윤기 있는 기색이 있다. 이러한 경우는 2명의 군주(상사)를 시중들고 있다.

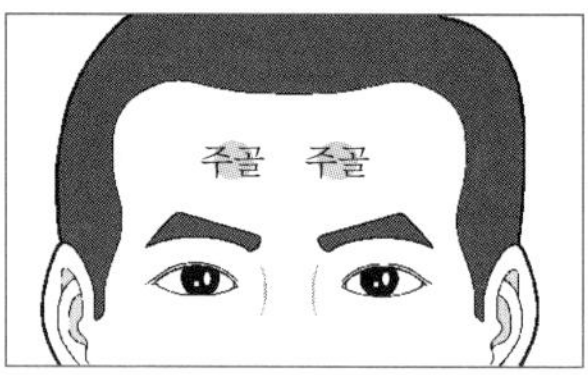

이러한 관상이더라도 윤기 있는 기색이 진하면, 2명의 군주에게 오랫동안 시중드는 일을 할 수 없다. 이것은 '지나친 것은 부족한 것만 못하다'라는 말과 같다. 하지만 윤기 있는 기색이 진하지 않으면, 오래 시중들 수 있다. 윤기 있는 기색 속에 변색變色이 있을 때는 장애가 있어 생각한 대로 일이 풀리지 않는다. 왼쪽 주골은 양陽

으로서 먼저 시중드는 주인으로 보고, 오른쪽 주골은 음陰으로서 나중에 시중드는 주인으로 본다. 또 현재 시중드는 주인을 업신여기고, 이전에 시중들던 주인을 그리워하는 사람이 가끔 있다. 이러한 경우에도 왼쪽 주골에 몽색이, 오른쪽 주골에 윤색이 나타나지만, 윤색 속에 조금 흐린 몽색을 띤다.

● 경성傾城이 번성할 때는 광대뼈부터 명문에 걸쳐 윤색이 나타난다.

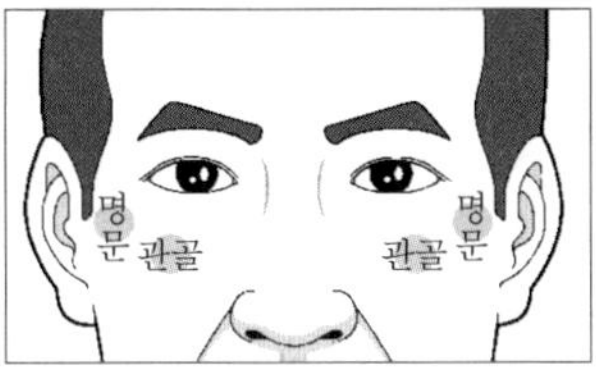

광대뼈는 세상일을 담당하므로 고객(顧客 : 단골손님)으로 보고, 명문은 신기腎氣를 담당하므로 경성이라고 본다. 원래 경성은 경국지색傾國之色으로, 십방(十方 : 여러 장소)에서 손님을 받아 들여 '신애腎愛'를 장사하는 사람이다. 그러므로 번성하는 경성에게는 세상의 인기가 모이는데, 그 모여드는 인기는 원래 신애에서 온다. 따라서 광대뼈부터 명문으로 윤색이 통한다. 즉 세상의 신애가 '그리워하고(사랑하고) 다닌다'라는 표상이다. 또 벌써 몸을 다스려 신분을 높이고 싶은 경성은 한 명의 남자 손님에게만 총애를 받기 때문에, 일찍이 많은 손님에게 사랑을 받지 않는다. 그러므로 이러한 경우는 자연스럽게 신애의 혈색이 쇠약해져 보인다. 명문은 신기가 모이는 부위이므로 여색, 음욕에 빠져 있으면 스스로 신기가 움직이기 때문에 명문에 혈색이 나타난다.

● 입 주위에 파巴와 같은 검은색이 나타날 때는 불에 빠진다.

물이 소용돌이를 감는 것과 비슷한 문양을 파巴 또는 파문巴紋이라고도 한다. 물이 소용돌이치는 곳은 반드시 반선盤旋을 하고, 하나의 파나 세 줄기의 파 형태를 나타낸다. 따라서 파와 같은 형태의 검은색이 나타날 때는 물에 빠진다고 한다. 검은색이 물에 속하는 색이기 때문이다. 또 붉은색이나 어두운 색의 문양이 나타날 때는 반드시 불에 의해 탈이 나거나 사고가 난다. 즉 맹렬한 불꽃[猛火焰]의 불길이 솟아오르면서 소용돌이치는 모습이 파문의 표상으로 나타난다고 한다. 어두운 색의 파문은 세차게 타오르기 직전 어두운 색의 연기가 감고 있는 모습이다. 그러므로 붉은색, 검은색, 어두운 색의 파문과 같은 혈색이 나타났을 때는 수난과 화재를 의식하여 신중하게 행동해야 한다. 불에 2음陰, 3음陰이 있는 것처럼 물에도 2음, 3음이 있다. 이러한 음양陰陽을 합해서 육효六爻라고 한다. 이것은 마치 역易의 육효 음양의 수와 같다. 이와 같이 변화할 때는 화재가 되는 일이 있으면 수난이 되는 일도 있다. 음기가 가득 차서 지극할 때는 양화로 바뀌고, 양기가 가득 차서 지극할 때는 음수陰水로 바뀌고, 그 순환이 중단되는 일은 없다. 그러므로 수난과 화재의 일은 음색陰色과 양색陽色에 대해서 살펴본다.

〈그림 1〉 파문

● 삼정에 각각 변지가 있다.

먼저 상정上停의 변지는 이마 좌우에 있다. 즉 빈鬢의 모퉁이에서 이마의 머리털 부분을 내려와 눈썹꼬리까지의 사이를 상정의 변지라고 한다. 또 눈썹꼬리부터 귓불까지의 사이를 중정中停의 변지라고 한다. 귓불부터 횡골橫骨까지의 사이를 하정下停의 변지라고 한다. 원래 코는 얼굴의 중심이며 도(都 : 수도)의 표상이다. 그러므로 얼굴 전체의 주위를 변지로 하고, 얼굴 전체의 주위에서 중앙으로 향하는 혈색은 모두 시골(먼 장소 · 변지) 또는 밖(≒외국)에서 오는 사상事象이라고 한다. 하지만 명문과 간문은 여자(이성)의 일이나 음욕의 일을 담당하기 때문에, 이 부위에서 중앙으로 향하는 혈색은 변지에 관한 사상이라고 단정할 수 없다. 대부분의 경우 음욕과 여색의 일은 밖에서 오는 사상이지만, 바로 밖에서 오는 사상이라고 단정해서는 안 된다. 상정에는 천중天中 · 천양天陽 · 고광高広의 3혈이 퍼져 하늘을 표상하고 있기 때문에 반드시 변지라고 해서는 안 된다. 또 하정에는 지각 · 노복 · 횡골의 3혈이 두텁고, 대지를 표상으로 하기 때문에 반드시 변지라 해서는 안 된다.

- 상모(相貌 : 골격)는 완전한 것처럼 보이지만 형벌과 죄를 받는 사람이 있다.

원래 사람은 심(心 : 몸, 신神)을 하늘에서 받고, 몸을 땅에서 만들어 낸다. 다시 말해, 천지로부터 몸과 마음이 태어난다. 그러므로 사람이 죽으면 영혼(감색≒심心, 신神)은 하늘로 돌아가고, 백(魄 : 몸)은 땅으로 돌아간다. 이 때문에 사람들은 그 용모를 달리한다고 해도, 천지로부터 받은 몸과 마음이라면 처음부터 나쁜 마음이나 나쁜 인상을 가지지는 않는다. 그런데 사람에게는 심心 · 의意의 2개가 있다. 태어난 지 얼마 안 된 무렵에는 심상心相만 변화하는 일이 없지만, 성장함에 따라 의意가 달라지고 그에 따라 관상이 변화한다. 이것은 누구에게나 일어나는 것이다. 뜻이 매우 나쁘고 근본부터 난폭한 사람은, 외상(≒외면)을 잘 다스려(은폐) 나쁜 속마음을 드러내지 않는다. 그러므로 많은 사람들이 이것의 현매(衒売 : 자기 선언)에 속아 본질을 잘못 생각하여 외상이 완전하게 보이는데 왜 형벌과 죄를 받는지 이상하게 생각할 것이다. 이는 결국 마음속에 큰 죄악이 존재하는 결과이다. 따라서 외상이 완전하지 않아도(≒외면이 보기 흉해도) 뜻이 부족한 점이 없는 사람은 자연스럽게 천지의 옹호擁護가 있어 늙어도 곤궁하지 않다.

- 흉사凶事가 나타날 때는 그것을 암시하는 혈색이 나타나며, 그 혈색이 나타나기 때문에 흉사가 일어나는 것이 아니다.

흉사가 일어나기 때문에 그것을 암시하는 혈색이 자연스럽게 나타나는 것이다. 원래 길흉화복은 행동의 선악에 따라 일어나는 것이다. 좋은 행동이 있으면 경사의 응보가 있고, 나쁜 행동이 있으면 흉사의 응보가 있다. 이러한 하늘의 인과응보를 어째서 두려워하지 않을 수 있을까. 때로는 본인이 깨닫기 전에 나쁜 일을 하는 경우가 있다. 또 좋다고 생각하고 행한 일이 결과적으로 나쁜 일이 되는 경우가 있다. 그러한 때에 하늘(부처님이나 신 · 선조 등)이 그의 관상에 나쁜 색을 나타내며, 그 행동을 경계하라고 한다. 그런데도 그가 행동을 고치지 않으면, 마침내 인과응보에 대한 흉사가 일어나는 것이다. 또 무념무상의 사람은 온 하늘에 흐림이 없는 것과 같고, '풍우(길흉)'의 변화가 없다. 비록 변화가 있었다고 해도, 시후時候의 풍우와 같이 지나가 버리면 아무 일도 없는 것이다. 뜻이 움직여 나쁜 생각이 일어날 때는 많이 변화하고, 떼구름[村雲] 같은 나쁜 색이 나타나 흉사가 금방 다가온다. 또 몇 안 되는 선한 일이 있어도 이것을 실행할 때 그 덕은 천창天倉으로 들어가, 천복天福의 관에 윤기 있는 색을 일으켜 곧바로 좋은 일이 찾아온다. 또 아무리 사소하더라도 나쁜 일을 할 때는 천복의 살집이 자연스럽게 쇠약해지고, 악행惡行의 인연이 평생을 따라다니다가 하늘이 한 번쯤은 인연에 관한 흉사를 내려 준다. 즉 이것은 천명(≒운명)이다. 한편 좋은 일을 할 때는 자연스럽게 마음속으로 이것을 깨닫는다. 선행善行의 인연이 평생을 간다는 점을 인식하기 때문에 자신도 모르게 마음이 편안해지는 것이다. 그러므로 하늘은 이에 보답하고, 선행의 인연에 관한 좋은 일을 한 번은 내려 준다. 좋은 일이든 나쁜 일이든 모두 본인의 행동에 따라 선악이 발생하는 것이지 다른 요인에 의해서 발생하는 것이 아니다.

● 요괴妖怪에 홀린 사람은 산림山林의 관에 어두운 색이 나타나고, 그 살집이 부푼 것 같은 응어리가 있다고 한다. 이에 대한 내 생각을 전한다.

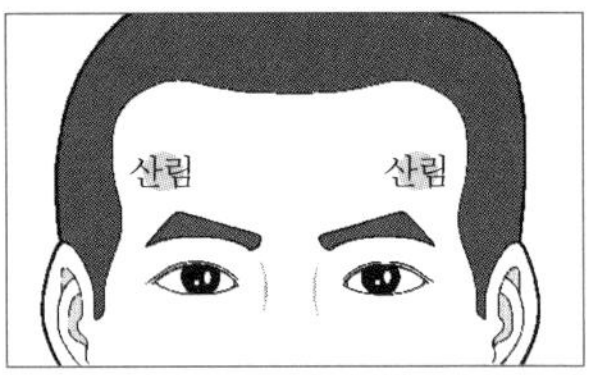

산림의 관은 양명陽明에 속하며 고귀한 부위이고, 요괴(귀신)는 음陰에 속하는데 어찌 음의 기운이 양명의 고귀한 부분에 빙의할 수 있는가? 원래 사람은 만물에서 영(靈 : 신)과 같은 것이다. 그러므로 귀신이 사람에게 빙

의한 이유가 있을 것이다. 질병에 의해서 악령이 사람에게 빙의했다고도 하며 더러 미치는 경우도 있다. 하지만 이것은 사람에게 들린 악령에 의한 것이 아니라 발광(発狂 : 정신 이상)이다. 발광이라는 것은 간기肝氣에 의한 것이다. 원래 간肝은 목木에 속하고 구김살 없이 활달한 모양으로 일하는 것을 기뻐한다. 그런데 이것을 억누를 때 간기가 울로鬱怒하여 내장을 공격하는 것을 발광이라고 한다. 그러한 경우를 마음이 공空하거나, 황홀恍惚하거나 난심亂心이 된다고 한다. 또 간기는 만기万機에 따라 잘 활동하므로 만사에 총명한(≒영리하다) 사람을 '간이 크다, 간이 좋다'라고 한다. 즉 발광했을 때 다른 사람들이 '악령이 빙의했다!'라고 말하면, 발광한 사람의 간기가 이에 곧바로 반응하여 마치 악령이 빙의한 듯 무의식에 의해 중얼거린다. 이를 보고 사람들은 더욱더 악령이 빙의했다는 생각이 깊어져 발광의 진실을 알지 못하는 것이다. 사람에게 빙의한 악령이라고 하여 종교 시설에서 이것에 대해 기도하거나 천도제를 지내면 바로 진정되고, 다른 어떠한 두려움도 없이 잠드는 것을 보고, 빙의한 악령이 이미 떠난 표시라고 한다. 이런 일이 있을 수 있는 것인가? 원래 신은 정직허령正直虛靈이며, 그 몸은 안정되고 우리 마음과 동체이다. 그러므로 신전神殿에서 빙의한 악령이나 귀신을 제거하면 정직허령의 신덕神德에 의해서 어지러운 마음은 안정되어 본래의 마음을 되찾게 된다. 결과적으로 자연스럽게 흥분된 간기肝氣도 다스리고, 다른 두려움 없이 잠드는 것이다. 따라서 이것은 사람에게 빙의한 악령이 떠난 것이 원인은 아니다.

산림의 관에 사람에게 빙의한 악령을 나타내는 어두운 색이 나타난다는 것을 믿어서는 안 된다. 고서古書에는 깊은 산에 들어서 산매(山魅 : 산의 괴물)에 속거나 홀렸을 때에 산림의 관에 어두운 색이 나타난다고 쓰여 있지만, 이것도 잘못된 것이다. 그런데 이것은 고인들이 말한 것이 아니라 후인이 잘못 전한 것이다. 산림의 관은 부모와 선조로부터 계승하는 산림 전답의 일을 담당한다. 그러므로 산림의 관은 본인의 선조로부터 전해지는 상속자의 길흉 존망을 살피는 부위이며, 다른 심산유곡의 산신령과 온갖 귀신들에 관한 일을 살피는 부위이다.

● 인명人命에 수요(壽夭 : 장수와 요절)가 있다는 것

원래 생명이라는 것은 천명이며, 장수長壽와 단명短命의 차이는 본인의 행동에 따라 결정된다. 게다가 사람은 양화陽火라는 기력에 의해서 살아 간다. 만약 이 양화를 줄이거나 해치는 일이 있으면 요절하는 것이고, 제대로 양생하거나 유지하면 장수한다. 만일 음식을 조심하지 않고 과도하게 섭취하면 양화를 감손하는 원인이 된다. 주식酒食을 정량으로 섭취하지 않고 도가 지나친 사람은 외관은 건강하게 보이지만, 간기가 흥분되어 있기 때문에 결코 건강하지 않다. 또한 술과 고기를 지나치게 많이 먹으면 운화(≒소화)하는 비장을 손상시켜 간기가 흥분된다. 왜냐하면 흙[土=脾]이 비옥해지면 나무[肝]는 잘 우거지지만, 나무가 우거져 활발해지면 흙(흙의 양분)을 손상하기 때문이다. 결과적으로 흙이 손상되면 나무도 시든다. 이것은 간목肝木이 비토脾土를 극하고(손상하고), 나무가 일시적으로 우거지고 활발한 상태이다. 그러므로 간기가 흥분되는 것이다. 게다가 나무는 불을 일으키는 원인이며, 나무가 시들 때는 불(양화 · 생명의 화 · 마음 · 심장)도 소멸한다. 따라서 장수를 누릴 수 없다. 비유하자면, 그것은 등불에 등초(등심)를 많이 넣어 끊임없이 불을 일으키는 것과 같다. 불은 활발히 타오르지만 기름을 빨리 소비하므로, 마침내 기름이 다하여 불은 사라져 버린다. 따라서 주식酒食을 섭취함에 도가 지나친 사람은, 외관은 건강하지만 등불이 번성한 상태와 같다.

또 선천적으로 양화가 약한 사람일지라도, 삼백제청三白諸青[43]에 의해 비脾의 기운을 견딜만 할 정도로 기를 때는 일신一身의 양화가 다하는 일도 없고, 그 등불의 등심을 절약해 긴 밤을 무사하게 보내는 것과 같다. 이러한 경우는 신체가 쇠약한 것처럼 보이지만, 마침내 천명을 잘 유지하고 장수를 누린다. 당연히 선천적으로 양화가 번성한 사람일지라도 삼백

43 삼백제청三白諸青이란 쌀 · 소금 · 무를 삼백三白, 채소를 제청諸青이라 한다.

제청에 의해서 양생을 실천하면 장수할 수 있다. 산간 지역에 머무는 사람은 선천적으로 건강하고, 항상 주육酒肉이 부족하게 삼백제청을 중심으로 식생활을 한다. 그러므로 일신의 양화를 기르는 일을 완수하고, 신체는 돌과 같고 얼굴색은 동銅과 같으며, 피부에는 탄력이 있어서 살집에 윤기가 있다. 이 때문에 요절하는 사람이 적다. 고서古書에도 신체의 살집이 튼튼하고 탄력이 있는 사람은 무병장수를 누린다. 양화가 약한 사람이 술과 고기를 탐내서 비장의 기운을 손상시킨다면, 음식을 운화(≒소화)할 수 없고, 술과 고기를 과다하게 섭취한 것이 원인이 되어 오장을 손상하고 마침내 요절한다. 이처럼 술과 고기를 지나치게 섭취하면 자연스럽게 몸에 열이 발생하고, 곧바로 양화는 줄어들고 흩어져 버린다. 이것은 술과 고기의 기운이 수승하기 때문에 얼굴색은 윤기가 있고 신체에 살이 찌는 것처럼 보인다. 근본적으로 가지고 있는 양화는 감소하기 때문에 그 색은 신(神 : 정신)을 보관 · 유지할 수 없고, 자연스럽게 살집이 늘어진다. 이것은 윤기가 있는 색도 아니고 살이 찌는 것도 아니다. 살집에 탄력이 없고 늘어진 사람은 요절하거나 단명한다. 아무리 술과 고기를 지나치게 섭취한다 해도 일신一身의 군신이 통제되고 있는 사람은 살집이 처지는 일은 없다고 한다. 그러므로 '생명은 음식에 있다'라고 하는 것이다.

● 관상을 살필 때는 변화에 따라 판단해야 한다. 나는 젊은 시절에 이 일을 알고 처음으로 길흉을 살피는 방법을 체득할 수 있었다.

나는 젊은 시절, 어떤 남자를 보았다. 먼저 그 상정上停을 보았는데, 변지의 관에 팥알만 한 크기의 살집이 튀어나와 있었다. 그 부분에 희미한 적색이 실처럼 내려오고, 내려온 부위에서는 흩어져 있는 것처럼 넓게 펴져 있었는데 그 색이 마치 피 같았다. 그것을 보고 나는 '당신은 가까운 시일 안에 타국에 가서 반드시 높은 곳에서 떨어져 크게 다친다'라고 했다. 하지만 그는 '나는 타국에 간 일이 한 번도 없고, 향후에도 갈 예정이 없다. 그렇다면 상처를 입거나 다칠 일이 없을 것이다'라고 하면서 나를 탓하고 돌아갔다. 그로부터 3일 후, 그 남자가 지붕에서 떨어져 큰 상처를 입었다는 소식을 들었다. 그는 지붕을 수리하는 일을 하며, 타국에 가는 일이 없었다.

이를 근거로 생각하면, 관상을 볼 때에 그 사람의 직업에 관한 모든 사항에 대해 알아야 할 필요는 있지만, 자세하게 물어보거나 살펴서는 안 된다는 것이 중요하다. 앞에서 말한 것처럼, 그 사람에게 '다친다'라고만 말했다면 보기 좋게 적중하였을 것이다. 하지만 본인의 오만함에 이성을 잃고 판단을 잘못한 것이다. 관상을 볼 때마다 적중시켜 사람들을 놀라게 할 생각을 하면 반드시 마음이 조급해져서 그 뒤에 일어난 사건을 정확하게 살피지 못하고 잘못 판단하는 경우가 매우 많다. 원래 관상이라는 것은, 자신을 떠나서 천지 동체가 되어 관찰하는 것이다. 또한 단지 사람의 용모(모습)만을 관찰하는 것이 아니라 그 사람의 하늘을 보는 일이다. 그러므로 이것을 관상이라 하는 것이다. 그러한 마음으로 잘 보려고 하면, 적중시키는 일은 대지를 두드리는 것보다 쉽다. 만일 아는 척하며 '관상'이라는 말을 내세우는 자는 자신을 모르는 우둔한 자이며, 자칫 남을 속이고 이익을 탐내는 도적과 같다. 내가 제자들에게 항상 이 일을 경고하는 근거이다.

- 신체에는 양쪽 눈 외에 제3의 눈이 있다. 이것을 삼단전三丹田이라 한다.

양 눈썹의 사이를 상단전上丹田이라 하는데, 이것은 신의臣意의 모임을 그윽하게 본다. 이것이 제1의 눈이다. 가슴을 중단전中丹田이라 하는데, 이것은 장의將意의 모임을 그윽하게 관찰한다. 이것이 제2의 눈이다. 배꼽 아래를 하단전下丹田이라 하는데, 이것은 군심群心의 회의를 지관止觀한다. 이것이 제3의 눈이다.

신의란 어떠한 것일까? 신(신하)이란 군(君 : 군주)에 대한 호칭이며, 군주의 명령에 따라 분주하게 움직이고 일하는 사람이다. 그럼, 그윽하게 본다는 것은 무엇인가? 대체로 사람은 유명幽暝으로 인식하기 어려운 것을 보려고 하는 경우, 우선 두 눈을 감고 양 눈썹 사이에 의식을 집중한다. 그렇게 하여 상색想索할 때는 천 리 밖(미래 · 영계)에 있는 것도 안다.

또 어두운 밤에 물건을 찾고자 할 때 사람들은 모두 두 눈을 감고 의식을 집중하여 물건을 얻으려고 한다. 다시 말해, 의회(意会 : 의식을 모으는 일)에 의해서 유명을 보려고 하므로 유견幽見이라 한다. 장의將意란 무엇인가? 장수라고 하는 사람은 모려謀慮를 담당한다. 그럼, 유찰幽察이란 무엇인가? 원래 신의臣意는 유명으로 천 리 밖을 보지만, 이것을 모려하는 일은 할 수 없다. 하지만 가슴속에서 이것을 유찰하고자 꾀할 때는 천 리 밖의 일까지 생각할 수 있다. 그러므로 이것을 유찰이라고 한다. 또 중단전은 육근의 근원이다. 따라서 관상가는 물론, 귀인과 천인 모두 신하와 장군들이 관찰하는 능력을 활용할 수 있다. 군심群心이란 무엇인가? 원래 하단전은 법성法性의 기운이 집합하는 장소이며, 마치 군왕의 어전에 제국의 영주들이 배알拜謁하는 모습과 같다. 그러므로 이것을 기해氣海라고도 한다. 지관이란 무엇인가? 있다고 생각하면 있고 없다고 생각하면 없는 듯한 존재인 유무有無의 틈(간격)을 마음을 가라앉힌 다음 관찰하고 감지하는 일이다. 이것은 호연지기浩然之氣와 같은 것으로, 말로는 다 표현하기가 어렵다.

● 자신의 유년流年을 보았을 때에 검난의 상이 있는 해는, 자신과 상극相克의 관상을 가진 사람과 깊게 교제해서는 안 된다.

상극이란, 예를 들면 자신에게 수형水形의 상이 있는데 토형土形의 상을 가진 사람과 교제하는 일이다. 즉 이것은 토극수土克水이며, 자신이 극克하게 된다(해를 입는다). 또 자신에게 화형火形의 상이 있는데 상대가 수형의 상을 가진 경우는 수극화水克火로, 이것도 이와 같이 자신에게 상극이 된다. 게다가 상대방에게 자신을 극하는 상이 있으며 악사惡死라고 하는 관상이 섞여 있는 경우는, 반드시 그 상대로부터 검난을 당한다. 그러므로 검난의 관상이 있는 해[年]는, 상극 · 횡사[惡死]의 관상이 있는 사람을 주의해서 교제해야 한다.

나는 요즘 몇 년 동안이나 검난의 상이 있는 사람을 봤지만, 나를 극하는 관상과 횡사橫死하는 관상이 모두 있는 사람은 모두 나로 하여금 검난

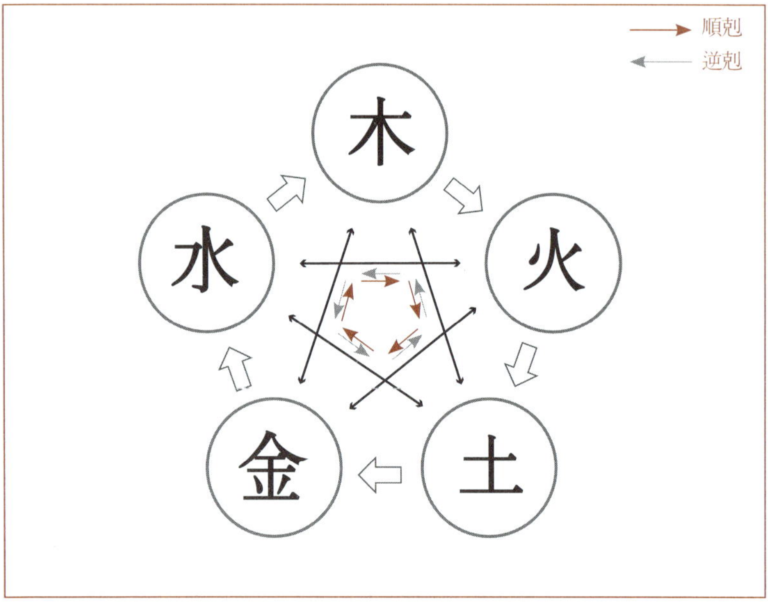

〈그림 2〉 상생상극

을 당하게 했다. 나의 인상人相의 유년에는, 지금도 검난을 당한 상처가 두 곳이나 남아 있다. 첫째는 청년 시절에 말다툼이 원인이 되어 왼손을 다쳤다. 둘째는 검사劍死하는 관상이 있던 해로, 조심하고 음덕陰德을 쌓은 덕분에 죽음은 면했지만 오른손을 다쳤다. 이러한 상처는 모두 상극 · 횡사의 관상을 가진 사람에 의해서 생긴 것이다.

이것으로 배운 것은, 음덕을 행해야 한다는 것이다. 재난災難을 면하는 일은 할 수 없지만, 음덕을 쌓은 일은 대란大亂을 작은 재난으로 바꾸고, 작은 재난은 미난微難으로 바꾸는 것이다. 이와 같이 지금까지 내가 검사의 유년을 살펴본 동안, 8할에서 9할 정도는 적중하였다. 또 검난의 상이 없었다고 해도 이상의 상극의 도리를 근거로 하여 유년에 나쁜 관상이 나타난 해에는, 자신을 극하는 관상을 가진 사람을 매우 주의해서 교제해야 한다.

〈상법 후편〉 3권

혈색血色의 부(部 : 八色의 것)

관상觀相을 볼 때 먼저 혈색을 살피는데, 눈으로 봐도 청색靑色이고 마음으로도 청색이라 느끼면 그것은 청색이다. 또 눈으로 봐도 백색白色이고 마음으로도 백색이라 느끼면 그것은 백색이다.

황색黃色, 적색赤色, 흑색黑色, 미색美色, 자색紫色, 홍색紅色에 대해서도 모두 같은 마음으로 색을 관찰해야 한다.

- 혈색에는 청靑·황黃·적赤·백白·흑黑·홍紅·자紫·암暗·체滯·몽색蒙色이 있지만, 실제로는 5가지 색(五色 : 청[肝], 황[脾], 적[心], 백[肺], 흑[腎]에 대응하는 오장)밖에 없다.
- 청색은 간기肝氣에서 생긴다.
- 황색은 비기脾氣에서 생긴다.
- 적색은 심기心氣에서 생긴다.
- 백색은 폐기肺氣에서 생긴다.
- 흑색은 신기腎氣에서 생긴다.

이러한 혈색은 모두 오장의 기능에 의해서 생기는 것이기 때문에 오색五

色에서 벗어나는 것은 없다.

- 암색暗色은 흑색과 비슷하기 때문에 신기에서 생긴다.
- 몽색蒙色은 청색과 비슷하기 때문에 간기에서 생긴다.
- 홍색은 심장이 건강한 것에서 생긴다.
- 보라색은 심장과 신장에서 생기지만, 심장과 간에서 생기는 것도 있다.
- 체색滯色은 확실히 없다고 할 수 없는 혈색이다. 원래 혈색은 천지의 기운에 따라 자연스럽게 생기지만, 표면에 나타나기 전에는 피부 아래에 숨어 있기 때문에 그 혈색을 분명히 보고 판단하기가 매우 어렵다. 그러므로 이러한 상태의 혈색을 체색이라고 한다. 따라서 오색도 표면에 나타나기 전에는 모두 체색이다. 예를 들면, 청색이 표면에 나타나기 전에는 푸른 체색이라 하고, 황색이 나타나기 전에는 황색의 체색이라 한다.

이상의 5색과 8색은 모두 나타나기 전에는 피부 아래에 숨어 있기 때문에 체기滯氣 또는 체색滯色이라 한다. 체색이 반드시 있다고 알아보는 것이 중요하고, 결코 잘못 판단해서는 안 된다. 대체로 혈색에는 과거의 일은 나타나지 않는다. 단지 현재의 길흉吉凶만 나타난다.

21혈穴이 담당하는 의미

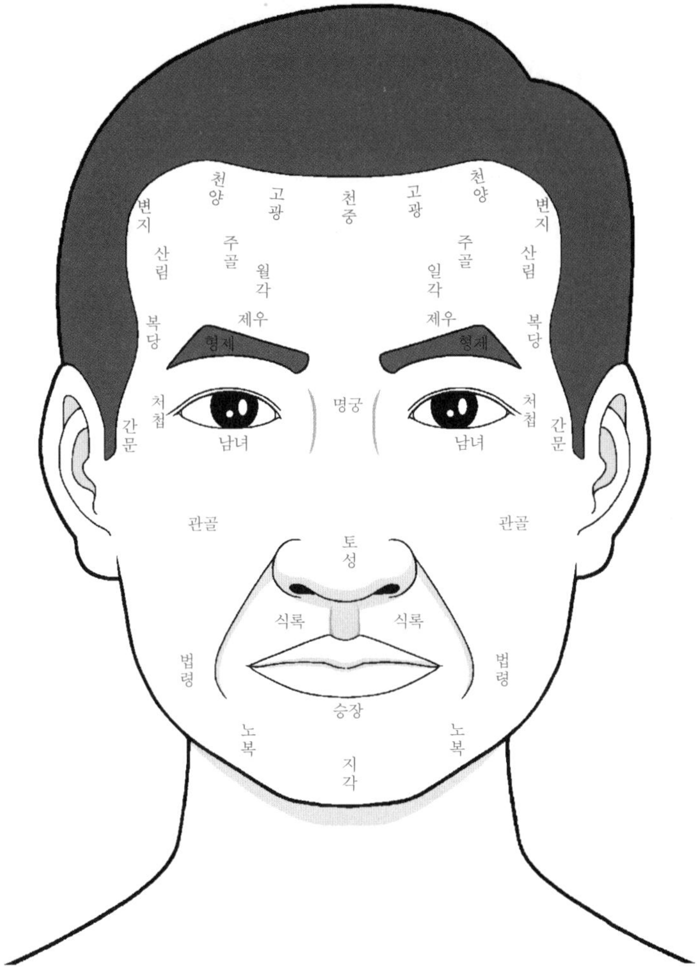

〈그림 1〉 21혈

- 천중天中, 천양天陽, 고광高広의 관官 : 통상적으로 스스로 예상할 수 없는 길흉吉凶을 살핀다.
- 주골主骨의 관 : 주인이나 윗사람에 관련된 일을 살핀다.
- 일월日月의 관 : 부모나 윗사람[上司]에 관련된 일을 살핀다.
- 형제兄弟의 관 : 친족에 관련된 일을 살핀다.
- 제우諸友의 관 : 친구에 관련된 길흉을 살핀다.
- 산림山林의 관 : 재산을 물려받는 상속자의 흥망성쇠를 살핀다.
- 복당福堂의 관 : 금전에 관련된 것을 살핀다.
- 변지邊地의 관 : 여행의 길흉이나 먼 곳과의 거래에 관련된 일을 살핀다.
- 토성土星의 관 : 자기 자신의 몸에 해당하기 때문에 자기에 관한 길흉을 살핀다.
- 명궁命宮의 관 : 질병의 유무有無나 가정에 관련된 일을 살핀다.
- 처첩妻妾의 관 : 부인이나 연인에 관련된 일을 살핀다.
- 남녀男女의 관 : 자손이나 아랫사람에 관련된 일을 살핀다.
- 관골顴骨의 관 : 세상이나 타인에 관련된 일을 살핀다.
- 간문奸門의 관 : 애인이나 첩에 관련된 일을 살핀다.
- 식록食祿의 관 : 현재 상속자의 길흉을 살핀다.
- 법령法令의 관 : 가업이나 직업에 관련된 길흉을 살핀다.
- 승장承漿의 관 : 약이 자신에게 맞는지 그렇지 않은지 살피고, 식중독에 관련된 것을 살핀다.
- 지각地閣의 관 : 집에 관련된 것을 살핀다.
- 노복奴僕의 관 : 하인이나 아랫사람에 관련된 일을 살핀다.

이상의 혈소에 대해서는 〈전편〉의 '골격' 편에서 자세하게 설명하였으니 참고 바란다.

팔색八色의 의미

- 청색 · 백색 · 보라색의 삼색은 근심과 걱정, 놀람, 고생을 의미한다.
- 적색은 재난에 관한 일을 의미한다.
- 검은색은 이별이나 손실, 실패를 의미한다.
- 황색 · 홍색 · 미색의 삼색은 즐거움이나 좋은 일에 관한 것을 의미한다.
- 파랑과 백색[青白色]이 윤기 없이 얼굴에 나타날 때는 근심이나 놀람, 고생이 다가오고 있음을 암시한다. 반대로 윤기가 있을 때는 즐거움이 있다. 보라색의 경우는 윤기가 있어도 근심을 면하기 어렵다.
- 흑색으로 윤기가 없을 때는 이별이나 손실, 실패가 다가오고 있다. 반대로 윤기가 있을 때는 근심이나 고생이 있다. 적색으로 윤기가 없을 때는 재난이 다가오고 있다. 반대로 윤기가 있을 때는 즐거움이나 좋은 일이 있다.
- 황색 · 미색에 윤기가 있을 때는 즐거움이나 좋은 일이 다가오고 있다. 반대로 윤기가 없을 때는 근심이나 고생이 있다.
- 청색을 볼 때 윤기가 있을 때는 황색으로 본다. 황색을 볼 때 윤기가 없을 때는 청색으로 본다.
- 적색을 볼 때 윤기가 있을 때는 홍색으로 본다. 홍색을 볼 때 윤기가 없을 때는 적색으로 본다.
- 백색을 볼 때 윤기가 있을 때는 미색으로 본다. 미색을 볼 때 윤기가 없을 때는 백색으로 본다.
- 흑색을 볼 때 윤기가 있을 때는 보라색으로 본다. 보라색을 볼 때 윤기가 없을 때는 흑색으로 본다.

이상의 것은 모두 윤기의 유무有無에 따라 그 혈색을 판단해야 한다는 것을 말한다.

혈색血色의 윤기潤氣와 유무有無를 논한다

윤기가 없는 혈색은 잠시만 보아도 태양이 서쪽으로 가라앉듯이 자연스럽게 쓸쓸하게 보인다. 윤기 있는 혈색은 처음에는 나쁘게 보여도 잠시 보고 있으면 태양이 동쪽에서 솟아오르듯이 자연스럽게 건강하게 보인다. 다시 말해, 윤기가 있는 혈색은 보고 있으면 냉하지 않다. 자연스럽게 맑다. 또 윤기가 없는 혈색은 자연스럽게 차게 보이면서 자연스럽게 탁해지고 있다.

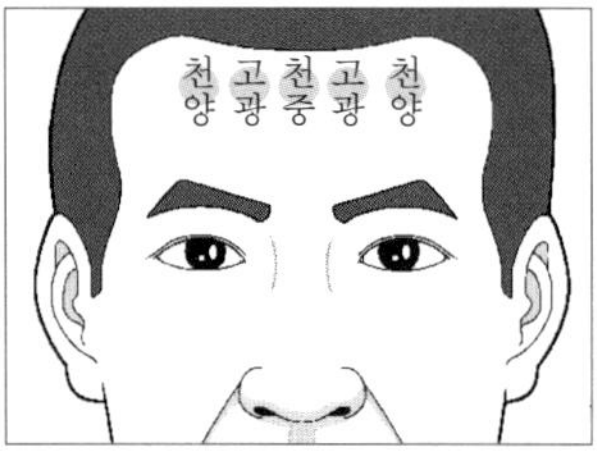

● 천중 · 천양 · 고광의 관은 통상 스스로 예상할 수 없는 길흉을 본다.

- 청색 · 백색 · 보라색의 삼색이 나타날 때는 생각지도 못한 근심이 있다. 또는 생각지도 못한 고생을 하게 된다.
- 적색이 나타날 때는 생각지도 못한 재앙이 일어난다.
- 흑색이 나타날 때는 생각지도 못한 손실이나 실패가 있다.
- 황색 · 홍색 · 미색의 삼색이 나타날 때는 뜻하지 않은 즐거운 일이 일어난다.

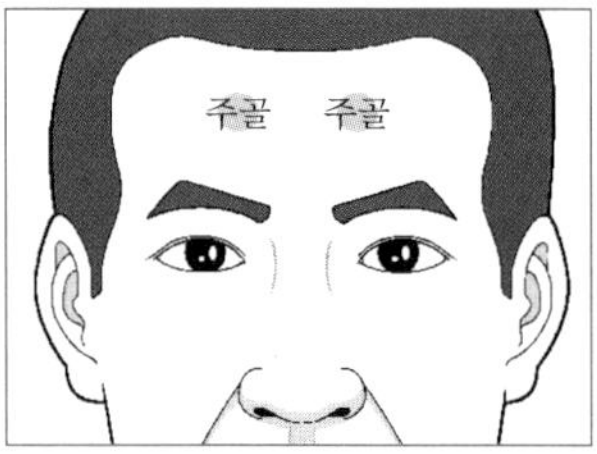

● 주골의 관은 주인이나 손윗사람의 일을 살핀다.

- 청색 · 백색 · 보라색의 삼색이 나타날 때는 주인이나 손윗사람에 관한 근심이나 고생이 있다.
- 적색이 나타날 때는 주인이나 손윗사람에게 재앙이 있다. 또는 주인이나 손윗사람의 재앙이 자신에게 온다.
- 흑색이 나타날 때는 주인이나 손윗사람과 인연이 끊어지거나 손윗사람의 신상에 관한 손실이 있다.
- 황색 · 홍색 · 미색의 삼색이 나타날 때는 주인이나 손윗사람에게 즐거운 일이

있다. 또는 손윗사람 때문에 자신에게 즐거운 일이 일어난다.

- **일월의 관은 부모나 손윗사람의 일을 살핀다.**

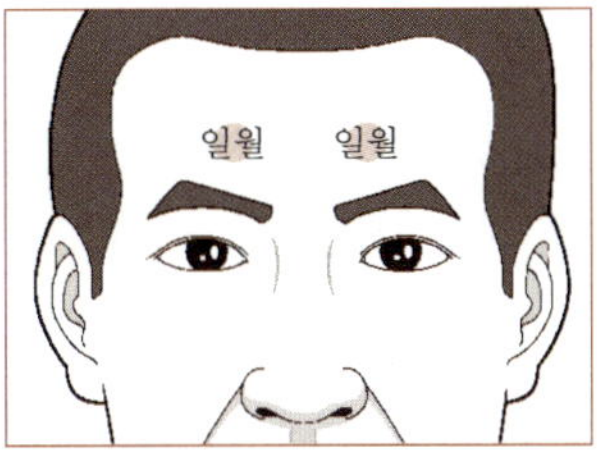

- 청색 · 백색 · 보라색의 삼색이 나타날 때는 부모나 손윗사람에 관한 근심이나 고생이 있다.
- 적색이 나타날 때는 부모나 손윗사람에게 재앙이 있다. 또는 손윗사람의 재앙이 자신에게도 미친다는 것을 판단한다.
- 흑색이 나타날 때는 부모나 손윗사람과 인연이 끊어진다. 또는 손윗사람의 신상에 실패나 손실이 있다.
- 황색 · 홍색 · 미색의 삼색이 나타날 때는 손윗사람에게 즐거운 일이 있다. 또는 손윗사람에게 좋은 선물이나 영향을 받는다.

- **형제의 관은 친족(가족)에 관한 일을 살핀다.**

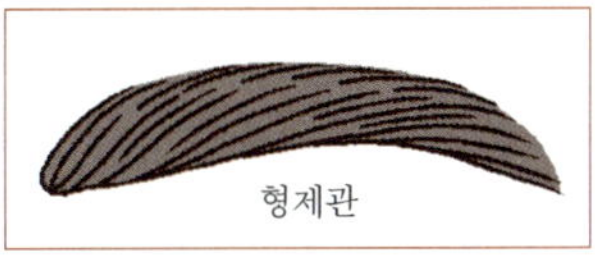

- 청색 · 백색 · 보라색의 삼색이 나타날 때는 친족에게 근심이 있다. 또는 친족에게 큰 고생이 있다.
- 적색이 나타날 때는 친족에게 재앙이 있다. 또는 친족의 재난이 자신에게도 미친다.
- 흑색이 나타날 때는 친족과 인연이 끊어진다. 또는 친족의 신상에 실패나 손실이 있다.
- 황색 · 홍색 · 미색의 삼색이 나타날 때는 친족에게 즐거운 일이 일어난다. 또는 사이좋은 친척이 있어서 그 도움을 받는다.

- **제우의 관은 친구의 길흉을 본다.**

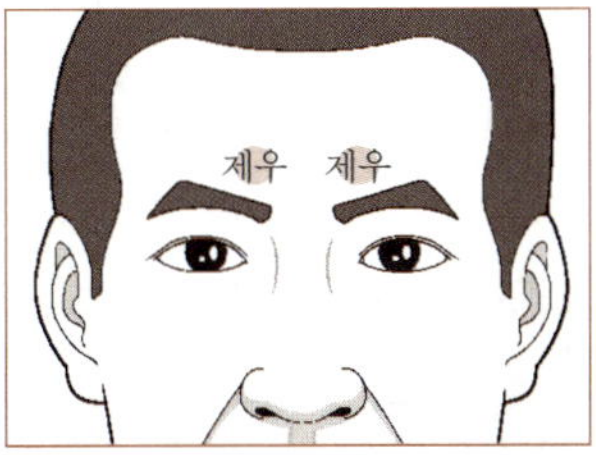

- 청색 · 백색 · 보라색의 삼색이 나타날 때는 친구에게 근심이나 고생이 있다.
- 적색이 나타날 때는 친구에게 재앙이 있다. 또는 친구의 재앙이 자신에게도 미친다.

- 흑색이 나타날 때는 성실한 친구와 인연이 끊어진다. 또는 친구에 관한 손실이 있다.
- 황색 · 홍색 · 미색의 삼색이 나타날 때는 친구에게 즐거운 일이 있다. 또는 의지가 되는 친구가 있다.

● 산림의 관은 재산 상속자(≒재산)의 흥망성쇠에 관한 것을 살핀다.

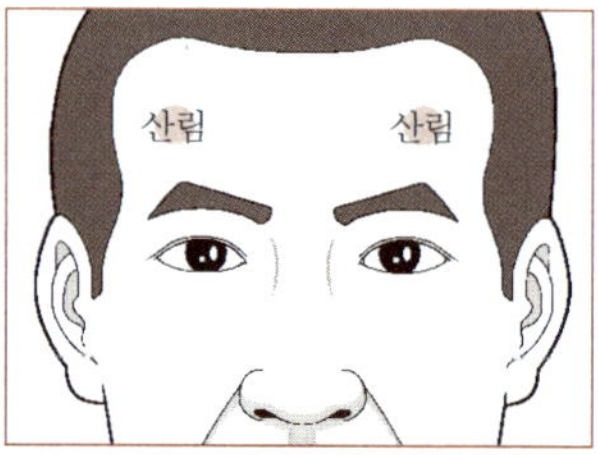

- 청색 · 백색 · 보라색의 삼색이 나타날 때는 상속자에게 좋지 않은 일이 일어난다. 즉 상속자의 쇠약이 있다.
- 적색이 나타날 때는 상속자에게 재앙이 있다.
- 흑색이 나타날 때는 상속자를 잃는다. 또는 상속자가 재산을 잃는다.
- 황색 · 홍색 · 미색의 삼색이 나타날 때는 상속자에게 즐거운 일이 있다. 즉 상속자의 융성이 있다.

● 복당의 관은 금전金錢에 관한 일을 본다.

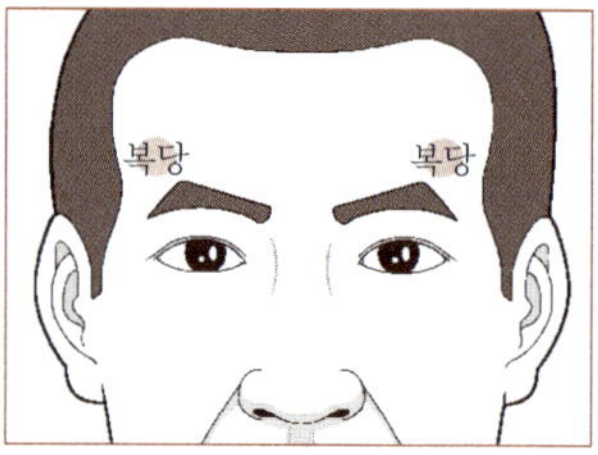

- 청색 · 백색 · 보라색의 삼색이 나타날 때는 금전 때문에 고생을 많이 한다.
- 적색이 나타날 때는 금전에 관한 재앙이 있다.
- 흑색이 나타날 때는 금전의 손실이 있다. 어느 쪽이라 해도 금전에 관한 큰 실패가 있다.
- 황색 · 홍색 · 미색의 삼색이 나타날 때는 금전에 관한 즐거운 일이 있다. 어느 쪽이라 해도 금전을 얻는다.

● 변지의 관은 여행의 길흉이나 먼 곳과의 거래에 대한 길흉을 본다.

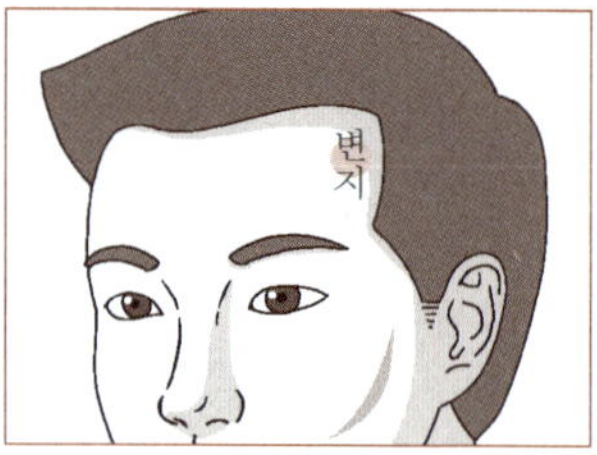

- 청색 · 백색 · 보라색의 삼색이 나타날 때는 여행 때문에 근심하는 일이 일어난다. 또는 먼 곳과 관련하여 근심이 있거나 먼 곳과의

거래로 많이 고생한다.

- 적색이 나타날 때는 여행이나 먼 곳과의 거래에 모두 재앙이 있다.
- 흑색이 나타날 때는 여행이나 먼 곳과의 거래에 모두 손실이 있다.
- 황색 · 홍색 · 미색의 삼색이 나타날 때는 여행이나 먼 곳과의 거래에 모두 즐거운 일이 있다. 또는 먼 곳에서 즐거운 일이 다가온다.

● 명궁의 관은 질병의 유무 또는 집안일에 관련된 것을 살펴본다.

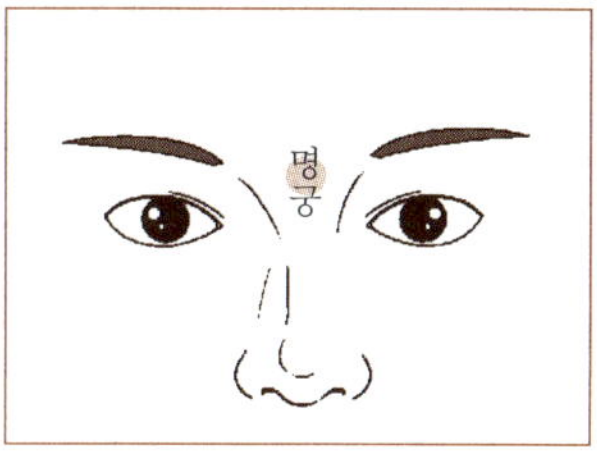

- 청색 · 백색 · 보라색의 삼색이 나타날 때는 질병에 걸린다. 또는 가정에 근심스러운 일이나 고생이 있다.
- 적색이 나타날 때는 사고로 다친다. 즉 재앙이나 질병이 있다. 또는 가정에 재앙이나 말다툼이 있다.
- 흑색이 나타날 때는 반드시 죽는다. 또는 집에서 멀어지거나 가정에 실패가 있다.
- 황색 · 홍색 · 미색의 삼색이 나타날 때 환자는 차도를 보인다. 또는 가정에 즐거운 일이 있다.

● 토성의 관은 자신의 몸 자체이며, 자신에 관한 길흉을 본다.

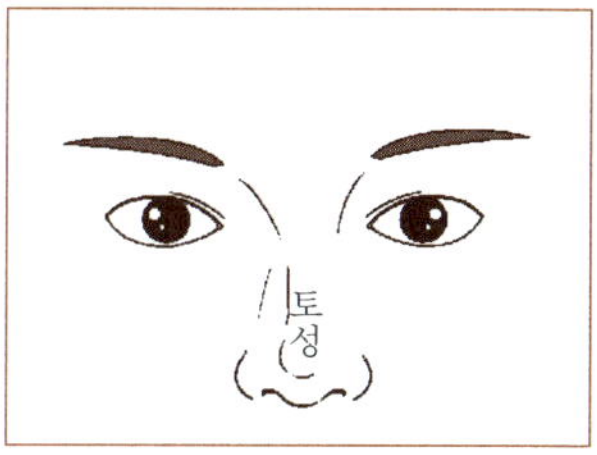

- 청색 · 백색 · 보라색의 삼색이 나타날 때는 신상에 관련하여 고생이 있다. 즉 경우境遇나 지위에서 안심할 수 없다.
- 적색이 나타날 때는 신상에 관련된 재앙이 있다. 또 항상 적색이 있는 사람은 스스로 신상의 재앙을 일으킨다.
- 흑색이 나타날 때는 신상에 실패가 있다. 또 항상 흑색이 있는 사람은 손실이 많다.
- 황색 · 홍색 · 미색의 삼색이 나타날 때는 신상에 즐거운 일이 있다. 즉 그 당시는 안심이다.

● 처첩의 관은 아내나 연인에 관한 일을 본다.

- 청색 · 백색 · 보라색의 삼색이 나타날 때는 아내나 연인에 관한 근심이 있다. 또는 연인 때문에 고생한다.

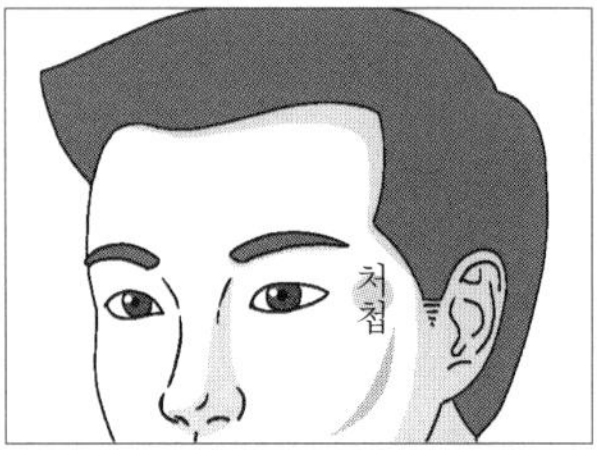

- 적색이 나타날 때는 아내나 연인에 관한 재앙이 있다.
- 흑색이 나타날 때는 아내 또는 연인과 이별한다. 또는 연인 때문에 재산 손실이 있다.
- 황색 · 홍색 · 미색의 삼색이 나타날 때는 아내에 의한 즐거운 일이 있다. 또는 연인에 관련하여 좋은 일이 있다.

● 남녀의 관은 자손이나 아랫사람의 일을 본다.

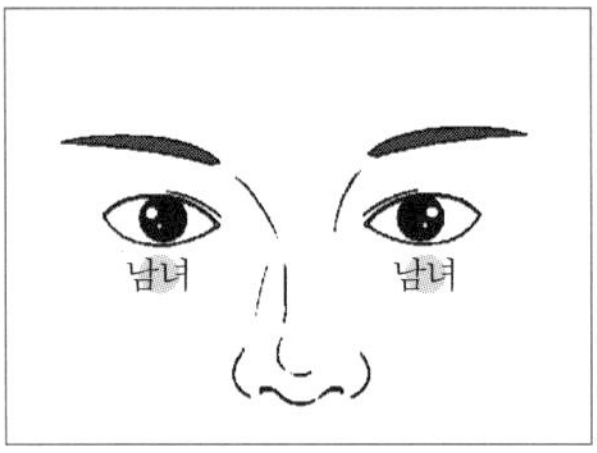

- 청색 · 백색 · 보라색의 삼색이 나타날 때는 자손이나 아랫사람에 관한 근심이 있다. 또는 아랫사람 때문에 고생한다.
- 적색이 나타날 때는 자손 또는 아랫사람 때문에 어려운 일을 당한다.
- 흑색이 나타날 때는 자손 또는 아랫사람과 이별한다. 또는 자손이나 아랫사람에 관한 손실이 있다.
- 황색 · 홍색 · 미색의 삼색이 나타날 때는 자손 또는 아랫사람에 관련한 즐거운 일이 있다.

● 관골의 관은 세상 또는 타인에 관한 일을 본다.

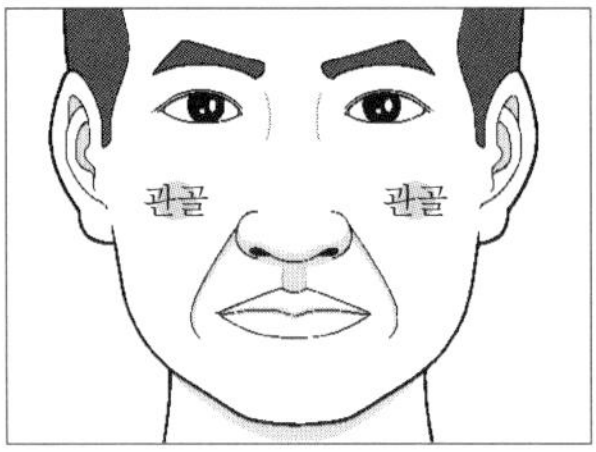

- 청색 · 백색 · 보라색의 삼색이 나타날 때는 타인에 관한 근심이 있다. 또는 타인 대신 자신이 고생을 한다.
- 적색이 나타날 때는 세상일로 재앙을 당한다. 또는 타인의 재앙이 자신에게도 닥친다고 판단한다.
- 흑색이 나타날 때는 세상과 장애가 일어나 그 어려움을 헤쳐 나갈 활로를 잃는

다. 반드시 실패가 있다.

- 황색 · 홍색 · 미색의 삼색이 나타날 때는 세상에서 어려움을 겪지 않고 타인의 평판도 좋아져 자연스럽게 인기가 모인다.

● 간문의 관은 음인 여자(≒애인 · 불륜 상대 · 바람기 상대)에 관한 일을 살핀다.

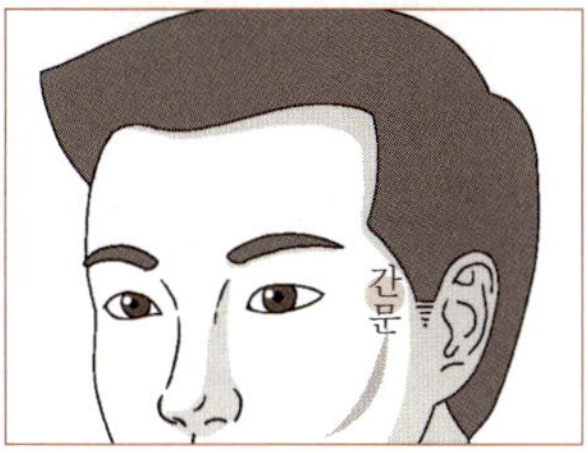

- 청색 · 백색 · 보라색의 삼색이 나타날 때는 애인 때문에 고생을 많이 한다. 또는 여자가 한을 품고 있다.
- 적색이 나타날 때는 애인으로부터 재앙이 있다.
- 흑색이 나타날 때는 애인과 이별한다. 또는 애인 때문에 손실이 있다.
- 황색 · 홍색 · 미색의 삼색이 나타날 때는 애인 때문에 즐거운 일이 일어난다.

● 식록의 관은 그 당시의 상속자에 관한 길흉을 본다.

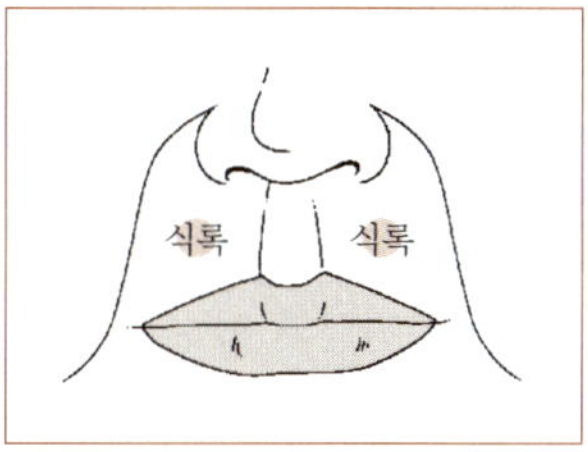

- 청색 · 백색 · 보라색의 삼색이 나타날 때는 상속자에 관한 고생이 있다. 또는 상속자가 쇠약해진다.
- 적색이 나타날 때는 상속자에 관한 재앙이 있거나 상속자에게 재앙이 일어난다.
- 흑색이 나타날 때는 상속자와 인연이 끊어지는 등 상속자에 관한 손실이 있다.
- 황색 · 홍색 · 미색의 삼색이 나타날 때는 상속자에 관한 즐거운 일이 있다. 어느 쪽이라 해도 상속인에게는 좋은 일이 있다.

● 법령의 관은 그 당시의 가업(≒직업)에 관련된 길흉을 본다.

- 청색 · 백색 · 보라색의 삼색이 나타날 때는 가업 때문에 고생이 있다. 또는 가업의 쇠약이 있다.

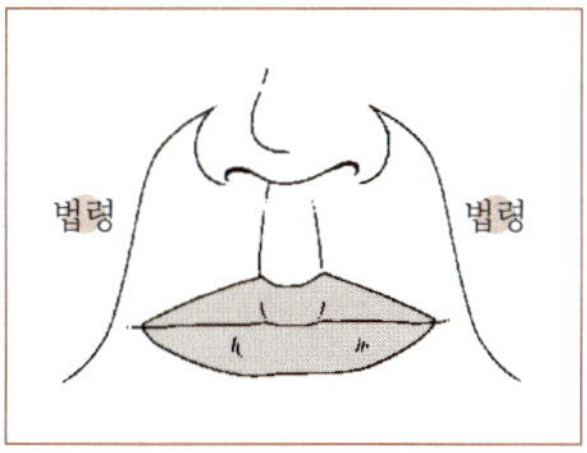

- 적색이 나타날 때는 그 당시의 가업에 재앙이 있다.
- 흑색이 나타날 때는 가업에서 멀어지거나(이직하거나) 또는 가업에 관한 손실이 있다.

- 황색 · 홍색 · 미색의 삼색이 나타날 때는 가업에 관한 즐거운 일이 있다. 또는 가업이 번성하고 있다.

● 승장의 관은 음식이나 식중독 등에 관한 것을 살펴본다.

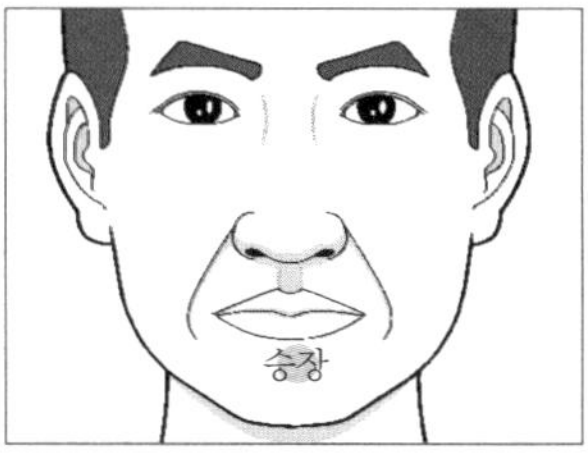

- 청색 · 백색 · 보라색의 삼색이 나타날 때는 식중독이 있다. 환자는 약이 맞지 않는다.
- 적색이 나타날 때는 음식에 관한 재앙이 있다. 환자는 약이 맞지 않는다.
- 흑색이 나타날 때는 식사를 할 수 없다. 환자는 죽는다. 보통 사람은 독약을 먹고 죽는다.
- 황색 · 홍색 · 미색의 삼색이 나타날 때 환자는 식욕을 회복한다. 보통 사람은 진미를 만끽한다.

● 지각의 관은 집안에 관한 일을 본다.

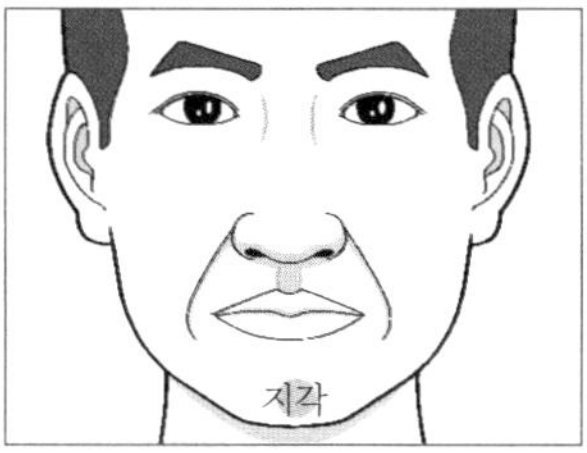

- 청색 · 백색 · 보라색의 삼색이 나타날 때는 집에 관련된 일로 고생을 한다. 또는 가정에 근심이 있다.
- 적색이 나타날 때는 집에 관한 재앙이 있다. 또는 가정에 재앙이 있다.
- 흑색이 나타날 때는 집에서 멀어지거나 집에 의한 손실이 있다.
- 황색 · 홍색 · 미색의 삼색이 나타날 때는 집에 관한 즐거운 일이 있다. 또는 가정에 좋은 일이 있다.

● 노복의 관은 하인 또는 아랫사람(≒부하)의 일을 본다.

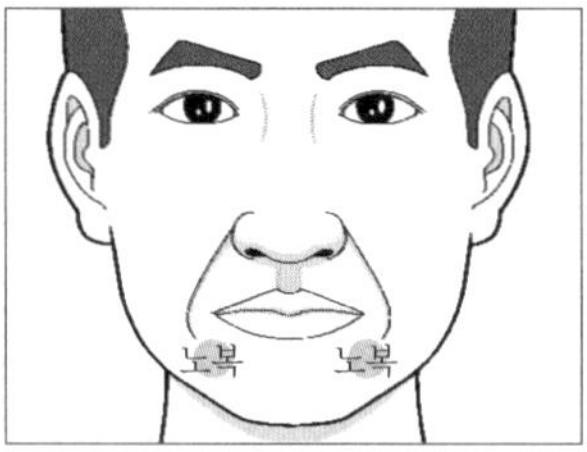

- 청색 · 백색 · 보라색의 삼색이 나타날 때는 하인이나 아랫사람에 관한 근심이 있다. 또는 아랫사람 때문에 고생한다.
- 적색이 나타날 때는 하인이나 아랫사람 때문에 재앙이 있다.

- 흑색이 나타날 때는 하인이나 아랫사람과 이별하거나, 하인이나 아랫사람 때문에 손실이 있다.
- 황색 · 홍색 · 미색의 삼색이 나타날 때는 하인이나 아랫사람에 관한 즐거운 일이 생긴다.

혈색은 168종류가 있으며, 윤택의 유무를 포함하면 336종류가 있다. 이상으로 말한 것은 '8색 일구一口의 전'이라고 하고, 혈색은 종횡으로 달린다는 부분이 제일의 요점이다. 먼저 혈소穴所를 알고, 다음에 혈소의 의미를 이해하고, 8색과 8색이 담당하는 의미를 알고, 최후에 윤기의 유무를 이해하는 것이다. 그러면 얼굴에 있는 336종류의 혈색이 종횡으로 달리는 의미를 자연스럽게 이해할 수 있을 것이다. 그러나 충분한 연구와 분석을 하지 못한 사람은 청青 · 황黃 · 적赤 · 흑黑 · 백白 · 자紫 · 미美 · 홍紅의 8색을 관찰하기가 매우 어렵다. 그러므로 공부와 수행이 충분하지 않은 사람들은 8색을 사용하지 말고, 선악의 혈색만 이용하여 그 길흉을 판단해야 한다.

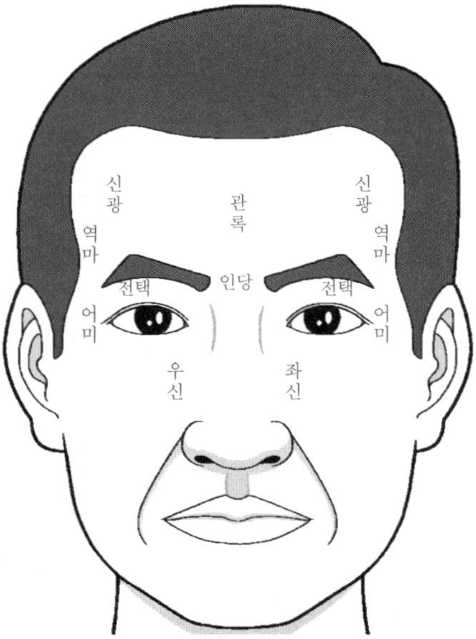

〈그림 2〉 7혈

- 관록은 당시의 길흉을 살핀다.
- 신광의 관은 신불에 대한 신앙의 유무를 살핀다.
- 역마의 관은 집(≒주거)의 건축 공사나 주거의 이전에 대해서 살핀다.
- 인당의 관은 소망이 실현되는지 아닌지 살핀다.
- 전택궁田宅宮과 어미의 관은 그 당시 마음의 길흉을 본다.
- 우신좌신右身左身의 관은 도난 또는 분실물에 대해 살펴본다.

이상의 7혈에 대해서 여기에서는 청 · 황 · 적 · 흑 · 백 · 자 · 미 · 홍의 8색을 활용하지 않고, 선악의 혈색만 이용하여 그 길흉을 판단한다. 이상의 혈소는 모두 합하여 28혈이다.

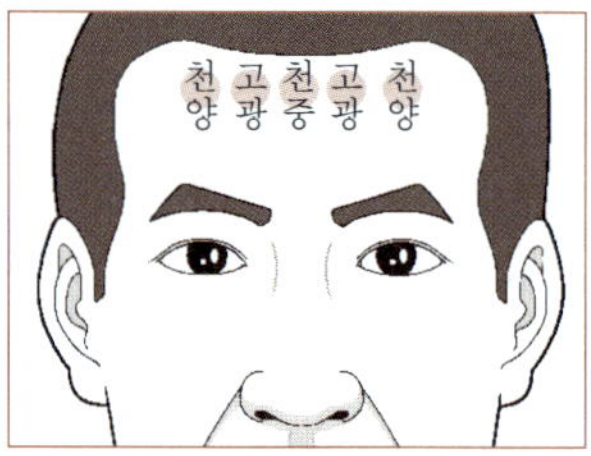

- 천중 · 천양 · 고광의 관은 생각지도 못한 길흉을 본다.
  - 좋은 색이 나타날 때는 생각지도 않은 좋은 일이 생긴다.
  - 나쁜 색이 나타날 때는 생각지도 못한 흉사가 찾아온다.

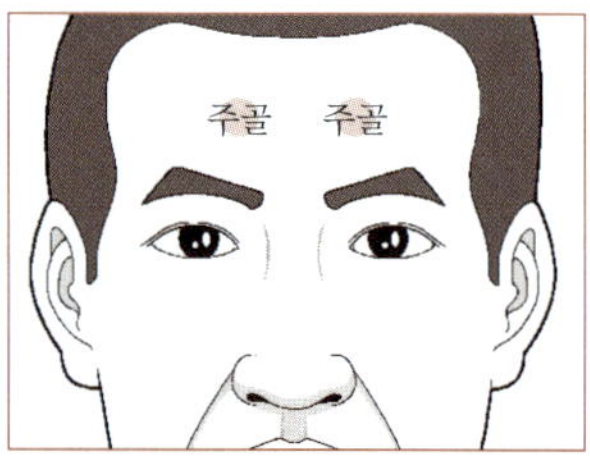

- 주골의 관은 주인이나 손윗사람에 관련된 일을 살펴본다.
  - 좋은 색이 나타날 때는 주인이나 손윗사람에 관해서 좋은 일이 있다. 또는 손윗사람의 좋은 일이 자신에게도 영향을 미친다.
  - 나쁜 색이 나타날 때는 주인이나 손윗사람에 관한 악행이 있다. 또는 손윗사람의 악행이 자신에게 미친다.

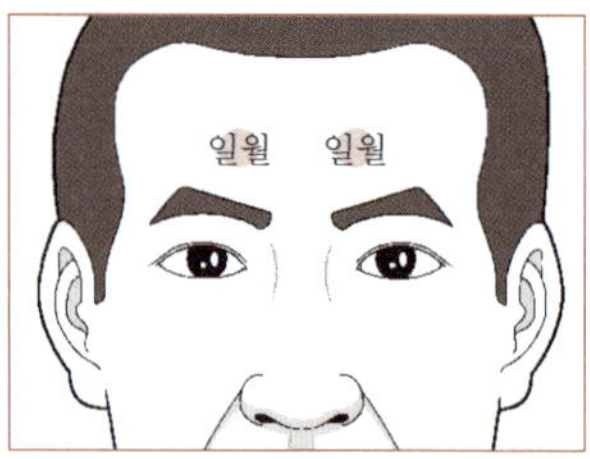

- 일월의 관은 부모나 손윗사람에 관련된 일을 본다.

- 좋은 색이 나타날 때는 부모나 손윗사람에 관한 즐거운 일이 있다. 또는 자신이 의지가 되는 부모나 손윗사람이 있다.
- 나쁜 색이 나타날 때는 부모나 손윗사람에 관한 악행이 있다. 또는 손윗사람에 관한 악행이 자신에게 영향을 미친다.

● 형제의 관은 친족(≒가족)에 관련된 일을 본다.

- 좋은 색이 나타날 때는 친족에 관한 즐거운 일이 있다. 또는 좋은 친족이 있고, 항상 도움을 받는다.
- 나쁜 색이 나타날 때는 친족에 관한 악행이 있다. 또는 친족의 악행이 자신에게 영향을 미친다.

● 제우의 관은 친구에게 일어나는 길흉을 본다.

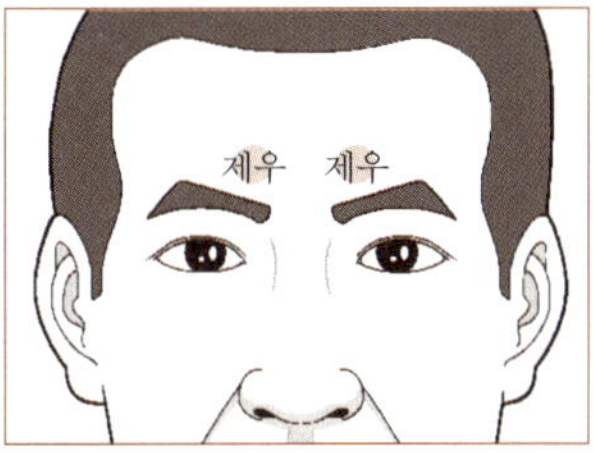

- 좋은 색이 나타날 때는 친구에 관한 즐거운 일이 있다. 또는 친구로부터 자신에게 좋은 일이 찾아온다.
- 나쁜 색이 나타날 때는 친구에 관한 악행이 있다. 또는 친구의 악행이 자신에게 영향을 미친다.

● 산림의 관은 선조에게 물려받은 상속자(≒재산)의 흥망성쇠를 본다.

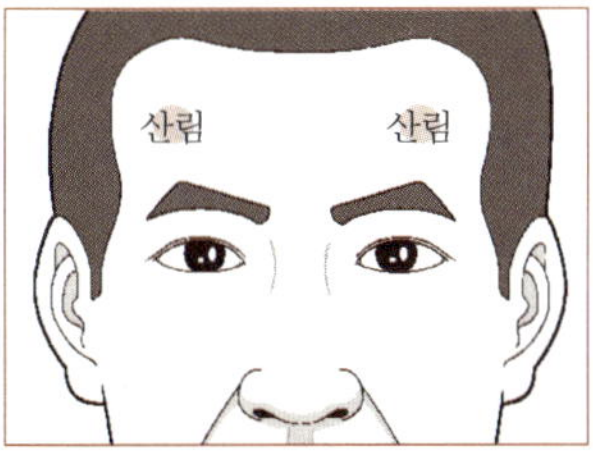

- 좋은 색이 나타날 때는 상속자가 번성한다.
- 나쁜 색이 나타날 때는 상속자에게 좋지 못한 일이 일어난다.

● 복당의 관은 금전에 관련된 일을 본다.

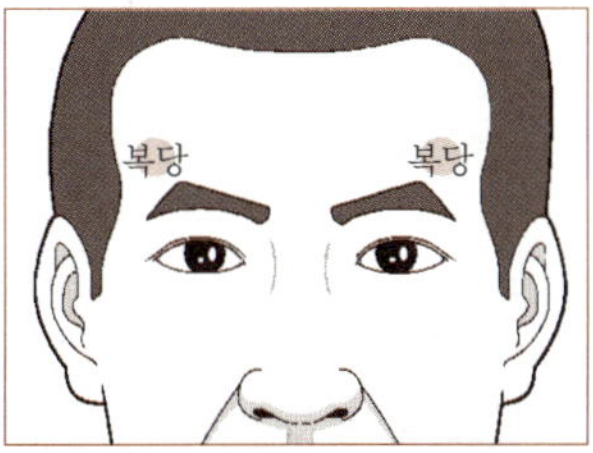

- 좋은 색이 나타날 때는 금전에 관한 즐거운 일이 있다. 즉 금전을 얻는다(≒임시수입이 있다).
- 나쁜 색이 나타날 때는 돈 때문에 고생을

많이 한다. 또는 금전 손실이 있다고 본다.

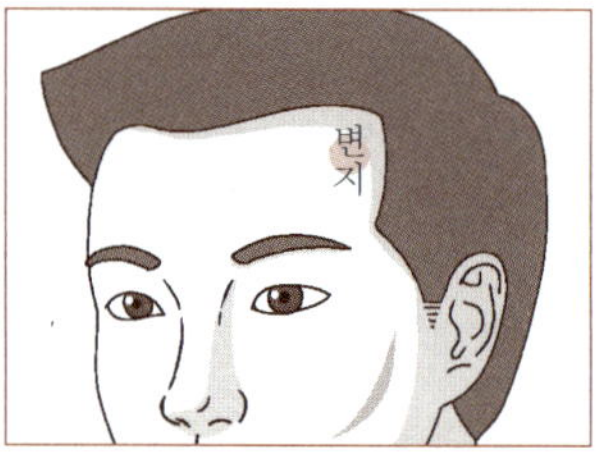

● 변지의 관은 여행(≒멀리 가는 여행 · 출장 등)의 길흉이나 먼 곳과의 거래(≒무역 · 흥정 등)의 길흉을 본다.

- 좋은 색이 나타날 때는 여행 중에 좋은 일이 일어난다. 또는 먼 곳과의 거래로 반드시 이익이 발생한다.
- 나쁜 색이 나타날 때는 여행 중에 나쁜 일이 일어난다. 또는 먼 곳과의 거래는 대흉으로, 어떠한 이익도 발생하지 않는다.

● 토성의 관은 자기 자신의 몸에 해당하므로 본인의 길흉을 본다.

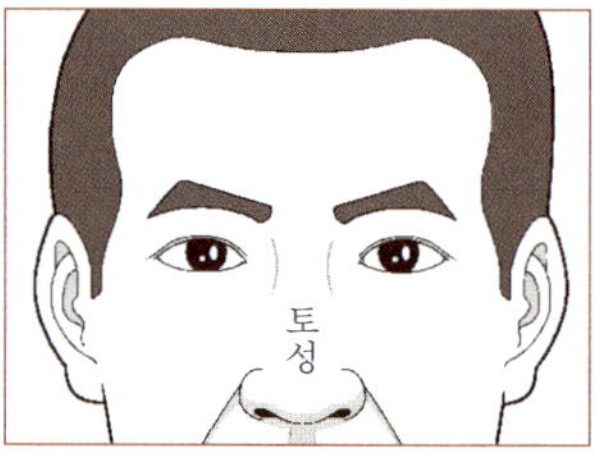

- 좋은 색이 나타날 때 그 당시는 매우 좋고, 장애가 발생하지 않는다.
- 나쁜 색이 나타날 때 그 당시는 신상에 어려운 일이 많이 일어난다. 즉 운세가 좋지 못하고 몸과 마음이 편하지 않다.

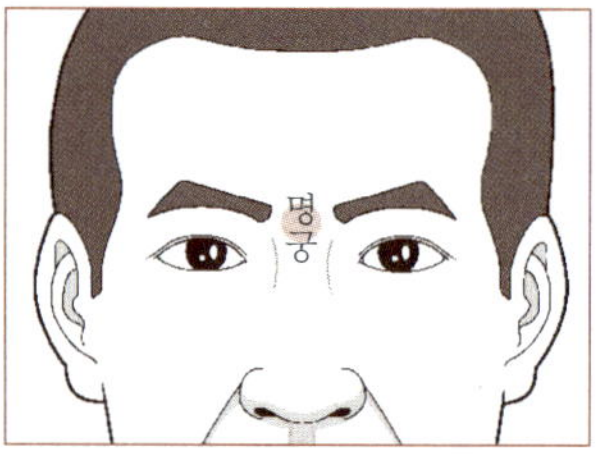

● 명궁의 관은 질병의 유무나 집에 관련된 일을 본다.

- 좋은 색이 나타날 때 환자는 차도를 보인다. 보통 사람은 집 또는 가정에 관해서 좋은 일이 있다.
- 나쁜 색이 나타날 때는 질병에 걸린다. 또는 집 또는 가정에 관한 일로 고생을 많이 한다.

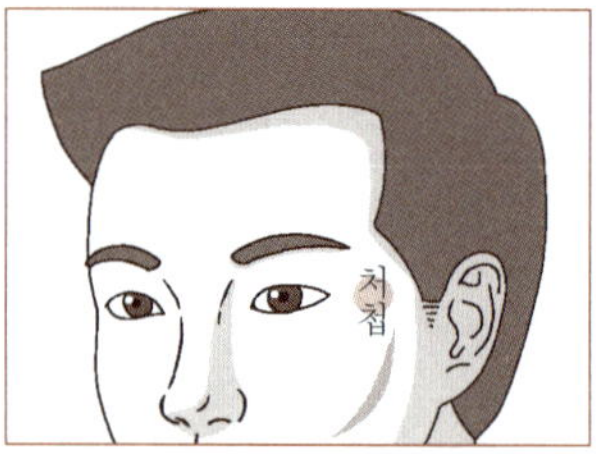

● 처첩의 관은 아내나 연인의 일을 살펴 본다.

- 좋은 색이 나타날 때는 아내에 관한 즐거운 일이 있다. 어느 쪽이라 해도 연인에 관한 즐거운 일이 있다.

- 나쁜 색이 나타날 때는 아내 또는 연인 때문에 고생을 한다. 대체로 연인에 관한 일은 좋지 않다.

● 남녀의 관은 자손 또는 아랫사람의 일을 본다.

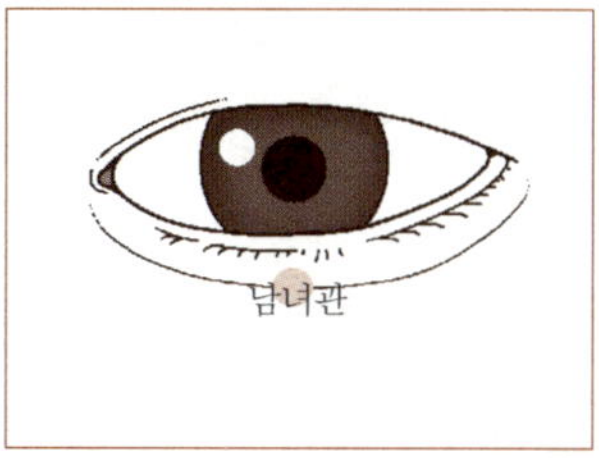

- 좋은 색이 나타날 때는 자손이나 아랫사람에 관한 좋은 일이 있다.
- 나쁜 색이 나타날 때는 자손 또는 아랫사람 때문에 고생을 한다.

● 관골의 관은 세상 또는 타인의 일을 본다.

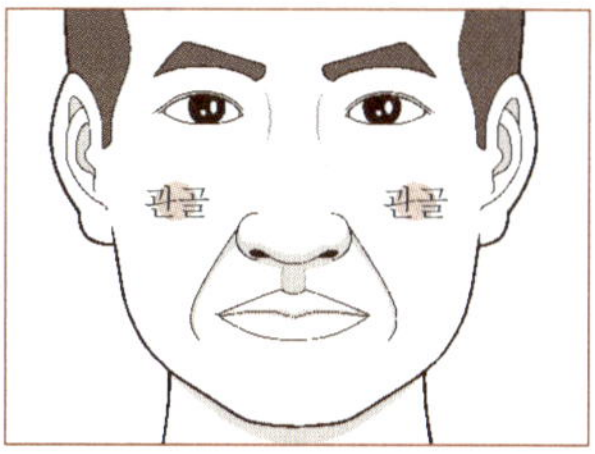

- 좋은 색이 나타날 때는 세상의 평판이 좋아 자연스럽게 인기가 있다.
- 나쁜 색이 나타날 때는 세상일에 장애가 일어나 평판이 좋지 않다.

● 간문의 관은 애인에 관한 일을 본다.

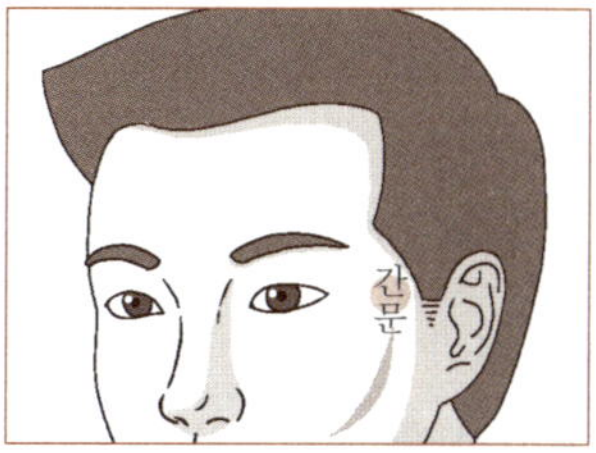

- 좋은 색이 나타날 때는 애인에 관한 즐거운 일이 있다.
- 나쁜 색이 나타날 때는 애인 때문에 고생을 많이 한다.

● 식록의 관은 그 당시의 상속자에 관한 길흉을 본다.

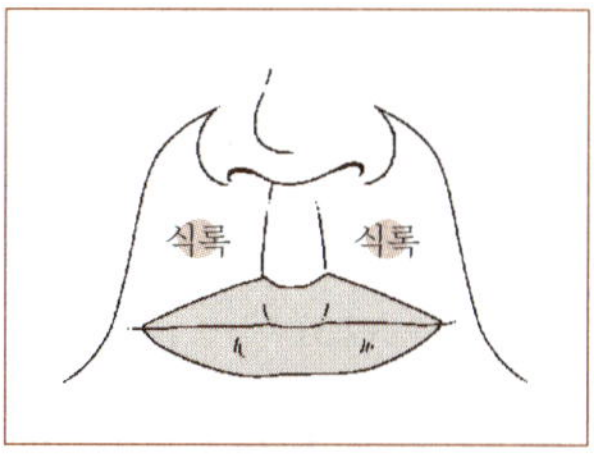

- 좋은 색이 나타날 때는 상속자에 관한 즐거운 일이 있다. 또는 상속자가 번성한다고 본다.
- 나쁜 색이 나타날 때는 상속자에 관련된 일로 고생을 많이 한다. 또는 상속자의 건강이나 운세가 좋지 않다.

● 법령의 관은 그 당시의 가업(≒직업)의 길흉을 본다.

- 좋은 색이 나타날 때 그 당시는 가업이 번성하고 있다(일이 순조롭다). 또는 가업에 관한 즐거운 일이 있다.
- 나쁜 색이 나타날 때 그 당시는 가업 때문에 고생을 많이 한다. 또는 가업이 쇠약해지고 있다.

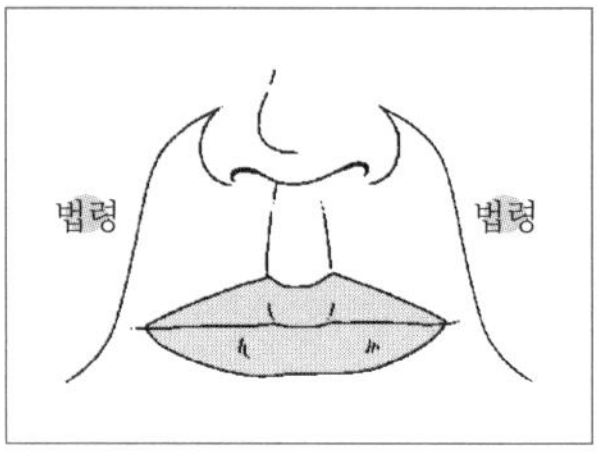

● 승장의 관은 약의 복용이나 식중독에 관한 일을 살핀다.

- 좋은 색이 나타날 때는 환자가 식욕을 회복하고 좋은 음식을 맛본다.
- 나쁜 색이 나타날 때는 식중독이 발생한다. 또는 환자는 약이 맞지 않는다.

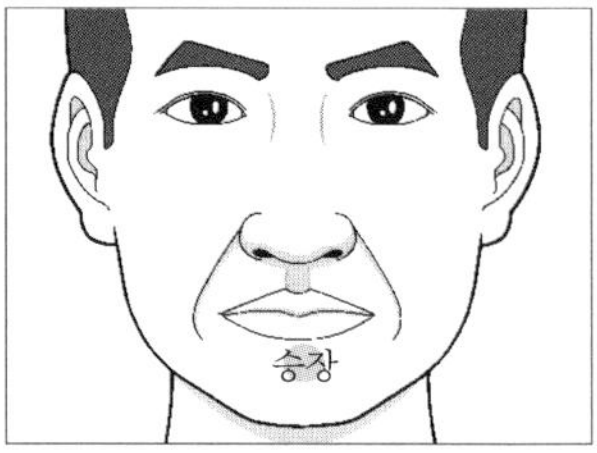

● 지각의 관은 주거의 일을 본다.

- 좋은 색이 나타날 때는 주거에 관한 즐거운 일이 있다. 또는 가정에 관한 즐거운 일이 있다고 본다.
- 나쁜 색이 나타날 때는 주거 문제로 고생을 많이 한다. 또는 가정에 관한 일로 고생이 있다고 본다.

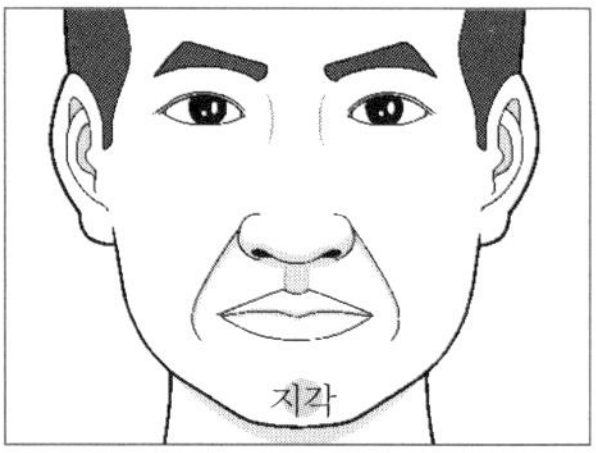

● 노복의 관은 하인 또는 아랫사람에 관한 일을 살펴본다.

- 좋은 색이 나타날 때는 하인이나 아랫사람에 관련하여 즐거운 일이 있다. 또는 좋은 아랫사람이 있다고 본다.
- 나쁜 색이 나타날 때는 하인이나 아랫사람 때문에 고생을 많이 한다. 또는 좋은 하인(≒부하)을 둘 수 없다.

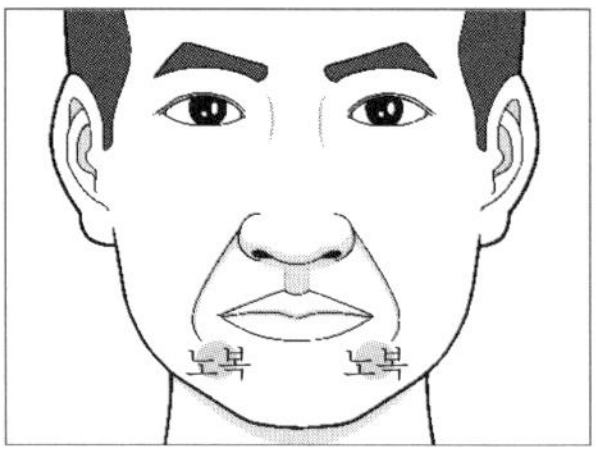

● 신광神光의 관官은 신불을 믿고 있는지 아닌지 본다.

- 좋은 색이 나타날 때는 신앙심이 있다. 또 신불에 기도하여 잘 풀린다.

- 나쁜 색이 나타날 때는 신심이 약하거나 신앙심이 없다.

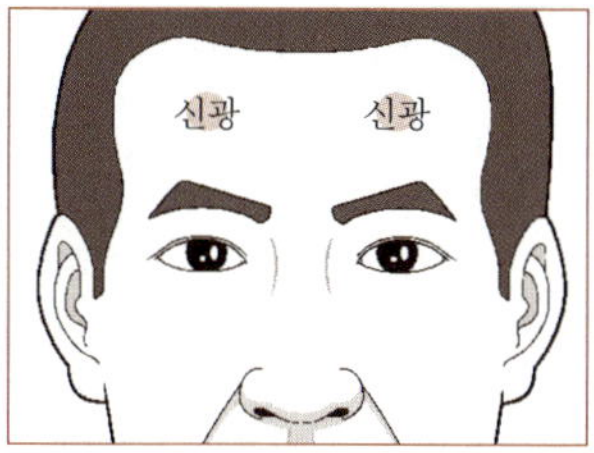

● 관록의 관은 그 당시의 길흉을 본다.

- 좋은 색이 나타날 때 그 당시는 좋다. 모든 일이 순조롭다.
- 나쁜 색이 나타날 때 그 당시는 좋지 않아 고생을 많이 한다.

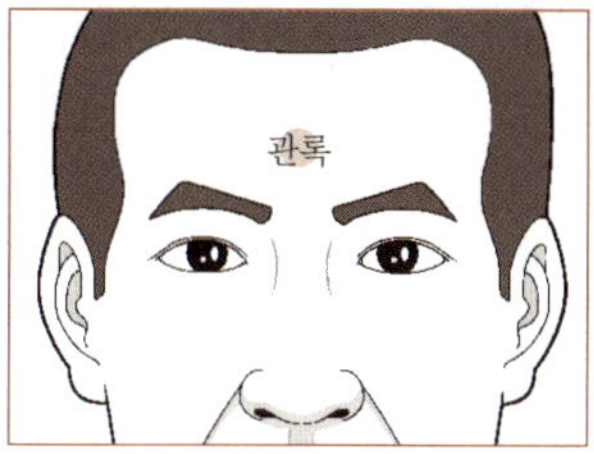

● 인당의 관은 소망하는 일이 실현되는지 아닌지 본다.

- 좋은 색이 나타날 때는 소망하는 것을 성취한다. 덧붙여 나쁜 색이 섞여 있는지 아닌지 잘 살펴야 한다.

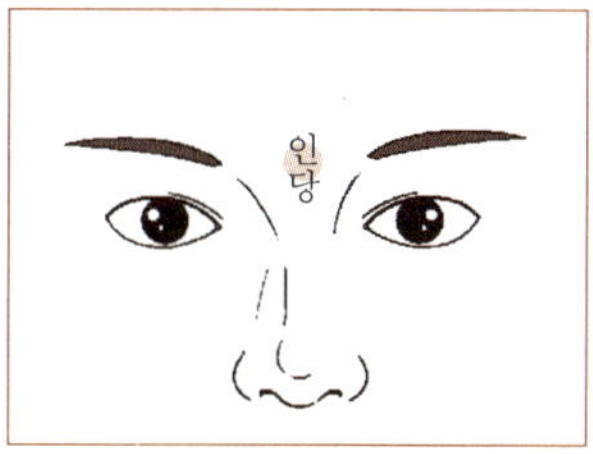

- 나쁜 색이 나타날 때는 소망하는 일이 실현되기 어렵다.

● 역마의 관은 주거의 건축 공사나 주거 이전에 대해 본다.

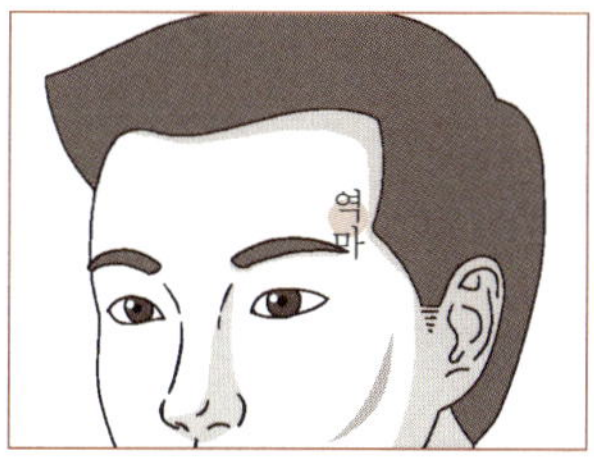

- 좋은 색이 나타날 때는 집에 관련된 공사(≒증축 · 개장 · 리폼)가 있다. 또는 이사를 하거나 한다.
- 나쁜 색이 나타날 때는 주거에 손해가 있거나 주거 문제로 고생을 많이 한다.

● 어미의 관官 · 전택궁田宅宮은 그 당시 마음의 길흉을 본다.

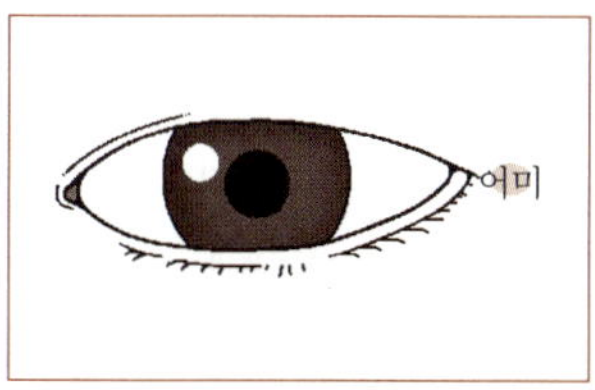

- 좋은 색이 나타날 때 그 당시는 마음이 건강하고 강하다.
- 나쁜 색이 나타날 때는 마음이 쇠약해진 상태이다.

● 우신좌신右身左身의 관官은 도난盜難이나 분실물에 관한 것을 살핀다.

- 좋은 색이 나타날 때는 도난이나 분실이 있었다고 해도, 그것이 다시 수중手中에 돌아온다.
- 나쁜 색이 나타날 때는 도난이나 분실이 있다.

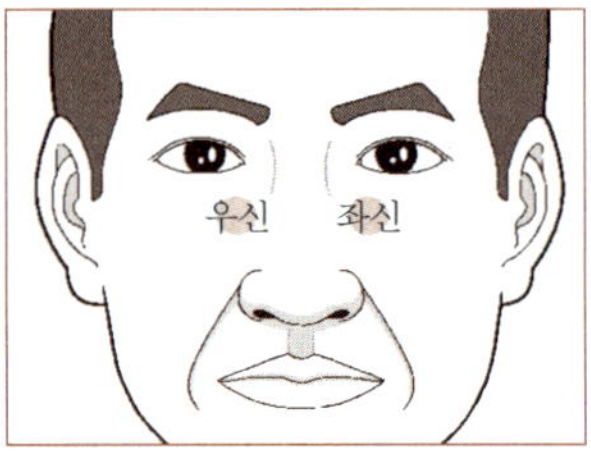

추기追記

- 남녀의 관에 흑색이 있을 때는 자손이나 아랫사람과 이별한다. 그러나 항상 눈 아래가 검은 사람은 고려하지 않는다. 흐림이 없는 가운데 검은 색이 희미하게 나타나는 것은 고려한다.
- 광대뼈에 적색이 있을 때는 세상이나 타인의 재앙이 자신에게 영향을 미친다고 한다. 그러나 항상 광대뼈가 붉은 사람은 고려하지 않는다. 바늘 끝으로 찌른 것 같은 적색은 고려하고, 붉은 점이 많은 경우는 고려하지 않는다. 단지 하나만 있는 경우는 고려한다.
- 간문의 관에 적색이 있을 때는 애인 때문에 재앙이 있다고 한다. 그러나 항상 간문이 붉은 사람은 고려하지 않는다. 이 일은 〈후편 1권〉에 적었다(232쪽 참고).
- 승장의 관에 적색이 있을 때는 식중독이나 약이 맞지 않는다고 한다. 그러나 비장에 열이 있을 때도 이곳이 붉게 된다. 이 일을 잘 살펴보기 바란다.
- 처첩의 관에 나쁜 색이 나타날 때는 교제하는 여성 때문에 고생한다. 그러나 결혼한 사람은 자연스럽게 처첩의 관의 혈색이 나쁘게 보인다. 이 일을 잘 살펴보기 바란다.
- 신광의 관에 좋은 색이 있을 때는 신앙심이 있다. 그러나 항상 이마 좌우가 검은 사람은 고려하지 않는다. 즉 신앙심이 강하면 그 검은색 속에

자연히 좋은 색이 나타난다.

- 역마의 관에 검은색이 있을 때는 집이 파손되는 일이 발생한다. 그러나 항상 역마의 관이 붉은 사람 또는 검은 사람은 고려하지 않는다. 이 일은 〈후편 1권〉에 적었다(238쪽 참고).
- 간문의 관에 좋은 색이 있을 때는 애인 때문에 즐거운 일이 있다. 그러나 대체로 색정의 일은 양기陽氣의 일이며 즐겁게 사귄다. 그러므로 색난의 상이라도 자연스럽게 윤기가 나고 미색이 나타난다.
- 토성의 관에 적색이 있을 때는 신상에 관련된 재앙이 있다. 그러나 일반적으로 말하는 주사비로 항상 코가 붉은 사람은 고려하지 않는다. 이상에서 말한 적색이란, 아주 작은 것 또는 쌀알만 한 크기의 붉은 점을 말한다. 붉은 점은 반드시 부스럼이라고는 할 수 없다. 붉은 점이 많은 경우에는 고려하지 않는다. 단지 하나가 있는 경우만 고려한다.

혈색血色의 출생出生에 대해서

혈색은 모두 오장五臟에서 발생한다. 예를 들면, 간기肝氣가 건강할 때는 청색에 윤기가 있고, 반대로 쇠약해질 때는 윤택을 잃는다.

비기脾氣가 건강할 때는 황색에 윤기가 있고, 반대로 쇠약해질 때는 윤기를 잃는다. 폐기肺氣가 건강할 때는 백색에 윤기가 있고, 반대로 쇠약해질 때는 윤기를 잃는다.

흑색은 신기腎氣에서 일어난다고 해도 신기가 건강할 때는 얼굴에 윤기가 있다. 즉 이것은 신장 · 명문 · 음화陰火에 의해서 윤기가 있다. 반대로 신기가 쇠약해질 때는 자연스럽게 명문의 불기운이 강해지고, 얼굴에 불과 같은 적색이 나타난다. 게다가 신장이 죽지 않을 때는 그 적색이 흑색으로 변한다. 그러므로 흑색은 신기가 건강할 때 발생하는 좋은 색이 아니라 나쁜 색이다.

흑색은 '망亡의 근원으로 돌아간다'라는 색이다. 예를 들면, 만물이 이 세계에 마지막을 고하고 무無로 돌아갈 때 변해서 흑색이 된다. 그러므로 흑색은 만색의 마지막이라고 판단해야 한다.

적색은 심기心氣로부터 발생하지만 적색에는 종류가 많다. 예를 들면, 마음이 건강할 때 생기는 적색은 담홍색 같고, 자연스럽게 윤기가 있다. 이것을 '심열心悅의 적색'이라고 하여 홍색이라고 한다. 반대로 심기가 쇠약해질 때는 자연스럽게 음화가 흥분된다. 따라서 불과 같은 적색이 나타난다. 이것을 '재앙의 적색'이라고 한다. 심장과 신장이 건강할 때는 얼굴에 홍윤紅潤의 색이 나타난다. 즉 홍색은 마음의 색이며, 윤기가 있는 색은 신장에 의해 나타나는 윤기로, 이것을 미색美色이라고 한다.

보라색은 심장과 간에 의해 발생한다(→ 심장의 적색과 간의 청색이 섞인 색). 또 보라색은 심장과 신장(적색+흑색)에 의해서도 생긴다. 그러나 이 경우는 심장 · 간장 · 신장이 건강해서 보라색이 발생하는 것이 아니라 심장과 간의 기운이 쇠약해지기 때문에 보라색을 나타내는 것이다. 또 심장과 신장의 기운이 쇠약해졌을 때도 보라색을 나타낸다. 예를 들면, 횡사橫死할 때는 심장과 간의 기운이 매우 곤궁해져 죽는다. 그러므로 입술에 보라색을 나타내는 것이다.

또 독毒을 먹으면 심장과 신장의 기운이 많이 궁하고 나서 죽는다. 그러므로 입술에 보라색이 나타난다. 따라서 보라색은 좋지 않은 색이다. 사람은 음양陰陽과 혈맥血脈으로 완성되기 때문에 조금 붉고 윤택한 것을 인체의 상으로 한다. 양기陽氣가 쇠약해질 때는 적색을 잃고, 음기陰氣가 쇠약해질 때는 윤색을 잃는다. 그러므로 사람은 음양의 순환이 좋은 것을 길吉로 한다. 즉 음양의 조화와 순환이 좋을 때는 자연스럽게 오장육부五臟六腑도 완전하다. 그러므로 신체는 건강하고, 항상 윤기가 있는 색을 나타낸다. 윤색이란 결국 혈맥 5기의 윤택이다.

고서古書에는 다음과 같이 기록되어 있다.

'청색은 봄에 대응한다. 그러므로 봄의 얼굴색은 푸른 것을 길로 한다.

적색은 여름에 대응한다. 그러므로 여름의 얼굴색은 붉은 것을 길로 한다. 백색은 가을에 대응한다. 그러므로 가을의 얼굴색은 흰 것을 길로 한다. 흑색은 겨울에 대응한다. 그러므로 겨울의 얼굴색은 검은 것을 길로 한다. 그러나 이것들은 군자에게 나타나는 혈색이다. 보통 사람에게 나타나는 것이 아니다. 군자는 천지(천지의 도리)에 순응하고, 한쪽으로 치우치는 일이 없다. 즉 군자는 천지 동체의 사람이다. 천지와 동체이기 때문에 사계에 대응하는 혈색이 자연스럽게 나타난다. 따라서 천지의 길흉은 군자의 혈색에 나타난다. 어리석은 사람은 사람이 천지와 동체가 되는 것을 알지 못하기 때문에 하늘을 원망한다. 어리석은 사람에게는 사계절에 해당하는 혈색이나 기색이 나타나지 않는다.'

또 다음과 같이 기록되어 있다.

'혈색은 2종류가 있다. 하나는, 법성(法性 : 진여眞如)의 마음에서 시후(時候 : 그 계절의 순서에 따라)의 기색으로 생기는 혈색이다. 즉 그러한 때가 오면 혈색으로 나타나는 것으로, 천시(天時 : 하늘에 응했다)의 혈색이라 하고, 스스로 완전한 혈색이며, 우선 군자에게 나타나는 혈색이다. 다른 하나는, 본인으로부터 생기는 혈색이다. 즉 이것은 아욕我慾의 혈색이며 스스로 나타나는 날카로운 혈색이다.'

이상의 일을 항상 마음속으로 생각하면서 관상을 보고 수행해야 한다.

〈상법 후편〉 4권

월할月割 · 일할日割에 대해서

관상학의 고전에서는 혈색血色을 판단하여 백 일 안에 좋은 일이 일어난다든지, 7일 안에 나쁜 일이 일어난다든지 등에 대해 이야기하지만, 이론으로는 아직도 그 원리와 이치를 설명할 수 없기 때문에 현실적으로 사용하기에는 문제가 있다. 원래 사람은 천지와 동체이며, 기혈氣血은 천지를 운행하는 기氣에 따라 순행하는 것이다. 그렇다고 하더라도 천지에는 예측할 수 없는 변화가 있다. 즉 기후에는 어떻게 할 수 없는 불순不順이 있고, 인체의 혈색도 그때그때에 따라 변화하는 것이다. 그렇다면 어째서 일시적인 혈색을 본 것만으로 몇 월 몇 일에 좋은 일이 일어난다든가 나쁜 일이 일어난다고 미리 분명히 단언할 수 있는 것일까. 이것은 불가능한 일이다.

나는 이러한 이유로 오랜 세월 동안 이것에 대해 온정신을 다해 연구하여 왔다. 그 결과 혈색으로 길흉吉凶의 일시를 분명히 하려고 한다. 그 혈색에 월할月割 · 일할日割을 이용하지 않으면 안 된다는 것을 깨달았다. 월할과 일할을 이용하여 혈색을 판단할 때 1백 번 관상을 보아서 한 번도 적중하지 않은 적이 없다. 지금 이 일을 다시 설명하면, 고인이 이 일을 몰랐다고는 생각할 수 없을 것이다. 즉 물건에는 모두 체體와 용用 2가지가 있다. 혈색은 길흉을 아는 징표이며, 즉 관상의 체體이다. 또 월할 · 일할은 혈색의 의미를 분명하게 파악하기 위한 것이다. 옛사람들은 그 체를 말하는 것만으로, 그 용을 생략한 것이다. 후인이 이것을 이해하지 못하고 관상을 보면서 '혈색만으로 길흉의 일시를 판단할 것'으로 한 것은 큰 잘못이었다. 나는 오랜 세월 천지자연天地自然의 이치를 공부하였고, 옛사람들이 아직까지 발표하지 않은 가르침을 분명히 깨닫고, 혈색을 보는 방법에 체용을 갖추어 새롭게 월할 · 일할의 그림을 만들 수 있었다. 여하튼 이것이 나만의 상법相法 이론이고, 고금古今에는 없던 이론이다.

달[月]을 나누는 방법

- 정월, 9월은 그림처럼 콧방울의 근원에서 귓불 끝까지 관통한다고 판단한다. 왼쪽은 정월, 오른 쪽은 9월.
- 2월, 8월은 그림처럼 내이內耳 돌기 앞에서 콧방울의 조금 위까지 일직선으로 통한다고 판단한다. 왼쪽은 2월, 오른쪽은 8월.
- 3월, 7월은 그림처럼 역마의 관에서 눈 아래를 통해서 코까지의 사이를 통해서 판단한다. 왼쪽은 3월, 오른쪽은 7월.
- 4월, 6월은 그림처럼 이마의 양쪽 모서리에서 눈썹 중간까지를 일직선으로 판단한다. 왼쪽은 4월, 오른쪽은 6월.
- 5월은 그림처럼 천중에서 인당까지를 일직선으로 관통해서 판단한다.
- 10월, 12월은 그림처럼 콧방울에서 구각을 통해서 턱 끝까지를 일직선으로 관통해서 판단한다. 왼쪽은 11월, 오른쪽은 10월.
- 11월은 그림처럼 인중에서 턱 끝까지를 일직선으로 관통해서 판단한다.

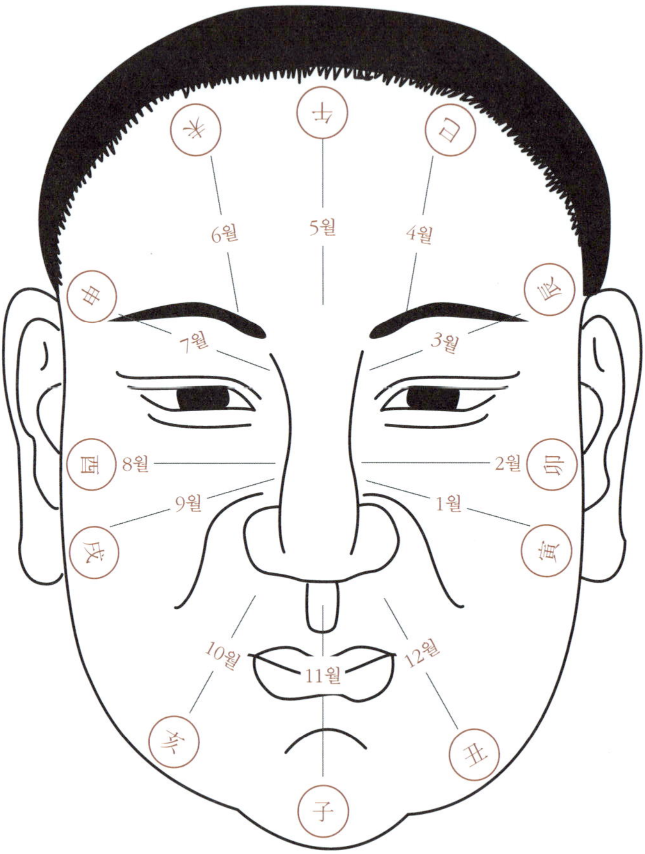

〈그림 1〉 월할

월할의 혈소穴所는 대략 곡척[44] 이보二步 정도의 폭을 마음속으로 자를 정하듯이 하여 한 글자에 관통하여 그 범위 내에서 길흉을 본다.

44 곡척(곱자)이란 목수나 창호 직공이 사용하는 직각으로 구부러진 금속제 자를 말한다. 곡척의 길이는 1척 2치 5분(약 38㎝)이며, 이보는 2할이기 때문에 38㎝의 20%로 약 7.5㎝가 된다. 당시의 곡척의 길이가 1척(약 30㎝)이었다는 설도 있는데, 이 경우에는 2보가 약 6㎝ 전후라고 생각된다. 그러나 실제 얼굴 크기를 생각해 보면, 4～6㎝ 정도이다.

월月의 길흉吉凶에 대해서

만약 그 달에 해당하는 부위에 윤기가 있고 미색美色이 보일 때는 운이 좋은 달이라고 판단한다. 반대로 윤기가 없고 쓸쓸하게 보일 때는 반드시 나쁜 달이라고 판단한다. 그 달에 해당하는 부위가 좋은 것도 나쁜 것도 보이지 않을 때는 아무 일도 없는 달이라고 판단한다. 자세한 것에 대해서는 먼저 말한 바와 같이 활용을 하고, 어떠한 길흉이 있을지 생각하고 판단한다. 또 월할의 부위에 아주 작은 크기로 적색이 나타날 때는 나쁜 달이라고 판단한다. 반드시 부스럼이라고는 할 수 없다. 그러나 그 당시의 2, 3개월 전부터 이 부위에 적색이 나타날 때는 고려해서는 안 된다. 그렇게는 말해도 그때그때에 따라 그 변화에 따라 생각하고 판단해야 한다. 월할에 대해서는 상처, 검은 점, 흑반(黑瘢 : 멍), 전풍癜風의 종류는 고려해서는 안 된다.

일日의 길흉吉凶에 대해서

미색美色이거나 악색惡色이거나 간에 월할 안에서 사이를 나눈 것처럼 나타날 때는 그 색이 나타난 부위가 며칠째인지 생각하고 거기에 맞는 날의 길흉을 판단한다. 미색이 나타나면 길일吉日, 나쁜 색이 나타나면 불길不吉한 날이다. 또 좋은 달이어도 불길한 날이 있을 때는 그 날에 해당하는데, 나쁜 색이 날고 있는 것처럼 점점이 나타난다.

반대로 나쁜 달이어도 길일이 있을 때는 그 날에 해당하는데, 미색이 날고 있는 것처럼 점점이 나타난다. 이처럼 '미색이 날고 있는 것처럼'이라고 비유한 것은 나뭇잎에 반점이 들어가 있는 것처럼 보이기 때문이다. 또 '나쁜 색이 날고 있는 것처럼'이라는 것은 일반적으로 말하는 주근깨와 비슷하지만, 주근깨 그 자체가 아니라 왠지 모르게 순간적으로 보았을 때 주근깨와 같이 보이는 것이다. 또는 흰깨 껍질처럼 보이는 경우도 있다. 하지만

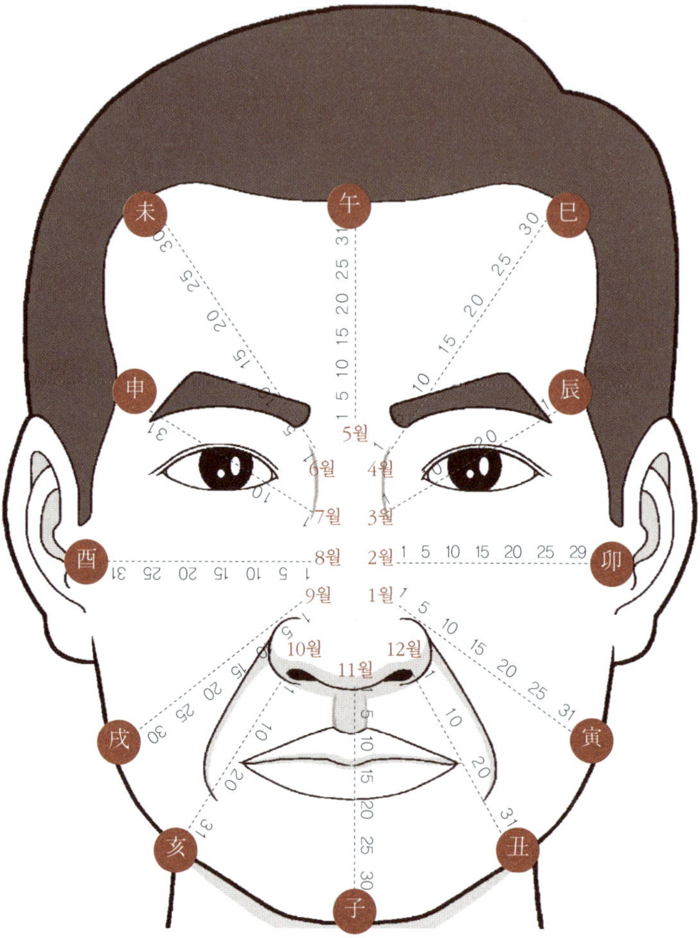

〈그림 2〉 일할

이 일할의 혈소는 그림과 같이 코의 근원을 초하루로 하여 그곳으로부터 순서대로 헤아려 나가면 된다. 그 끝나는 부분을 그믐날로 한다. 그림은 1개월을 30일로 분할했다.

그때그때의 변화에 따라 판단해야 할 때는 바늘 끝으로 찌른 것 같은 적색이나, 오늘 다친 것 같은 상처의 종류, 그 밖의 몇 안 되는 장애물 등은 모두 관상의 대상으로 판단해야 한다. 그러나 수행이 부족할 때는 고려해서는 안 된다. 많은 수행을 한 뒤에는 임기응변이나 사기도 고려해서 판단한다.

사계四季

이 사계의 길흉吉凶은 가까이에서 곧바로 보려고 하면, 반드시 판단에 착오가 생겨 정확하게 보기가 어렵다. 따라서 3척(약 1m) 정도 떨어진 곳에서 살핀다. 그 색이 아름답고 건강한지, 아니면 쇠약한지 살펴서 정확하게 사계절의 길흉을 판단해야 한다. 절대로 가까이에서 살펴서는 안 된다. 코는 얼굴의 중앙에 있어 사계의 토용(환절기)을 상징한다. 고서古書에서는 사계에 대응하는 위치를 방위로 하고 있지만, 방위만을 판단하는 것은 아니다.

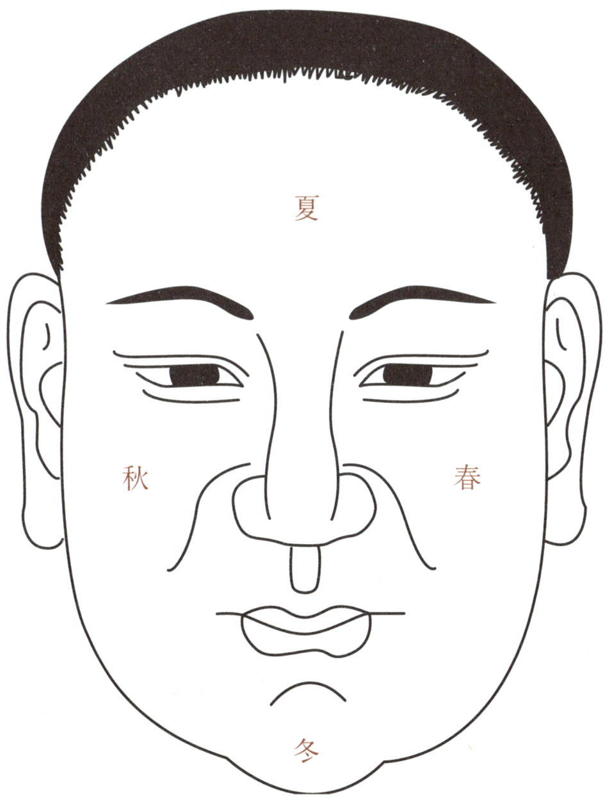

〈그림 3〉 사계

당시當時 방각方角

이 방위는 머리카락의 언저리부터 양 눈썹까지의 사이를 기준으로 그림과 같이 둥글게 판단한다. 그 원 안에 동서남북의 방위를 배치한다. 이마의 머리털 부분부터 눈썹까지(이마)의 사이가 좁은 사람은 그림의 원을 작게 그리고, 반대로 넓은 사람은 그림의 원을 크게 그린다. 하지만 반드시 기준의 원을 벗어나서는 안 된다. 앞에서 말한 것처럼 미색이 나타나는 방위를 좋은 방위라고 판단하고, 반대로 나쁜 색이 나타나는 방위를 나쁜 방위라고 판단한다. 그러나 시세의 변화에 따라 판단할 때는 아주 작은 적색이나 그 당시에 생긴 희미한 상처, 그 밖의 작은 방해물이라도 고려하여 판단한다. 그러나 수행이 충분하지 못한 사람은 고려해서는 안 된다. 단지 길흉吉凶에 대한 색만 판단한다.

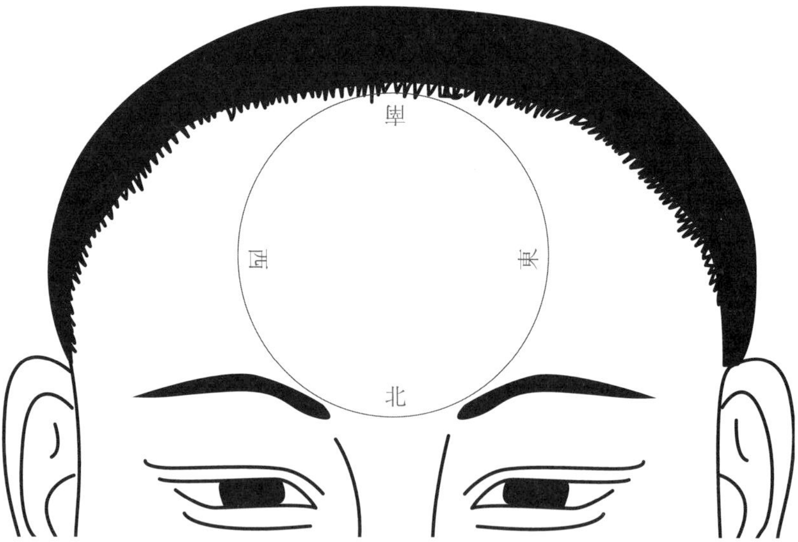

〈그림 4〉 당시 방각

방각십이지方角十二支

상세한 방위를 알고 싶다면, 이 십이지 그림을 활용하여 판단한다.

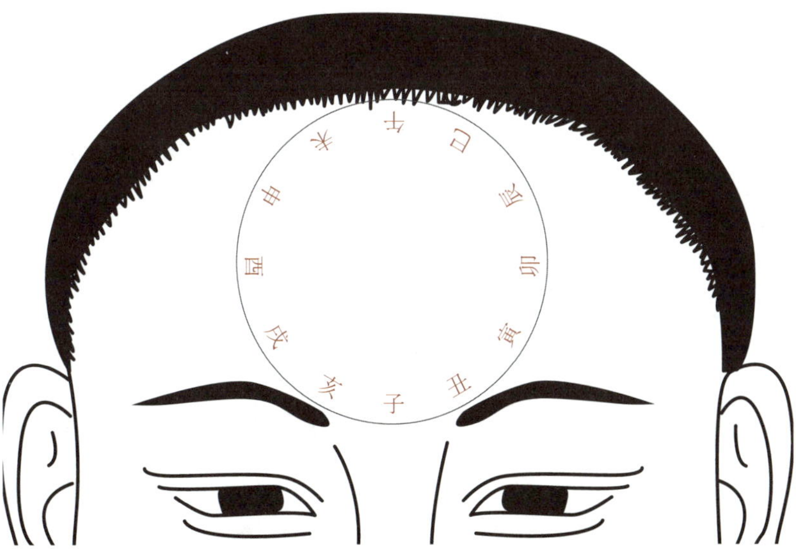

〈그림 5〉 방각십이지

만법万法 방위方位

이 방위 혈소穴所의 넓이는 관상을 보기 바라는 사람의 엄지 넓이(그림 참조)를 기준으로 하여 그림 6과 같이 둥글게 취한다.

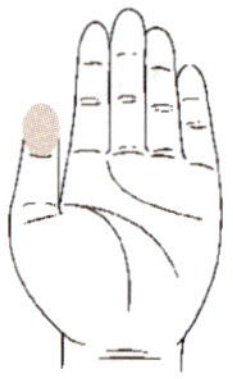

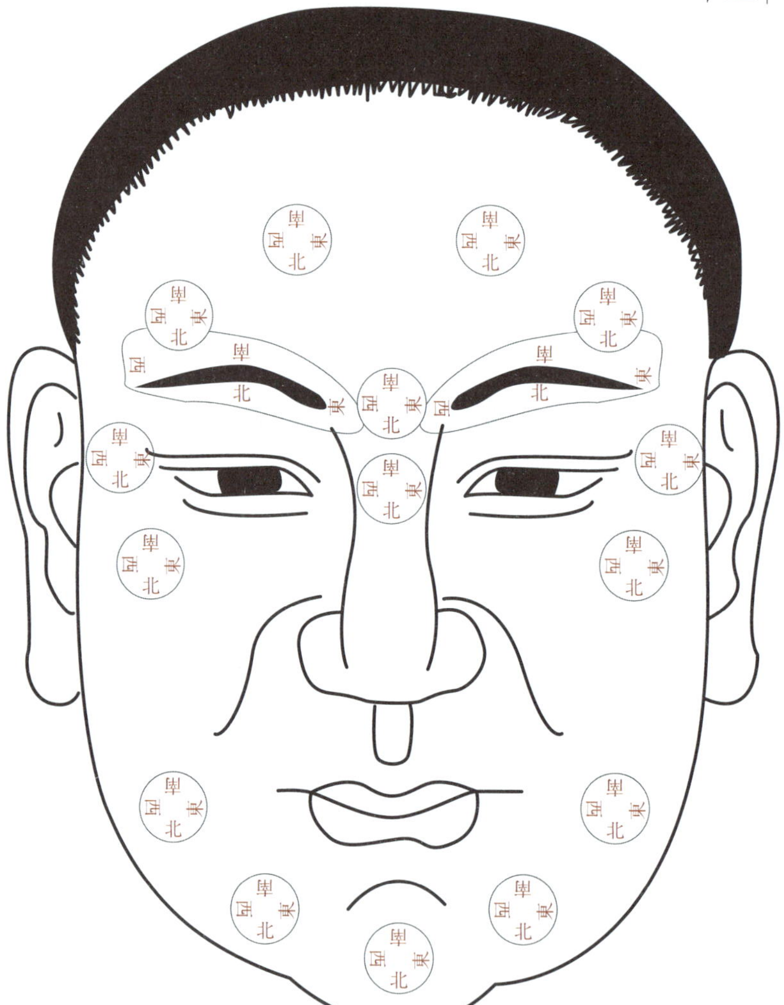

〈그림 6〉 만법 방위

방각혈소方角穴所

- 주인이나 손윗사람의 일은 주골의 관에서 동서남북의 방위를 잡는다.
- 친척의 일은 형제의 관에서 방각을 잡는다.
- 바라는 일에 대해서는 인당의 관을 보고, 그 쪽에서 방위를 잡는다.
- 연인, 아내의 일은 처첩의 관에서 방각을 잡는다.
- 세간의 일은 관골의 관에서 방각을 잡는다.
- 손자나 아랫사람의 일은 남녀의 관에서 방각을 잡는다.
- 가업(직업)의 일은 법령의 관에서 방각을 잡는다.
- 이동이나 여행에 관한 일은 변지의 관에서 방각을 잡는다.
- 집의 일은 지각의 관에서 방각을 잡는다.
- 집안일(≒부하, 아랫사람)에 관해서는 노복의 관에서 방각을 잡는다.
- 의사가 있는 방각에 대해서는 환자의 명궁의 관을 보고, 방각을 잡는다.
- 금전의 일은 복당의 관에서 방각을 잡는다.
- 전택궁田宅宮의 일은 식록의 관에서 방각을 잡는다.

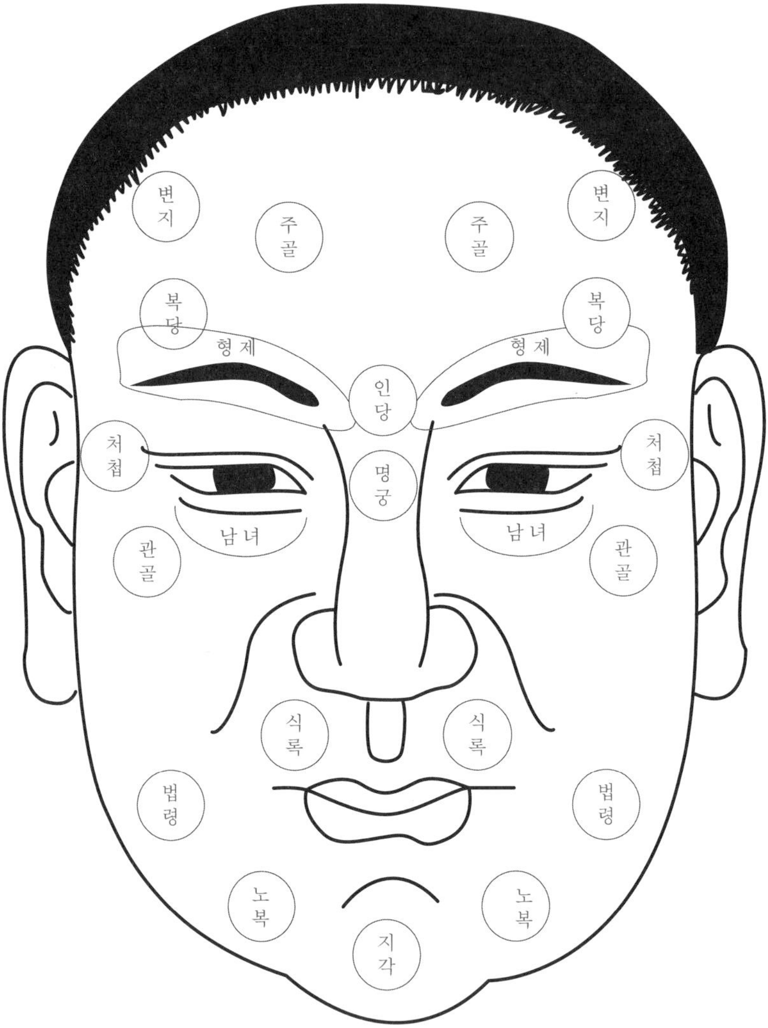

〈그림 7〉 방각혈소

방각方角의 길흉吉凶에 대해서

앞에서 말한 것처럼, 미색美色이 나타난 방각을 좋은 방위라고 판단하고, 반대로 나쁜 색이 나타난 방각을 나쁜 방위라고 판단한다. 또 임기응변으로 판단해야 할 때는, 비록 표시가 희미하더라도, 그것을 방각의 길흉 판단에 활용하는 경우가 있다. 그러나 수행이 충분하지 않은 관상가들은 자주 사용하지 말고, 단지 선악의 색만 판단해야 한다. 여기서는 방위혈소方角穴所의 의미를 대략적으로 적었다. 그러므로 이상의 혈소에서 정신을 집중하여 신중하게 판단해야 한다. 신중하게 판단하지 않으면 반드시 그릇된 판단을 하게 된다. 〈전편〉의 '골격' 편에서 설명한 것을 참조하여 판단하기 바란다.

고서古書에서는 '얼굴에서 그 방각을 판단한다'라고 되어 있지만, 그렇게 하면 대략적이라 정확하게 판단하기 어렵다. 예를 들면, 친척이 원인으로 동쪽에서 좋은 일이 다가온다든지, 자손이 원인으로 동쪽에서 나쁜 일이 다가오든지, 아내(≒연인)가 원인으로 동쪽 방위에서 즐거운 일이나 좋은 일이 있든지, 집이 원인으로 동쪽에서 좋은 일이 다가오든지 등등 동시에 동쪽에서 좋은 일과 나쁜 일이 겹쳐 일어나는 경우 등은 얼굴 한 면의 방위만으로 정확하게 판단하기 어렵다. 그러므로 전술과 같이 자세하게 적었다. 차근차근 진중한 마음으로 배우기 바란다.

또 고서에서는 '얼굴만으로 판단하지 못하는 일은 없다'라고 하여 얼굴의 130혈을 선택하고 있다. 이 130혈로 만사에 대해 판단할 수 있다. 나도 젊은 시절부터 관상만큼은 온 심혈을 기울여 공부하고 수행하였으며, 온 나라의 유명 관상가들을 두루 찾아다니면서 연구하였다. 이 관상 고수들을 만나 130혈에 대한 판단법을 모두 배웠지만, 아직도 완전히 이해하지 못한 부분들이 있다. 그러므로 문인 여러분은 진심으로 수련과 연구를 거듭하여 이상의 130혈 부위를 이용하여 판단하는 방법을 깨닫기 바란다.

일월一月 · 오월五月 · 구월九月

이 그림 부위의 혈색血色이 나쁠 때 그해[年]는 대흉이다. 또 그 부위의 살집이 느슨하거나 쇠약할 때는 반드시 그해에 죽는다.

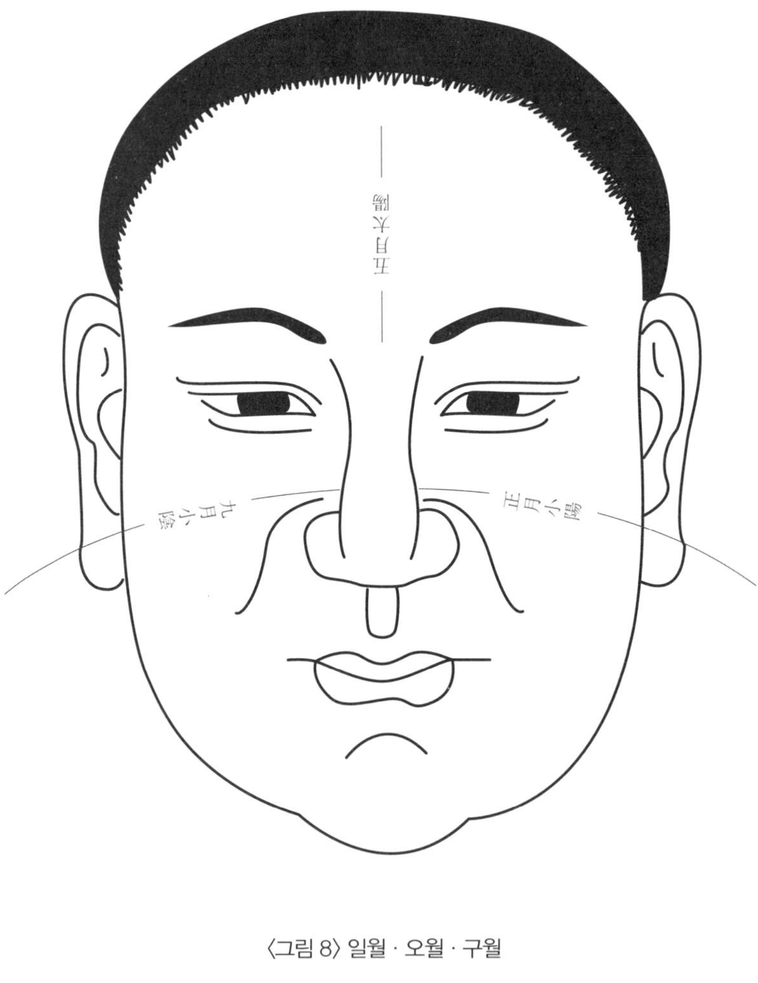

〈그림 8〉 일월 · 오월 · 구월

정월(1월), 5월, 9월은 1년을 삼등분할 때 모두 다섯 번째 달이다. 즉 '정월, 2월, 3월, 4월, 5월. 5월, 6월, 7월, 8월, 9월. 9월, 10월, 11월, 12월, 정월'이 된다. 이것들이 모두 5의 수에 해당하기 때문에 정월 · 5월 · 9월을 천인지의 삼위(삼재)에 배치한다. 또 삼위의 오행에 배당한다. 이 때문에 정월 · 5월 · 9월을 신중하게 살필 때는 스스로 재앙을 피할 수 있다. 운기가 나쁜 해는 반드시 정월 · 5월 · 9월에 장애가 있다. 사람 얼굴에서 판단하는 경우, 정월 · 9월은 광대뼈 아래, 턱의 상하가 만나는 선에 있다. 즉 정월은 소양小陽, 9월은 소음小陰이 된다. 또 5월은 태양, 독맥상(정중선상)에 있으며, 얼굴 좌우의 만나는 선에 있다. 그러므로 이 셋은 얼굴에서 중요한 부위이다. 따라서 이 3개월에 해당하는 부위의 혈색이 나쁘면 그해는 대흉이다. 또한 그 부위의 살집이 느슨하거나 두드러지게 혈색이 악화되었을 때는 반드시 그해에 죽는다. 수행이 충분하지 않는 관상가는 이러한 관상법을 이용해서는 안 된다.

이팔월[二月 · 八月]

이 부위의 혈색血色이 쇠약할 때는 그해[年]에 반드시 대난大難이 있다. 그 부위의 살집이 시들어 쇠약할 때는 반드시 그해에 다치거나 죽는다.

2월, 8월은 얼굴 12지의 동서東西에 위치하고, 3음3양의 관에 해당한다. 위는 남쪽 태양으로 2월 · 3월 · 4월 · 5월 · 6월 · 7월 · 8월, 아래는 북쪽 태음으로 8월 · 9월 · 10월 · 11월 · 12월 · 정월 · 2월에 대응한다. 이것은 7개월마다 바뀐다. 즉 음의 7개월, 양의 7개월이다. 예를 들면, 사람이 태어난 지 7일째(생후 7일째)의 밤을 '일칠야一七夜'라 한다. 즉 이것은 양이 7개다. 또 사람이 죽고 나서 7일을 거친 것(사후 7일째)을 '일칠일一七日'이라 한다. 즉 이것은 음陰이 7개이다. 그러므로 7이라는 수는 선악 모두 성취할 때의 수이다. 또 소아가 어른이 될 때는 얼굴의 중앙인 2월의 관과 8월의 관에서 천지를 열어 가는 것이다.

위는 남방 · 양陽 · 햇빛 · '달신達伸'의 의미가 있고, 아래는 북방 · 음陰 · '침강沈降'의 의미가 있다. 따라서 2월의 관과 8월의 관은 음양의 정중이며, 추기樞機의 부위이다. 그러므로 작은 선행善行이 일어나는 상相이더라도, 2월의 관과 8월의 관이 밝고 윤택할 때는 매우 좋은 일이 있다. 반대로 작은 악행惡行이 일어나는 상이더라도, 2월의 관과 8월의 관에 윤기가 없고 흐릴 때는 큰 악행이 된다. 그것은 몸을 다치거나 죽을 정도의 나쁜 것이다.

충분하게 공부하거나 수행을 쌓은 후에 이 관상법을 활용하기 바란다. 그러면 반드시 적중한다. 이 상법相法은 미숙할 때 이용하면 반드시 사람을 미혹하게 하거나 현혹하는 일이 되니 신중히 해야 한다.

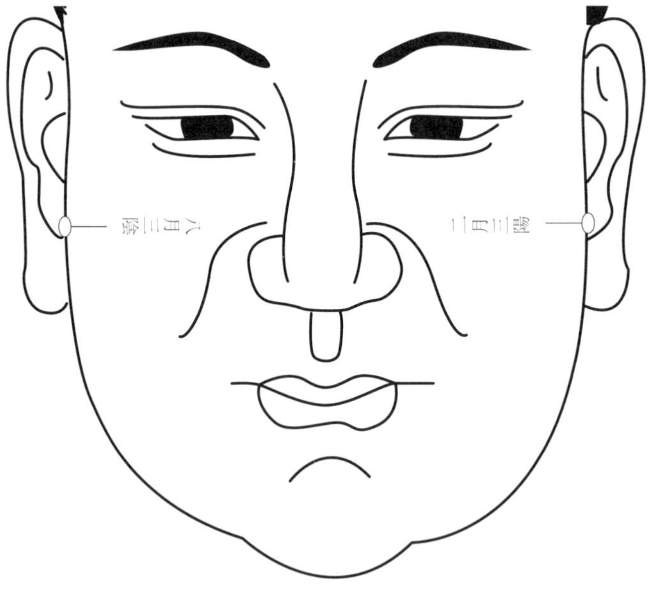

〈그림 9〉 이팔월

타신오장他身五臟

이 타신오장의 혈소穴所 넓이는 앞에서 말한 것처럼 관상을 보고자 하는 사람의 엄지 넓이를 기준(그림 참조)으로 하여 그림 10과 같이 둥글게 판단한다.

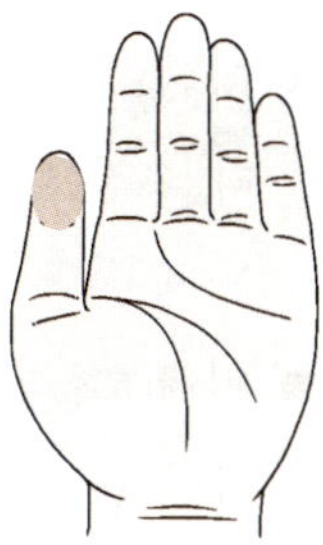

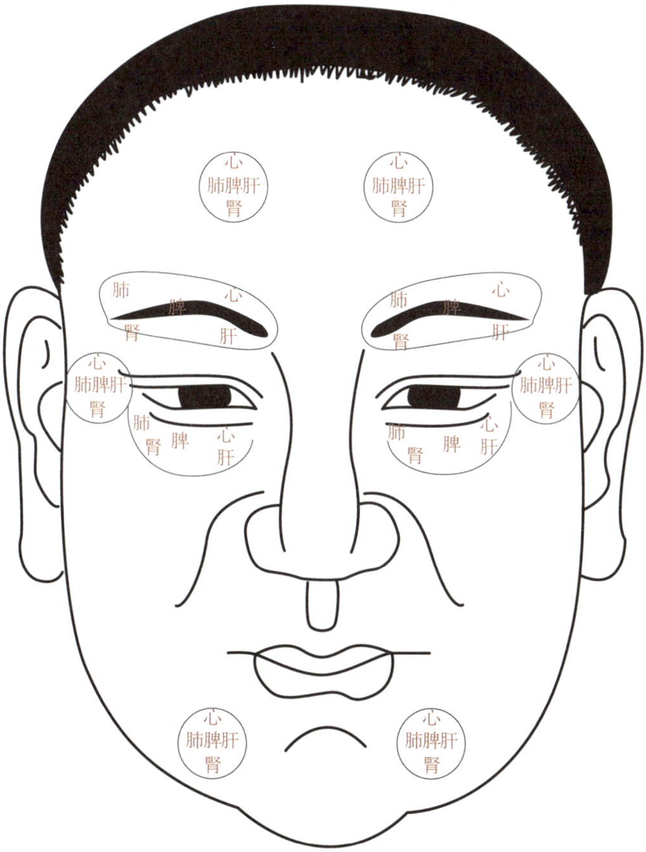

〈그림 10〉 타신오장

타신오장他身五臟의 길흉생사吉凶死生에 대해서

- 타신오장이란, 예를 들면 부모를 보고 아이들 질병의 길흉을 아는 일이다. 오장五臟 가운데 어느 장부가 병이 나는지, 어느 장부가 건강하고 어느 장부가 쇠약한지 살피고 판단하는 법이다.
- 가래(家来 : 아랫사람)의 상相을 보고 주인의 질병을 알려고 할 때는 그 가래의 주골의 관에 그림처럼 오장을 배분하고, 그 색의 침전 부분을 살피고 어느 장부가 쇠약한지 생각한다. 그 침전된 색의 길흉에 따라 질병의 선악善惡과 생사生死를 생각하고 판단하기 바란다.
- 친척의 상을 보고 그 가족의 질병을 알려고 할 때는 그 친척의 형제의 관에 그림과 같이 오장을 배치하고, 그 색이 침전된 부위에서 어느 장부가 쇠약한지 살펴서 그 색의 길흉에 따라 질병의 선악과 생사를 생각하고 판단하기 바란다.
- 남편의 상을 보고 부인의 질병을 살피고자 할 때는 그 남편의 처첩의 관에 그림처럼 오장을 배치하고, 그 색이 침전된 부위에서 어느 장부가 쇠약한지 살펴서 그 색의 길흉에 따라 질병의 선악과 생사를 생각하고 판단한다.
- 자식의 관상을 보고 부모의 질병을 살피고자 할 때는 그 자식의 일월의 관에 그림처럼 오장을 배치하고, 그 색이 침전된 부위에서 어느 장부가 쇠약한지 살펴서 색의 길흉에 따라 질병의 선악과 생사를 생각하고 판단한다.
- 주인의 관상으로 하인의 질병을 알고자 할 때는 주인의 노복의 관에 그림처럼 오장을 배치하고, 그 색이 침전된 부위에서 어느 장부가 쇠약한지 살펴서 그 색 길흉에 따라 질병의 선악과 생사를 생각하고 판단한다.
- 아내의 관상을 보고 남편의 질병을 알고자 할 때는 아내의 관록궁에 그림처럼 오장을 배치하고, 그 색이 침전된 부위에서 어느 장부가 쇠약한지 살펴서 색의 길흉에 따라 질병의 선악과 생사를 생각하고 판단한다.

- 다른 사람의 몸에 나타난 오장의 쇠약과 질병을 보는 방법은, 예를 들면 자신이 어떤 질병일 때 자신의 주골의 혈색이 저절로 쇠약해진다는 것이다. 또 침전된 것과 같은 색이 따로 나타난다. 따라서 침전된 색이 어느 장부에 해당하는지 살펴서 그 부위의 질병을 진단하고 판단한다.

이상의 일은 모두 이러한 이치에 따라 다른 사람의 몸에 나타난 질병이나 오장의 쇠약을 알 수 있다. 그림을 차근차근 대조해 보기 바란다.

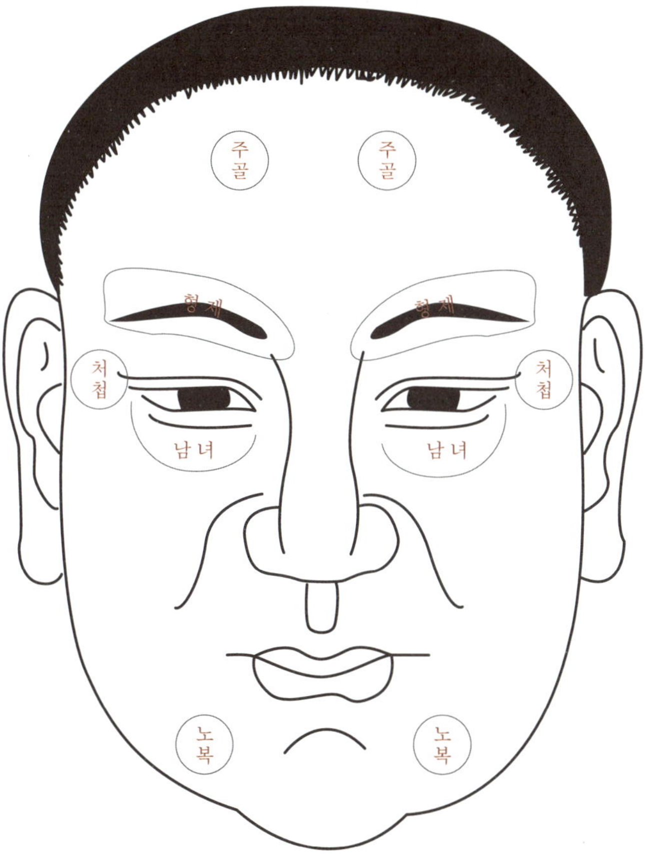

〈그림 11〉 타신오장의 길흉생사

또 환자가 차도를 보이기 전에 그 혈소에 자연스럽게 윤기가 나타난다. 반면에 죽기 전에는 그 혈소의 살집이 시든 것처럼 보이고 윤기를 잃는다.

그러나 다른 사람의 몸에 나타난 질병에 관한 것은 충분히 수행하지 않은 관상가는 판단하기가 어렵다. 충분히 수행하고 연구한 뒤에 살피기가 쉬울 것이다. 그렇게는 말해도 친척 · 부부 · 주종主從의 관계여도 그 환자에 대해서 성의가 있는 사람은 그러한 관상이 분명히 나타나지만, 반대로 열의와 성의가 없는 사람은 그러한 관상이 분명하게 나타나지 않는다. 게다가 고령의 부모가 죽을 때는 일월의 관의 살집이 쇠약하지만 윤기를 잃는 일은 없다. 간호와 부양에서 벗어나기 때문에 자연스럽게 기쁨의 색이 나타난다.

또 부모와 자식, 형제, 부부였다고 해도 긴 병으로 어려움을 겪은 사람이 죽을 때는 그 혈소의 살집이 쇠약하지만 윤기를 잃는 일은 없다. 간호에서 벗어나기 때문에 자연스럽게 즐거움의 색이 나타난다. 따라서 이 혈색을 보고 헤매서는 안 된다.

사람은 친척, 타인을 구별 없이 진심(성심, 성의)으로 대해야 한다. 왜냐하면 자신의 불성실한 일에 대해서 타인은 알지 못한다고 생각하지만, 천도天道는 유암(幽暗 : 사람이 숨기고 있는 부분)을 비추어 자연스럽게 혈색으로 나타내기 때문이다. 그러나 이를 무서워하지 않고 조심하지 않을 수 있을까?

형제의 관에 대해서는 그림과 같이, 눈썹의 상하로 눈썹 주위를 보고 판단한다. 하지만 눈썹 한가운데는 비장을 배치한다. 또 눈 아래를 손가락으로 눌러 뼈가 없는 부분을 남녀의 관이라고 정한다.

가택家宅에 대해서

가택의 혈소穴所는 입 좌우의 모퉁이를 기준으로 하고 판단한다. 입 좌우의 모퉁이에서 아래로 일직선으로 관통하고, 그 속에서 집의 구조를 정한다. 아랫입술 부위를 집의 대들보로 배치하고, 왼쪽을 집의 겉으로, 오른쪽을 집의 뒤편으로 한다. 가조家造의 외제를 지면地面으로 한다. 턱의 단면은 집의 횡의 지면 또는 도랑, 상간(廂間 : 집과 집 사이의 틈새) 등이라고 판단한다.

관상과 집

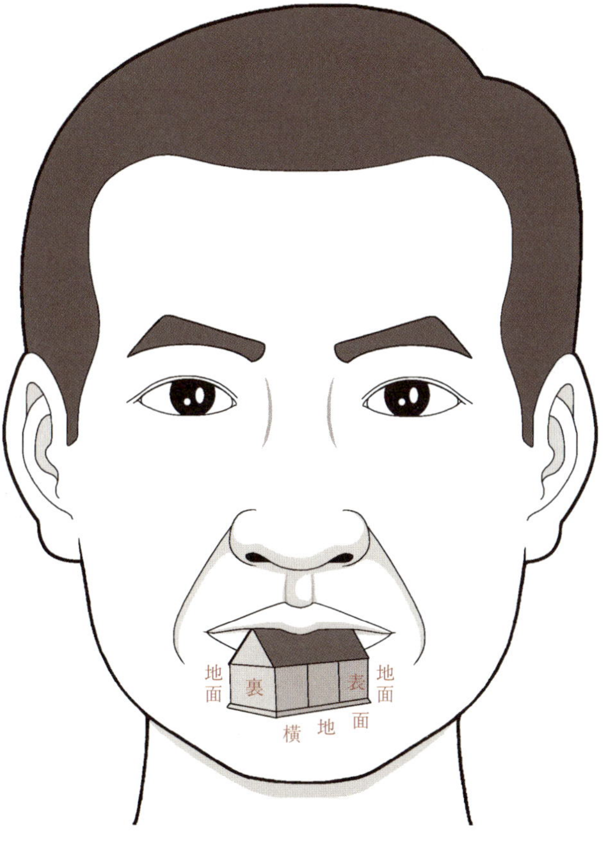

- 오간奧間이 밝은 집에 거주하는 사람은 그림의 가조의 오간이라 생각되는 부분이 자연스럽게 밝다. 반대로 집안의 공간이 어두운 집에 거주하는 사람은 그림의 가조의 안이라 생각되는 부분이 자연스럽게 어둡다. 또 이사할 때는 그림의 가조 부분의 살집이 움직이는 것처럼 보이고 자연히 어둡다. 물기가 많은 곳에 사는 사람은 그 집이 자연스럽게 물기를 많이 포함하기 때문에 그림의 가조 부분이 자연스럽게 어둡다.
- 부지 안에 있는 우물물이 나쁜지, 새롭게 우물을 팠는지, 정원이나 연못 등이 있는지, 집에 파손이 있거나 집안에 환자가 있는지, 문전門前에 재앙이 있는지, 그 재앙이 집안으로 이르는지, 양가집의 자녀들이 자라는지 자라지 않는지, 양기陽氣가 있는 집인지, 음기陰氣가 있는 집인지, 더럽고 지저분한 집인지, 맑고 아름다운 집인지, 부지나 집 안에 신불을 모신 건물이나 사당이 있는지 어떤지, 부지 안에 비석 종류가 있는지, 배수가 나쁜지, 그 밖의 집이나 지면 부위에 눈에 띄는 방해물에 대해서도 이상의 가택에 대한 부분을 자세하게 살핀다면 알지 못하는 부분이 없을 것이다. 그러나 이러한 관상은 그 집의 주인 외에는 나타나지 않는다. 결코 처자나 하인과 하녀들에게는 나타나지 않는다.

이상의 가택의 관상은 조금은 구전口傳되는 것이 있지만, 후학들이 이 부분에 관심을 가지고 수행과 연구를 병행한다면 자연스럽게 그 깊은 이치를 깨달을 것이다.

유년流年 1세에서 20세까지의 그림

그림과 같이 머리카락의 언저리에서 양 눈썹까지의 사이를 20세라고 정한다. 이 법은 양 눈썹의 머리를 기준으로 거기에서 위로 일직선으로 관통하고 그 안쪽에서 판단한다. 그 바깥쪽은 판단하지 않는다. 또 눈썹이 진하고 미간을 기준으로 하기 어려울 때는 그 사람의 엄지를 양 눈썹에 대고 그 폭을 기준으로 판단한다.

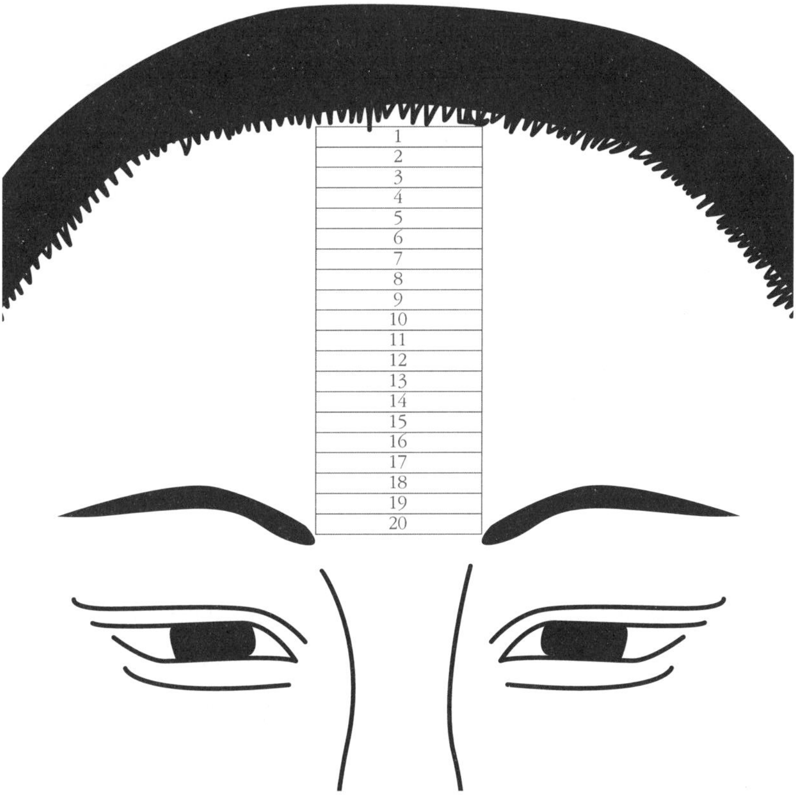

〈그림 12〉 유년 1세에서 20세까지의 그림

유년流年 21세에서 42세까지의 그림

그림처럼 양 눈썹에서 코끝까지를 40세로 하여 왼쪽의 콧방울을 41세, 오른쪽의 콧방울을 42세로 정한다. 앞에서 설명한 것처럼 양 눈썹에서 좌우 콧방울까지를 일직선으로 관통하여 이것을 기준으로 그 안쪽에서 판단한다.

결코 바깥쪽에서는 판단하지 않는다.

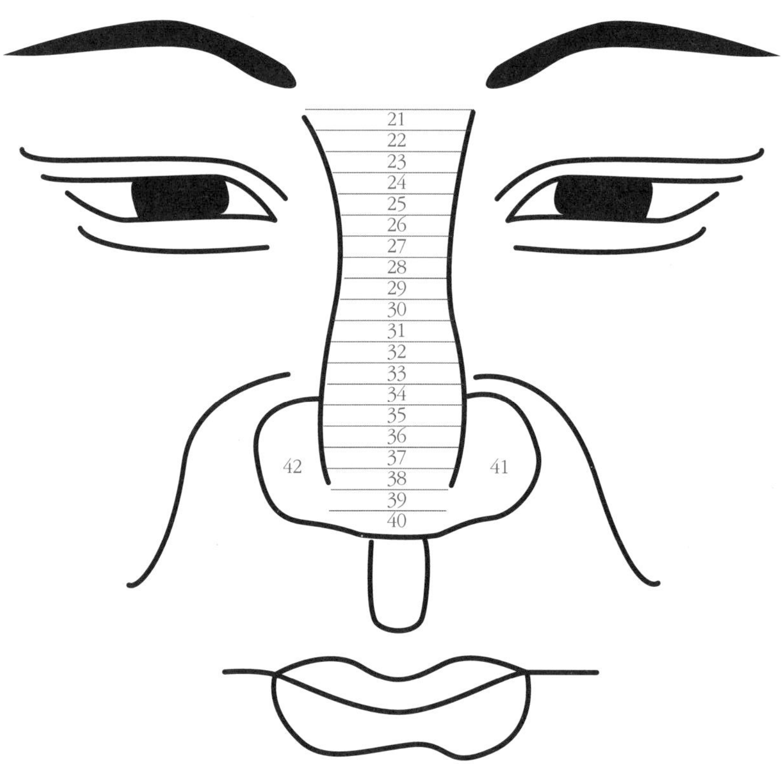

〈그림 13〉 유년 21세에서 42세까지의 그림

유년流年 43세에서 60세까지의 그림

그림처럼 콧구멍에서 턱 끝까지를 60세로 정한다. 앞에서 설명한 것처럼 좌우 콧방울로부터 입꼬리를 일직선으로 관통하는데, 이것을 기준으로 그 안쪽에서 판단한다. 또 입꼬리를 기준으로 턱 끝 부위까지 일직선으로 관통하여 그 안쪽에서 판단한다.

결코 바깥쪽에서는 판단하지 않는다.

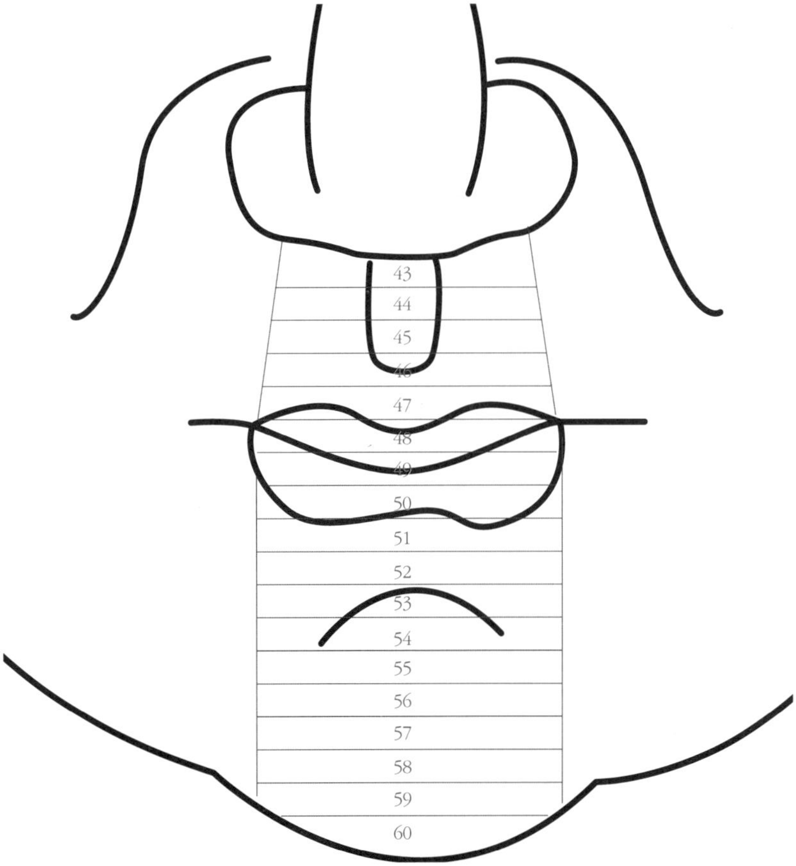

〈그림 14〉 유년 43세에서 60세까지의 그림

유년流年 61세에서 80세까지의 그림

그림처럼 60세 부위의 바깥에서 좌우 귓불까지를 80세로 분할해 올라간다. 사람은 1세부터 생애 60세까지는 양인陽人이다. 그러므로 상정上停에서 시작되어 양면(정면)의 태양(≒독맥)에 나타난다. 하지만 60세부터는 음인陰人이다. 그러므로 하정下停의 마지막에서 시작되어 음면(옆면)에 나타난다. 또 60세부터 후의 유년은 처음의 1세로 돌아간다고 하지만, 음인의 유년은 양면에 나타나지 않는다.

80세부터 후의 유년에 대해서는 나도 알지 못한다.

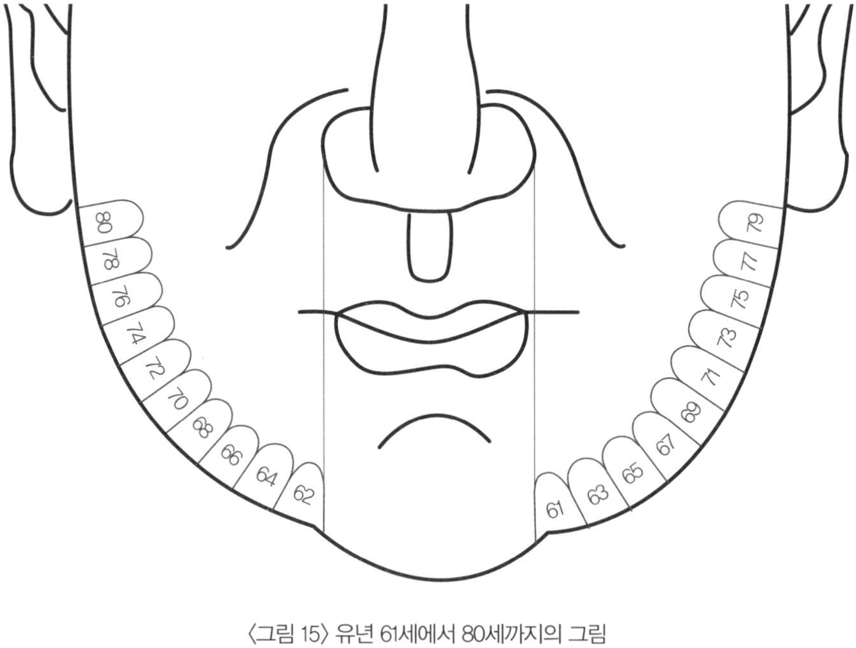

〈그림 15〉 유년 61세에서 80세까지의 그림

1세부터 20세까지의 사계절 그림

그림처럼 유년 1개 중에 사계절을 배치하고 그 길흉吉凶을 살펴본다. 예를 들면, 점이나 상처 등의 방해물이 있는 부위는 흉, 방해가 없고 살집이 건강하게 보이는 부위는 길이다.

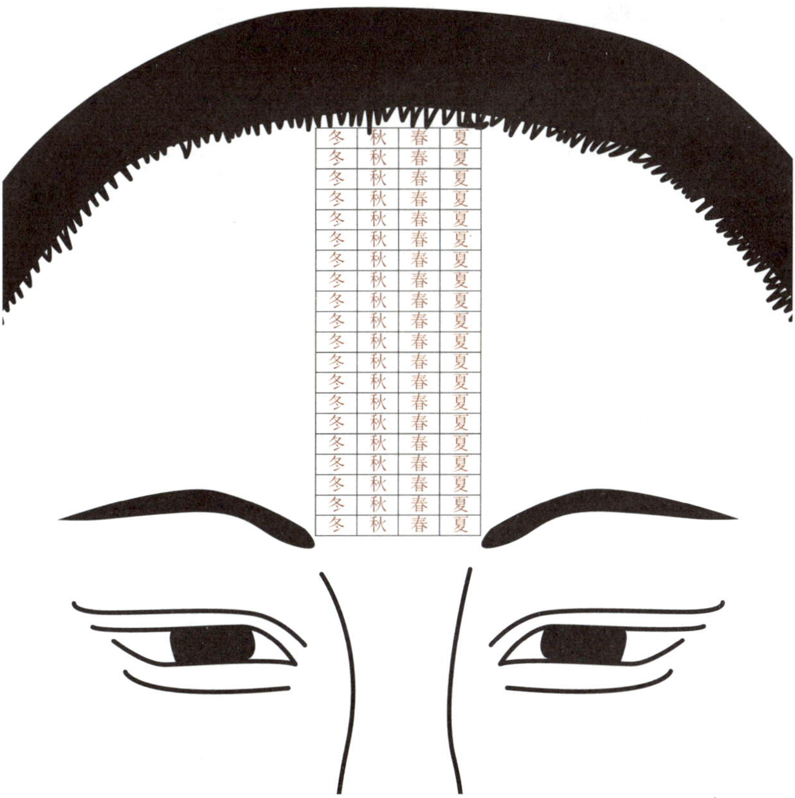

〈그림 16〉 1세부터 20세까지의 사계절 그림

21세부터 42세까지의 사계절 그림

앞의 그림처럼 그 길흉吉凶을 판단한다.

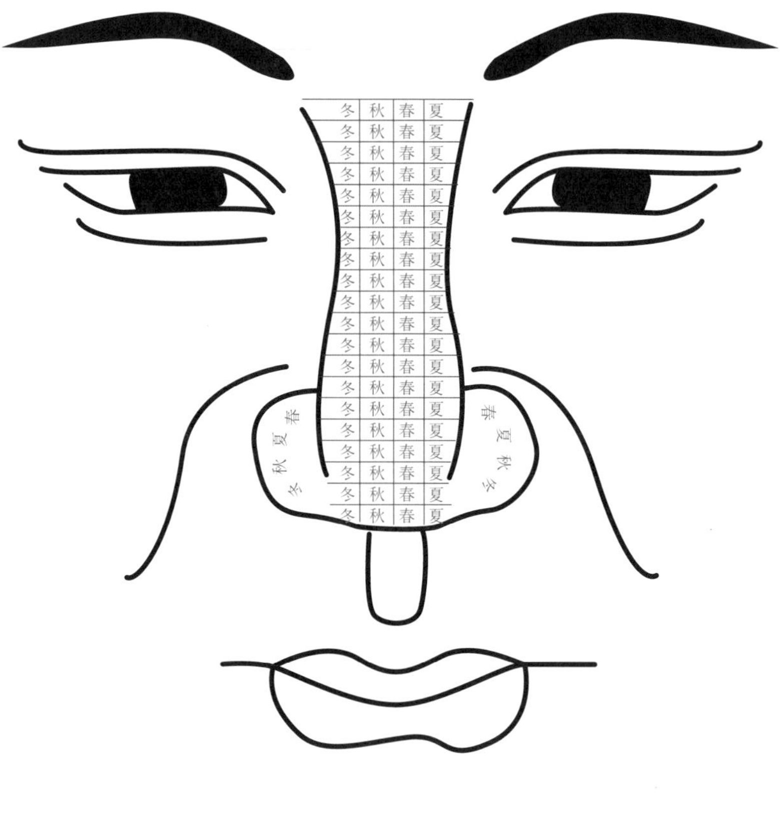

〈그림 17〉 21세부터 42세까지의 사계절 그림

43세부터 60세까지의 사계절 그림

앞의 그림처럼 그 길흉吉凶을 판단한다.

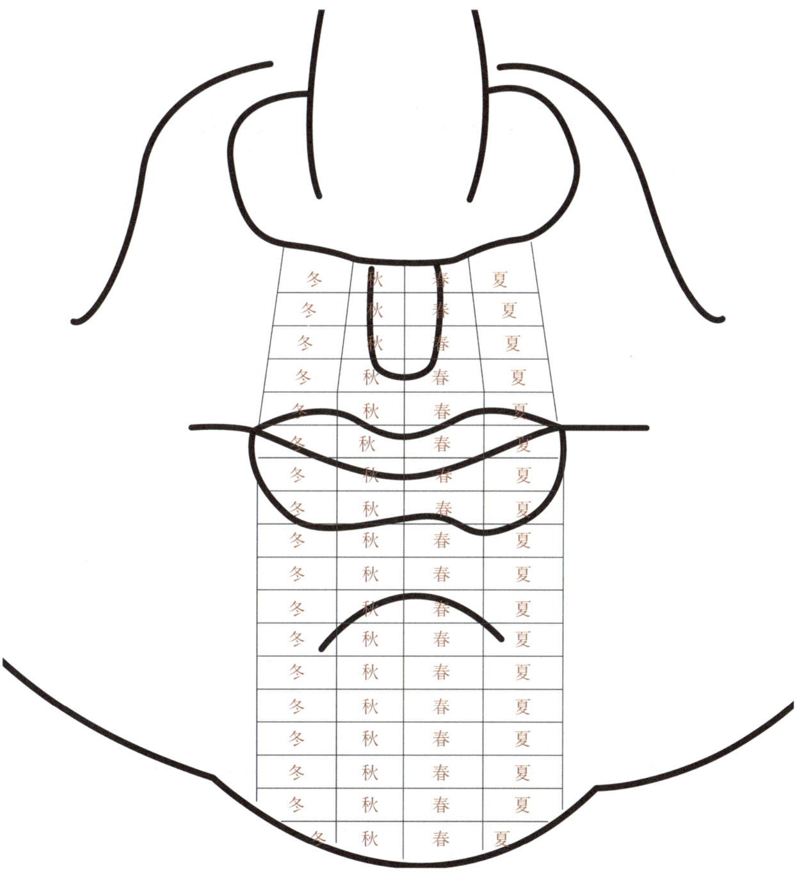

〈그림 18〉 43세부터 60세까지의 사계절 그림

유년流年 12개월의 그림

이 12개월을 보는 방법은 상정上停만의 그림을 기록한다. 따라서 21세부터 42세까지는 중정中停, 43세부터 60세까지는 하정下停에 대해 똑같이 배치하여 판단하면 된다. 충분히 수행과 연구를 하지 않은 관상가는 코 앞에서 12개월을 살피고 판단하기 어렵다.

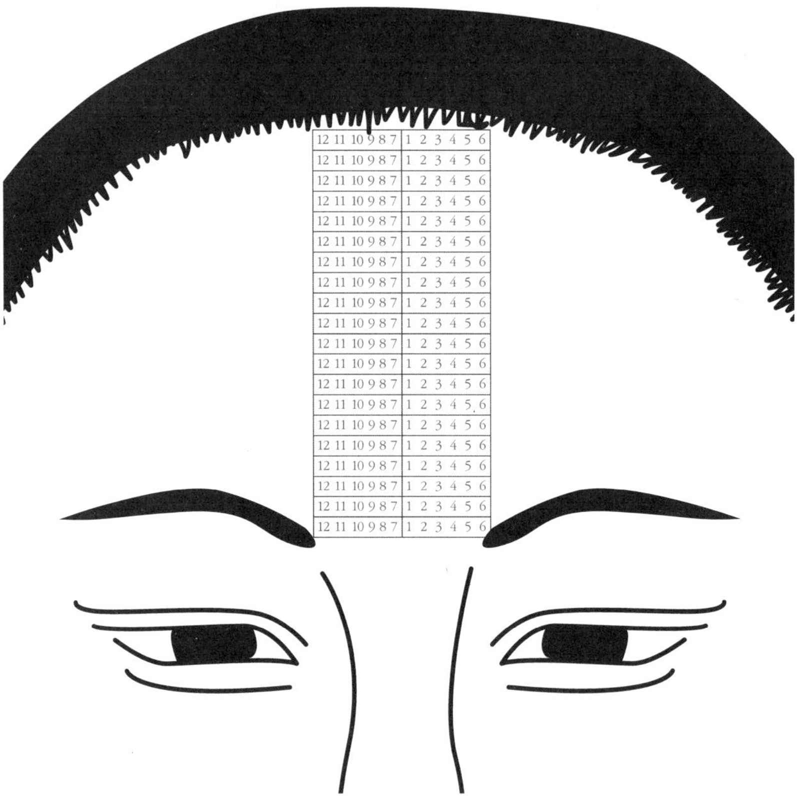

〈그림 19〉 유년 12개월의 그림

따라서 수행과 연구를 충분히 하지 못한 사람은 사계절의 길흉吉凶만 판단한다. 또 콧방울도 사계절의 길흉만 판단한다. 유년을 정확하게 판단하는 경우, 1세부터 20세까지의 사이를 살펴서 맞추어 보고, 정확히 한가운데를 10세로 정해 1세부터 10세까지의 사이를 살피고, 그 한가운데를 5세로 정해 10세부터 20세까지의 사이를 살피고, 정확히 한가운데를 15세이라고 정한다. 60세까지도 똑같은 방법으로 분할한다. 그러면 조금도 잘못 판단하는 일은 없고, 자세하게 판단할 수 있다. 결코 실수를 반복해서는 안 된다. 유년의 배당을 잘못하면 판단이 달라진다.

1세의 혈소穴所는 그림처럼 머리카락의 언저리로 한다. 그리고 양 눈썹의 한가운데를 20세로 한다. 한가운데에서 위는 19세로, 아래는 21세로 한다. 40세는 그림과 같이 코끝으로 하고, 콧방울은 40세로 하지 않는다. 덧붙여 코끝이 숙인 사람은 40세의 혈소가 특히 넓은 경우가 있지만 문제는 없다. 41세, 42세는 좌우의 콧방울로 판단하고, 43세는 인중을 통해서 판단한다. 47세는 그림과 같이 윗입술의 붉은 곳과 흰 곳의 사이로 판단한다. 다만 입 좌우의 모퉁이까지 살펴보고 판단한다. 48세는 윗입술의 붉은 곳으로, 49세는 아랫입술의 붉은 곳으로 판단한다. 50세는 아랫입술의 붉은 곳과 흰 곳의 사이를, 60세는 턱 끝 부위를 보고 판단한다. 61세부터 80세까지는 위에서 설명한 것처럼 턱 끝부터 좌우 귓불까지 분할하여 올라가면서 판단한다.

유년流年의 길흉吉凶에 대해서

- 유년의 혈소穴所에 점이나 상처가 있으면 그것이 있는 해를 운세가 나쁜 해라고 판단한다. 큰 점이나 상처가 반드시 관상의 대상은 아니지만, 마음에 느낌이 올 때는 반드시 살펴야 한다. 베인 상처나 갑자기 생긴 상처는 고려하지 않지만, 자연스럽게 생긴 것이나 희미한 상처는 판단

해야 한다. 천연두 자국은 판단하지 않는다. 대체로 점이나 상처 종류는 작게 눈에 띄는 것을 고려해 판단하고, 큰 것은 고려하지 않는다. 유년의 혈소에 희미한 주름이 날카롭고 비스듬하게 가로로 있을 때는 이 해[年]를 흉의 해라고 판단한다. 그러나 그 주름이 약 6~9㎜일 때는 주름이 해당하는 해를 보고 판단하기가 어렵다. 이러한 경우는 그 주름의 중간을 취해서 그 유년을 판단한다. 또 유년에서 반드시 문양이나 주름을 고려하는 것은 아니지만, 앞에서 말한 것처럼 희미하고 선명하게 눈에 띄거나 횡사橫死하는 주름이 있을 때는 신속하게 판단해야 한다. 유년의 혈소에 점이나 상처, 그 밖의 방해물이 없을 때는 아무 일도 없는 해[年]라고 판단한다. 나쁜 일이 있어도 큰 일은 아니다. 또 유년의 혈소에 점이나 상처 등의 방해물이 없고, 살집이 건강하고 살진 것처럼 가득 차고 맑게 보일 때는 그해에 좋은 일이 많이 일어난다. 유년의 혈소에 점이나 상처 등의 방해가 없는데도 오랫동안 가난하게 사는 사람이 있다. 그 경우는 반드시 유년의 혈소가 윤기가 다하여 시들고 쇠약해져 살집이 자연스럽게 쓸쓸하게 보인다. 이러한 일을 안 다음에 유년의 길흉을 판단해야 한다.

- 유년의 혈소에 있는 점은, 근심 또는 난難이 있다고 판단한다. 상처는 재앙 또는 실패가 있는 것으로 본다. 유년의 혈소의 살집이 시들거나 쇠약한 것처럼 보일 때는 그해에 많은 영락零落이 있다. 그 밖에 작은 방해물이 보일 때는 작은 재앙이 있는 해라고 판단한다. 하지만 근심 · 재앙 · 실패 · 난難 · 즐거움 등에 대해서 말을 많이 해서는 안 된다. 단지 그해의 선악에 대한 것만을 말해야 한다. 자세한 것은 수행한 뒤에 말해야 한다. 유년에 대해서는 약간의 구전口傳이 있다고는 해도, 차근차근 생각한다면 자연스럽게 체득할 수 있을 것이다. 유년의 혈소에 살집이 변화하는 것처럼 보일 때는 그해에 변화하는 것이 있다. 주거가 바뀌거나 가업이 바뀌거나 또는 당신의 용모가 바뀌든지 어느 쪽이라 해도 변화하는 것이 있다.

유년流年 사계절과 12월에 대해서

유년 1년에서 사계절과 12개월(1개월마다)의 길흉吉凶을 논할 때는 점·상처, 그 밖의 방해물이 있는 부위를 보고, 그 방해가 몇 살의 몇 월에 일어나는지 자세하게 보고 흉악을 판단해야 한다. 좋은 일이 있는 경우도 이와 같이 판단한다. 만약 12개월의 길흉이 보이지 않을 때는 사계절의 분할에 따라 판단한다. 그러나 남녀에게 모두 태음·태양·소음·소양의 사람이 있어 사계와 12개월을 순환하는 방법이 다르다. 태양의 사람(≒남자)은 왼쪽에서 돌아다니기 시작한다. 태음의 사람(≒여자)은 오른쪽에서 돌아다니기 시작한다. 그 밖에도 이것을 기준으로 하여 차근차근 생각하고 활용하기 바란다. 충분히 수행과 연구를 하지 않은 관상가는 유년의 사계와 십이지를 많이 판단해서는 안 된다.

단지 그해의 길흉만을 말한다. 그러면 유년에서 하나도 적중하는 것이 없다. 또 골형(골격)에 대해 일생 동안 나쁜 관상이 있다고 해도 생애의 유년이 좋을 때는 그 유년에 대해서 말한다. 유년은 일생 동안의 길흉을 담당한다. 그러므로 소년기에 좋은 사람은 소년기의 유년이 자연스럽게 매우 좋고, 노년기에 나쁜 사람은 노년기의 유년이 자연스럽게 나쁘다. 유년이 모두 나쁘고, 일생 동안 가난한 관상을 가지고 있어도, 충효·음덕·절약·명리明理의 마음이 있는 사람은 반드시 하늘이 돕는다. 따라서 충효·음덕·절약·명리의 마음이 있는 사람에 대해서는 유년이 좋지 않더라도 함부로 판단해서는 안 된다.

또 마음(≒정신, 분위기)이 강한 사람은 유년에 대난大難의 상이 있어도 반드시 작은 재난이 된다. 마음이 강한 것은 부모와 선조의 덕이다. 따라서 유년이 좋은 사람은 원래 부모와 선조에게 덕이 있었다고 할 수 있다. 그러나 유년이 좋아도 일생 동안 가난한 사람이 있다. 이 사람은 반드시 그렇다고 할 만큼 충효·음덕·절약·명리를 알지 못한다. 즉 본래부터 부모와 선조의 덕에 감사할 만한 것이 없는 사람이다. 그러므로 이 사람은 천리,

상법으로 논할 가치도 없다. 이러한 사람은 유년이 좋다고 해도 많이 나쁘다고 판단해야 한다. 그러면 만에 하나의 손실도 없다.

일생 동안 유년이 모두 나쁘고 태어나서 매우 가난한 관상이었다고 해도, 나중에 충효 · 음덕 · 절약 · 명리의 마음이 생겨 부모와 선조의 덕에 감사한다면, 반드시 3년 안에 나쁜 유년이 다하고 변하여 좋은 유년이 된다. 하지만 이것 때문에 충효와 음덕을 권하는 것은 아니다. 나는 젊은 시절부터 관상법에 매료되어 많은 관심을 가지고 수많은 사람들의 관상을 봐 왔다. 하지만 그때까지 충효 · 절약 · 음덕 · 명리의 일을 알지 못했기에 나쁜 상이 좋은 상으로 변하는 것을 믿지 않았고, 관상이라는 업을 그만둘까 생각한 적도 여러 번 있었다. 하지만 최근에 간신히 충효와 절약, 음덕과 명리에 의해서 흉악한 인상이 좋은 관상으로 바뀌는 것에 대해 알았다. 그러므로 여기에 그 일을 적었다. 만일 명철한 관상가가 3년 후에 대난大難이 오는 것을 보고 판단하였다고 해도, 그 무렵부터 관상을 본 사람에게 충효, 명리의 마음이 생겼다면, 그 관상가는 어긋나게 판단한 것이다. 또 좋은 관상을 보고 좋은 인생이라고 판단했어도, 그 무렵부터 관상을 본 사람의 마음이 변하여 복과 덕을 잃었다면, 그 관상가도 어긋나게 판단한 것이다. 그러므로 관상을 볼 때, 충효 · 절약 · 음덕 · 명리가 있는 사람은 선악을 판단하기가 어렵다. 하지만 이것 모두 무상無相의 관상가에게는 확실히 맑은 하늘의 구름을 보고 3일 후에 비가 내린다고 하는 것과 같은 것이다.

〈상법 후편〉 5권

기색氣色이 모이는 부분

머리는 태양이 모이는 장소이며, 신체에서 성시(城市 : 도시, 번화가)이다. 그러므로 얼굴은 신체에서 강주(江湊 : 항구)와 같다. 따라서 만사萬事의 길흉吉凶은 조수의 간만과 같고, 날마다 얼굴에 모이거나 흩어지거나 한다. 그러므로 이것을 '기색이 모인다'라고 한다.

또 조사祖師의 뒤를 이어 현재까지, 혈색血色과 기색에 대한 많은 것을 폐廢하기도 하고, 기색을 관찰하고 싶어도 실제로 볼 수 있는 사람은 별로 없었다. 이 때문에 혈색이 나타나는 것을 볼 수는 있어도 기색의 주류湊流에 대한 것을 이해하기가 매우 어려웠다.

이제 내가 여기에서 분명하게 설명하였다.

기색의 주湊란 반드시 실을 당긴 것처럼 나타나는 것은 아니다. 예를 들면, 광대뼈부터 기색이 일어나 토성(코) 쪽으로 나타나 모이는 것처럼 보이는 경우, 이것을 광대뼈에서 토성으로 모여든 기색이라고 한다. 그 모습이 지렁이가 기는 것처럼 모여서 달리고 있는 것과 같다. 영아(유아)의 새끼손가락 끝으로 선을 그은 것처럼 가늘게 나타나는 일도 있다. 또는 등심灯心이 꾸불꾸불하듯이 모여서 달리는 일도 있다. 원래 기색이라고 하지만, 반드시 기氣가 있는 것은 아니고, 색色이 있는 것도 아니며, 왠지 모르게 기운이 모여 있는 것처럼 보인다. 따라서 기색이 모여 있는 것 같아도 청색 · 황색 · 적색 · 백색 · 흑색 · 미색 · 보라색 · 홍색의 기색은 나타나지 않는다. 다만 왠지 모르게 윤기가 있는 것을 기색이라고 한다. 한편 어둡고 윤기가 없는 기색도 있다. 이상의 2종 외에는 나타나지 않는다. 즉 그 윤택의 유무에 따라 기색의 길흉과 선악을 보고 판단한다.

기색주주氣色湊走

기색의 근원만으로 판단해서는 안 된다. 기색이 모였다가 흐르는 것은 그림처럼 나타나는 것을 말한다. 하지만 그림과 같이 몹시 거칠고, 모공이 늘어선 것처럼 나타나지는 않는다. 그림은 얼굴의 살집이 두드러져 보이는 모습을 알기 쉽게 표현한 것이다. 비유하면, 검의 칼날 부분, 검의 날밑[침]의 모양이라 할 수 있다. 위에서 아래로 내려오는 것도 있으며, 옆에서 나타나는 것도 있다. 또는 아래에서 위쪽으로 오르는 일도 있다. 또는 혈소穴所에서 혈소로 모이는 것과 같은 일도 있다. 혈소에서 혈소로 모여드는 것과 같은 기세가 있지만, 모이지 않는 일도 있다. 하지만 모여드는 것과 같은 기세가 있다면, 벌써 모이고 있는 것과 같다.

교동기색交同氣色

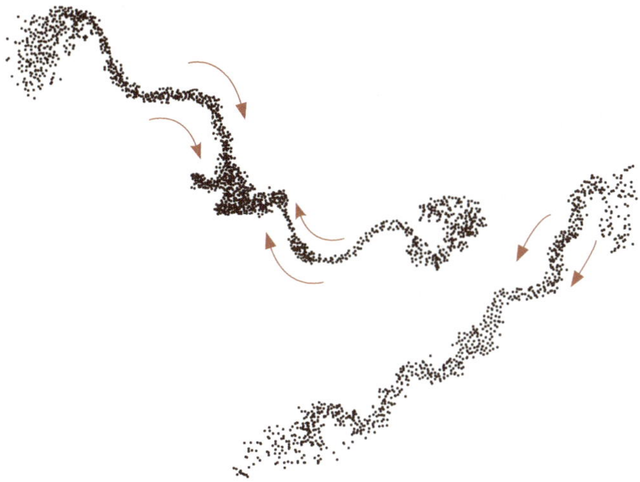

그림처럼 위의 혈소에서 기색이 나오고 아래의 혈소에 기색이 모이고, 아래의 혈소에서 기색이 일어나 위의 혈소에 모이고, 서로 어울리는 때를 교동기색이라고 한다. 좋은 일이든 나쁜 일이든 말하는 것이 서로 일치하도록 의논하고 있는 것이라고 판단한다. 어느 혈소에서부터 나타나 있더라도 위 그림의 아래쪽을 기준으로 판단한다. 만약 혈소를 벗어나 나타난 경우에도 누군가와 짝을 이루어 일을 꾀하는 것이라고 판단한다.

교어기색交齬氣色

그림처럼 위의 혈소에서 기색이 일어나 아래의 혈소로 모여든다. 또 아래의 혈소에서 기색이 일어나 위의 혈소로 모여 달리고, 서로 어울리고 있지만, 그 기색의 끝부분이 갈라져서 일치하지 않을 때는 한 가닥이 되어 어떤 일을 꾀해도 서로 의견이 맞지 않고 계획을 성취하기가 어렵다. 하지만 성취하기 어렵다고 단언해서는 안 된다. 아래 기색의 끝이 돌아 위의 기색을 뒤따라 어울릴 때는 성취한다고 판단한다. 또 이상의 기색에 기세가 없을 때는 확실히 성취되지 않는다고 판단한다.

기색이 일어나 모여 달리기 전에는 우선 오른쪽 그림과 같이 나타난다. 이 색의 앞이 어느 혈소를 향해 달릴지 생각하고 판단한다.

아래 그림과 같이 지분으로 나누어진 것처럼 기색이 나타나면 판단하지 않는다.

라색羅色

라색은 바닷속에 음화陰火가 있는 것 같은 상태의 색이다. 즉 바닷속의 음화는 천지의 순기에 따르고 자연스럽게 발생한다. 또 태양의 마지막은 소음少陰의 시작에 많이 나타난다. 따라서 7월의 절기(소서 · 대서)에 이 라색이 나타났다고 해도, 길흉吉凶을 판단하는 기준으로 삼아서는 안 된다.

천지의 더위[暑] · 추위[寒] · 바람[風] · 비[雨]에 대해서도 불순不純의 변화가 있다. 그 변화에 따르고, 스스로 바닷속에 음화를 나타내는 것이 있다. 또 사람도 천지와 같은 단숨[一氣]의 정체로부터 질병을 일으키거나 단숨의 변동에 따라 희로애락을 느낀다. 이것은 천지의 불순과 같다. 그러므로 단숨의 변동은 선악의 혈기를 일으킨다. 즉 만사萬事의 길흉은 단숨의 의식 변동에 따라 생기는 것이다.

천중에 라색羅色이 있고, 약 1cm씩 간격을 두고 인당 쪽으로 계속해서 늘어서 있을 때는 이것을 천중天中에서 인당印堂 쪽으로 내려오는 라색이라고 한다.

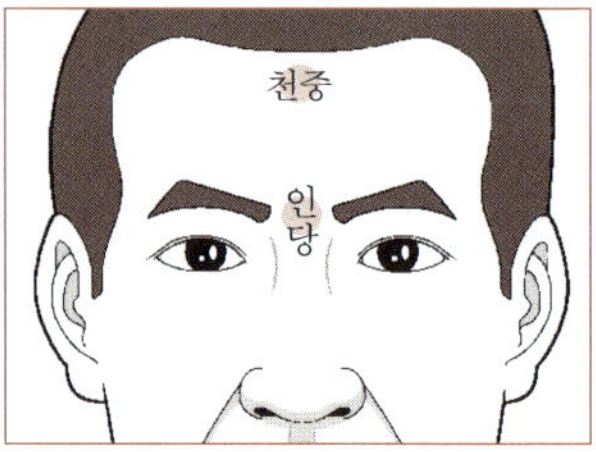

- 흐트러져 드문드문 나타날 때는 판단하지 않는다. 어느 혈소穴所에서 일어나고 어느 혈소로 계속 이어져 있어도 이상을 기준으로 판단해야 한다.
- 기색이 모여드는 경우와 같다. 덧붙여, 변화에 따라 라색 수에 따라 판단하는 것이 있다. 또 적색이 나오고, 라색처럼 한 줄로 줄 서는 것이 있다. 이것도 라색처럼 판단하는 사람이 있지만, 이 경우는 판단해서는 안 된다. 게다가, 수에 따라 판단하는 것은 역술과 같은 일이며, 관상가가 꺼려야 하는 일이다.
- 라색이란, 원래 기색이 모여든 것이지만 뜬 부분과 가라앉은 부분이 있어 뜬 부분은 보기 쉽지만, 가라앉은 부분은 살피기가 매우 어렵다. 그러므로 드문드문하고 한 줄로 늘어서 있는 것처럼 보인다. 이것을 라색이라고 한다. 대체로 기색이 모여들어 있어도 조금 구부러져 나타나지만, 라색에서는 구부러지지 않는 경우도 많다. 하지만 조금 구부러지는 경우는 있다.

기색이 모여들고 달리는 방법에 따라 판단 방법이 다른 것의 대강大綱을 여기에 적었다.

- 광대뼈에서 기색이 나와 남녀의 관에 징조가 있을 때는 양자를 받아들일 수 있다.

  광대뼈는 세상을 의미하고 남녀의 관은 자손을 맡는다. 그러므로 광대뼈에서 기

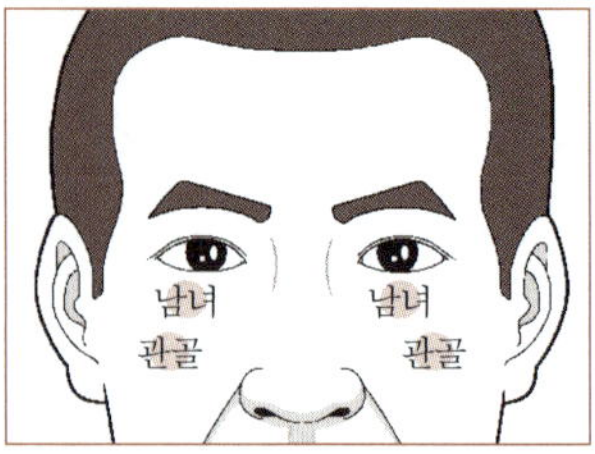

색이 나와 남녀의 관으로 향할 때는 결국 세상에서 자손이 온다는 의미다. 이상의 기색에 윤택이 있을 때 반드시 그 양자를 맞이하면 길吉이다. 반대로 윤택이 없을 때는 흉凶이다. 양자가 되는 것이 결정될 때는 이상의 기색이 남녀의 관에 들어오고 윤택을 일으킨다. 반대로 양자의 건이 백지가 되었을 때는 이상의 기색은 남녀의 관 바깥쪽으로 흐른다.

- 남녀의 관에서 기색이 나오고 광대뼈에서 싹틀 때는 반드시 자손을 타인에게 보낸다.

기색의 선악에 따라 그 길흉을 생각하고 판단한다. 하지만 나이에 따라 [젊고 늙음] 보는 방법이 다르다.

- 남녀의 관에서 기색이 나와 광대뼈 뒤쪽으로 일직선처럼 달릴 때는 자손이 사랑의 도피를 한다.

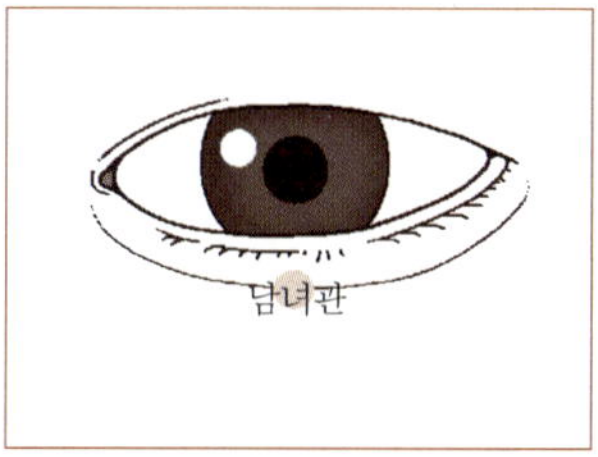

기색이 모발 속으로 들어갈 때는 반드시 자손은 행방불명되어 집으로 돌아오기 어렵다. 그러나 남녀의 관에서 광대뼈 뒤쪽으로 달리는 기색이 남녀의 관 속으로 들어가면 반드시 곧바로 돌아온다. 또 이상의 기색이 광대뼈 뒤쪽에 진하게 나타나 남녀의 관에 얇게 나타날 때는 빨리 돌아오지 않는다.

- 남녀의 관에서 기색이 나와 토성(코)에서 싹틀 때는 반드시 자손에게 존경 받는다.

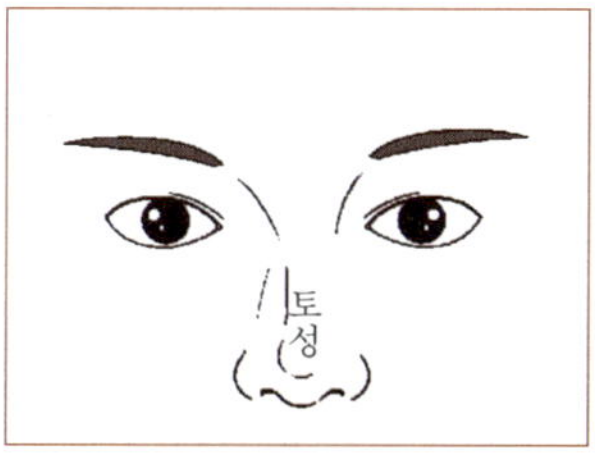

남녀의 관은 자손을 의미한다. 토성은 본인의 신체의 표상이다. 그러므로 토성에서 기색이 나타나 남녀의 관에서 싹틀 때는 자신이 자손을 그리워하는 마음이 있다.

- 광대뼈에서 기색이 나타나 토성에서 싹틀 때는 반드시 타인에게 부탁을 받는 일이 생긴다.

광대뼈는 세상이며, 토성은 본인 신체의 표상이다. 그러므로 토성에서 기색이 나오고 광대뼈에 싹틀 때는 자신이 타인에게 부탁할 것이 있다. 이상의 기색의 선악에 따라 잘 될지 등의 길흉을 생각하고 판단해야 한다.

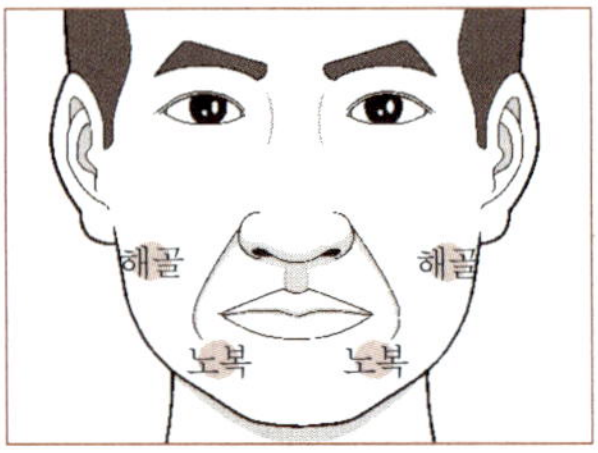

● 노복의 관에서 기색이 나와 해골害骨로 일직선으로 달릴 때는 반드시 하인(≒부하 · 아랫사람)이 도망을 간다.

노복은 자신의 하인을 표상한다. 해골은 변경(≒먼 곳) 지방을 의미한다. 그러므로 노복의 관에 기색이 완만하게 나타나 해골에 싹틀 때는 자신의 용무로 하인을 멀리 보낸다.

● 노복의 관 바깥쪽에서 기색이 나타나 노복의 관으로 들어갈 때는 가까운 시일 안에 하인을 얻는다.

그 기색이 노복에서 나오고, 지각을 관통하여 조금 퍼지면서 윤기가 있을 때는 그 하인에게 좋은 일이 있다. 지각은 집을 의미한다. 그러므로 제대로 집을 지키는 하인이 있다고 판단한다. 그러나 지각을 관통한 기색이 크게 퍼져 과도하게 윤택을 일으킬 때는 좋은 하인을 얻었다고 해도, 반드시 뒤에 그 하인이 원수가 된다.

● 노복의 관에서 기색이 나타나 그 기색의 끝에 적색이 걸릴 때는 하인이 다른 곳에 가서 싸운다.

그 적색의 선악에 따라 그 길흉을 판단해야 한다. 다만 적색이 진할 때는 몸에 관련되는 대난大難이 있다. 또 하인이 아니고 친척이어도, 하인의 경우와 보는 방법은 같은데, 집안사람이 다른 곳에 가서 싸울 때도 이와 같은 기색이 나타난다.

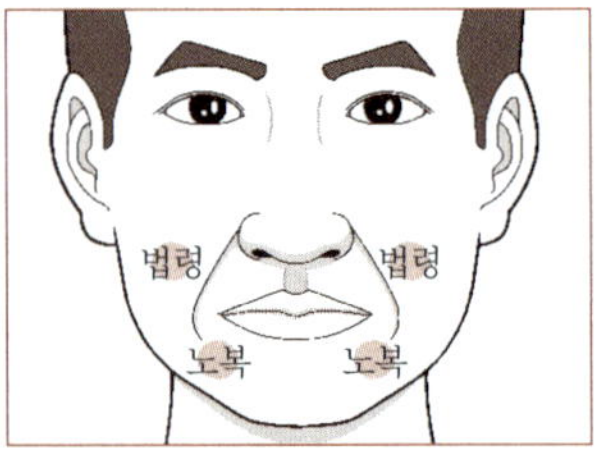

● 노복에서 윤택이 있는 기색이 나타나 법령선으로 오를 때는 반드시 본인에게 도움이 되는 하인이 나타난다.

법령선은 가업(≒직업)을 의미한다. 귀천에 관련되지 않고, 노복(하인 · 부하)의 역할은 주군(상사 · 주인)의 가업을 지키는 것이다. 그러므로 노복의 관에서 어두운 듯한 기색이 나와 법령선을 향해 나타날 때는 힘이 되는 것처럼 보여도, 그 노복은 당신의 원수가 된다. 또는 가업의 내정內情을 어지럽게 한다. 그러나 귀천에 관련되지 않고, 많은 노복을 거느리는 사람은 판별하기 어려운 기색이 노복의 관에서 나오고, 법령선으로 향하듯이 나타나는 것이다. 또 이 경우의 기색은 노복의 선악에 관계없이 노복이 많은 사람에게 항상 나타난다.

- 법령선은 가업(직업)을 의미한다. 그러므로 법령선의 근원에서 윤택이 있는 기색이 나타나고, 양다리로 나타나 내려올 때는 반드시 가업이 2개가 된다(≒부업이 가능하다).

이 기색이 법령선을 따라 양쪽 다리로 내려온다. 또 이러한 경우에 가업은 귀천에 관련되지 않고, 두 가지가 되어 많은 번영과 성장을 이룬다. 이상의 기색에는 기본적으로 청탁은 없다. 오래된 가업을 그만두고 새로운 가업을 시작할 때도 이와 같은 기색이 나타나지만, 이 기색에는 청탁이 있다. 이 경우, 윤택이 없는 기색을 낡은 가업으로 하고, 윤택이 있는 기색을 새롭게 시작하는 가업이라고 판단한다. 덧붙여 그 윤택의 유무에 따라 새롭게 시작하는 가업의 길흉을 판단한다.

- 일월의 관과 주골의 관 부위에서 윤택이 있는 기색이 나타나고, 복당에서 싹틀 때는 반드시 손윗사람에게 금전을 얻는다. 어느 쪽이든 손윗사람에게 도움을 받는다.

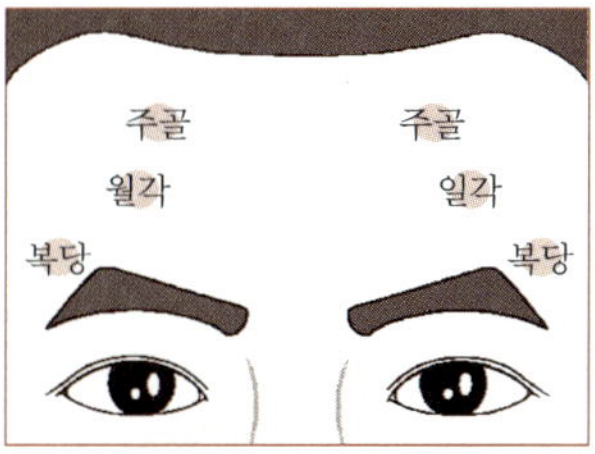

금전이 자신의 수입이 될 때는 즉석에서 복당에 윤기 있는 기색이 생긴다. 즉 이것은 일월의 관과 주골의 관이 손윗사람의 관이며, 복당이 본인의 복운과 금전을 담당하는 일을 하기 때문이다. 그러므로 복당의 관에서 기색이 나타나고, 일월의 관과 주골의 관에서 싹틀 때는 그 당시의 손윗사람을 '헌상하는 사람'이라고 판단한다. 이상의 기색은 일월의 관과 주골의 관 부위에서 복당으로 향해 싹트는 기색을 살피는 방법이 다르다. 다만 이 기색은 근원이 진하고, 끝으로 갈수록 자연스럽게 엷어 보인다.

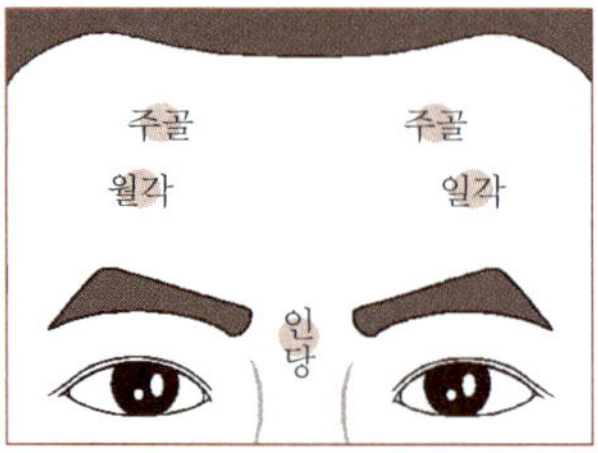

- 일월의 관, 주골의 관 부위에서 우아한 기색이 나타나 인당에서 싹틀 때는 반드시 손윗사람으로부터 좋은 일이 있다. 어두운 색이 나타날 때는 반드시 손윗사람 때문에 큰 어려움을 당한다고 판단한다. 또 이 기색이 명궁으로 관통할 때는 반드시 주군의 훈계(≒징벌 · 금제)를 당하거나 목숨에 관련될 정도의 징계를 받는다고 판단한다.

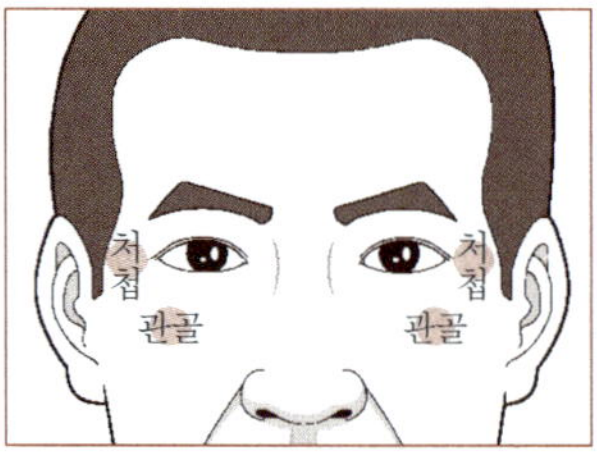

- 광대뼈에서 어두운 기색이 나타나 꾸불꾸불 처첩의 관으로 향할 때는 반드시 당신의 아내를 설득하려는 사람이 있다. 아내의 마음이 흐트러질 때는 그 기색이 처첩의 관에 들어와 홍기紅氣와 같은 윤기가 일어난다. 반대로 아내의 마음이 움직이지 않을 때는 처첩 관의 혈색은 움직이지 않고 평정을 유지한다. 처첩의 관은 아내의 모습과 마음을 담당하고, 광대뼈는 세상의 활동을 맡는다. 또 그 무렵 서방질하는 아내도 이처럼 마음이 흐트러지기 때문에 처첩의 관 또한 자연히 흐트러져 홍기나 어지러운 색이 나타난다. 따라서 하늘처럼 모셔야 할 남편을 어지럽게 한다. 그러므로 천정, 관록의 혈색은 자연스럽게 나쁘고, 정중앙 선상을 지날 수 없기 때문에 곡선을 일으키듯이 살집이 자연스럽게 쇠약해진다.

즉 이것은 밀남(密男 : 샛서방 · 애인)이 있는 관상이다. 그의 애인 또한 사람으로서 잘못된 일을 하고 있기 때문에 다시 말해 천리天理를 거역하고 있으므로 상정에 몽색이 나타난다. 몽색은 두려워해야 할 색이다. 또 처첩의 관 피부에 붉은색 문양이 생겨 독맥이 제대로 통하지 못하는 것처럼 자연히 살집이 쇠약해진다.

사람은 천지정직天地正直의 기운에 의해서 자연스럽게 생기는 것이고, 독맥은 정직正直으로 솔직한 것이다. 하지만 당신의 마음이 비뚤어져 하늘을 거역하기 때문에 정직한 독맥이 제대로 흐르지 못하여 살집이 자연스럽게 쇠약해지는 것이다. 게다가 독맥은 일신一身의 음양이 만나는 선이며, 일생 동안의 운기를 담당한다. 그러므로 독맥이 서로 만나는 선이 바른 사람은 일생 동안 운기가 좋고, 작은 일에도 만족할 수 있다. 반대로 부정한 사람은 일생 동안 운기가 자연스럽게 나빠진다. 따라서 남녀 모두 바람기는 조심해야 할 일이다. 독맥이 정직한 관상은 군자의 관상으로, 좋은 일이 많이 일어난다. 그러나 이와 같은 바람기가 있는 사람에 관한 것을 소홀히 해서는 안 된다. 구전口傳이 있다.

- 눈초리에서 기색이 나타나 변지에 이르고, 변지 부근이 침전물이 낀 것처럼 보이며 바깥쪽으로 나타날 때는 반드시 먼 곳에 가서 한 동안 머물고, 그 장소에서 다른 먼 곳으로 간다고 판단한다.

눈은 일신一身의 세월이며, 당신의 마음(≒의사)에 속한다. 또 변지의 관은 타국(≒먼 곳)을 의미한다. 이처럼 기색의 선악에 따라 그 길흉을 생각하고 판단해야 한다.

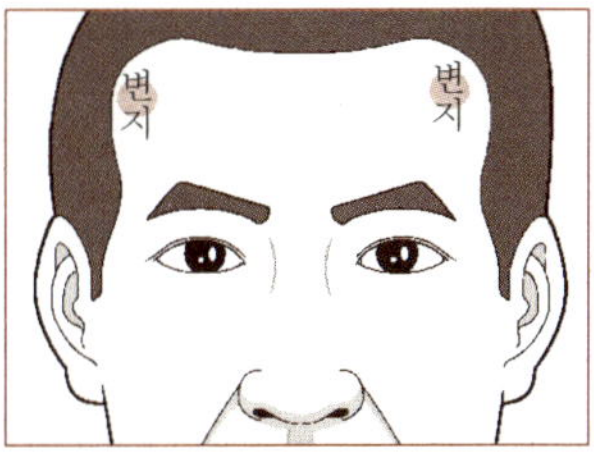

- 변지에서 기색이 나타나 처첩에서 싹틀 때는 반드시 먼 곳에서 아내를 맞이하거나, 먼 곳의 여성과 혼담이 오간다.

이처럼 기색의 선악에 따라 혼담의 길흉을 판단한다. 변지의 관에 변색이 나타날 때는 상대방에게 장애가 있고, 성취되지 않는다. 또 처첩의 관에 장애가 있는 경우는 본인 쪽에 여러 가지 장애가 있다.

- 간문에서 기색이 나타나 눈초리에서 싹틀 때는 반드시 여자(≒애인)에게 존경 받는다.

간문은 처첩 뒤쪽에 있는 부위이다. 즉 정실 부위보다 조금 뒤쪽에 있는데, 음陰이 되는 부위이다. 반대로 눈초리에서 기색이 나타나 간문에서 싹틀 때는 스스로 여자를 그리워한다. 앞에서 설명한 것처럼 눈은 본인에게 속하고, 간문은 음陰인 여자(≒애인)를 의미한다.

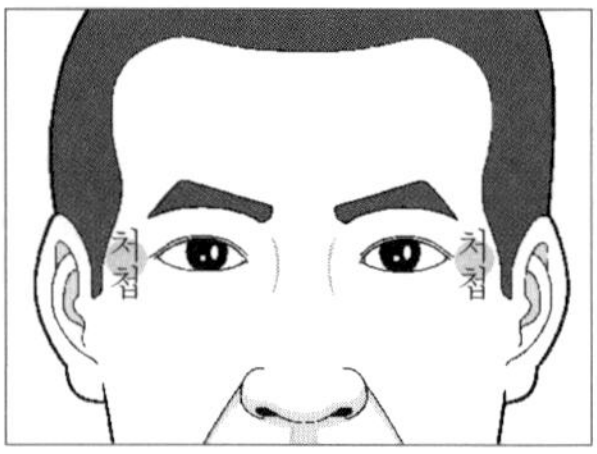

● 여자의 광대뼈에서 기색이 나타나 처첩에서 싹틀 때는 주변에 자신을 그리워하는 남자가 있거나 남자의 존경을 받는다.

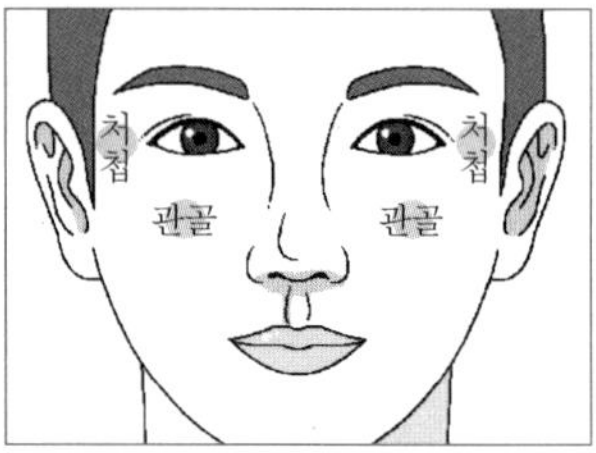

만약 그 남자와 부부가 될 때는 광대뼈에서 기색이 물러나고, 상정에 기색이 나타나 처첩궁을 통한다. 광대뼈는 세상을 담당하고, 상정은 하늘이며 남편의 위치다. 처첩은 아내의 위치다. 그러므로 벌써 부부가 되었다면, 남편은 하늘에 위치하므로 여자의 위치가 정해지는 것이다.

● 딸(미혼의 여자)을 보고, 양자의 남편을 맞아들이는 경우도 앞에서 설명한 것처럼 광대뼈에서 기색이 나타나고 처첩에서 싹튼다.

만약 그 인연이 이미 정해져 있을 때는 앞에서 말한 것처럼 상정에서 기색이 나타나고 처첩으로 통한다. 부부가 되었을 때는 바로 관록의 관에 윤기 있는 홍색이 나타난다. 즉 남편을 얻는 일에 따라 본인의 관록(≒생활기반)이 정해지기 때문에 자연스럽게 윤기 있는 홍색의 덕을 나타낸다.

● 이혼했는데도 아직도 남편을 그리워하는 여자는 처첩에 나타난 기색이 상정(남편에 대응하는 부위)에 싹튼다.

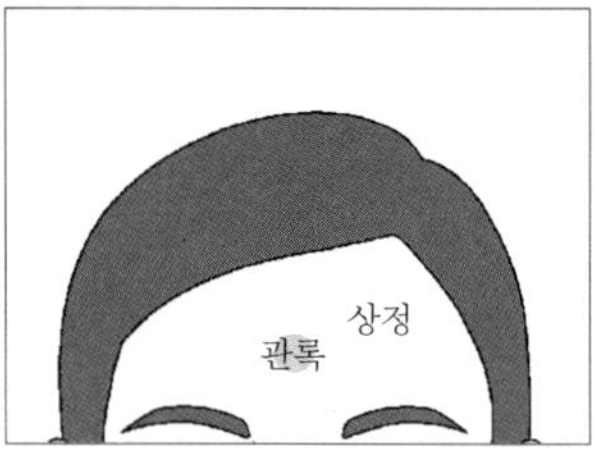

그러나 남편과 이별하였기 때문에 남편의 도움(≒금전 · 위광)을 받을 수 없다. 그러므로 관록의 궁에 윤기 있는 홍색이 나타나지 않는다. 이상의 내용은 기색의 선악에 따라 그 혼담의 길흉을 생각하고 어떻게 해야 하는지 판단하는 것이다.

● 토성(코)에서 기색이 나타나 광대뼈 아래를 돌아다니다 간문에서 싹틀 때는 세상 이목을 피해 음陰인 여자와 통하고 있다(바람을 피우고 있다).

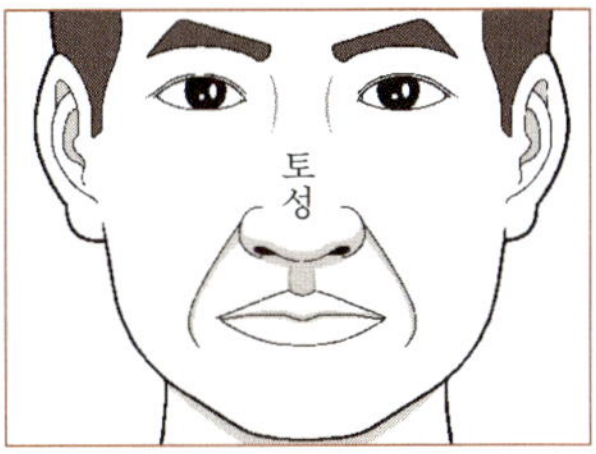

간문은 처첩의 뒤쪽에 있고 음인 여자(불륜 상대 · 애인)를 표상한다. 토성은 자기 자신을 의미하고, 광대뼈는 세상을 의미한다. 따라서 세상에 알려진 상황에서(공공연하게) 음인 여자와 관계할 때는 토성에서 나온 기색은 광대뼈를 관통하고 간문에 이른다.

● 이미 부인이 있는 사람(기혼자)의 경우 애인이나 불륜 상대에 관한 일은 간문과 명문 두 곳에 나타난다.

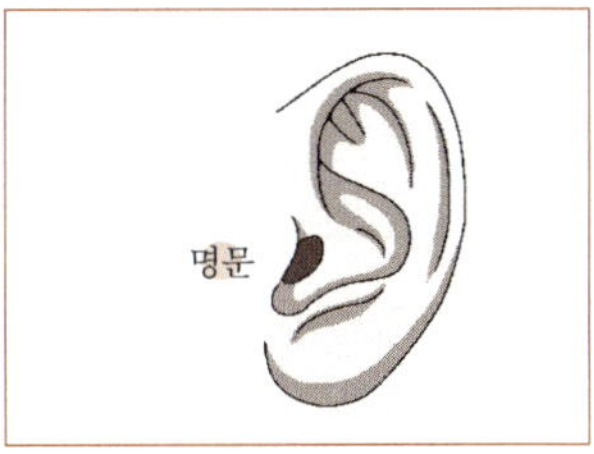

독신인 사람은 애인이나 결혼 상대자인 여성에 관계없이 여자에 관한 모든 일은 처첩의 관에 나타난다.

● 광대뼈에서 기색이 나타나 처첩에 이를 때는 반드시 결혼한다.

만약 인연이 정해질 때는 그 기색은 처첩의 관 속으로 들어가 윤기 있는 홍색이 되어 진하게 나타난다. 인연이 정해지고 나서 잠시 후에 그 홍윤紅潤이 들어가 자연스럽게 혈색이 온화하게 보인다. 광대뼈에서 처첩의 관으로 이르는 기색이 처첩의 관 속으로 들어가지 않을 때는 반드시 그 인연은 이어지지 않는다.

● 푸른 기색이 처첩에서 나타나 처첩 뒤쪽으로 피어나며 머리카락 속으로 들어갈 때는 부부 싸움 때문에 그 아내가 가출하여 행방불명된다.

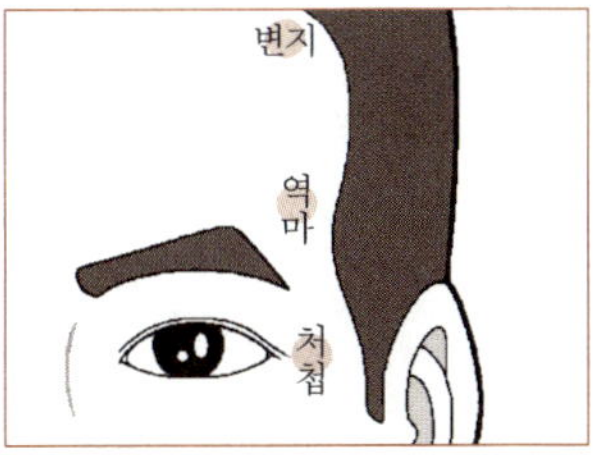

이상의 푸른 기색은 이 경우에만 나타나는 기색이며, 다른 혈소에 나타나는 일은 없다. 청기는 간기肝氣이며 분노의 색이다. 따라서 분쟁의 기운을 암시한다. 또 머리카락은 하늘이며 무상無常인 장소다. 그러므로 아내가 가출하여 행방이 알려지지 않는다고 한다. 부부가 화목한 상황에서 아내가 먼 곳에 갈 때는, 처첩의 관에 윤기 있는 색이 나타나 변지와 역마에 자연스럽게 싹튼다. 또 처첩의 관에서 나타나고 광대뼈에서 싹틀 때는 가까운 곳에 간다고 판단한다. 즉 광대뼈는 양면에 있어 세상을 의미한다. 또 이것은 번화의 땅인 도시로 간다는 뜻이다. 그러나 이상의 기색이 광대뼈를 관통할 때는 그 자리에서 먼 곳으로 간다고 판단한다. 기색의 선악에 따라 그 길흉을 판단해야 한다.

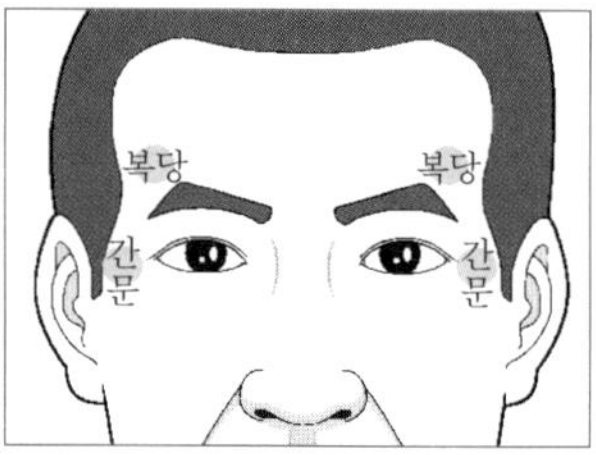

- 간문에서 기색이 나타나 복당에서 싹틀 때는 애인이 금전을 빌리려고 온다.

반대로 항상 복당에서 간문으로 기색이 통하고 있을 때는 반드시 애인에게 돈이 새고 있다(여자에게 헌상하고 있다). 간문은 처첩의 관 뒤쪽에 있어 애인을 의미한다. 복당은 당신의 복운福運과 금전을 의미한다.

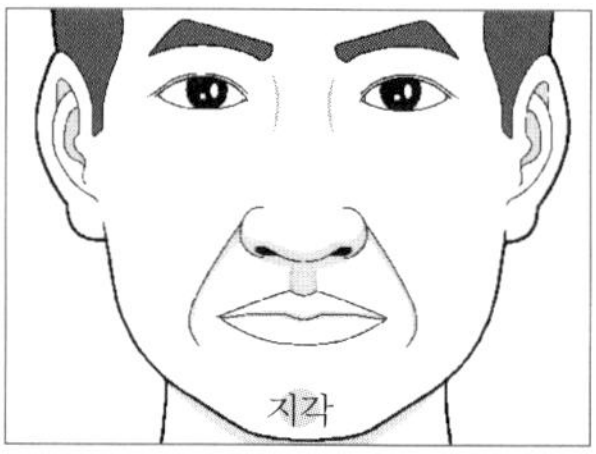

- 간문에서 기색이 나타나 지각에서 싹틀 때는 반드시 당신의 불륜 대상인 여자가 집에 와서 동거한다.

만약 그 여자가 당신의 집에 사는 것이 결정되었을 때는 간문에서 처첩의 관으로 윤기가 있는 기색이 생긴다. 또 지각에 윤기가 나타난다. 게다가 이러한 기색이 고용인(≒사용인 · 고용하는 사람)에게 나타날 때는 애인이 가택(≒새 주택)을 권유한다. 이상의 기색은 간문에서 나타나 광대뼈 뒤쪽으로 물러나 지각에 싹튼다. 앞에서 말한 것처럼 간문은 애인을 의미하고, 지각은 가택에 해당한다.

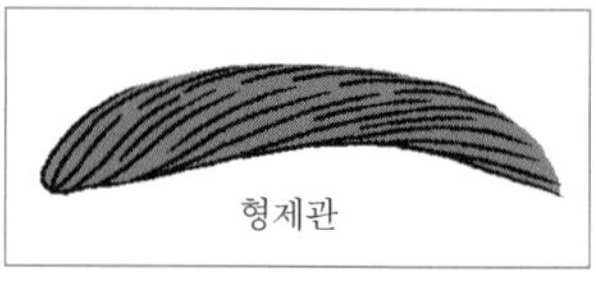

- 형제의 관에서 기색이 나타나 눈으로 들어갈 때는 반드시 친척 중에 누군가가 당신에게 계략(도모할 것)을 기도한다.

형제의 관은 친족을 의미한다. 눈 속은 당신의 생각, 마음에 속한다.

● 눈썹에서 기색이 나타나 변지에서 싹틀 때는 반드시 친족의 누군가가 먼 곳에 간다고 판단한다.

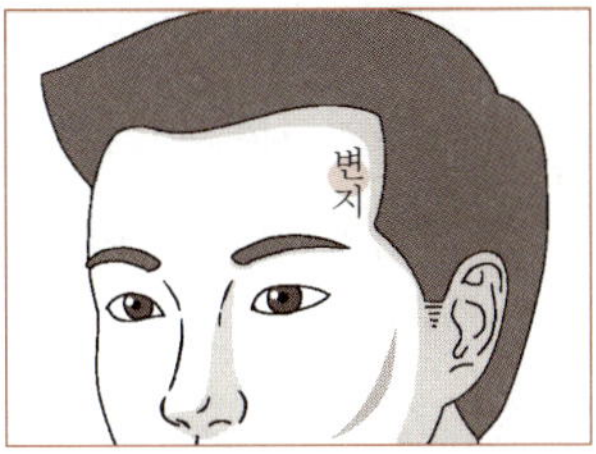

그 기색의 선악에 따라 여정 중에 일어나는 일이나 행선지에 대한 길흉을 판단한다. 원래 관계가 깊지 않은 친족의 일은 나타나지 않는다. 관계가 깊고 사이좋은 친족이면 나타나기 쉽다. 그렇게는 말해도 큰 어려움 때문에 친족이 먼 곳에 갈 때는 그 관계에 상관없이 곧바로 나타난다.

● 천중 · 천양 · 고광의 부위에서 윤기가 나타나 관록에서 싹틀 때는 생각지도 못한 좋은 일이 일어난다.

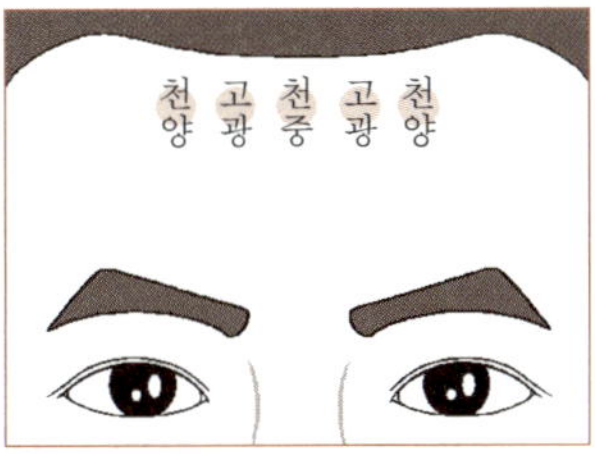

천중 · 천양 · 고광의 관은 얼굴의 상정에 있으며, 하늘을 상징한다. 또 관록은 당신이 몸이며, 재력(신분)을 맡는다. 그러므로 천중 · 천양 · 고광의 부위에서 나쁜 기색이 나타날 때는 처음부터 악행이 초래되는 징조이다.

여기에 말한 천중 · 천양 · 고광의 관은 어느 쪽이나 모두 하늘을 나타내면 군주를 상징한다. 또 군주가 있어야 신(臣 : 신하, 민중)이 존재할 수 있다. 즉 신에 관록이 있는 것은 군君에 의해서 관록이 있는 것이다. 그러므로 군을 살피는 경우에 관록궁은 신臣으로, 신臣을 살피는 경우에 관록궁은 군君이 된다. 평소 신은 관록궁에 머물러 있다. 이것에 대해 잘 연구하여 활용하기 바란다.

천중 · 천양 · 고광의 혈소는 어느 쪽이라도 이마의 머리털 부분을 기준으로 하여 위치를 정하지만, 청년은 이마의 머리털 부분이 두껍고(진하고) 이마는 머리카락으로 덮여 있다. 따라서 이 3개의 혈소는 아래쪽에 위치한다. 그러나 노년에 이르면 머리카락은 엷아져 이마는 자연히 벗겨지므로 이 3개의 혈소는 위쪽에 위치한다. 따라서 천중 · 천양 · 고광의 혈소는 '하늘(空 : 정한 위치가 없다)'이며 그 위치를 정하기 어렵다. 머리카락이 두꺼운 사람은 이마의 머리털 부분을 기준으로 하여 정할 수 있지만, 50세가 되기 전에 벗겨진 사람은 이마의 머리털 부분을 기준으로 하여 혈소를 정하기 어렵다. 이 경우는 이마에 나타난 맨 위의 주름을 기준으로 하여 혈소를 정한다.

● 좌우에서 기색이 나타나 지각으로 모여 나타날 때는 반드시 집에 사람들이 모인다고 판단한다.

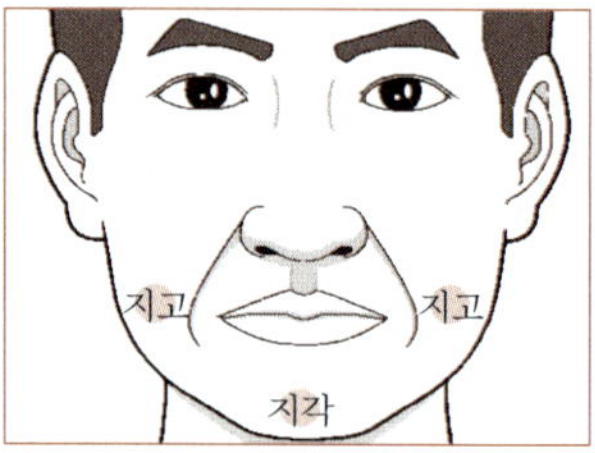

기색은 지고地庫 좌우에서 일어나 지각으로 모여 나타난다. 그 기색을 비유하면, 한중寒中에 숨을 내쉰 것 같고 좌우에서 모여 온다. 지각은 집을 담당하는 관이다. 집에 좋은 일이 있거나 사람들이 모일 때 이 기색은 자연스럽게 풍부하고 윤택이 있는 것처럼 보인다. 반대로 악행이 있고 인기가 모일 때는 자연스럽게 어두운 관이 있다. 다른 부위의 관상도 함께 살펴서 판단한다. 다만 이것은 기색이 모이는 것은 아니다. 다른 일이다.

● 변지에서 기색이 일어나 눈썹과 눈꼬리 쪽에서 싹틀 때는 반드시 기다려지는 사람이 있다.

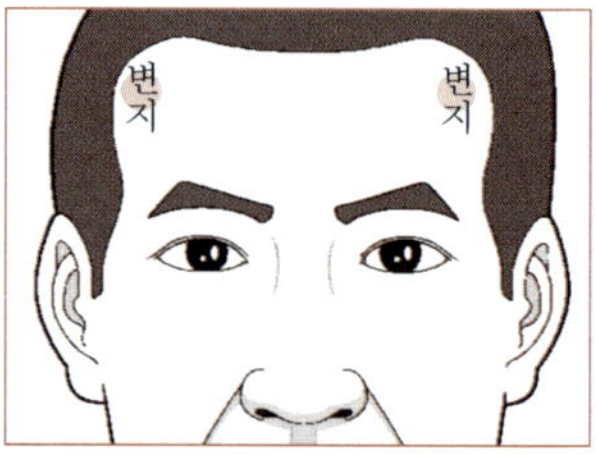

이상의 기색은 변지에서 일어나 눈썹과 눈꼬리 쪽으로 달리는 것처럼 보인다. 또 변지에서 눈썹과 눈꼬리 쪽으로 이르는 경우도 있다. 이 기색은 앞에서 설명한 것과 같이 등심灯心처럼 꾸불꾸불한 것처럼 달려 모이거나 영아의 새끼손가락 끝으로 선을 그은 것처럼 모여서 달리는 경우도 있다.

변지에서 나타나 눈썹과 눈꼬리 쪽으로 싹트는 기색이 있고, 달리는 기세가 강할 때는 기다리는 사람이 빨리 온다. 반대로 기세가 약할 때는 늦게 온다.

기색이 나타나 달릴 기세가 없을 때는 그 사람을 마음속으로 원해도 기다리는 사람은 오기 어렵다. 만약 온다고 해도 늦게 온다.

기다리는 사람에 대한 생각이 더 깊어질 때나 서둘러 가려고 할 때는 이상의 기색에 기세가 있어 자연스럽게 일직선으로 관통하는 것처럼 보인다.

기다리는 사람의 마음이 흥분되지 않거나 서둘러 가려고 하지 않을 때는 이상의 기색에 기세가 없고 혼란스럽게 보인다.

- 이상의 기색 속에 변색이나 방해가 있을 때는 도중에 어려움이 있다. 기색의 근원 쪽에 방해가 있을 때는 상대방에게 어려움이 있다.

이상의 기색은 상대방도 가고 싶다고 생각하고 자신도 왔으면 할 때, 서로 구상構想이 통하여 생기는 기색이다. 예를 들면, 먼 곳에 아이가 있고 항상 아이가 오기를 기다리는 것은 부모의 정이다. 그 아이가 부모에게 가는 것을 바라지 않으면 구상은 서로 통하지 않으므로 기색이 나타나지 않는다. 그 아이가 때로 부모를 생각하고 만나기를 바랄 때는 서로 구상이 통해 바로 기색이 나타난다.

- 지고地庫 부위에서 기색이 나타나 지각에서 싹틀 때는 집에 식객이나 손님이 온다고 판단한다.

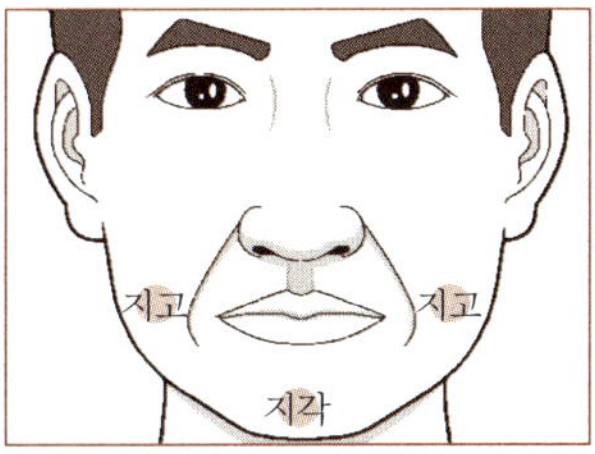

예고 없이 먼 곳에서 사람이 올 때도 이상과 같은 기색이 나타난다. 그러나 24시간 안에 돌아가는 사람이라면, 이러한 기색은 나타나지 않는다. 이것은 귀천에 구애되지 않는다. 덧붙여, 기색의 선악에 따라 그 식객이나 손님의 귀천과 길흉을 판단한다.

여행旅行 · 도중道中 · 행선지行先地의 길흉吉凶을 논한다

여행의 기색氣色은 기다리는 사람의 기색과 표리表裏의 관계가 있다. 그러나 여행의 기색은 앞에서 말한 것과 같이 등심燈心이 꾸불꾸불하는 것처럼 유아의 새끼손가락 끝으로 선을 그은 것 같은 파르스름한 기색이다. 이 일에 대해 자세하게 알아보기 바란다. 단지 일반적인 기색이라고 생각할 때는 반드시 기다리는 사람의 기색으로 볼 수도 있다. 그러나 청기靑氣는 아니고 왠지 푸르게 보이는 기색이다.

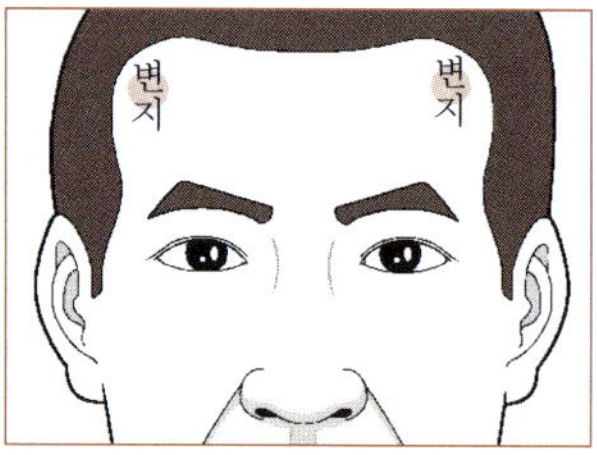

● 눈썹과 눈꼬리 쪽에서 청색 기운이 나타나 변지로 모여들 때는 여행을 한다고 판단한다. 사람에 따라 변지 쪽에 청색 기운이 강할 때, 눈썹과 눈꼬리 쪽에서 나타나는 것처럼 보이는 경우도 있다. 그러나 본래 눈썹과 눈꼬리 쪽에서 변지로 모이는 청색 기운이 있다.

이상으로 길흉을 아는 경우, 그 청색 기운에 조금이라도 방해가 있을 때는 반드시 여행 도중에 사고가 일어난다. 반대로 조금도 방해가 없고 건강하게 보일 때는 여행 중에 아무런 사고도 일어나지 않는다. 또 변지의 관으로 여행과 행선지의 길흉을 아는 경우, 변지의 관에 변색이 보일 때는 반드시 행선지에서 이변이 있다. 반대로 미색이 보일 때는 행선지에서 경사가 있다. 이처럼 '청색 기운이 나타나 모일 때'는 결국 눈썹과 눈꼬리 쪽에서 나타나 변지로 향해서 모여든다. 또는 눈썹과 눈꼬리 쪽에서 변지로 모여들거나 꾸불꾸불하듯이 닿은 일도 있다. 또 닿지 않아도 청색 기운이 나타날 기세를 보고, 관상가가 스스로 도착했을 것이라고 판단하는 일도 많다.

원래 기색이란 심기(心氣 : 마음)의 움직임에 따라 발생하고, 그 상징을 나타내는 것이다. 본래 '있는 것과 같고, 없는 것과 같으며' 일반 사람이 보기 어렵다. 그러므로 첫 번째도 살피고, 두 번째도 살피는 것이다. 떨어져서 보면 있는 것 같지만, 가까이에서 보면 없는 것처럼 보인다. 또 집중하면 보이지 않고 무심히 보면 오히려 잘 보이는 경우도 있다. 더구나 볼 수 있다고 해도 분명하게 설명할 수 없다. 정말로 있는 것 같으나 없고, 없는 것 같으나 있다. 따라서 기색이 보이는지 아닌지는 상대측(관상을 청하는 사람)에게 있는 것이 아니라 모두 관상가 본인에게 있다.

본인의 마음이 맑으면, 육합(六合 : 천지와 사방)은 한 번만 봐도 분명하게 알 수 있다. 인체의 소천지를 분명히 하는 것 등은 매우 쉬운 일이다. 하지만 마음이 다스려지지 않고(안정되지 않고), 본인의 기색이 흐트러지고 있는 관상가는, 백 일 동안 이것을 보았다고 해도, 분명히 보았다고 할 수 없다. 그러므로 유상有相의 관상가는 관상에 '맑은 하늘'을 좋아하지만, 무상無相의 관상가는 '운천[曇天 : 흐린 하늘]'이나 암야(暗夜 : 어두운 밤)일지라도 마음이 밝고 맑아서 잘 볼 수 있다. 즉 정법의 눈으로 보기 때문에, 명주明珠를 손바닥 위에 놓고 보는 것보다도 쉽게 볼 수 있다. 이러한 도리를 깊게 생각하여 관상법의 심의心意와 체용體用을 알아야 한다.

사람은 마음을 근원으로 한다. 하늘에 태양의 일기一氣가 있고, 사람이 이것을 받아 '일원기一元氣'라고 한다. 이것이 마음이다. 그러므로 마음은 태양의 일기이기도 하며, 일원一元의 기氣이기도 하다. 이것은 모든 기운의 근원이며, 사람[人身]의 길흉을 정하는 근원이다. 따라서 상법의 태극太極이라 한다. 또 하늘의 태양의 일기를 아버지의 맥으로 한다. 땅의 태음인 물은 조수에 따르고, 조수는 음중양화陰中陽火이며 어머니의 혈血로 한다. 이것에 의해서 부모의 혈맥이라고 한다. 피는 음陰, 맥은 양陽이다. 그러므로 사람이 태어날 때는 태양의 기운을 따르고 자연스럽게 생긴다. 반대로 사람이 죽을 때는 태음의 기운에 따라 자연스럽게 없어진다. 즉 사람의 생사는 음양 혈맥의 도리에서 빗나가는 일이 없다. 따라서 사람으로서 두려워해야 할 것은 하늘이며, 공경해야 하는 것은 부모이며, 조심해야 하는 것은 본인이다.

일혈日血은 태양의 기운을 따르고 자연스럽게 순환한다. 그러므로 기운이 건강한 때는 피도 건강하고 자연히 혈색이 좋다. 반대로 태음의 피가 쇠약해질 때는 기운도 쇠약해지기 때문에 자연히 혈색이 나쁘다. 따라서 음양의 기운이 건강하면, 신체의 혈기는 번성한다고 할 수 있다. 이것이 마음이다. 또 사람은 오미五味에 의해서 신체를 기르므로 정액이 있다. 정액은 결국은 피[血]다. 피는 북방의 음화陰火이고 남방에 있다. 즉 마음의 용用이다. 따라서 정액이 쇠약해질 때는 피가 쇠약해지고, 피가 쇠약해질 때는 신장이 쇠약해지고, 신장이 쇠약해질 때는 마음의 빛이 당연히 불완전하다. 또 정액이 강한 사람은 신장이 충실하다. 신장이 충실한 사람은 피가 충실하다. 피가 충실한 사람은 마음이 강하다. 그러므로 사람은 심신의 순환이 좋은 것을 길吉로 한다. 심신의 순환이 좋을 때는 태음 · 태양의 기운이 자연스럽게 완전하고 그 혈색도 자연히 좋다. 이것이 결국 마음이다.

태양의 기가 강하고 건강한 때 신체는 자연히 건강하다. 이것을 마음이 강한 것이라 한다. 마음은 결국 기운이며, 마음이 건강한 때는 각각의 기색이 좋다. 그러므로 마음의 용모[容姿]를 기색이라고 한다. 또 기색이 얼굴에 싹트는 것을 혈색이라고 한다. 그러므로 심心 · 기氣 · 색色 3가지가 있다고 해도, 원래 태양의 일기一氣에서 일어난 것이다. 그러므로 태양의 기운이 건강한 때는 5기도 자연스럽게 완전하다.

원래 만물은 모두 음양의 기운이 통하여 여러 가지 상이 생긴다. 예를 들면, 음양의 기운이 약하게 통하는 곳에 나는 초목은 번성할 수 없으며, 사람도 음양이 심약하면 마음이 약하다.

● 반대로 마음이 강한 사람은 그 신체가 스스로 건강하고 초목이 잘 번성하는 것과 같다. 또 마음은 차축車軸에 비유할 수 있다. 축이 튼튼하고

딱딱하면 차가 넘어지지 않고, 암석이 많은 험악한 길을 천 리나 달려도 망가지는 일이 없다. 사람도 마음이 강한 사람은 태산도 뚫을 기세가 있다. 반대로 차축이 약한 차는 평지 삼 리의 도로를 달리는 일마저 위험하다. 사람도 마음이 약하면 완성될 일도 완성되지 않고 만사가 정체된다. 그러므로 상법相法은 마음을 보는 것이 9분, 신체(골격 · 용모)를 보는 일은 1분이다.

- 마음이 강한 사람의 용모는, 큰 집에 많은 사람이 사는 것과 같다.
- 마음이 약한 사람의 용모는, 큰 집에 사람이 조금밖에 살지 않는 것과 같다. 또 마음이 강한 사람은 혈색이 늦게 나타나고, 마음이 약한 사람은 혈색이 빨리 나타난다.
- 마음이 강한 사람은 작은 좋은 일에는 혈색에 나타나지 않고, 큰 좋은 일이 있을 때에 그 혈색은 태양이 동쪽에서 뜨는 것처럼 나타난다.
- 마음이 약한 사람은 작은 좋은 일이 일어나면 곧바로 혈색이 나타난다. 또 큰 좋은 일이 있을 때는 그 혈색이 놀란 것처럼 나타나 스스로 안심할 수 없다. 그러므로 마음이 약한 사람은 혈색에 변란이 있어 판단하기 어렵다. 마음이 강한 사람은 좋은 혈색은 길게 남고 나쁜 혈색은 빨리 사라진다.

살벌기색殺伐氣色에 대해서

살벌의 기색은 앞에서 말한 것처럼 검의 칼날과 검의 날밑처럼 나타나는 기색이다. 그림과 같이 과장되게 나타나는 것은 아니다. 그림은 단지 그 기색의 모양만 대략 나타낸 것이다.

이 기색은 살벌을 당하는 사람에게는 반드시 나타난다. 이 기색이 나타날 때는 살벌을 당하는 것을 피하기가 어렵고, 반드시 상속자(재산)를 잃어버리거나 죽는다. 또 수만의 적에게 공격 받아 살해 당하는 경우에도 이 기색이 나타난다. 덧붙여 전쟁중[軍中]에 이 기색을 보는 경우 또는 군인의 살벌기색을 보는 경우에 관한 자세한 구전口傳이 있다.

이미 말했듯이 이 기색은 검의 날밑처럼 나타난다. 그림과 같이 기색의 근원이 굵고, 짧게 숨는 것 같고, 기세 있게 나타날 때는 살벌의 난이 있다고는 해도 곧바로 당하는 것은 아니다. 이 기색이 나타날 무렵부터 확실하게 행동하면 스스로 면할 수 있다고 판단한다.

살벌기색

기로골起怒骨에 대해서

기로골은 좌우의 해골害骨에 강하게 나타난다. 즉 음식에서 일어나는 것으로 강한 분노를 나타낸다는 구전口傳이 있다.

필사의 기색은 전술한 것처럼, 검의 날부분의 모양, 검의 날밑과 같은 모양으로 나타난다. 기색의 근원이 가늘고 흐트러지지 않고 기세 있게 나타날 때는 죽음을 각오한 적이 있고, 반드시 적에게 목숨을 잃는다고 판단한다.

살벌의 기색, 기로골, 필사의 기색 이 3개의 기색은 나의 비전 비오(秘奥 : 비전)의 상법相法으로, 아직 문인들에게 전하지 않았지만, 이번에 그 10가지 중 하나를 적어 분명히 했다.

기로골

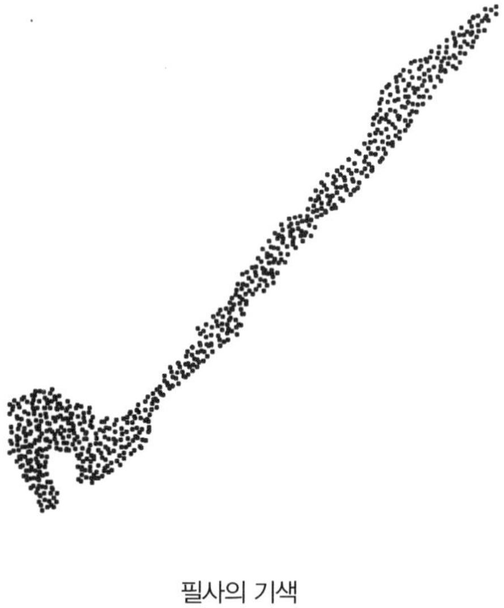

필사의 기색